绿色、工程、文化与法治研究系列成果
山东建筑大学特色名校建设工程成果

SHENGTAI HUIFU CHANYE
FAZHI YANJIU

生态恢复产业法制研究

刘国涛 等／著

法律出版社
LAW PRESS·CHINA

图书在版编目(CIP)数据

生态恢复产业法制研究 / 刘国涛等著. -- 北京 :
法律出版社, 2018
ISBN 978-7-5197-2299-9

Ⅰ. ①生… Ⅱ. ①刘… Ⅲ. ①生态恢复-环境保护法-研究-中国 Ⅳ. ①D922.680.4

中国版本图书馆 CIP 数据核字(2018)第 112791 号

生态恢复产业法制研究
SHENGTAI HUIFU CHANYE FAZHI YANJIU

刘国涛 等/著

策划编辑 刘秀丽
责任编辑 刘秀丽
装帧设计 汪奇峰

出版 法律出版社
总发行 中国法律图书有限公司
经销 新华书店
印刷 北京虎彩文化传播有限公司
责任校对 王沁陶
责任印制 张建伟

编辑统筹 独立项目策划部
开本 720 毫米×960 毫米 1/16
印张 26
字数 472 千
版本 2018 年 8 月第 1 版
印次 2018 年 8 月第 1 次印刷

法律出版社/北京市丰台区莲花池西里 7 号(100073)
网址/www. lawpress. com. cn
投稿邮箱/info@ lawpress. com. cn
举报维权邮箱/jbwq@ lawpress. com. cn
销售热线/010-63939792
咨询电话/010-63939796

中国法律图书有限公司/北京市丰台区莲花池西里 7 号(100073)
全国各地中法图分、子公司销售电话:
统一销售客服/400-660-6393
第一法律书店/010-63939781/9782　西安分公司/029-85330678　重庆分公司/023-67453036
上海分公司/021-62071639/1636　深圳分公司/0755-83072995

书号: ISBN 978-7-5197-2299-9　**定价:** 78.00 元

本书编写委员会

主　　编：刘国涛

副 主 编：马凤玲　余晓龙　张百灵

编委成员：王翠敏　杨　蕾　董蕾红

刘晓宏　徐红菊

目　录

第Ⅲ篇 创新视角下的生态恢复产业法制及法律责任研究

第Ⅳ篇 传统产业政策法视角下的生态恢复产业法制研究

第一章　导　　言

一、现实的呼唤——实践价值

与传统的静脉产业不同，生态恢复产业的功能包括储存（储碳、涵养水源等）、解毒（生态自净）和造血（生态功能改善）功能，可称为“源产业”。我国经济社会的迅速发展，使我国由重视“环境污染防治”发展到“污染防治和生态建设并重”，并已经跨越了环境库兹涅茨曲线的“拐点”，进入了“重视生态恢复、建设美丽中国的新时代”。从我国当前的大政方针来看，日益迫切需要加强生态环境物品的供给，开展生态恢复产业法制研究。本书适应时代需求，响应中国社会经济发展对加强生态恢复产业法制建设的呼唤；在多学科、多视角进行协同创新的思路和视野中，聚焦新时代生态恢复产业法制。本书在产业法层面上为促进“源产业”的发展提供了可行的法制建设建议。

为什么说本书是响应“现实的呼唤”呢？举以下政策方针为例，以资论证。

2017 年 10 月 18 日，中共十九大报告中指出：“必须坚持节约优先、保护优先、自然恢复为主的方针，形成节约资源和保护环境的空间格局、产业结构、生产方式、生活方式，还自然以宁静、和谐、美丽。”“强化土壤污染管控和修复，加强农业面源污染防治，开展农村人居环境整治行动。加强固体废弃物和垃圾处置。提高污染排放标准，强化排污者责任，健全环保信用评价、信息强制性披露、严惩重罚等制度。构建政府为主导、企业为主体、社会组织和公众共同参与的环境治理体系。”“实施重要生态系统保护和修复重大工程，优化生态安全屏障体系，构建生态廊道和生物多样性保护网络，提升生态系统质量和稳定性。”“开展国土绿化行动，推进荒漠化、石漠化、水土流失综合治理，强化湿地保护和恢复，加强地质灾害防治。”

2016 年 11 月 24 日，国务院印发了《“十三五”生态环境保护规划》（以下简称《“十三五”环保规划》）。《“十三五”环保规划》的指导思想是“以提高环境质量为核心，实施最严格的环境保护制度，打好大气、水、土壤污染防治三大战役，加强生态保护与修复，严密防控生态环境风险，加快推进生态环境领域国家治理体系和治理能力现代化，不断提高生态环境管理系统化、科学化、法治化、精细化、信息化水平，为人民提供更多优质生态产品”。指导思想直接涉及“生态保护与修复”“治理体系和治理能力现代化”“提供更多优质生态产品”。《“十三五”环保规划》的基本原则是“系统推进生态修复与环境治理，确保生态环境质量稳步提升，提高优质生态产品供给能力”。这可以说是本书所主张“生态增量经济”“促进生态恢复产业发展”的直接表述。

2015 年 9 月召开的中共中央政治局会议，审议通过了《生态文明体制改革总体方案》（以下简称《生态文明方案》）。《生态文明方案》是生态文明领域改革的顶层设计和部署。《生态文明方案》提出的“生态文明体制改革的总体要求”中指出，要“坚持节约资源和保护环境基本国策，坚持节约优先、保护优先、自然恢复为主方针，立足我国社会主义初级阶段的基本国情和新的阶段性特征，以建设美丽中国为目标，以正确处理人与自然关系为核心，以解决生态环境领域突出问题为导向，保障国家生态安全，改善环境质量，提高资源利用效率，推动形成人与自然和谐发展的现代化建设新格局。”其中特别提出“坚持节约优先、保护优先、自然恢复为主方针”，显示了中央对“自然恢复”“建设美丽中国”的重视。

2014 年 2 月，国家发展和改革委员会、国土资源部（现重组后改为自然资源部）、环境保护部（现改为生态环境部）、住房和城乡建设部等 12 部委局联合发布了《全国生态保护与建设规划（2013—2020 年）》[以下简称《生态规划（2013—2020）》]。《生态规划（2013—2020）》的“总体目标”是：到 2020 年，全国生态环境得到改善，国家重点生态功能区生态服务功能增强，重点治理地区生态实现良性循环，生态系统的稳定性明显加强，防灾减灾、净化空气和应对气候变化能力明显提升，生物多样性下降趋势得到遏制，生态保护与建设和区域经济发展协调推进，基本构筑“两屏三带一区多点”的国家生态安全屏障骨架，努力建成生态环境良好国家。《生态规划（2013—2020）》的“具体目标”是：到 2020 年，森林覆盖率、蓄积量继续实现双增长，森林生态功能显著提高；全面实现草畜平衡，草原生态步入良性循环；初步遏制自然湿地萎缩和河湖生态功能下降趋势，主要河湖生态水量得到基本保证；重点治理区域水土流失和土地沙化、石漠化得到有效防控；重点生态区农田基本实行保护性耕作；城市建成区绿化覆盖率稳定并有所提升，大气粉尘吸附和阻隔能力增强；有效保护重要海洋环境和海洋景观，大幅提升近岸受损海域修复率，局部海域生态恶化趋势得到遏制；生物多样性丧失的速度得到基本控制。生态脆弱区贫困人口生产生活水平明显提高。从《生态规划（2013—2020）》的总体目标和具体目标来看，《生态规划（2013—2020）》充分体现了对“促进生态恢复产业、生态增量经济发展”的需求。

2014 年 12 月，国务院办公厅印发《关于推行环境污染第三方治理的意见》（以下简称《环境污染第三方治理意见》），具体部署改革创新治污模式，吸引和扩大社会资本投入，促进环境服务业发展。“环境污染第三方治理”俨然已是热词、热点。“环境污染第三方治理”并非本书研究讨论侧重点。本书的重点是，从更为顶层的概念“生态恢复”开展有关环境污染治理法制建设的讨论。

2014 年 4 月 24 日，第十二届全国人民代表大会常务委员会第八次会议修订通过《中华人民共和国环境保护法》（以下简称《环境保护法》），并于 2015 年 1 月 1 日起施行。统览《环境保护法》，无论是修订前后该法第三章的名称都是“保护和改善环境”。但是，在实际工作当中，对“改善”的重视是不够的。这次修订，该章由 8 条扩增为 12 条；进一步增加了与生态恢复有关的规定。例如，新增加的第 32 条明确规定：“国家加强对大气、水、土壤等的保护，建立和完善相应的调查、监测、评估和修复制度。”第 30 条第 1 款规定：“开发利用自然资源，应当合理开发，保护生物多样性，保障生态安全，依法制定有关生态保护和恢复治理方案并予以实施。”第 6 条第 2 款规定：“地方各级人民政府应当对本行政区域的环境质量负责。”明确了政府责任。第 29 条第 1 款规定：“国家在重点生态功能区、生态环境敏感区和脆弱区等区域划定生态保护红线，实行严格保护。”第 61 条规定：“建设单位未依法提交建设项目环境影响评价文件或者环境影响评价文件未经批准，擅自开工建设的，由负有环境保护监督管理职责的部门责令停止建设，处以罚款，并可以责令恢复原状。”第 64 条规定：“因污染环境和破坏生态造成损害的，应当依照《中华人民共和国侵权责任法》的有关规定承担侵权责任。”第 29 条规定的划定生态保护红线制度，第 31 条规定的生态保护补偿制度，第 39 条规定的环境与健康制度，第 52 条规定的环境污染责任保险制度，第 57 条、第 58 条规定的环境公益诉讼制度等，均为生态恢复产业法制发展提供了具体的法律制度支持。

2013 年 11 月 12 日，中国共产党第十八届中央委员会第三次全体会议通过的《中共中央关于全面深化改革若干重大问题的决定》在第十四部分“加快生态文明制度建设”中指出，要“完善环境治理和生态修复制度”“推行环境污染第三方治理”。

二、理论的响应——理论价值

环境法制与相关理论的发展过程和趋势是“重污染防治→污染防治和生态建设并重→重生态建设”。生态恢复法制问题研究，是环境法制发展的必然趋势，有助于完善环境法学理论和法制体系，使之适应低碳经济、“两型社会”、生态文明建设的需求。以产业法为切入点，把握了生态恢复法制的核心问题，对产业法和环境资源法理论的发展均有助益。多学科、多视角的协同创新，例如，马克思主义环境生产理论的引入，为生态法制建设基础理论寻找到了具有中国特色的、丰富性的、解释性的、强大实践性的理论资源。

该书的创新之处及其理论价值在本章“三、内容概览——各章介绍”有较详细的介绍，在此仅总体性、概括性描述为以下六大方面：(1)提出了“从绿色循环经济到生态增量经济"的社会经济发展观,重点论述了"生态增量经济"的必然性、可行性及其理论和现实意义。这有助于在类似"循环经济"层面上论述"生态增量经济",寻求与奠定生态恢复产业法制建设的经济理论研究基础。以多学科理论为基础,以我国当前现实政策方针为依据,深入论证生态恢复产业法制建设的必要性和紧迫性。(2)深入分析研究了马克思主义环境生产理论,从生产力要素角度论证了"生物自然力"的理论统摄意义和对"生物自然力法"建设的重要参考与引导价值。对"生态生产力"的概念类型进行了细致分析,厘清了有关概念的内在联系和相区别的深层原因,为运用马克思主义理论指导生态恢复产业法制建设实践提供了直接的、有中国特色的理论武器。实现生态恢复产业法制的理论基础与马克思主义环境生产理论的创新性衔接。研究、介绍了生态马克思主义,以生态马克思主义的理论为基础阐发应有的生态恢复观和产业法制建设应该遵循的原则。(3)"生物自然力""资源形成力"概念的提出和深入分析,有助于发展和完善马克思主义自然力理论和生态生产力理论,为生态恢复法制建设奠定更为精准的马克思主义理论基础。(4)探讨了"法制建设方法论:从新社会事实到新法律规范";思考了为零散新社会事实及其相关的法制建设寻找"理论凝结点"(如统摄性概念)的方法;探讨了类型化研究、"纲举目张式"的法律规范构建的方法论意义。这种结合中国实际的方法论思考,更富有哲学广泛意义上的理论和应用价值。(5)分三章,分别以"三生一体(生态、生产、生活环境一体)""正负外部性相协同""生态恢复法律责任"三个新视角,对生态恢复产业法制建设进行了新思考。"三生一体"和"三生一体化"的方法与实践能够成为经济建设、政治建设、文化建设、社会建设、生态文明建设"五位一体"以及"城乡一体化"的理论、实践的研究点和操作点,其理论研究前景和现实指导意义都是比较大的。(6)从产业法的四大方面(产业结构调整法、产业组织法、产业技术法、产业空间布局法)梳理与研究了生态恢复产业法制建设问题。这是本书的核心之一,一定程度上丰富和发展了产业法制建设理论和实践。

该书可能引起争鸣的观点及其理论价值:本书是研究成员集体智慧的结晶,也融入了笔者一些研究心得和所谓创新思考。预计以下方面可能会引发关注、争鸣或批评。(1)"从绿色循环经济到生态增量经济"这一观点以及"生态增量经济"可能会引发持续关注、争鸣。(2)以"生物自然力"为统摄概念的"生态自然力法",涵盖了生态补偿、生态安全、生物防治、自然农业等与"生物自然力"有关的政策法律,可能会成为一个具有一定新意和重要现实价值的研究焦点。"生物自然力"与"生态生产力"能够高度契合,对马克思主义生产力理论研究与发展也会有些许助益。提出了"资源形成力"的概念,认为环境生产中的动力性、革命性要素是生物及其地球物理化学生物作用而形成的资源形成力。这一观点有助于形成生态恢复产业法制的马克思主义深层理论基础。(3)在我国,产业法制研究还是一个比较薄弱的环节,经济法学界有一些重量级研究成果,但近年来持续跟进不多。本书所涉“生态恢复产业法制”本身有可能会成为持续关注点。(4)本书所提出的“三生一体”和“三生一体化”的观点,能够成为经济建设、政治建设、文化建设、社会建设、生态文明建设“五位一体”以及“城乡一体化”理论和实践的研究点和操作点,是一个较为重要、甚而能够引起一定争议和讨论热度的研究话题。这也是笔者将持续关注的研究点,期望能得到学术界的重视。(5)针对“正负外部性相协调”的环境法制建设观,课题组有关成员已经持续关注研究,并发表了“从环境保护到环境保健——环境法治发展的新趋势”等成果;也会是持续研究的内容之一。(6)“生态恢复法律责任研究”,是与公益诉讼制度、生态恢复制度建设密切相关的研究内容。2005 年笔者曾经初步涉猎有关内容并发表论文,[①]有关研究当前已成热点。

该书的欠缺和不足:通过研究,在创新性的点亮一些研究领域的同时,与这些所谓“创新”相伴的是更多的“灰区”和“黑箱”,有的研究内容有“小荷才露尖尖角”之感。这也许既是研究的遗憾,也是研究的魅力。如生态恢复法制与现有环境资源法制的深度整合与衔接问题,从产业法的角度统合循环经济、清洁生产、资源再生产业、静脉产业的问题,自然资源价值(特别是生态服务价值)真正融入经济核算体系的问题等。还有的内容本书没有涉及,如产业联盟在生态恢复产业发展和产业法制建设中的地位、作用以及立法体现等。

三、内容概览——各章介绍

第一章 导言

本章涉及本书的实践价值、理论价值(含创新点、可能引起争鸣的观点、研究方法、欠缺和不足等)与各章内容概要。

第二章 生态恢复产业基础

本章首先对生态恢复的概念内涵做了全面、深入地剖析,对类似和相关概念做了辨析。按照人工干预程度的不同对有关概念做了创新性、全面性的廓清和辨别。论述了选择“生态恢复”这一术语的深层原因,多层次界定了生态恢复的内涵。创新性地提出了“生态增量经济”的观点,提出了我国经济应当从“绿色循环经济”向“生态增量经济”进一步迈进的观点。探讨了“生态增量经济”视野下的广义、中义、狭义生态恢复产业的内涵。本章研究内容为后续研究廓清了概念,奠定了基础,拓展了视野。本章最后探讨了生态恢复产业发展的现状和朝阳产业前景。

---

① 刘国涛:《环境污染中的利益保护》,载《法学杂志》2005 年第 2 期。

第三章　生态恢复产业法基础

本章从经济法基础理论入手,介绍了产业法的概念、性质、调整方法和手段等。对国内外生态恢复产业法制的情况做了认真梳理。进一步厘清产业法四大构成部分的关系,结合环境时代的新理念、新要求,对产业法制的规范目的、性质和相应的规范形式进行了具体分析,为科学理解并顺利推进生态恢复产业法制建设提供了基本的概念和方法工具。从"绿色产业"和"绿色产业法"的角度探讨了生态恢复法制建设的方向、方法。结合循环经济法、资源再生产业发展的情况,探讨了可供借鉴的类似产业法构建,以供生态恢复产业法制建设参考。本章还对《"十三五"环保规划》《土壤污染防治行动计划》(以下简称《土十条》)等,做了认真地梳理和研究,提取了有关生态恢复产业法制建设的指导性政策措施,也更加坚定了大力促进生态恢复产业发展的信心。

第四章　多学科视野中的生态恢复产业法制建设

本章介绍了生态恢复法制建设的相关学科理论基础,例如,公共物品供给理论、综合生态系统管理理论、生态系统服务价值论、环境库兹涅茨曲线理论等。探讨了恢复生态学、污染生态学、污染生态修复学、生态系统健康学、景观生态学等学科框架知识。对这些内容的了解与研究,充实了生态恢复产业法制研究的理论基础和理论方法与手段。特别是这种宏观性学科知识扫描研究,使得本研究的方向更为明晰、框架更加丰富、内容更加充实。这是相对较有创新性的研究所必须开展的工作。

第五章　生态恢复产业法制建设的现实地位

生态恢复产业法制的重要性日益凸显,应当成为生态恢复法制建设领域的基础性制度安排。本章注重从实证角度对生态恢复产业法制建设的必要性和可行性进行研究,认为生态恢复产业法制建设是生态保护的迫切需要,生态、经济、社会协调发展的现实要求以及发挥制度作用的必然选择,具有非常有利的经济环境。适逢产业结构规模调整的契机,国内外理论研究和法制建设则为该领域制度建设提供了较为扎实的法制基础。制度建设的必要性和可行性不仅能够证成开展这项工作的价值、意义和条件,同时也能够为下一步的具体工作提供可能的洞见和思路,进而使得整体法制的原则和具体制度的内容更加贴近实际情况和需要。

第六章　生态恢复产业法制建设的基本原则和思路

以建设和促进"生态增量经济"发展为目的,探讨了一些具有生态恢复法制工作特色的原则,如"逆向、无害化与增量原则""环境有价有偿原则""正向激励与利益增进原则"等基本原则。基本的研究思路是:在生态恢复产业核心法制研究的基础上,对生态恢复产业发展中外围法和微观层面上的法制问题通过具体生态恢复领域的研究加以体现。本章还探讨了一些可供立法以及立法研究借鉴的理论观点或方法性思路,如“生态系统恢复程序”等。这不仅是对生态恢复产业法制建设的指导,也是实际的构建思路和方法。在本章中对生态恢复产业“标准”的制定进行了探讨,特别是从“三生一体”的角度对健康与环境等有关标准也进行了深入研究,使标准体系的构建更为贴近实际,也更具有科学性、全面性。这些标准将在生态恢复产业发展中发挥重要现实作用。有关研究思路既有所创新,也贴近实际。

第七章 法制建设方法论:从新社会事实到新法律规范

生态恢复在我国是一项新兴的事业。从事与勃兴社会事实密切相关的法制建设研究,是一项非常辛苦、非常累心的工作。之所以这样说,除却研究者法制建设研究的基本专业能力因素之外,这种“新社会事实”通常伴随着经济、社会诸多学科的新知识,即具有“新兴、交叉、跨学科”的特点,这给研究者带来了很大的研究压力,当然也伴随着新学科知识掌握的愉悦。当为零散的新社会事实及其相关的法制建设需求逐渐找到“理论凝结点”(如统摄性概念),通过类型化研究“纲举目张式”地建立起新法律规范框架体系时,研究者也收获了喜悦和成就感。探讨对新社会事实进行调整的新法律规范的生成机制,是法律发生学的核心问题。本章从类型化的角度出发,对如何从新社会事实到新法律规范这一过程中的具有较普遍指导意义的方法论问题进行探讨。这也许会成为本书更具价值的一点工作。

第八章 环境生产理论与生态恢复产业法制

本章从“社会生产”分类的多样性、“生产理论”中的“环境生产”、环境生产与生态恢复的关系、环境生产理论的法制建设意义等几个方面进行阐释,重点对“环境生产”的内容进行了全面的梳理和挖掘,为准确理解和科学把握环境生产理论提供了本源性理论依据。分析环境生产与生态恢复以及产业法制建设的关系,有利于从环境的“生产性”以及由此产生的功能、价值和利益属性角度,更好地理解生态恢复制度化规范的必要性、可行性和生态恢复产业化等问题。在环境生产理论指导下,探讨了“主客一体”范式下的生态法律关系的构建。这种对法律关系主体的新认识、新观点,有利于驱散环境公益诉讼中的有关权利主体的理论迷雾,有利于确认生态恢复产业法制建设当中的权利和权力主体。这种理论探讨,实现了中国特色的马克思主义理论武器与中国实践相结合,为生态恢复实践插上了理论的翅膀。

第九章 生产力要素中“力”的新思考

本章主要是对生产力要素中的“力”做了一点创新思考,重点提出了“生物自然力”概念及其在生产力要素中的地位和作用,探讨了“资源形成力”。生态恢复中最具革命性和驱动力的因素,除了人之外,就是生物及其对自然的作用之力。运用马克思主义生产力要素分析的方法,较为深入地研究了“生物自然力”在生产力当中的作用。“生物自然力”概念的提出,起到了很好的理论统摄作用,特别是能够有效地统摄生态恢复、生物防治、生物入侵、生态安全、病虫害综合防治、生态农业等工作中的生物因素及其“零散的法制”，使其统一于“生物自然力法”。环境生产中的动力性、革命性要素是生物及地球物理、化学、生物作用而形成的资源形成力。马克思主义环境生产的生产力要素新解读，有利于马克思主义理论的时代化、大众化发展，有利于加强人们对生物自然力、资源形成力应用重要性的认识，有利于运用马克思主义政治经济学促进生态恢复法制建设的良好发展。

第十章 “生态生产力”的类型分析

对于“传统生产力”目前有众多批判，产生了“生态生产力”的概念，并逐步开始对其进行类型化研究。本章对当前活跃于马克思主义理论界的各类有关生态生产力的理论观点类型进行了较为深入细致的分析，厘清了其区别和联系，明确了其内在的核心要素，进一步论证了生物自然力的重要性，对四种生态生产力类型进行了简介和评价。这将有助于梳理、廓清有关研究的理论观点类型，有助于分析、明确不同类型的侧重点和理论或适用上的特殊语境或环境，有助于在深入类型化分析的基础上提出生态文明时代对生产力理解的创新性观点。提出了“批判之批判”观点，认为生产力概念应向传统生产力概念回归；环境恶化、生态破坏的反动就是环境恢复和生态重建，是一定程度上的改造和征服自然；征服的激励性和自然的规律性应当和谐并存。要实现马克思主义理论对生态恢复法制建设工作的指导，“生态生产力”是一个很好的理论契合点。生态生产力具有依赖自然过程性强、正外部性高、有些“产品”具有较强的公共物品性等特点。生态生产力理论是“两型社会”中开展资源节约、环境友好理论和方法研究的重要理论起点和制高点，当然也是生态恢复法制建设的关键理论依据和理论手段。

第十一章 “三生一体”下的生态恢复产业法制

《生态规划(2013—2020 年)》指出要“统筹兼顾生态、生产和生活”。2016 年 11 月，国务院印发的《“十三五”环保规划》中的“基本原则”为：“坚持空间管控、分类防治。生态优先，统筹生产、生活、生态空间管理，划定并严守生态保护红线”。我们将这种“统筹生产、生活和生态”的思路，概括为“三生一体”。对于有关法制研究或法治工作，我们建议要“三生一体化”。这是一个非常有意义、有价值的理论概括和研究与工作思路。在本章中，我们进一步对“三生一体”的必要性做了论证。结合与运用广义建筑学、环境健康学、循环经济、遗产保护等，重点对“生活环境”“生产环境”及其与“生态环境”的结合做了探索性研究。“三生一体”是经济建设、政治建设、文化建设、社会建设、生态文明建设“五位一体”的落实点和操作点，是一个较为重要，甚而能够引起一定争议和讨论热度的研究话题。我们也将在今后的研究工作中予以进一步的重视。

第十二章 “正负外部性协调”的生态恢复产业法制

生态恢复包括两种：通过消极的限制或禁止方式实现恢复和通过积极的人为

参与方式实现恢复。从正、负外部性的视角分析,“消极的限制或禁止”是“负向”行为向“正向”行为的回流,“积极的人为参与”是一种“纯正向”的行为,两种方式都具有“正向”的积极意义。我国生态恢复产业法制要实现协调发展,需要对两种生态恢复法制都予以关注和重视。在借鉴外部性理论时,我们要改变对外部性理论的单向度应用,既要充分挖掘负外部性理论,也要充分借鉴正外部性理论;既要抑制“负外部性”,实现“负向”向“正向”回流,又要加强生态恢复法制的“纯正向构建”。我国要着重增强生态恢复法制的“纯正向构建”,着重构建环境生产产业化促进制度、正向生态补偿制度和生态恢复的法律激励机制。

第十三章　法律责任与生态恢复产业法制

本章共两节:第一节“法律责任与产业发展”和第二节“实际案例中的生态恢复责任”。本章的创新点主要体现为四个方面:第一,从立法史的角度较为详尽地梳理了生态恢复法律责任的产生、发展和现状,所用文献较为全面;第二,以立法文献为参照,在细致分析我国现有生态恢复法律责任所存在的问题基础上,有针对性地提出了具有可操作性的解决方案;第三,以实证研究方法为依托,从法律实践的大量案例中就刑事、民事和行政三类案例各选出一个典型实例并进行简要分析,以此将实际案例中纷繁复杂的生态恢复责任承担的特点作了典型呈现;第四,在分析典型案例的基础上,从宏观层面针对生态恢复责任制度的完善问题提出了具有可操作性的参考建议。

第十四章　产业结构调整法中的生态恢复产业法制

生态恢复领域的产业结构调整法一定程度上属于生态恢复产业法制的“基础性法”和“战略性法”。生态恢复产业结构调整法的特殊性集中表现在产业外部性强基础上的强政策性,生态、经济、社会三位一体,市场机制的创新性等方面,侧重于从系统的生态恢复产业链建设角度,合理规划生态恢复产业的内部结构关系和未来发展方向,通过投资结构、组织结构、运行结构等的优化,谋求生态、经济和社会利益的融合和促进,实现生态恢复产业内部的结构合理化。产业结构调整法体现在生态恢复产业法制建设上的作用领域主要在规划产业发展、调控产业结构、促进结构合理化方面,具体包括生态恢复整体产业规划制度、生态恢复产业保护和扶植制度、生态恢复相关产业调整和退出制度、生态恢复产业结构合理化制度。这些制度的具体设计和实施,将会对生态恢复产业结构调整起到规范、引导和保障的积极作用。

第十五章　产业组织法中的生态恢复产业法制

本章主要包括三个方面:什么内容组成了产业组织法、理论视角下的生态恢复产业组织法以及生态恢复产业组织法的制度构建。我国生态恢复产业组织法是产业组织法的崭新领域,尚处于发展初期,法律规范比较分散,缺乏成熟而完整的法制结构。需要设计并提供生态恢复产业组织的整体规划和具体政策,构建并进一步完善生态恢复产业组织的各项制度。从顶层设计的角度来看,生态恢复产业组织法应当包含下列内容:完善生态恢复企业协作与联合制度、生态恢复产业均衡与中小企业制度、生态恢复企业准入与行为规制等。本章创新点在于:生态恢复企业之间的协作与联合制度对于实现生态恢复产业的规模经济、促进产业的良性发展具有重要价值。生态恢复企业协作与联合的路径选择主要有两种方式:股权式联盟和契约式联盟。我国生态恢复产业的差异化发展和国有企业优势主导、中小企业数量众多等特点,凸显出产业集中度较低和过度竞争的情况。为了生态恢复产业的均衡发展,应当建立生态恢复的产业集群制度。

第十六章　产业技术法中的生态恢复产业法制

本章分析了我国产业技术法概念和基本特点,指出其具有宏观性、阶段性、主体不对等性和综合性之特点,属于宏观调控法的组成部分。目前我国产业技术领域法律化程度不高,缺乏具有稳定性和权威性的法律支撑。生态恢复型的产业技术最大的特征在于其公共物品的属性,单纯依赖市场激励机制下的企业供给的可能性不大,迫切需要立法机构和行业监管部门做出适当的法律制度安排,平衡生态恢复产业技术领域中的权利义务关系。政府是生态恢复产业技术领域的制度安排者和核心推动力,企业、科研机构是创新生态恢复产业技术的原创者和实践者,公众是生态恢复产业技术的利害关系人和最终受益者。从三方面提出完善我国生态恢复产业法制,主要包括技术研发与创新法律制度、生态恢复产业技术认证与推广法律制度和生态恢复产业技术法律保障制度。

第十七章　产业布局法中的生态恢复产业法制

生态恢复产业布局法具体制度包括生态恢复产业布局规划制度、生态恢复产业区域协调制度和生态恢复产业补偿制度。生态恢复产业布局规划法应当聚焦于建设生态恢复完备的产业体系,引导生态恢复产业的专业化发展方向,促进生态恢复产业的集聚和优势互补,实现生态恢复产业布局的合理和优化。因此,建议制定统领生态恢复整体产业发展的法律法规,规定生态恢复整体产业发展的方向、目标、原则、基本制度以及保障措施。以法律的形式依法确立生态恢复产业区域协调的原则和制度,建立健全生态恢复产业区域协调发展相关的市场制度,明确生态恢复产业区域协调的措施、目标以及法律责任,鼓励相关市场主体进入生态恢复产业,并协调区域间生态恢复产业的发展。建立有效生态恢复产业区域补偿制度,推动补偿制度的规范化,明确该制度实施的相关政府部门的职责、参与主体的权利、义务和责任。

第十八章　荒漠化治理中生态恢复产业法制

发展荒漠化治理产业,推进荒漠化治理中的生态恢复产业的发展,应深化投资改革,构建多元化治理开发主体;推进北方防沙带沙化土地治理,适度发展沙产业;制定优惠政策,吸引社会力量投资荒漠化治理;建立荒漠化土地及治理成果的合理流转机制;建立生态效益补偿制度,保护治理者的积极性;加大资金扶持力度,补充优质土地荒漠化防护政策。石漠化治理必须以发展绿色经济、区域经济、规模经济、生态经济为出发点。建立和完善生态补偿机制,建立和完善岩溶地区农、林、水基础设施和生态效益补偿制度;制定和完善岩溶地区产业发展优惠政策;促进石漠化治理中的生态恢复产业的发展,应该利用喀斯特地区丰富的水热资源,在喀斯特地区大力开展种植优良牧草、林草结合、草畜结合,发展草食畜牧业、绿色食品业和生态旅游业等;鼓励区域内的产业创新,实现产业多样化,使区域内的生态资源高效利用。

第十九章　退化草场和森林生态恢复产业法制

为促进退化草地生态恢复产业的发展,应该坚持草地家庭承包制度,推进草地联户承包,确保草地产权制度的稳定性。发展生态畜牧业,要发挥各地特色,推进草原生态恢复的产业化经营。通过草畜一体化方式拉动草产业发展,以草产业发展带动畜牧业持续稳定地增长,实现饲草业与生态环境保护双赢的目标。明确沙产业的地位,把大力发展沙产业写进国家国民经济和社会发展规划中,研究制定专项规划。根据不同区域的条件,发展草原畜牧业和草业,开辟退化草场生态恢复新产业,调整产业结构促进当地经济的发展和人民生活水平的提高,促进草地生态系统的整体恢复和改善。我国在退化森林生态系统恢复过程中,主要采取的政策和制度有生态补偿制度、天然林保护制度、退耕还林制度等。为促进退化森林生态恢复产业的发展、保护和培育森林生态系统,要进一步完善林地产权制度,大力发展森林旅游业,进一步健全投资环境政策,制定林业优惠政策和林业税费减免政策。建立和完善森林、林木和林地转让市场,实现投资主体的多元化,完善森林生态效益补偿机制。建立林业产权体系,促进林业产业结构的调整。规范林业税费制度,建立森林生态环境利益补偿机制。

第二十章　农产品产地土壤生态恢复产业法制

本章分析了农用地、农产品产地的区别,总结了我国农产品产地土壤污染的现状。农产品产地土壤污染的修复无论在技术上还是产业发展程度上都处于起步阶段,也面临更多的困难。主要表现为:一是相对于城市土地污染面积更大、范围更广,污染监测和调查能力不足,底数不清;二是缺乏用于污染土壤风险识别的指导值,缺乏污染修复标准等技术规范;三是防治资金需求量大,在资金的筹措上比污染场地更为困难,修复治理的商业模式尚未形成;四是农产品产地土壤的污染成因较为复杂,找到最初的污染者明确责任主体较为困难,土地的使用者财力薄弱,无力承担土地污染修复的高昂成本;五是农用地污染修复可适用的技术很单薄,大多处于实验阶段,缺乏能够与农业生产同步的农产品产地土壤修复技术。从法律、行政法规、部门规章、技术标准到地方法规、地方规章多层次梳理我国农产品产地土壤生态恢复产业法制的基本现状,有针对性地提出我国农产品产地土壤生态恢复产业法制的问题与完善的建议。

第二十一章　污染场地的生态恢复产业法制

本章对“污染场地”进行了界定,从法规范解释的角度剖析了污染场地的内涵和外延,总结了我国污染场地生态恢复产业法制现状。指出可持续修复技术研发和应用政策体系亟待建立,污染的责任者难以查明和认定,融资渠道不畅通,污染场地的修复与管理无论从技术储备、市场培育还是管理制度方面都处于初级阶段。对我国污染场地生态恢复产业的相关立法及政策进行了梳理和分析。分析了我国污染场地生态恢复产业法制存在的问题。在借鉴美国、法国、荷兰三国污染场地生态恢复产业法制经验的基础上,提出了完善我国污染场地生态恢复产业法制的建议。主张建立污染场地信息数据库和国家优先治理污染场地名录,明晰污染场地恢复法律责任的归属、划分与归责原则,建立污染场地生态恢复行业准入制,明确修复标准的层次和功能,建立多元的修复模式和融资制度。

第二十二章　建筑产业发展中的生态恢复产业法制

建筑产业与生态恢复的关系主要体现在有关绿色建筑的各个方面,既指向建筑本身的绿色,也指向建筑形成过程的绿色。推动绿色建筑产业化,推广绿色建材并培育绿色建筑相关的工程机械、电子装备等产业。大力发展绿色建筑,以绿色、生态、低碳理念指导城乡建设,促进建筑产业优化升级,拉动节能环保建材、新能源应用、节能服务、咨询等相关产业发展。目前,我国存在建筑垃圾处理方式比较单一落后、法律法规不完善、政府扶持力度不够、资源化产品缺少相关认证、建筑垃圾分类收集程度低、建筑垃圾资源化程度不够等问题。为推进建筑垃圾治理中的生态恢复产业的发展,推进建筑垃圾资源化利用和建筑垃圾利用产业化,应该细化建筑垃圾回收制度、建筑垃圾监测制度、建筑垃圾运输管理制度、建筑垃圾处理场建设制度;建立健全建筑垃圾的全过程管理模式;制定财政补贴和优惠政策;引入特许经营模式。从城乡一体化规划的角度探讨生态恢复产业的发展,应该积极实施主体功能区战略,推动“多规合一”,积极引导建设绿色生态城区,推进绿色建筑规模化发展。为此,应该完善规划程序,统筹城乡规划,完善空间规划体系;加强区域规划编制和实施力度,形成合理的城市空间布局;完善城市基础设施和生态基础设施。

第二十三章　废弃矿山生态恢复产业法制

高强度开采给我国留下了大量的废弃矿山,这些废弃矿山对生态环境造成了严重的破坏,废弃矿山生态恢复在我国具有紧迫性。政府虽然应当承担废弃矿山生态恢复的主导性责任,但单凭政府的资源和能力无法实现这一任务。因此应当引入“环境污染第三方治理”模式,通过产业化来保障废弃矿山生态恢复的可持续发展。废弃矿山生态恢复产业的健康发展需要法制保障,我国应当在借鉴发达国家先进立法经验的基础上,构建符合我国国情的废弃矿山生态恢复产业法律制度。

具体包括：制定关于矿山生态环境保护的专门法律法规，建立完善的矿山生态环境补偿制度；研究出台具体的矿山生态恢复标准和技术规范，建立稳定的多元投入体系，保证废弃矿山生态恢复产业发展所需的资金，以及完善废弃矿山生态恢复监管制度。

第二十四章 湿地、海岸和污染水体生态恢复产业法制

本章内容主要包括三个方面：湿地、海岸和污染水体生态恢复产业法制各自的发展现状以及未来完善的选择路径。湿地生态恢复产业法制存在湿地生态恢复产业标准体系不完善、行业监管滞后、缺乏专业技术领域和产业规模的规范等问题。应当通过市场化、社会化的方式鼓励社会资本投资、参与湿地的生态恢复；尽快制定湿地生态恢复产业的技术标准和规范，促进产业和市场规范发展。我国目前海岸生态恢复产业的法制化往往聚焦如何恢复生态过程；但是海岸带却不是孤立存在的。海岸带的法律制度、海岸生态恢复产业的发展、当地社会经济以及当地群众的福祉应当进行充分结合，生态恢复产业的法制化才能真正实现。我国污染水体生态恢复产业的法制完善措施至少包括四个方面：一是夯实污染水体生态恢复产业发展的产权基础，即水权制度和排污权交易制度；二是解决水资源领域的多头管理模式，理顺污染水体生态恢复产业的管理制度和管理主体；三是对污染水体生态恢复产业的发展进行正确引导；四是加快制定并出台污染水体生态恢复领域的专业技术标准，推动污染水体生态恢复的理论研究和技术应用。

第Ⅰ篇

生态恢复产业法制建设研究的宏观思路

第二章　生态恢复产业基础

生态恢复和产业法制是生态恢复产业法制课题的关键词语限定。对生态恢复产业基础知识和理论的梳理和论述是开展生态恢复产业法制研究的基础和前提，为生态恢复产业法制具体问题的研究提供总体思路和方向指引。

第一节　生态恢复内涵界定

在我国，生态恢复是一个日益受到重视的概念和工作。从受重视的程度来看，属于新生事物。在理论研究和实际工作中，涉及新生事物的基本概念通常较多，且名称、内涵不一。在此，我们要提供一个本书所选用的概念并界定其较为确定的内涵。但是，并不期待立刻成为一个广为接受的概念。只是希望通过相关概念的辨识，让我们更为清楚生态恢复涉及的不同领域及其不同理论或工作场景下的概念边界。相关概念辨识过程，从一定意义上讲也可以视为对有关研究的介绍和梳理。

一、“生态恢复”有关概念辨识

（一）关于“环境”“生态”“自然”的概念

究竟是称“环境”恢复还是“生态”恢复？是生态“恢复”还是生态“修复”？关于“修复”还是“恢复”后文中有所论述，在此仅就“生态”和“环境”的问题展开讨论。关于什么是环境、生态、生态系统，各种词典、教科书、学术著作以及有关的法律中都有所界定，不再列举。参照《环境保护法》第2条之规定概括起来看，环境是对人类中心主义的理解，是人的生存环境，是经过人工改造的或天然的各种自然因素的总称，包括水、大气、土壤、海洋、矿藏、野生动、植物等，也包括自然遗迹、人文遗迹、自然保护区、风景名胜区，还包括城市和乡村等；生态则是对非人类中心主义的理解，也可以说是对生物中心主义的理解。生态是生物与生物之间以及生物与非生物环境之间共同构成的一种生物生存状态。在一定的时间、空间内，生物与其生存环境以及生物之间，彼此通过物质、能量、信息交换而形成的不可分割的整体，就是生态系统。

环境、生态、生态系统都是以生命体为中心或包含生命体而界定的概念。那些没发现生命体存在的自然物,我们可以称为“自然”“无机界”“自然环境”等。自然、大自然、自然环境应当是较之环境、生态更为宽泛的概念。从“生态”和“自然”的区别来看,“生态环境”与“自然环境”也是不同的。自然环境不仅包括有生命的生态环境,还包括无生命的非生态环境。天然因素的总体可以说是自然环境,不含生命的自然环境却不可以称生态环境。

当前,在理论和实践当中,大家都比较喜欢使用“生态”这个词。这体现了人类的博爱和对大自然的关怀。从自然生态规律来看,人类当然也属于广义的生物,人类也有其生物化存在的一面。因此,在本书中我们选用了“生态”恢复这个概念,而不是“环境”恢复。

“环境健康学”中界定的大“环境”概念,见图2-1。

- 环境
  - 自然环境
    - 物理环境因素
    - 化学环境因素
    - 生物环境因素
  - 社会环境
    - 教育环境因素
    - 社会学环境因素
    - 医疗环境因素
    - 经济环境因素
    - 文化环境因素

图2-1　环境的分类①

(二)“环境损害”和“损害环境”的区别

参考周启星等在《生态修复》一书中的观点,污染环境与环境污染的区别是:污染环境(contaminated environment)是指被污染的环境,是通过对环境质量的测定并与环境质量标准相对照,确认环境已被污染;环境污染(environment pollution)是指有害物质或有害因子输入大气、水和土壤等环境介质,并在这些环境介质中扩散、迁移和转化,使生态系统的结构与功能发生变化,对人类或其他生物的正常生存和发展产生不利的现象。② 这种区别是非常正确、非常重要的。长期以来,由于与环境有关的纠纷案件较少,因此理论界和实务界对两者的区别探讨较少或没有重视。当前,随着环境法庭的建立和有关案件的增多,这个问题已经非常明确。其实换一种表达方式可能更好,表达为要注重“环境损害”和“损害环境”的

① 郭新彪主编:《环境健康学》,北京大学医学出版社2006年版,第5页。

② 周启星等编著:《生态修复》,中国环境科学出版社2006年版,第2页。

区别,或者说“生态损害”与“损害生态”的区别。生态损害,是指因生态原因直接或间接对人身和财产造成的损害。这里的“财产”应当包括,但实践中通常不包括生态、环境本身在内。损害生态,则是指环境污染或生态破坏行为,对生态环境本身造成的损害。在侵权责任法中,通常我们说造成了人身损害或财产损害,人身损失或财产损失。在这种已有的习惯用语环境下,我们认为应当理解“环境损害”和“损害环境”的不同,但是并不宜用这两个词表达这种区别。较好的表达方式是人身损害、财产损害、生态损害,或人身损失、财产损失、生态损失,这样能够与已有的表达习惯相衔接。

(三)由“治理”和“修复”的区别引发的思考

1.“治理”和“修复”的区别以及狭义的“治理”和广义的“治理”

有学者认为,“治理”和“修复”是有区别的。“治理”(treatment)是指采用一些措施是受污染的环境不再对系统中生物或其周围环境产生负面影响。修复(remediation)则不仅是不再产生负面影响,而且还强调恢复原状,恢复被污染之前的状态和功能。对“治理”的狭义理解,是过去“排污口治理”的结果,是不包括修复或恢复的。“随着可持续发展战略的深入民心,人们对治理也赋予了更高的要求,即使在环境得到控制的同时,也要将环境中污染物去除或做无害化处理。从这个意义上讲,治理与修复两个概念往往很容易混用。”①这种对“治理”的广义理解,是生态资源也是生产力观点的落实,是人们对美好环境追求的必然结果,是生态文明建设的重要内涵。

2.“修复”和“恢复”的区别

生态修复(ecological remediation),是以生态学原理为指导,以生物修复为核心手段,运用各种化学、物理、工程等综合技术措施,达到生态系统服务功能得以恢复之状态。有人认为这一界定仅包括了污染环境的生态修复,没有包括因生态破坏而造成的环境损害的修复。我们认为“修复”包含了更多的人为因素在里边,“恢复”更为强调自然生态力的作用。但是,在生态修复过程中起到核心作用的力量依然是生态力、生物自然力。因此,我们更倾向于选择用“恢复”而不是“修复”。除对环境污染造成的生态损害进行修复之外,对因生态破坏造成的生态损害进行恢复,也属广义的“生态恢复”。

3.“治理”和“管理”,“防止”和“防治”的区别

有学者依据政治学、经济学、管理学对“治理”和“管理”进行了多方面的区别。在此,我们仅从手段加以区别,认为“治理”更为强调治理手段的综合性,国家、企

---

① 周启星等编著:《生态修复》,中国环境科学出版社2006年版,第4页。

业、公民等多主体、多手段参与治理;而“管理”更为强调政府的行政手段进行管理。

“防止”和“防治”从字面上很好区分,为什么在此特别提出呢?因为在现实工作和立法中我们用了很多“防治”,但实际上只做了“努力防止”的工作,重在“防”、努力“止”,在“治”上下功夫少,特别是“生态恢复”治理类的工作。

“防治”,“防”是预防;“治”则一是治理、管理,二是生态恢复、生态重建类“治理”。在实际工作中对第二个含义重视不足,落实不够。

二、“生态恢复”类似概念详解

(一)《恢复生态学导论》的有关介绍

从已有研究来看,对生态恢复概念的界定有很多,具有代表性的有:[①]

一类是委员会、学会等组织机构的定义。例如,美国自然资源委员会认为,生态恢复就是使一个生态系统恢复到较接近其受干扰前的状态。

另一类是学者的定义。例如,Jordan(1995)认为,使生态系统恢复到先前或历史上(自然的或非自然的)的状态即为生态恢复。焦居仁(2003)认为,生态恢复指停止人为干扰,解除生态系统所承受的超负荷压力,依靠生态系统自身规律演替,通过其休养生息的漫长过程,使生态系统向自然状态演化,即不加入人为干扰使其自然恢复。[②]

(二)部分其他观点的深入剖析

吴鹏博士在其著作《“以自然应对自然”——应对气候变化视野下的生态修复法律制度研究》中对“生态恢复”的有关概念做了非常详细、认真、深入的辨析,[③]学术性强、借鉴价值高。本书观点与其有一定区别,在此借用或转引吴博士书中部分资料,述评其部分观点以论证本书之观点。在当前建设生态文明的大前提下,特别是我们国家跨过了环境库兹涅茨曲线之后,生态恢复占有越来越重要的地位。但是,与生态恢复有关的一些概念非常之多而且运用语境复杂。本人认为这是一件好事,这说明在生态恢复领域已经发展了很多小的类型,这些类型呈现在不同的场景中,并且已有相关理论对其做出一定的描述和评价。“目”已存在,我们要梳理其“纲”,凝练其“总纲”。这是一个分析和综合互动的过程。

---

① 任海、彭少麟编著:《恢复生态学导论》,科学出版社2001年版,第3~4页。

② 焦居仁:《生态修复的要点与思考》,载《中国水土保持》2003年第2期。

③ 吴鹏:《“以自然应对自然”——应对气候变化视野下的生态修复法律制度研究》,中国政法大学出版社2014年版,第30~48页。

1. 生态修复

吴鹏总结说：焦居仁将生态修复视作一种生态恢复的加速手段；周启新等则认为，生态修复是针对已被污染的环境而言的，是一种污染环境的生态修复。吴鹏认为生态恢复是生态环境破坏方对生态环境本身予以修复，并对生态环境受损方环境权益及生存和发展权予以赔偿和补偿的行为。[①] 吴鹏在概括引用诸多观点后认为，生态修复主要强调的是人在生态系统恢复和重建中的主导作用，生态修复的手段既包括了人为影响，也包括自然的恢复。但是，人的因素通常被认为是自然恢复的加速手段和调控手段。对此观点笔者是有疑问的：在生态修复过程中，究竟是人在起主导作用？还是自然恢复在起主导作用？如果说“人为工作是自然恢复的加速手段和调控手段”，可以理解为在生态修复中“人”是较“自然恢复”发挥更多主观能动性的，但是对修复起根本作用的还是“自然恢复”。

2. 生态恢复

本书前述已经介绍的观点在此就不再复述了。另据吴鹏介绍，2004 年国际生态恢复学会给了生态恢复一个广义定义，即“生态恢复是指协助已经退化、损害或者彻底破坏的生态系统恢复到原来发展轨迹的过程”。[②] 美国生态学会给生态恢复的代表性定义是：“生态恢复，就是人们有目的，把一个地方改建成明确的、固有的、历史上的生态系统的过程，这一过程的目的是竭力仿效那种特定生态系统的结构功能、生物多样性及其变迁的过程。”[③]吴鹏总结其引用的诸观点认为，在恢复期有三个基本特征：其一，生态恢复是针对受损生态系统而言的；其二，生态恢复所针对的受损生态系统是人为扰动的结果，其受损根源在于人类自身；其三，生态恢复所要达到的目的是使受损生态系统恢复原有状态。“生态恢复的重点在于恢复，强调的是原貌。”“但是国内在理解或运用生态恢复考察国内问题的过程中，往往并非局限在上述三个特征，甚至无限扩大的生态恢复原有的研究范围和本质含义。”据吴鹏介绍，有人认为：“最初对生态恢复目标的理解为受损状态恢复到未被损害前的完美状态的行为，它包括回到起始状态，又包括完美和健康的含义。但是，生态系统的原始状态很难确定，特别是极度退化的生态系统，而且在很多情况经济上

---

① 参见吴鹏：《“以自然应对自然”——应对气候变化视野下的生态修复法律制度研究》，中国政法大学出版社 2014 年版，第 30～48 页。

② 同上书，第 32 页。

③ 朱丽：《关于生态恢复与生态修复的几点思考》，载《阴山学刊》2007 年第 1 期。转引自吴鹏：《“以自然应对自然”——应对气候变化视野下的生态修复法律制度研究》，中国政法大学出版社 2014 年版，第 32～33 页。

也不合理、不可行,因此学者们对生态恢复的提法产生质疑。"①吴鹏认为:"原有的生态恢复概念已经逐渐发生质的变化,并且越来越强调,被恢复的生态系统成为健康、完整和可持续生态系统,生态恢复与生态修复在其目的性上也愈来愈一致。"鉴于这种情况,笔者认为,在今后的学术理论研究和实践中应更多地运用"生态恢复",而不是"生态修复"。其原因在于这两个词汇已经没有本质区别,且混用成为趋势。从原初的细微差别来看,生态恢复更为强调自然的主动性、自然性、根本性。选用生态恢复,在人与自然打交道的这一领域中,也许更能矫正人类中心主义的偏见和势力。正如《自然生态环境修复的理念与实践技术》一书序言中所说:"本书提出了生态环境自然恢复的观点,作者分析了目前在生态恢复中的种种误区,绿化中违反自然规律的事件,比如:功能低下的人工林、环境效益低下的都市绿化模式等,不但不能发挥水土保持和改善生态环境的功能,甚至部分地区的人工林会造成山体崩塌等自然灾害;花费大量资金的大树进城,像是城市的绿色装饰品,抵御灾害、改善环境的功能低、寿命短。作者就干旱区造林中采取大水漫灌,大规模的鱼鳞坑整地,对植物生长影响的问题等问题作了深入分析,认为这些都有违自然规律,与自然界植被自然恢复形成较强生态功能的目标相悖。这是本书在植被恢复方面的新观点。"②

3. 生态重建

水土保持专家焦居仁认为:"生态重建是对被破坏的生态系统进行规划、设计,建设生态强,加强生态系统管理,维护和恢复其健康,创建和谐、高效的可持续发展环境。"③吉田认为:"矿区生态重建是指在采矿后,岩石的堆积,露天开采形成的采空区,地下开采形成的塌陷区,破坏了原有的生态系统,通过人工覆土、植被等方式,按计划进行重建,需要可行的技术经济措施,最终重建一个符合实际的生态系统。"④可见,生态重建较之生态恢复、生态修复具有更多的人类主观能动性,通常是对已经破坏了的生态系统而不仅仅是退化了的生态系统进行重建。从汉语字面意思来讲,"重建"就有重新复建或推倒重来的意思。

从英文词汇来看,生态重建即"ecological restoration","restoration"则有恢复、

---

① 艾晓燕、徐广军:《基于生态恢复与生态修复及其相关概念的分析》,载《黑龙江水利科技》2010年第3期。转引自吴鹏:《"以自然应对自然"——应对气候变化视野下的生态修复法律制度研究》,中国政法大学出版社2014年版,第32~33页。

② [日]山寺喜成:《自然生态环境修复的理念与实践技术》,魏天兴等译,吴斌等校,中国建筑工业出版社2014年版,序。

③ 焦居仁:《生态修复的要点与思考》,载《中国水土保持》2003年第2期。转引自吴鹏:《"以自然应对自然"——应对气候变化视野下的生态修复法律制度研究》,中国政法大学出版社2014年版,第34页。

④ 吉田:《我国矿山土地复垦及生态重建》,载《辽宁科技学院学报》2011年第3期。转引自吴鹏:《"以自然应对自然"——应对气候变化视野下的生态修复法律制度研究》,中国政法大学出版社2014年版,第34页。

归还、复位、复职、赔偿、修补、重建、修复物等多重含义。当前对中国“The Society for Ecological Restoration(SER)”这个国际组织存在三种翻译：国际生态恢复协会、国际生态重建协会以及国际生态修复协会。据吴鹏博士介绍：“学者吉田也赞成将生态恢复更正为生态重建的提法。”①在笔者看来，学术界的翻译多样性以及个别领域专家的看法恰恰表明，生态恢复可以和生态重建、生态修复画等号，生态恢复可以作为纲领性概念。

4. 土地复垦

2011年2月22日国务院通过、施行的《土地复垦条例》第2条规定：“本条例所称土地复垦，是指对生产建设活动和自然灾害损毁的土地，采取整治措施，使其达到可供利用状态的活动。”2013年3月1日起施行《土地复垦条例实施办法》第2条规定“……应当优先复垦为耕地”。依照法律理解，土地复垦侧重于农用地、特别是耕地的复垦，但不局限于耕地。土地复垦是生态恢复或生态修复的下位具体概念。我国早在1988年即制定了《土地复垦规定》，鉴于这一工作的日益重要性及土地利用工作中存在的严重问题，才于2011年将该规定升格为国务院行政法规——《土地复垦条例》。土地复垦具有浓厚的生态恢复性，是一项基础性工作。根据复垦后土地的用途划分，分为农、林、牧、渔业土地复垦，生活用地复垦以及其他建设用地复垦等。根据复垦的手段划分，分为生物复垦、工程复垦等。根据复垦的对象划分，可分为矿山废弃地复垦、采煤塌陷区复垦、工程及工业用地复垦等。《土地复垦条例》第二章、第三章的名称分别为“生产建设活动损毁土地的复垦”“历史遗留损毁土地和自然灾害损毁土地的复垦”，概括了这两大类需要复垦的土地。

5. 环境恢复、环境修复

狭义地理解“环境”“生态”“生态环境”“自然”“自然环境”等词汇，肯定是有所不同的，但是在更多的语境下也可以是无区别的。因此，在此我们不再刻意讨论究竟是选用“环境”恢复还是“生态”恢复。

吴鹏博士对“恢复”和“修复”的中英语言含义做了详细、细致的研究。② 但是本人鉴于对“恢复”含有更多的“生态、本原、自然、非人工”的理解，认为还是采用“恢复”为好。如果过去存在中英文翻译词汇对应不当的问题，应调整其对应关系。

李挚萍认为：“对环境损害的救济不是传统的损害赔偿机制能够解决的，应该采取切实可行的措施对受到损害的生态系统的功能和结构进行修复，对受到破坏

---

① 吉田：《我国矿山土地复垦及生态重建》，载《辽宁科技学院学报》2011年第3期。转引自吴鹏：《“以自然应对自然”——应对气候变化视野下的生态修复法律制度研究》，中国政法大学出版社2014年版，第34页。

② 吴鹏：《“以自然应对自然”——应对气候变化视野下的生态修复法律制度研究》，中国政法大学出版社2014年版，第37~38页。

的生态系统内外关系进行恢复。”“环境修复制度的目的不仅在于修复受到损害的生态环境的结构、功能,而且还应着眼于修复已经恶化的人与自然、人与人之间的关系,为建立和谐社会提供制度保障。”①“环境修复制度”既有利于修复生态环境,也有利修复“人与自然、人与人的关系”,且重视了“制度建设研究”的现实理论意义和具体实践意义,这种做法是值得赞同的。吴鹏与李挚萍在究竟如何看待“环境”与“生态”问题上存在一定区别。吴鹏认为:“其文认为‘环境损害’又称‘生态损害’,并且在理解环境修复及其制度建设过程中多次将‘生态修复’概念与‘生态恢复’概念囊括于内,实则有悖‘环境’与‘生态’乃至‘生态系统’三者正确内涵。这种理解,本书认为其难以深刻把握生态修复的真正内涵,也难以建立符合生态修复要求的正当制度。”笔者认为李挚萍的论述方法并无不妥,这恰是说明在广义的理解上,这些概念是可以等同的。如果认为有所不妥的话,恰是说明相对新兴事物表述的多样性需要一个更为上位的概念进行统领,这个统领性概念优选“生态恢复”。实践中,这种相对统领概念的诞生和认可,通常借助“上位立法”的完成而实现。立法前进行的理论研讨和争论,是有益的、建设性的。

6. 国土整治、绿化工程、园林绿化、水土保持、荒漠化防治等

(1)国土整治。这一概念与土地利用规划联系密切,是指通过基础考评和规划管理,按既定程序充分保护、开发、治理、利用土地资源的行为。国土资源的开发利用是国土整治的核心。国土整治具有综合性、战略性和地域性的特点。还有一种说法是“国土资源综合整治”,是指通过综合采取经济、法律、行政等手段和工程、技术、生物等措施,对某一空间范围内的自然资源进行开发、利用、整治、保护的全部地理建设活动和过程。

(2)绿化工程。“所谓绿化是指以持续性的保护‘适宜生物生存的理想生态环境’为目的而实施的行为,是使森林(植物群落)所具有的多样性的环境保护功能得以有效利用的环境保全技术。换句话说,绿化是充分利用绿色的力量,以修复和再生因人力和自然力而受到破坏的自然界为目的的技术。绿化并不是一种文化,而是为了保证生活环境的稳定、创造文化发展基础的一种行为。”②这与我们平时所说的城市环境绿化还是有所区别的,日本学者的这个定义更接近于我们的林业建设。日本学者认为:绿色要有助于自然恢复,有助于绿色功能的恢复和提高,有助于生态系统的早期恢复。其遵循的原则应当是,恢复自然生态系统为基础,尊重

① 李挚萍:《环境修复法律制度探析》,载《法学评论》2013 年第 2 期。

② [日]山寺喜成:《自然生态环境修复的理念与实践技术》,魏天兴等译,吴斌等校,中国建筑工业出版社 2014 年版,第 46 页。

自然恢复的顺序，采取以自然恢复机制相近似的方法。①

(3)园林绿化(园林工程)。如果我们按日本学者的观点界定前述的绿化工程，即绿化工程相当于我们常说的林业建设。此处所谓园林绿化或园林工程，定然不同于绿化工程或林业建设，主要是指城镇化建设中与市政、房地产配套的园林建设，旨在提高城市环境、生产生活环境的舒适度和自然生态性。园林工程中人的主动设计、景观人为性，都较之绿化工程强。因其是以土壤为基础，以植物、山石、动物为主体构成的景观系统，我们把这种人化自然的过程归入生态恢复的范畴。

(4)水土保持。水土保持是江河治理、国土整治、山区可持续发展的根本，是保护水土资源，维护土地生产力，以工程措施、生物措施和蓄水保土耕作措施等进行水土保持的有关工作的总和。

(5)荒漠化防治。荒漠化防治指有计划地保护、恢复荒漠植被，治理沙丘入侵的行为。在荒漠化治理过程当中，要坚持综合治理的原则，以经济技术条件为前提，以实际生态治理前景为基础，力争取得最高的综合效益。

(三)“生态工程”和“环境工程”

生态工程学、环境工程学、生态恢复学等学科，让环境法学者更多地了解了生态恢复有关的知识。这些学科的发展也为环境法学者树立了深入开展生态恢复产业发展研究的信心。

1. 生态工程与生态工程学

《生态工程设计：恢复和保护生态系统服务》介绍了生态工程设计过程的背景情况，提供了一组生态系统设计实施的指引，讲述了高质量的生态设计所必需的知识体系内容等。“生态工程定义为设计系统的过程，这些设计系统能够保存、恢复和建立生态系统服务。更简洁地说，那就是生态工程师设计生态服务，即人类从生态系统中提取的产品和服务。”②

据《生态工程学》(第三版)介绍，熊文愈(1986)认为：“生态工程即生态系统工程，是系统工程和生态系统的结合，且利用分析、调整、决策、规划、模拟、预测、设计实施、管理和评价等系统工程技术，对生态系统进行设计和管理的技术。”欧美学者认为生态工程就是生态技术。我国学者坚持生态技术仅仅是生态工程的一个环

---

①　参见[日]山寺喜成：《自然生态环境修复的理念与实践技术》，魏天兴等译，吴斌等校，中国建筑工业出版社2014年版，第46～53页。

②　[美]Marty D. Matlock、[美]Robert A. Morgan：《生态工程设计：恢复和保护生态系统服务》，吴巍译，电子工业出版社2013年版，第1页。

节，不能代表生态工程这一多技术系统。①

2. 环境工程与环境工程学

环境工程(environmental engineering)是防治环境污染和提高环境质量的工程及工程技术，主要包括固体废弃物污染防治工程、大气污染防治工程、水和噪声污染控制、环境污染综合防治的方法和措施，在区域层面利用系统工程方法寻求最佳解决问题的方案。环境工程学则是有关环境工程原理与方法的学科。环境工程学与生态学、环境健康学、环境物理学和环境化学等有着密切关系。环境工程的核心是环境污染源的治理，这与广义的生态恢复还是有重大区别的。其特点是侧重于环境污染的治理，侧重于污染源的消除治理和排污口前端的污染途径的控制；生态恢复则侧重于被污染的环境和生态的治理。从这种意义上讲，生态工程较之环境工程更为接近于生态恢复。

3. 环境工程与生态工程的区别

参考《生态工程学》(第三版)介绍：环境工程这门学科是20世纪60年代建立起来的。在此之前几十年曾被称为“卫生工程”。环境工程的目标很明确，就是利用科学原理，防治环境污染、净化生态环境。环境工程已有一系列有价值的环境技术，如“曝气池法”“氧化塘法”“砂滤法”“活性污泥法”等。生态工程与其最大区别在于：生态工程更多地利用生态系统自身的功能、利用生态系统自身所具有的“工具箱”开展环境净化、生态恢复工作。在利用环境工程进行污染处理时，要实现完全的“零排放”是非常困难的，通常是将污染物从一种介质(如空气)转移到另一种(如水)中去。因此必须寻找另外的办法以减少污染物的转移，同时保护自然生态系统和非再生性资源。生态技术和生态工程提供了这样的思路，即利用自然生态系统无废弃物和物质循环等特点来解决污染问题。同时，生态工程利用太阳能为基本能源，并保持或增加生态系统内部的物种多样性；而环境工程以化石能为基础能源，往往会改变或减少生态系统的生物多样性。与传统的环境工程相比，生态工程是消耗低、可持续、多效益的工程。②

表2-1　生态工程与环境工程、生物工程和传统工程的比较

工程类型	传统工程	环境工程	生态工程	生物工程
基本单元	自然系统、社会系统	自然系统	生态系统	细胞
基本理论	工程学	环境科学	生态学	遗传学、细胞生物学

① 钦佩等编著：《生态工程学》(第三版)，南京大学出版社2008年版，第2页。

② [美]Marty D. Matlock、[美]Robert A. Morgan：《生态工程设计：恢复和保护生态系统服务》，吴巍译，电子工业出版社2013年版，第3页。

续表

工程类型	传统工程	环境工程	生态工程	生物工程
基本能源	化石能	化石能	太阳能	化石能
基本费用	大量	大量	合理	大量
设计特点	人为	人为	人类辅助下的自组织	人为
控制结构	任意	污染源	有机体	遗传结构
与自然关系	破坏	再污染	协调、无污染	干扰
生物多样性	减少	改变	保持或增加	改变

（四）"自然治理"与"灾后重建"

单独探讨"自然治理"与"灾后重建"，是因为它们与人为原因造成的生态系统退化、破坏的恢复工作有着很大的不同，它们是原生环境问题带来的生态损害的恢复或重建。

从环境健康学的角度更容易理解所谓自然治理。由于地质原因，某些地区环境中缺少必要的微量元素，影响了该地区人群的健康。例如，缺碘地区可以出现以地区性甲状腺肿和克汀病为典型表现的碘缺乏症；含氟量过多的地区常出现以氟斑牙和氟骨症为主要表现的氟中毒。这种因地球物理、化学、地质等原因给人类生产、生活带来危害的生态环境的恢复，可以称为"自然治理"。

因地震、洪水、泥石流、海啸、森林大火等自然灾害破坏了人类的生活、生产、生态环境，因此而进行的生态恢复工作，是"灾后重建"的重要内容之一。当然，广义的"灾后重建"还包括了许多非生态恢复的内容。

三、本书"生态恢复"概念内涵

（一）污染过程的理解

图 2－2　污染过程的理解

通过图 2－2 分析，污染源形成的污染物通过一定的污染途径对被污染物造成污染。被污染物可分为非生态性财产(基本不具有生态系统服务功能的财产,如一般性可移动财产、不可移动的建筑物等财产,基本不具有生态功能的住宅、建筑、生产用地)和生态性财产(具有生态系统服务功能的财产);生态性财产又可分为公共物品性生态性财产(如自然环境中的大气、水等)和非公共物品性生态财产(如权属明晰的林地等)。污染过程和被污染物的理解,有利于我们进一步明晰生态恢复的对象。

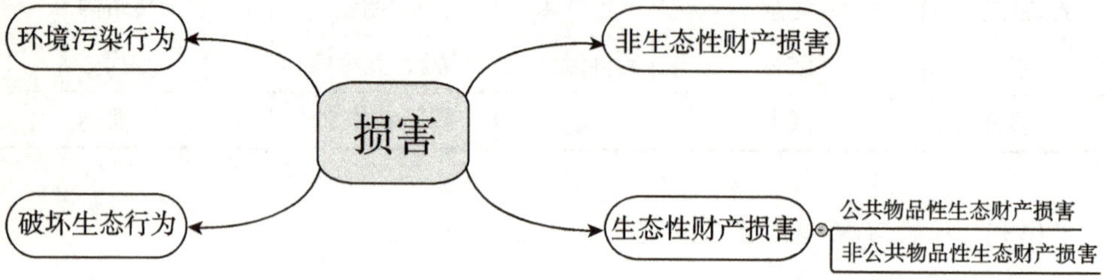

图 2-3　因环境污染、破坏生态行为造成的损害

通过图 2-3 分析,环境污染行为是因向环境排放污染物造成损害,破坏生态行为是因为向环境过分索取造成损害。这种"损害"又可分为非生态性财产损害和生态性财产损害。生态性财产损害可分为公共物品性生态财产损害和非公共物品性生态财产损害。

(二)治理体系的划分

污染治理、环境整治、生态恢复、环境污染综合治理、生态重建、绿化工程、水土保护、生态工程等,这些概念的理解都结合图 2-2、图 2-3 进行,做一个体系化的划分。

结合图 2-2、图 2-3,对于环境污染行为和破坏生态行为造成的损害而言,要想停止或减轻损害,就要针对污染源、污染物和污染途径下功夫,或针对破坏生态的原因、行为、途径开展工作。

狭义的污染治理通常是指针对污染源、污染物或污染途径所开展的工作。

狭义的防止生态破坏,通常是针对破坏生态的原因、行为、途径开展工作。而防治则既有"防",也有"治"。

(三)"源产业"的提出

"源产业"或"源头产业",是受动脉产业、静脉产业划分的启发。提出来的一个新概念。以人体为类比,动脉起到输血的作用,静脉起到回血的作用,那么哪些器官起到造血的作用呢?这些起到造血作用,提供生态服务功能的这些产业，就是所谓源产业。我们非常重视动脉产业，目前静脉产业也渐成热潮。随着经济技术水平的发展，源头产业也会日趋重要。

（四）广义、统领性的生态恢复概念

从当前学界术语使用的情况来看，生态恢复和生态修复的使用频率较高。综合学界探讨和各国情况，我们选用更具重视生态系统自主恢复意蕴的“生态恢复”概念。基于这样的考虑，生态恢复的概念可以表述为：以生态系统自主恢复为终极核心，视受损害的程度不同施以干预程度不同的人工措施，以使受损自然生态物或生态系统达到被人类无害化利用或进一步提供景观功能和生态系统服务功能效果的工程行为。

将生态修复、生态恢复、国土整治等均做狭义或中义的理解，这种细致的划分当然有利于对不同类型的生态修复工作的深入理解，有利于法律条款的细致化、精准化，有利于案件的精致处理。但是，我们总是需要有一个上位概念囊括诸下位概念。从实际工作来看，无论是修复还是恢复，人为的干预在所难免，只是形式和角度不同而已。狭义的恢复更为注重生态、自然、非污染，正因为如此，我们才更为赞同选用生态恢复作为上位概念。这能更好地体现生态恢复的生态性、目的性，更好地体现尊重自然的观念。所以，本书所谓的生态恢复，应当是一个上位的大概念，由其统领狭义的生态恢复、生态修复、生态治理、国土整治、生态环境建设等。

吴鹏在其著作《“以自然应对自然”——应对气候变化视野下的生态修复法律制度研究》一书中之所以强调“以自然应对自然”，是因为“目前我国研究应对气候变化，都只基于某一种气候变化学说，忽视了应对气候变化中自然本身的重要作用。重新审视气候变化的诸因素，尤其是正视人类在改变地球气候过程中有限的作用，深刻认识自然本身在气候变化过程中不可忽视的‘正能量’，是人类在应对气候变化中应当扮演何种角色的一次正义觉醒。自然力量是人类在应对气候变化中不可忽视的天然盟友，如何利用人类技术提高自然帮助人类抗御气候变化不利影响的能力，以‘自然应对自然’是应对气候变化的根本思路。而生态修复技术通过恢复或重建生态系统平衡，最终实现生态环境的有利改善，达到提高自然帮助人类抵御气候变化不利影响能力的目的，这是重视自然力量在应对气候变化中的良性实践”，[①]吴鹏的这种观点与本书选择“生态恢复”这一概念作为统领性概念，其内在理由和逻辑是一致的。同时，这也更好理解本书涉及马克思主义环境生产理

① 吴鹏：《“以自然应对自然”——应对气候变化视野下的生态修复法律制度研究》，中国政法大学出版社2014年版，第1～2页。

论、生态生产力理论、生物自然力理论的必要性和合理性。

(五)“污染治理”与“生态恢复”的联系和区别

环境污染是由于人类向环境中排放污染物而造成的危害。生态破坏则是由于人类过分地向环境索取而造成破坏。这两者的行为方向有所不同:一个是排放,另一个是索取。但这两者造成的最终后果通常是混合、趋同的,即不同程度的生态破坏。当然此生态破坏与前述行为性的生态破坏是不同的,我们也可以换一个词,称之为生态损害或损害了的生态。

从污染和破坏的机理来看,首先要有污染源或破坏源(通常是某种生产或生活行为本身);其次要有污染物或被破坏环境因子;再次是要有污染和破坏的具体途径;最后是被污染物或生态环境。

广义的污染治理,是对环境污染的污染源、污染物、污染途径、被污染物的全面治理。狭义的污染治理,通常不包括对被污染物的治理,而是将被污染物的治理归为生态恢复(特别是“被污染物”是生态环境时)。

从万物是互相联系的观点来看,“超广义”地理解生态恢复、生态建设、生态文明建设、生态治理、生态治理工作等,均可包含对污染源、污染物、污染途径、被污染物的全面治理。有些政策、宣传性文件中也是这样用的。但是,对于政策、法制的科学化来讲,还是构建细致、精准的体系性概念为好。因此,前面我们介绍、探讨了一系列“狭义概念”,将其作为本书选择的“广义的生态恢复”概念的下位概念。

就“广义的生态恢复”概念而言,其针对的是生产、生活、自然灾害“三生一体”下产生的全部“被污染、被破坏物”的治理与恢复。这种理解可能被认为“太广义”,但是这种“三生一体”的创新性思考,还是非常有利于理清生态恢复有关关联关系的。

当“被污染、被破坏物”限于土地(包括城市工业废弃地)、森林、草原等区域生态环境时,可认为是“中义的”生态恢复概念。对于工业废弃地或近无生命的矿业废弃地而言,有人认为称“污染治理”为好。本人认为,对于工业废弃地,特别是矿业废弃业,其有可能会恢复为“生态”用地,或治理过程中运用了“生态”手段。因此,纳入“生态恢复”未尝不可。

当“被污染、被破坏物”仅限于退化或遭破坏的生态系统时,可能是最为狭义、最为“正宗”的生态恢复。恢复的对象本身就是“生态系统”,而不是单一或多个生态要素。

（六）法制领域的生态恢复

法制规范领域的生态恢复是建立在科学概念之上的，但又有别于科学概念。法律制度是通过调整人与人之间的关系来实现规范目的的。在生态恢复法制领域也不例外，只不过这种人与人之间的关系要以实现生态恢复为指向，规范的调整要遵循生态恢复的科学性和规律性。同时，进入法制领域的生态恢复，还要符合特定社会经济、技术发展水平的要求，要遵循法律对多元化价值和利益的衡平原则。这些都是在生态恢复法制建设时首先要正确认识的问题。

在法制规范领域，生态恢复的实现依赖于法律的调整，即通过限制性的、禁止性的义务规范或激励性的权利规范加以调整。需要注意的是，在生态恢复法制领域，激励性的规范占有很大的比重，如对实施生态恢复的单位或个人给予减免税收、确认产权、返还保证金等优惠措施以进行激励。与此同时，技术性规范在生态恢复法律制度中也会大量存在，如生态恢复的技术标准、生态恢复的鉴定和评估等。技术性标准是生态恢复其他制度实施的依据和准则。就各国制度建设情况而言，矿区、土壤、湿地、草原、森林等领域的生态恢复规范较多、较为成熟。在我国，矿区、水土保持、渔业资源等领域也有相应的生态恢复性法律规范。

第二节　“生态增量经济”视野中的“生态恢复产业”

在本节中首先从绿色产业这一大的产业体系内涵界定的不同观点出发，进一步考察了生态恢复产业在其中的地位。其后，在探讨具有“编织美丽摇篮”性质的“生态环境建设产业”的基础上，提出了“生态增量经济”的观点，探讨了该视野中的生态恢复产业。最后，研究了生态恢复产业及其法制发展中存在的问题和今后发展的前景。

一、绿色产业体系中的生态恢复产业

在我国理论研究中，通常把环境服务业、环保产业、绿色制造业、生态服务业、环境产业、资源回收综合利用业、静脉产业、循环经济产业等统称为“绿色产业”。从不同类型的绿色产业理论和视角考察生态恢复产业，是我们进行生态恢复产业法制建设研究的基础，对做好这些工作大有裨益。

(一)从绿色产业界定的传统观点考察生态恢复产业

1. 从环境服务业看生态恢复产业

- 环境服务业
  - 环境技术服务
    - 技术与产品开发
    - 工程设计与施工
    - 监测与分析服务
  - 环境咨询服务
    - 环境影响评价
    - 环境工程咨询
    - 环境监理
    - 环境管理体系与标志产品认证
    - 有机食品认证
    - 环境技术评估
    - 产品生命周期评价
    - 清洁生产审计与培训
  - 污染治理设施运营管理
    - 水污染治理
    - 空气污染治理
    - 固体废物处理
    - 噪声控制
  - 环境贸易与金融服务
    - 市场营销
    - 进出口贸易
    - 环境金融服务
  - 生态功能及其他服务
    - 生态旅游
    - 人工生态环境服务

图 2－4　环境服务业体系①

从图 2－4 可以看到,其中有污染治理设施运营管理,有生态功能及其他服务,但是并没有包括典型的生态治理恢复型产业。这是研究者发表论文时的现实和研究现状的真实反映。时至今日,我们依然认为,生态恢复产业并未得到应当得到的重视,只能说是“小荷才露尖尖角”。

2. 从环保产业分类看生态恢复产业

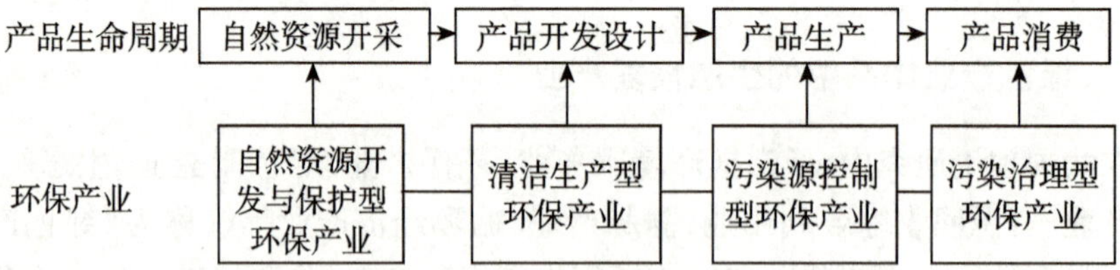

图 2－5　环保产业分类②

① 中国环保产业发展课题组编:《环境保护产业》,气象出版社 2003 年版,第 104 页。

② 袁明鹏、万君康:《关于我国环保产业的定义及发展对策的思考》,载《中国环保产业》2002 年第 Z1 期。

从图 2－5 可以看到,“污染治理型环保产业”可以有生态恢复产业的内涵,但现实工作中更多的是指污染物的处理、资源再生产业,较少的工作指向“被污染物和生态”的恢复与治理。

3. 从中国环保产业市场分类看生态恢复产业

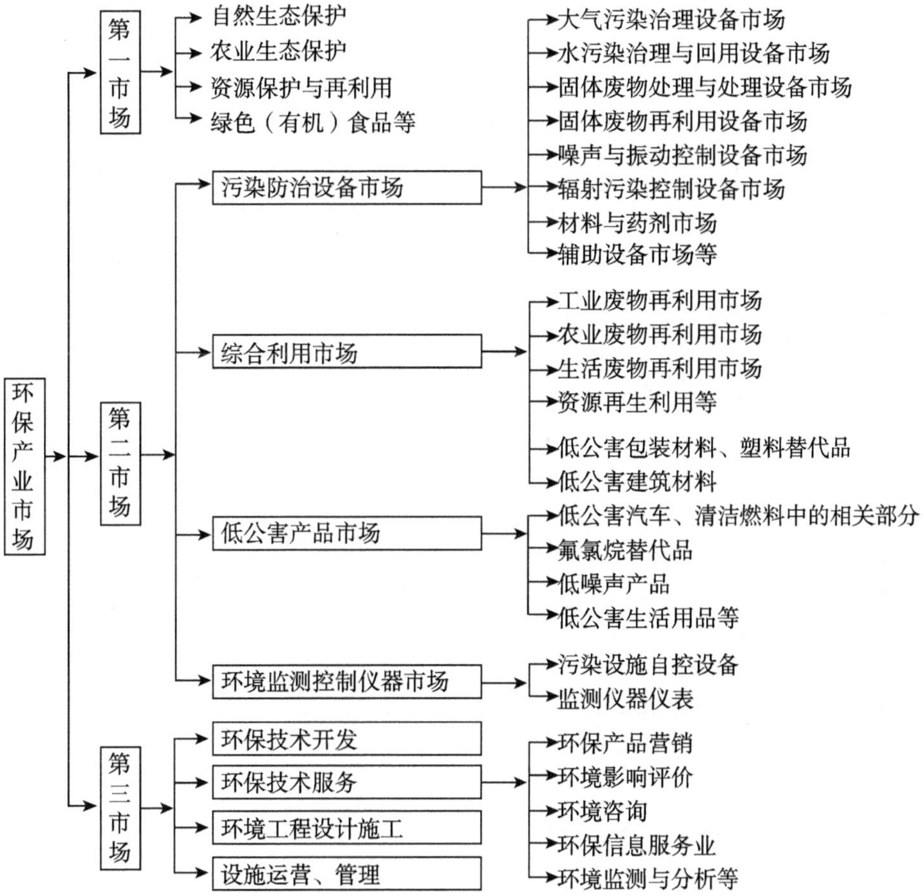

图 2－6　中国环保产业市场分类①

从图 2－6 可以看到,环保产业或绿色产业可以在多层次构建,从农业到工业、服务业,产品、技术、市场、服务均有所涉及。绿色产业,既可以是狭义的仅指污染治理的环保产业,更应当是“传统产业绿色化”视角下的“广义绿色产业”。其中,诸多方面是有关生态恢复的,这些有关生态恢复的企业集合,共同构成了“生态恢复产业”。

① 易斌、燕中凯:《中国环保产业市场发展分析》,载《中国环保产业》1999 年第 5 期。

(二)从本书作者界定的“绿色产业”考察生态恢复产业

在笔者过去主持的国家社会科学基金项目成果《节约型社会建设中的绿色产业与绿色产业法》[①]一书中对绿色产业及其法制做了较为详细的研究。对绿色产业法制中的生态恢复产业法制的认识,有助于从绿色经济、绿色产业的角度更好地理解与建设生态恢复产业法制。

图2－7是笔者的观点,提出了五次产业分类法中的绿色产业观点,认为绿色产业和所谓的第四产业(知识产业)相同,与传统三大产业渗透,也与第四产业(知识产权)渗透。图2－7中的“1、2、3、4”共同构成直接绿色产业。“1”为第一产业中的生态建设等。“2”为第二产业的环保产品生产等。“3”为第三产业中与环保服务业。“4”为知识产业中的绿色化,如绿色教育。图2－7中的“①②③④”共同构成间接绿色产业。①为传统第一产业的绿色化,如生态农业。②为传统第二产业中的绿色化,如实行清洁生产。③为传统第三产业绿色化,如绿色贸易。④为知识产业中的环保技术开发等。

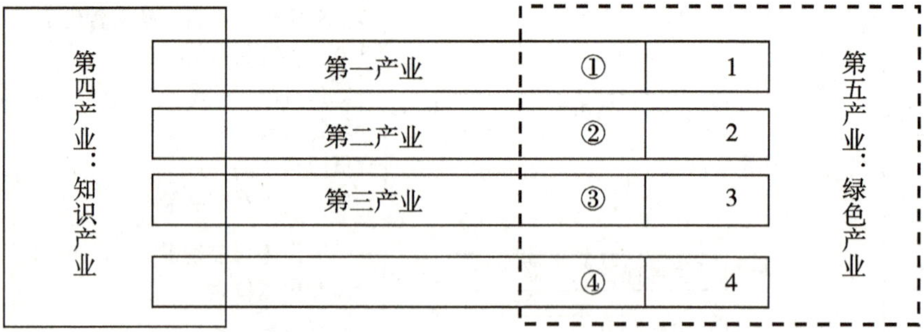

图2－7　五次产业分类中的绿色产业[②]

从图2－8可以看出,绿色产业较广义环保产业范围大,不同在于其多了区域型绿色产业。我们所界定的绿色产业不仅要包括“点”(排污口、末端)、“线”(从摇篮到坟墓)、“环”(循环产业链,从摇篮到坟墓再到摇篮),还要包括“面”(区域),即绿色产业区,姑且称之为“区域型绿色产业”。甚而还有一个“体”,即立体化,可以理解为空中的大气、地面的水、土壤共同构成的“体”,也可以理解为所谓的“城乡一体”“五位一体”,以及我们本书所谓“三生一体”。这些共同构成了“点、线、环、面、体”的发展历史轨迹、思路、框架。

① 参见刘国涛:《节约型社会建设中的绿色产业与绿色产业法》,中国法制出版社2005年版,第1～470页。

② 同上书,第42页。

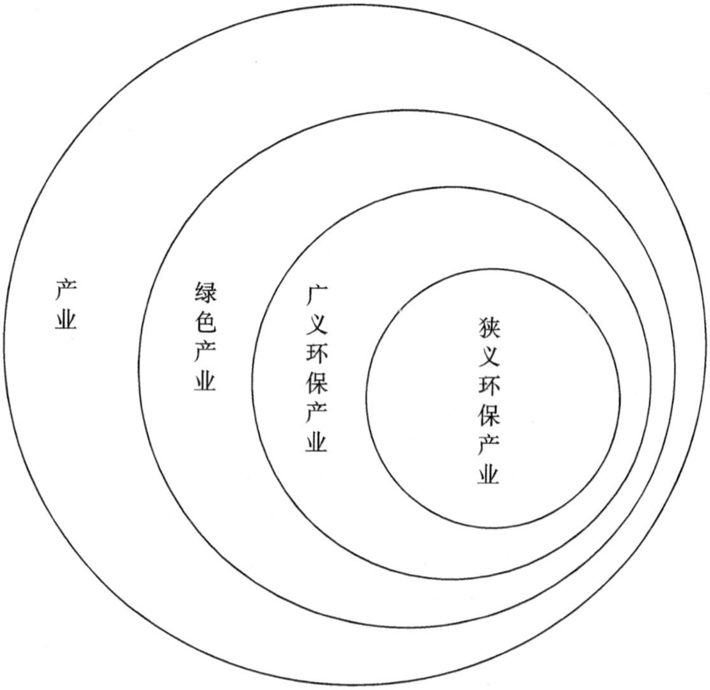

图 2－8　产业、绿色产业、广义环保产业、狭义环保产业的关系①

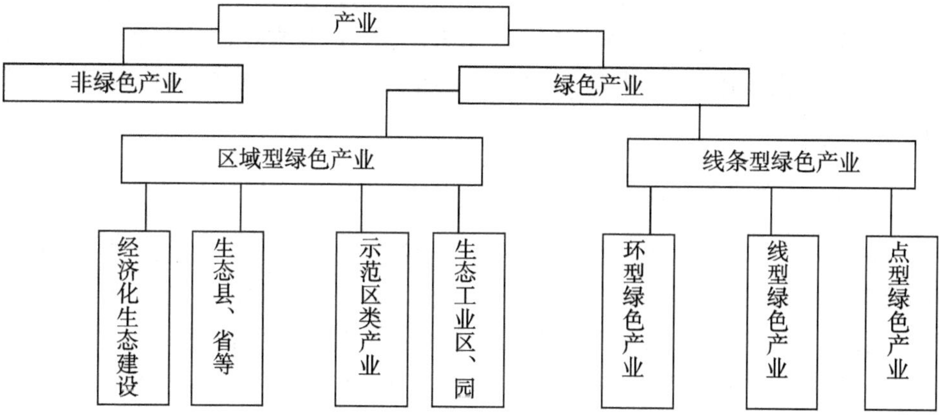

图 2－9　绿色产业分类②

从图 2－8、图 2－9 可以看出我们对绿色产业所做的进一步宏观理解和细致划

① 刘国涛：《节约型社会建设中的绿色产业与绿色产业法》，中国法制出版社 2005 年版，第 44 页。

② 同上书，第 46 页。

分。详见《节约型社会建设中的绿色产业与绿色产业法》。在此,我们重点讨论一下其中的生态恢复产业。目前,中国绿色产业处于快速发展阶段,其特点是总体规模不断扩张且发展迅速,边界和内涵不断延伸和丰富。绿色产业在国民经济发展中的直接贡献率逐渐增大,已经成为改善经济运行质量、促进供给侧改革和产业结构调整、升级的重要措施。产业内涵扩展的方向将主要集中在增加环境服务功能等方面,生态恢复产业显然是这种生态增量经济的主力军。

二、"编织美丽摇篮"——生态环境建设产业

关于生产、生活中的物质流(含能量),我们说是要"从摇篮,到坟墓"地运用好、处置好。如今提倡循环经济,我们则讲要"从摇篮,到坟墓,再到摇篮",也就是说从生产的起点到终点,有些再回到起点。如果再进一步的话,我们提倡"生态增量经济",则要"从摇篮,到坟墓,再到摇篮和编织美丽摇篮",不仅仅是"回到摇篮",而且要发展生态增量经济,建设摇篮,编织更为美丽的摇篮。我们在此所介绍的"生态环境建设产业"是生态恢复产业的类同说法,同样是"编织美丽摇篮"的产业。介绍、探讨有关生态环境建设产业,以此开展生态恢复产业研究。

除前述绿色产业系列研究成果对我们界定和分类生态恢复产业有着重要意义之外,以下介绍的对"生态环境建设产业"的理解和分类,对生态恢复产业研究有着更为重要的参考价值。

生态环境建设是指利用生态系统理论等基础理论,采取生物、物理、化学、工程、管理等综合措施,对脆弱或退化的生态系统进行恢复与重建。因生态环境内涵的丰富性、受损程度的不同性,可以按照不同的分类依据对生态环境保护进行分类。

(一)按人为干扰程度和保护目的划分

按照保护的方式和目的,特别是人为干扰程度的大小,大致可以分为:维护;保护;恢复;重建。维护一词通常意味着保持自然陆地与水体的现有模式不变。保护通常指的是将资源(如土地资源、水资源和生物资源等)保持在良好的状态,使代际之间可持续利用。在资源已被破坏的地方,保护的意义就扩大为恢复、重建、复垦等。

(二)按人工化的程度划分

按人工化程度不同,将生态保护分为自然保护和生态建设。

1. 自然保护

自然保护的对象很广,主要有土地、水、生物(包括森林、草原和野生生物等)、

矿藏、典型景观等资源，核心是保护、增殖和合理利用自然资源。自然保护区、海上自然保护区都属于自然保护。

2. 生态建设

生态恢复与重建是从生态系统的整体性出发，保障生态系统的健康发展、自然资源的永续利用和生物生产力的提高。生态建设中的人工设计成分较多，自然和人工密切配合，实现生态、经济和社会效益的和谐。

（三）按生态环境建设的时空尺度划分

生态保护可以表现出不同的时空尺度。

1. 空间尺度

（1）大尺度。大尺度往往是指大流域或跨流域的大区域性的破坏或保护。例如，我国“三北”防护林工程即是建立在大尺度等级内的大区域性的生态保护工程。

（2）中尺度。中尺度往往是流域内、省内、地区间或地区内的某项保护工程。如滇池的生态环境保护。

（3）小尺度。小尺度往往是县域内的、小的自然保护区，甚至是一个果园、一片试验田的保护工程等。如额济纳旗胡杨自然保护区。

2. 时间尺度

（1）大尺度。大尺度往往是以百年、数百年，甚至上千年、万年等。如沙漠化的演变与发展即为大时间尺度效应。

（2）中尺度。中尺度往往是百年以内，十年、数十年间的变化。例如，北京市的绿化需要十年、数十年的连续不断的努力才能见效益。

（3）小尺度。小尺度指年内的或数年间的变化。通常的生态农业都能在数年间明显见效，但其农业生产效益和生态环境效益却是长期的。[①]

（四）“生态产业”分类中的生态环境建设产业考察

2002 年，中国环境与发展国际合作委员会成立了“中国环保产业发展课题组”。课题组专家王礼嫱认为，中国的环境保护产业是指国民经济结构中为环境污染防治、生态保护与恢复、有效利用资源，为社会经济可持续发展提供技术和产品服务支持的产业。它包括生态产业、洁净产品生产、环保产品生产、环保服务、废物循环利用。其中生态产业又包括自然保护区建设、生态示范区建设和生态恢复治理三个方面。生态产业的分类见图 2 – 10。

---

① 赵廷宁等主编：《生态环境建设与管理》，中国环境科学出版社 2004 年版，第 122 页。

- 生态产业
  - 生态保护产业
    - 就地保护
      - 自然保护区
      - 生态城镇
      - 风景名胜区
    - 迁地保护
      - 植物园地保护
        - 植物园
        - 切花培育
        - 苗木培育
        - 花卉培育
        - 苗材植物培育
        - 盆景培育
        - 草皮培育
      - 动物园地保护
        - 动物园
        - 观景动物养殖
        - 动物保护中心
        - 野生动物急救中心
    - 离体保护
      - 农用种子库
      - 野生种子资源库
      - 动物精子库
  - 生态建设产业
    - 生态农业工程
      - 生态示范区
      - 沼气工程、太阳能
      - 资源综合利用
      - 低毒高效农药开发
      - 生物防治
    - 生态林业工程及绿化
      - 三北防护林
      - 农业防护林
      - 海防防护林
      - 城镇绿化
      - 住宅别墅
      - 阳台绿化
    - 生态城镇和生态住宅
    - 生态旅游产业
      - 生态旅游产品
      - 开发旅游资源
      - 宣传教育
  - 生态恢复与治理产业
    - 牧地
      - 轮牧
      - 休牧
      - 人工草地
    - 林地
      - 退耕还林
      - 退耕还牧
      - 退耕还湖
    - 矿地
      - 矿山土地
    - 区域
      - 防沙治沙
      - 流域生态治理
      - 湿地恢复

图 2－10　生态产业的分类框架

从图 2－10 可见，其中的生态保护产业主要是对自然的保护，人为干预极少，重在保护、维护，而不是修复、恢复。其中的生态建设产业，包括生态农业工程、生态林业工程及绿化、生态城镇和生态住宅、生态旅游产业。综合来看这五部分内容，与本书所提倡生活环境、生产环境、生态环境的“三生一体”思路是相吻合的。“生态林业工程和绿化”具有很强的生态恢复性质。其中的生态恢复和治理产业，则属于“正宗的”生态恢复产业内容。图 2 – 10 所述生态产业对于从该观点视角理解生态恢复产业界定和分类，是有着重要参考价值的。

三、“生态增量经济”视野中的生态恢复产业类型

（一）区分“废弃物”和“被污染物”

将废弃物与被污染物区分开，有利于我们深入、细致地分类研究“被污染物”的治理以及对生态恢复产业做广义、中义、狭义的分类。

这种区分还是比较容易的，我们在此提出要进行“区分”，并非因为难以区分，而是提醒、重视区分。我们仅对废弃物加以分类性介绍，其与被污染物的区分自然明了。

废弃物的分类，见图 2 – 11。

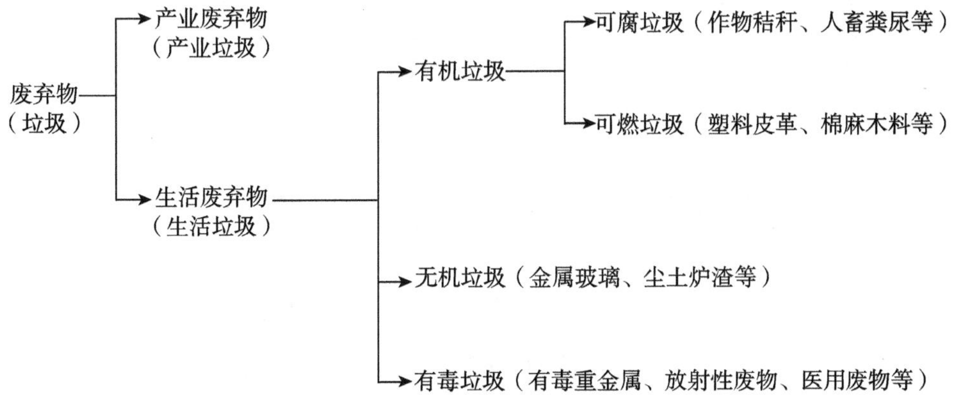

图 2 – 11　废弃物的分类

人们在生产产品中抛弃的废物叫产业废弃物，各种产业废弃物混合在一起，称为产业垃圾。在消费产品中抛弃的各种生活废弃物混合在一起，称为生活垃圾。这些废弃物是消耗环境资源的产物，也是破坏和污染环境的根源之一。废弃物未必是被污染物，却很有可能成为污染物。

(二)废弃物产生过程显示了“生态增量”的重要性

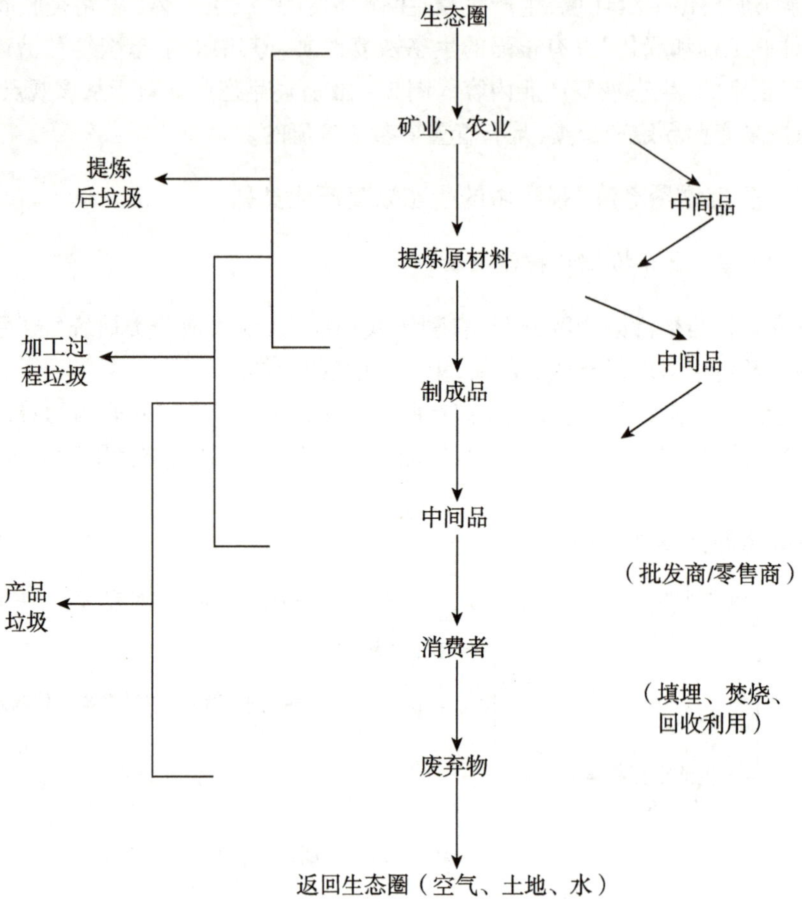

图 2-12　线性等级经济模式与生态圈①

图 2-12 描绘了废弃物与生态圈的关系。从图中可以看出线性等级式系统从生态圈挖掘资源、经过生产与使用,废弃后回至生态圈的过程。有关资料显示,只有 10% ~20% 的资源在第一次生产使用后被再生或再利用,80% 被废弃。② 因此,我们可以看到,对于自然资源,首先我们要尽量减少使用,也就是所谓的减量化,其次就是再利用和再循环。再利用、再循环就包括对所谓废弃物修复、恢复后的再利用、再循环。在再利用、再循环过程中,某种意义上讲,物质与原生产、利用

① [美]迈克尔·杰伊·波隆斯基等:《环境营销》,机械工业出版社 2000 年版,第 64 页。
② 同上书,第 63 ~64 页。

过程的流向是相逆的。如果上升到“原则”的高度,我们不仅将“减量化原则”放在首位,还可以创新化地提出“增量化原则”。增量化原则,就是要修复、恢复废弃物、被污染物(含生态性被污染物),增加“自然资源”的量,包含于广义的“生态增量”。

（三）“生态增量经济”的提出

1.“生态增量经济”的内涵

从环境污染治理的历史发展进程来看,其经历了如下几个过程:第一是侧重于污染源、排污口的“点”治理;第二是从摇篮到坟墓,强调清洁生产的“线”治理;第三是所谓的循环经济,也就是一种“环”治理;第四是强调区域治理,我们可以称为“面”治理;第五则走向全球化、全面化、多手段、多层次、多主体的立体治理,称为“体”治理。综观点、线、环、面、体治理中的物质流向,由单向走向了循环,强调“3R原则”(减量化、再利用、再循环)。

从物质流向看,从单向走向循环以及“减量”,似乎仍有不足,这就是我们所提出的一个新词“生态增量经济”。也就是说对减量——单向——循环,都已经比较重视了;但是“增量”重视不足,远没有“减量”“循环”如此明确和深入人心。“生态增量”也就是环境生态资源及其服务功能的增加、恢复。我们认为,环境法治发展的新趋势之一应当是“从循环经济走向增量经济”。

2.《生态规划(2013—2020)》的生态增量经济需求

2014年2月8日,国家发展改革委等12部委局联合发布了《生态规划(2013—2020)》。《生态规划(2013—2020)》内容包括全国生态保护与建设的主要成就、面临形势、指导思想、基本原则、主要目标、区域布局,生态保护与建设重点、主要任务、政策与保障措施。

从《生态规划(2013—2020)》的总体目标和具体目标来看,《生态规划(2013—2020)》充分体现了对“生态增量经济”的需求。《生态规划(2013—2020)》“总体目标”的部分内容是:到2020年,全国“生态环境得到改善,国家重点生态功能区生态服务功能增强”“基本构筑‘两屏三带一区多点’的国家生态安全屏障骨架”“努力建成生态环境良好国家”。《生态规划(2013—2020)》的具体目标对生态增量需求体现得更为明显:到2020年,森林覆盖率、蓄积量继续实现双增长,森林生态功能显著提高;全面实现草畜平衡,草原生态步入良性循环;初步遏制自然湿地萎缩和河湖生态功能下降趋势,主要河湖生态水量得到基本保证;重点治理区域水土流失和土地沙化,石漠化得到有效防控;重点生态区农田基本实行保护性耕作;城市建成区绿化覆盖率稳定并有所提升,大气粉尘吸附和阻隔能力增强;有效保护重要海洋环境和海洋景观,大幅提升近岸受损海域修复率,局部海域生态恶化趋势得到遏制;生物多样性丧失的速度得到基本控制;生态脆弱区贫困人口生产生活水平明显提高。

3.《“十三五”环保规划》中的“生态增量经济”

2016年11月,国务院印发《“十三五”环保规划》。《“十三五”环保规划》直接涉及了“生态保护与修复”“治理体系和治理能力现代化”“提供更多优质生态产品”。《“十三五”环保规划》的基本原则是“系统推进生态修复与环境治理,确保生态环境质量稳步提升,提高优质生态产品供给能力。”这可以说是本书所主张“生态增量经济”的直接表述。

(四)“生态增量经济”视野下的生态恢复产业类型

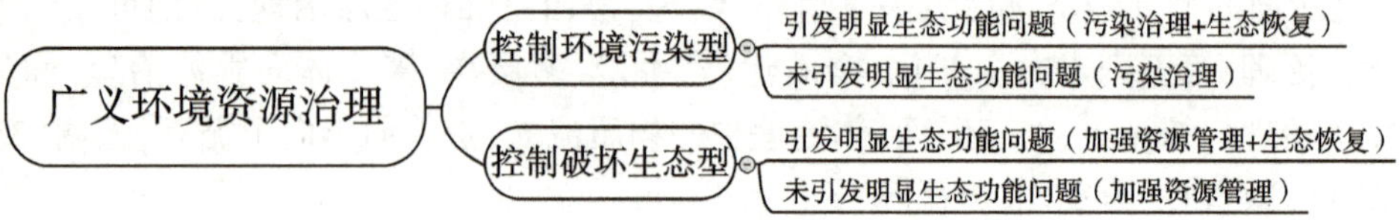

图2-13 广义环境资源治理

参见图2-13。在环境资源领域,我们知道环境污染与生态破坏是有区别的。环境污染主要是指人类向环境中排放污染物造成的损害;而生态破坏主要是由于人类过分向自然索取而造成的破坏。对这两种危害的防治,我们可以统称为广义环境资源治理。广义环境资源治理,按照环境污染和生态破坏的区别,可分为控制环境污染型和控制破坏生态型。

就控制环境污染型而言,没有引发明显生态环境问题的行为,主要通过传统的环境污染防治进行遏制,在污染源、污染物、污染途径的层面进行治理,侧重于排污口之前,以及污染物的流经途径治理。引发明显生态环境问题的环境污染行为,通常除进行污染治理以外,还要进行生态恢复(对发生生态服务功能障碍的那部分生态环境进行恢复)。

就控制破坏生态型而言,对未引发明显生态功能障碍的资源开发行为,主要是进行资源开发的管控。对引发明显生态功能障碍的资源开发行为,除加强资源开发行为管控之外,还要视需要进行生态恢复。

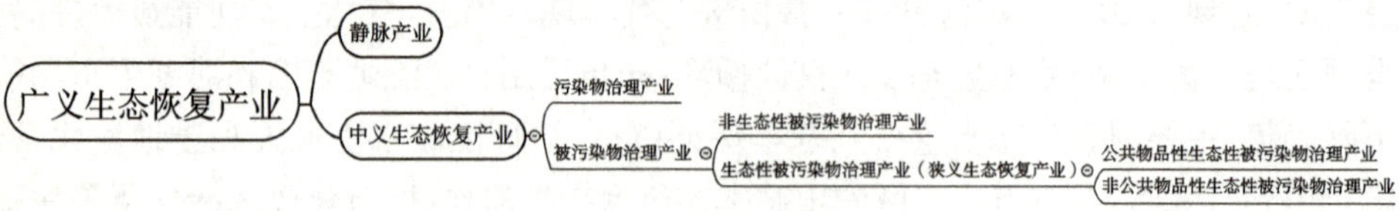

图2-14 生态恢复产业类型

参见图2-14。我们界定广义生态恢复产业的核心观点是对环境资源能有所

"增量"。它与传统的生产过程中的物质流向是相逆的，遵循"逆向原则"。鉴于此，广义的生态恢复产业包括了静脉产业和中义的生态恢复产业。

中义的生态恢复产业，主要包括对污染物的处置业，以及对被污染物的处置和恢复业。其与通常说的环境污染治理还是有区别的，它没有包含污染源的管理和污染物产生、传播途径治理。

狭义的生态恢复产业，仅指对具有生态性的被污染物的治理、恢复业。对非生态性被污染物进行治理的产业，仍属中义的生态恢复产业。狭义的生态恢复产业，又可根据其恢复对象的公共物品属性分为两类：一是公共物品性生态性被污染物治理产业；二是非公共物品性生态性被污染物治理产业。

四、我国生态恢复产业的现状与前景

（一）我国生态恢复产业的简要发展

本部分内容不包括"十三五"以来的"近况"。"十三五"以来的"近况"将在下一章"生态恢复产业法基础"中结合我们当前政策法律进行专门探讨。

20世纪80年代，我国正式提出土地复垦与生态重建问题。1989年之前，中国土地复垦工作主要停留在人才、科研、经验引进方面，缺乏工程实践项目。1989年施行的《土地复垦规定》（现已废止）为土地复垦工作的开展奠定了良好基础，是土地复垦与生态重建发展历程中的重要里程碑。自20世纪90年代，全国设立了12个土地复垦试验示范点（原国家土地管理局设立），开展了土地复垦试验与推广；1995年，原国家环保局开展了"矿区生态环境破坏与恢复重建调查研究"；1998年第4次修订的《中华人民共和国土地管理法》（以下简称《土地管理法》）第42条规定了"用地单位和个人应当按照国家有关规定负责复垦""缴纳土地复垦费""复垦的土地应当优先用于农业"等。

2001年，国家开始投资土地复垦，实施了"国家投资开发整理项目"；2006年，国土资源部等七部委颁发《关于加强生产建设项目土地复垦管理工作的通知》是复垦事业新的里程碑，关键突破在于"要求开采和建设用地的许可审批都要编制土地复垦方案"；《全国土地利用总体规划纲要（2006—2020年）》明确提出了复垦目标与任务，即"到2010年和2020年，全国通过土地整理复垦开发补充耕地不低于1710万亩（114万hm^2）和5500万亩（367万hm^2）"；《环境影响评价法》和《关于组织土地复垦方案编报和审查有关问题的通知》要求矿区在开采前必须进行环境影响评价和土地复垦方案编制，极大促进了矿区生态保护与复垦工作；2009年国土资源部《矿山地质环境保护规定》第12条规定对矿区生态保护与复垦提出了明确的目标、要求。

十八大报告第八部分集中论述了“大力推进生态文明建设”的问题，提出了经济建设、政治建设、文化建设、社会建设、生态文明建设“五位一体”的建设格局，足见对生态文明建设的重视程度。该部分首先讲述了我国环境污染、生态系统退化的严峻现实，提出了节约优先、保护优先、自然恢复为主的方针。在第三小部分即“加大自然生态系统和环境保护力度”之中，首次明确提出“要实施重大生态修复工程”，增强生态产品生产能力，同时对重点领域如土壤、湖泊、湿地进行整治和恢复。在第四小部分即加强生态文明制度建设之中，着重强调了对生态利益重视和保护，要实施生态补偿制度。生态文明建设问题的论述是十八大报告的一大亮点，它为未来生态恢复为主的生态文明建设提供了总体思路和着力的方向。

一些最新的有关生态恢复的新进展、新规定在本书第三章第四节还有专门介绍。这些大政方针政策事关环保整体工作。在这些政策内容中，生态恢复与建设显然正在成为其中的重点内容和谋划对象。这是将生态恢复与建设置于环保整体工作中的规划。

在生态恢复与建设专门性政策方面，我国早在20世纪末就已制定《全国生态环境建设规划》。该规划从生态环境建设的指导思想与奋斗目标、总体布局、政策措施等方面对全国生态环境建设规划工作进行了整体部署与安排。随后，《全国生态环境保护纲要》出台，纲要对全国生态环境建设的内容、要求、对策措施等方面进行了针对性的阐述和规定。这两大文件是生态恢复和建设专项工作的规划依据和纲领性要求，为具体领域的生态恢复提供了政策框架和工作思路。在全国生态环境建设规划政策的指引下，上海、福建、广东等地也出台了自己的生态环境建设规划。此外，其他相关专项政策规划中也有涉及具体领域生态恢复与建设的内容。

生态环境的公共产品属性使得非公益机构参与其中缺少动力，影响了生态恢复工作的全面深入产业化发展。国家将重点从环保产业以及战略性新兴产业发展政策方面进行改善和推进。《“十二五”节能环保产业发展规划》对涉及生态恢复产业在内的环保产业发展的基本原则、发展目标、重点领域、重点工程、政策措施等予以了规定。《“十二五”国家战略性新兴产业发展规划》则将节能环保产业作为其中的重点发展方向和主要发展任务，从另一个层面规划了环保产业发展的蓝图，形成两大政策的双向互动和整体效应。

（二）我国生态恢复产业中存在的问题

如果从1989年1月1日施行《土地复垦规定》算起，我国较为专门的生态恢复法制起步尚不足30年。对于具有长期性、基础性、生态性的生态恢复产业本身来讲，只能算是刚刚起步的萌芽期、探索期，处于产业发展周期的最前端。何况我们所界定的生态恢复产业远较土地复垦宽泛。因此，许多问题和现象呈现不足，相应的规范不断由社会规范、道德规范向法律规范发展，专门性产业法制相对欠缺。生态恢复产业法律规范大多分散于相关产业和领域规范之中，这既是发展阶段所决定，也是生态恢复的跨领域性所决定的。当中国社会进一步跨入环境库兹涅茨曲线右侧下降段时，环境治理、生态恢复工作会更为得到重视和加强，像制定《循环经济促进法》《清洁生产促进法》一样，我们也倡议制定《生态恢复产业促进法》或按照我们的新提法称为《生态增量经济法》。当前，生态恢复产业发展中存在的问题，是发展中的问题，尤其是新兴事物、朝阳产业发展当中的问题，有些还是新兴、朝阳产业共性的问题。生态恢复产业法制建设中的问题也是如此。鉴于这些问题的相似性、规律性，我们并不过于纠缠此类问题的详细分析论证，而是学习总结其方法论问题，运用到相应的产业法制建设理论和实践当中。这也是其后我们有专门一章《法制建设方法论：从新社会事实到新法律规范》的主要缘由。

概括来看，存在的问题主要有如下几方面：(1)尚待形成如循环经济产业法制发展那种研究热潮；(2)缺少更为专门性的法律，有关法规层次较低，涉及面窄；(3)分散于有关法律当中的“规定”，原则性太强、制度化不足、可操作性差；(4)技术标准体系很不完善；(5)与技术标准制定有关的基础性、应用性研究有待加强；(6)促进生态恢复产业在旧的产业体系中“破茧而出”的人才、技术、资金机制等，需要在发展中被研究完善；(7)长期效益显现迟缓，投资额度大，恢复责任主体较难确认或过于依赖政府，商业模式亟待创新与发展；(8)竞争不足，从较为狭义的生态恢复产业来看，园林绿化工程方面竞争非常激烈，土壤污染治理领域尚处发展之中，其他领域尚属萌芽或待开发；(9)待修复对象的基础数据缺少；(10)产业关联度低、产业链相对较短。

在生态恢复产业立法方面，我们认为存在的一个特别重要的，也是值得专门多谈几句的问题是立法理念和目的的调整问题。就专门性的生态恢复产业法而言，其立法理念和目的，不是循环经济、清洁生产，或者“3R 原则”、预防原则，而是我们在本书当中所着重探讨的“增量”理念。不仅是从坟墓到摇篮，而且是“建设美丽摇篮”。扩大绿水青山，就是增加金山银山。这种理念、目的深入人心，相应工作的实施推广阻力大减，动力大增。

（三）我国生态恢复产业化发展的前景

就本书而言，许多章节都直接或间接地表明了生态恢复及产业法制发展的前景。马克思主义环境生产理论，环境库兹涅茨曲线理论，投资自然、自然资本理论，生态公共物品供给理论，生态系统管理理论，生态系统功能服务价值论等均有所论证。城乡一体化发展理论，景观生态学，环境健康学，环境卫生学，以及绿色经济、循环经济、清洁生产等相关产业的发展趋势、政策、措施，都为生态恢复产业法制发展提供了重要的理论支撑和实践手段。生态恢复产业与这些时髦的、渐成显学的理论和方法关联密切,印证了其发展的远大前景。

在此仅依据资料、数据介绍一下生态产业发展的前景。表2－2:全国生态保护与建设主要指标,摘自《生态规划(2013—2020)》。从表2－2可以窥见生态恢复产业发展的大趋势,但是我们所探讨的产业发展前景绝不是止于2020年。从产业生命周期来讲,这仅仅是萌芽期。

《生态规划(2013—2020)》分别从以下方面规划了"生态保护与建设主要任务",包括:保护和培育森林生态系统、保护和治理草原生态系统、保护和修复荒漠生态系统、保护和恢复湿地与河湖生态系统、保护和改良农田生态系统、建设和改善城市生态系统、保护和整治海洋生态系统、防治水土流失、推进重点地区综合治理、保护生物多样性、保护地下水资源、强化生态建设的气象保障,共12个大的方面。

《"十三五"环保规划》中指出,要"开展土壤污染治理与修复""实施200个土壤污染治理与修复技术应用试点项目",要制定《土壤污染治理与修复终身责任追究办法》,"开展修复成效第三方评估"。《"十三五"环保规划》第七章的名称就是"加大保护力度,强化生态修复"。篇幅所限,不再详细述评。《土十条》的出台,是继《水污染防治行动计划》(以下简称《水十条》)、《大气污染防治行动计划》(以下简称《大气十条》)之后,又一重要举措,充分体现了政府对土壤及相关生态治理的重视,生态恢复产业也必将随之加速发展。

2016年4月14日,环境保护部发布了《关于积极发挥环境保护作用促进供给侧结构性改革的指导意见》提出要"提供更多优质生态产品""落实环境治理任务,推动环保产业发展"。

表2－2 全国生态保护与建设主要指标

主要指标	2010年	2015年	2020年
森林生态系统			
森林覆盖率(%)	20.36	21.66	23以上
森林蓄积量(亿立方米)	137	143	150以上
林地保有量(万公顷)	30378	30900	31230
草原生态系统			
"三化"草原治理率(%)	37	45.5	55.6
荒漠生态系统			
可治理沙化土地治理率(%)	26	45	50以上

续表

主要指标	2010 年	2015 年	2020 年
湿地与河湖生态系统			
自然湿地保护率(%)	50.3	55	60
重要河湖水功能区达标率(%)	46	60	80
农田生态系统			
农田实施保护性耕作比例(%)	3.5	11	15 以上
城市生态系统			
城市建成区绿化覆盖率(%)	38.6	41.12	44.59
海洋生态系统			
海洋重要渔业水域保护率(%)	20	40	50
全国自然岸线保有率(%)	37.6	36	35
近岸受损海域修复率(%)	—	5	10
防治水土流失			
水土流失治理率(%)	—	8.5	16.9
年土壤流失量(亿吨)	45	40.5	37
保护生物多样性			
陆域自然保护区占陆域面积比率(%)	14.9	15	15.2
海洋保护区占管辖海域面积比率(%)	1.12	3	5
国家重点保护物种和典型生态系统类型保护率(%)	85	90	95

据原环境保护部环境规划院张红振等撰文介绍，通过《土十条》的实施，环境修复产业将逐渐发展健全，市场规模将由 2016 年的预计 100 亿元，增长到 2020 年的 300 亿至 500 亿元；2021—2050 年进入产业平稳和成熟发展期，市场总投入在 1.5 万亿至 2.5 万亿元，见表 2 - 3。[①]

---

① 张红振、董璟琦、司绍诚、吴舜泽：《中国环境修复产业发展现状与预测分析》，载《环境保护》2016 年第 17 期。

表2-3 中国环境修复产业发展的阶段划分①

发展阶段	阶段名称	特征	产值和规模
2007—2015年	传统产业阶段	环境修复的萌芽时期,环境修复的产值和规模不稳定,环境修复技术主要依托传统的土建公司技术或固体废物处置技术。环境修复的产业以房地产和地价驱动为主,修复技术以快速和异位修复为主。修复技术含量低,商务模式以传统的行业经济模式为主。环境修复的行业监管水平低,相关技术规范和管理规定少,行业法规基础薄弱	低于50亿元/年
2016—2020年	资本重组产业阶段	环境修复的发展时期,环境修复的法规、政策、技术、监管、基础和能力逐步提升。《土十条》发布,首先刺激资本巨头的大量涌出,传统的公司和技术会被逐步取代。专业的和技术含量高的分包公司和环境检测公司获得大的发展机遇。行业中政府管理部门、修复公司、咨询机构和科研院共同完善产业相关政策和技术规范。产业发展中的弊端逐步被解决,产业走向正轨和规范化管理	从100亿元/年逐步发展到200亿元/年
2021—2050年	产业成熟阶段	环境修复的成熟时期,环境责任驱动的修复产业占到主流,历史遗留问题逐步完全解决。中国逐步形成激励创新和符合国情的环境修复监管、技术和公众参与机制。完成从土壤和地下水污染预防、调查评估和控制修复到土地再开发全过程的环境修复和管理体系。环境修复行业逐步形成技术创新能力强、囊括环境咨询和修复施工全方位的巨头企业。形成绿色和可持续修复的管理和技术体系	维持在每年300亿元至500亿元

据《中国国土资源报》报道,环境修复产业将"成为国民经济新的支柱产业",是"21世纪最具发展潜力的产业之一",是"技术密集型和资金密集型产业","环境医生"必然走俏。② 据《上海证券报》报道:"污染土壤治理,荒漠化修复,矿山复垦及园林绿化等在内的生态修复行业,正成为环保产业的又一个'金矿'""生态修复行业有着上万亿的市场空间"。③ 据《经济参考报》报道,据环保部规划院测算,预计"十三五"期间环保投入将增加到每年2万亿元左右,社会环保总投资有望超过17万亿元。江苏省环保产业技术研究院的报告称,从2014年至2020年,国内土壤修复市场规模可达6856亿元。④

① 张红振等:《中国环境修复产业发展现状与预测分析》,载《环境保护》2016年第17期。

② 周飞飞:《迎接环境修复产业的黎明》,载《中国国土资源报》2013年9月4日,第5版。

③ 毛明江:《受益政府团购,生态修复产业有望成为下一个"金矿"》,载《上海证券报》2013年8月2日,第F03版。

④ 毛振华:《城市污染土壤修复产业标准亟待规范》,载《经济参考报》2016年9月12日,第7版。

第三章 生态恢复产业法基础

对生态恢复产业法基础知识和基础理论的梳理和论述，是开展生态恢复产业法制研究的基础和前提，为生态恢复产业法制具体问题的研究提供总体思路和方向指引。

第一节 产业法基础理论

一、产业法的概念与性质

（一）产业法的概念

从已有文献来看，在产业法概念问题上不同的学者有不同的理解。这种不同的理解首先体现在对产业法本身的称谓上。一部分学者将产业法类似概念称之为产业政策法，①另一部分学者则将产业法类似概念直接表述为产业法或产业调节法、产业结构法、产业部门法、产业经济法等。② 将产业法类似概念称为产业政策法主要是考虑到产业政策与产业法律之间的紧密联系，尤其是在产业法律关系调整领域法和政策的互融性。"产业政策法是政策与法律相互交叉而形成的一种法律。在产业政策法中，政策是其内容，法律是其形式，或者说产业政策获得了法律的表现形式，进而具有法律的一般性质，如规范性和约束力，或者说政策本身就具有法律性质，在这里，政策和法律融为一体。"③将产业法类似概念称之为产业法主要是基于对政策和法律区别对待的考虑，避免了相互混用造成的规范性调整不足

① 参见姜昕、杨临宏主编：《产业政策法》，中国社会科学出版社 2008 年版；冯辉：《ECFA 时代的大陆产业政策法》，商周出版社 2011 年版；王先林：《产业政策法初论》，载《中国法学》2003 年第 3 期；王健：《产业政策法若干问题研究》，载《法律科学》2002 年第 1 期；李艳芳：《论西部开发中产业政策法的生态化》，载《北京市政法管理干部学院学报》2001 年第 1 期。

② 参见张雪棋：《产业结构法研究》，中国人民大学出版社 2005 年版；卢炯星主编：《产业调节法理论创新与实务问题研究》，厦门大学出版社 2011 年版；刘文华、张雪楳：《论产业法的地位》，载《法学论坛》2001 年第 6 期；杨紫烜：《对产业政策和产业法的若干理论问题的认识》，载《法学》2010 年第 9 期。

③ 董进宇主编：《宏观调控法学》，吉林大学出版社 1999 年版，第 212 页。

而随意性过大的现象。当然,即使使用产业法称谓的学者实质上也没有否认在产业关系调整领域政策与法律的相互联系甚至相互融合的性质,[①]只是对产业政策法的称谓形式持一种谨慎的态度,对产业政策与产业法律化的政策进行了严格的区别。综观已有研究,产业法、产业结构法、产业经济法和产业政策法等这些称谓的不同,其根本原因还在于不同学者对此领域研究的范围或研究的侧重存在不同。提倡产业法提法的学者实际是在广义的角度上进行论述的,它既包括产业政策法规范的产业关系,也包括传统意义上的产业法律制度规范的产业关系。提倡产业政策法提法的学者实际是在次广义的角度上进行论述的,它只包括广义产业法的前一种规范,即适应产业法律关系调整要求的区别于其他一般社会关系调整的政策性法律,当然也不排除学者在整体产业关系特殊性考虑之下进行的指向性命名。产业结构法、产业组织法则是在相对狭义的角度对产业法进行的命名,它们是广义产业法的重要组成部分。

在生态恢复产业法制研究领域,我们使用的是广义上的产业法概念,即包括产业政策法在内的产业法。同时,考虑到现有政策规定的内容亟须得到制度化确认和保障,以及需要对政策制定和实施行为进行必要的法律规范,我们最终采用的是产业法的概念称谓。这里有必要说明的是,虽然我们使用的是产业法的概念称谓,但我们并不否认在产业关系规范领域,产业政策与法律的密切联系和相互融合的性质。[②] 尤其是在生态恢复产业领域,政策起到非常重要的作用,政策的内容也会经常性地进入法律规范之内。对已有产业发展和规范方面的政策进行针对性研究,找到该领域政策和法律之间的平衡点,促成政策和法律功能的整合,最终实现生态恢复产业法制的整合性构建将是课题基本的研究任务。

产业法的称谓确定之后,接下来的任务是对产业法的具体内涵和外延进行界定。杨紫煊认为,产业法是指调整在国民经济内部按照社会分工,由提供同类产品或劳务的企业、事业单位组成的较高层次的部门的活动中发生的社会关系的法律规范的总称,它包括产业结构法、产业组织法、产业技术法、产业布局法。[③] 刘文华认为,产业法由产业结构法、产业组织法、产业技术法、产业布局法四大领域法组成,是调整产业地位、作用、关联性,产业资源配置和关联状态,产业技术发展和进

---

① 刘文华认为次广义的产业法即为大家约定俗成称为产业政策法的产业法,见刘文华、张雪楳:《论产业法的地位》,载《法学论坛》2001 年第 6 期。

② 例如,我国《九十年代国家产业政策纲要》指出,产业政策包括产业结构政策、产业组织政策、产业技术政策和产业布局政策,以及其他对产业发展有重大影响的政策和法规。参见刘文华、张雪楳:《论产业法的地位》,载《法学论坛》2001 年第 6 期。

③ 参见杨紫烜:《对产业政策和产业法的若干理论问题的认识》,载《法学》2010 年第 9 期。

步以及区域产业分工和配置的法律规范的总称。① 张雪楳认为，产业法是对产业经济进行调整之法，包括产业政策法和非由产业政策调整的但由法律直接调整的产业经济学中所包括的产业组织、产业结构、产业布局、产业技术、产业发展等经济内容。② 从以上学者的归纳可以得出关于产业法概念的一些观点：产业法是调整产业社会关系的法，带有综合调控和协调发展的规范性质；产业法主要包括产业结构、产业组织、产业布局和产业技术领域的法律规范；产业法体系较为庞大，区别于民法、刑法等单纯的部门法；产业法与产业经济密切联系，产业法规范中的“经济”成分较多、较常见。在对以上观点进行汇总、提炼的基础上，我们认为，产业法就是对产业结构、产业组织、产业布局和产业技术领域的产业社会关系进行综合性调整的，以实现产业领域经济、社会和环境协调发展为指向的类法律规范的总称。该概念说明产业法主要是在产业结构、产业组织、产业布局和产业技术四大领域起着规范的作用；产业法的规范性调整不是单一的调整，而是综合各有关领域、手段、力量的综合性调整；产业法的目标是实现产业领域的经济、社会和环境的协调发展；产业法的表现形式不是单一的部门法，而是一类法律规范的总称，包括产业核心法律规范和外围的相关法律规范。

（二）产业法的性质

产业法的概念在很大程度上已经揭示了其性质。可以说，产业法具有多方面的性质与特征。下面，我们将对产业法最为显著的性质进行阐述。

1. 综合协调性

产业法是带有显著的综合协调性特征的法。这种综合协调性体现在：第一，产业法的调整对象具有综合性。产业法涉及产业结构、产业组织、产业布局以及产业技术各领域，对产业的地位、产业间的关联、产业的分工和资源配置、产业的进步和发展等均起到调整的作用。此外，产业经济与国家宏观经济的其他领域也具有紧密的联系，产业法也需要对进入产业经济领域的其他领域的社会关系进行调整。第二，产业法的调整手段具有综合性和协调性。产业法对产业社会关系的调整既有宏观性、政策性调整，也有具体性、制度性调整；既有直接管制的调整手段，也有间接诱导性的调整手段；既有传统的调整手段，也有适应产业发展新要求的创新型的调整手段。考虑到产业经济协调发展，尤其是产业经济发展与生态环境保护、社会和谐发展的平衡性，产业法的调整还带有显著的协调性特征。第三，产业法规范

---

① 参见刘文华、张雪楳：《论产业法的地位》，载《法学论坛》2001 年第 6 期。

② 参见张雪楳：《论产业法的地位》，载史际春、邓峰：《经济法学评论》（第 2 卷），中国法制出版社 2002 年版，第 184 页。

的外在表现形式带有综合性。产业法带有跨部门法的特征,产业法规范不仅有产业核心制度,还有民法、行政法等领域的法律制度;不仅有金融、财政、税务方面的规范,还有工商行政、计划、投资方面的规范;不仅涉及经济领域的法律规范,在非经济领域法律规范中也常常能够找到产业发展必不可少的保障性、协调性法律规范。

2. 社会本位性

产业法既不同于私法以私权利为中心的立法构建模式,也不同于公法以公权力为中心的立法构建模式。产业法是以社会权利为中心的法,带有典型的社会本位性质。产业法的社会本位性主要体现在:第一,产业法的指向带有社会本位性。产业法是以促进产业经济良性发展为指向的。产业经济发展关系到宏观经济的整体发展,事关个人、国家以及社会整体的利益和福祉。以此为调整对象的产业法,其指向就既不同于私法对个人利益的近乎绝对式保护,也不同于公法对国家利益的显著的强调式保护,而是兼顾各方利益,体现利益整合和长远保护的要求,即指向超越他们两者之上的社会性利益。第二,产业法的制度具有社会本位性。产业法的社会本位性不仅体现在产业法的指向上,还体现在具体的制度中。以产业结构法律制度为例,该项制度寻求的是合理的产业结构布局和整合。所谓合理就不能是只顾眼前利益进行的粗放式产业结构布局,而必须兼顾个人利益与公共利益,局部利益与整体利益,眼前利益与长远利益。相应地,对眼前经济利益小但长远发展意义大的产业进行扶持和保障的制度就体现了显著的社会本位性质。第三,产业法在环保时代展现了典型的社会本位属性。环保时代的立法或多或少都应当体现环保的诉求,这是世界范围内的共同趋势。产业法对解决经济发展与环境保护之间的恒久性矛盾,实现环境保护的可持续性具有基础性意义。在环保时代,产业法对环保诉求主要有两大回应,一是将环保目标体现在产业法律制度中,纠正制度单纯追求经济发展的偏颇;二是将环保作为产业进行制度规范,如生态恢复产业的法律规范。在回应环保要求的过程中,产业法展现出了新型社会法的属性和特质。

3. 政策融合性

产业法在具有综合协调性和社会本位性的同时,还带有显著的政策融合性。产业法的政策融合性体现在:第一,有很多产业法的内容实质上就是产业政策的内容,产业法的特殊性使得产业法规范的内容不是以固守概念和单一价值为构建的基础,而是带有很大的政策导向性构建特征。在这种情况下,产业法是产业政策的法律化和制度化,如《指导外商投资方向规定》第 1 条的规定。第二,产业政策在很多时候,本身就是以法律形式出现的。例如,欧美、日本等发达国家在各自制定并实施具体的产业政策时,都非常重视建立和推行法制化的产业立法制度,如日本的

《电子工业振兴临时措施法》《特定产业结构改进临时措施法》等。[①] 第三，产业法在很大程度上如同政策般具有阶段性、变动性和灵活性的特征。“不同的国家以及同一个国家的不同时期的产业政策法在内容和侧重点上往往差别很大。有关产业政策法一般具有较明显的时限性和阶段性，如日本产业政策法所规定的产业政策，无论是支持、发展性的扶持政策，还是救济、援助性的调整政策，都是有一定期限的，很多临时措施法的有效期为5年，也有的是10年。”[②]

二、产业法的构成和立法形式

（一）产业法的构成

在产业法的构成问题上，学者之间基本取得了一致性的意见，即产业法主要包括四大部分：产业结构法、产业组织法、产业布局法、产业技术法。本书采纳以上对产业法构成的学说。

产业结构法主要调整各产业的地位、作用和关联性的关系。[③] 产业结构法事关一个国家或地区产业的发展方向、弱小产业的扶持、落后产业的淘汰、产业间的相互关联等重大问题。产业结构法是产业法中的核心法。产业组织法主要是调整属于同一市场上的企业之间的资源配置状况及企业间的关联状态的法律，其核心是处理规模经济和竞争效益之间的对立统一关系问题及中小企业的发展问题，相应还存在生产规模与管理体制和水平的相互适应、作用的问题。[④] 产业组织法通过对市场上企业间的资源配置进行调整实现不同企业的先后优劣发展顺序，以此谋求产业内不同企业的最优和最大化发展。产业组织法在处理规模经济与竞争效益间的关系时起到主要作用，通过规范性调整实现两者间的动态平衡。产业布局法主要调整产业在不同地区的分工和相互协作关系，目的是发挥地区在产业发展中的优势，实现区域产业的合理组合。通过规范和引导不同地区承载整体产业发展的不同功能，实现区域整体产业功能的优化发展。产业布局法涉及国家经济整体发展战略，因此其制定更需要有宏观性思维。产业技术法主要调整产业技术的研发、应用和市场化等领域的关系。任何产业的发展都离不开产业技术强有力的支撑。产业技术法的目的就是依法规范产业技术对产业发展的作用范围、方式和效果等。在知识经济时代，高新技术产业的发展尤其需要产业技术法的制度性保障，将产业技术置于产业市场发展的完整链条中进行法律规范是产业技术法的重

---

① 参见王健：《产业政策法若干问题研究》，载《法律科学》2002年第1期。

② 王先林：《产业政策法初论》，载《中国法学》2003年第3期。

③ 参见刘文华、张雪楳：《论产业法的地位》，载《法学论坛》2001年第6期。

④ 同上。

要特征。

(二)产业法的生态化

在可持续发展理念不断深化和拓展的今天,法律制度的生态化或生态化的法律制度已经成为法制发展的重要趋势。产业法领域的制度生态化因直接契合可持续发展所要求的经济和环保共赢式发展而具有更加强劲的发展势头。可以说,产业生态化发展与生态产业发展的法律规范必将成为产业法体系的重要构成内容。这些内容以理念、原则或制度规范的形式分布在产业法的方方面面。在产业结构法中,体现为对生态产业的扶持与重视、对生态耗损型产业的淘汰、产业结构整体规划符合生态环保的要求、产业资源配置符合资源最优利用的要求等。在产业组织法中,体现为对规模经济的生态化引导,形成完整的体现生态要求的产业链条或产业规模,规范企业的理性竞争,让不符合生态要求或资源浪费型企业在市场化竞争中自然淘汰等。在产业布局法中,体现为在生态整体性理念要求下合理布局区域内和区域间的产业,对投资生态的产业区域要给予市场化的补偿,最终形成市场内的产业布局在生态、经济和社会维度的合理化。在产业技术法中,体现为包括给予生态技术和环保技术研发、应用、推广的政策以及资金和制度性优惠,推动技术的市场化,针对生态产业的特点设置风险分担等在内的制度性措施。

(三)产业法的立法形式

产业法在立法形式上有别于传统部门法的严格分类,显示出自身的特殊性。从法律规范的组成看,产业法既包括产业核心类法律,也包括外围性与产业关系调整有关的法律。产业法的这种外在构成形式显著区别于民法、刑法等传统部门法,具有跨越部门法的综合性立法形式特征。正是这种特殊性,使得人们对产业法的体系性产生过怀疑甚至否定。他们认为产业法不能自成体系,“在法律方面,产业组织政策的要义主要体现在反垄断法和反不正当竞争法中,尤其是反垄断法,作为规制市场结构的重要法律部门,对产业组织的合理化起着重要的作用;由于产业结构政策与国家计划密切相关,是体现于计划中的重要内容,因而认为产业结构法是计划法的重要部门”。[①] 但是,这并不能否定产业法本身的自成体系性。因为虽然产业法分布于不同的法律规范甚至法律部门当中,但是产业法有着自己的调整对象、调整方式以及调整目的,所有产业法律规范都是在一体化调整思维或模式下结成的有机联系的统一整体。另外,从规范的构成看,产业法有着自己的核心法领域,这是任何其他法所难以单独涵盖的。因此,我们认为,产业法是能自成体系的,

① 张守文、于雷:《市场经济与新经济法》,北京大学出版社1993年版,第302页。

只不过产业法的这种体系性有别于传统部门法。产业法立法形式的另外一个重要特征就是政策性立法的表现形式。在产业法领域，产业政策占据非常重要的地位，起到非常重要的作用。政策先行，而后实现政策的法制化是很多国家在实现产业发展过程中积累的宝贵经验。基于此，产业法的很多内容实际上是从产业政策的内容而来或带有产业政策的痕迹，甚至有些条款本身就是产业政策的条款。在这之中，产业法的政策性立法表现形式也就体现得较为明显。除此之外，产业法在名称和时效方面也表现出了政策性特征的一面，如日本的《日本机械工业振兴临时措施法》和《电子工业振兴临时措施法》。产业法立法形式的第三个特征是产业法规范由宏观性规范和微观性规范结合构成。在产业法中，我们很容易找到宏观性的法律条款，如对某一类产业发展做出的带有规范效力的战略性部署和安排。宏观性规范的存在是产业整体性和方向性发展的要求所决定的，这在其他部门法中并不常见。当然，产业法中也不乏较为细致的微观性法律规定，以此保证产业法效力的落实。总体来看，产业法中的宏观性规定占据较大比重，形成宏观与微观共同规范的格局。不过，随着产业政策法制化程度的不断提高，产业法制度的细致化和可操作性问题也会得到解决，产业法中微观性规定的比重也会不断提高。产业法立法形式第四个方面的特征是链条式的立法形式。所谓链条式立法，是指制定的法律规范围绕特定的调整对象形成如同链条般的形式状态。在产业法领域，产业法律规范需要根据各类产业的相互关系和整体发展要求或者同一产业内部企业间的相互关系与整体发展要求制定，围绕这种相互关系或发展要求所制定的法律规范呈现了一种链条状的立法形式。比如，产业结构法、产业组织法、产业布局法、产业技术法分别从布局、组织、结构和技术层面对产业关系进行规范性调整。这种调整是遵循产业发展所需的整个链条式的条件或要求而来的，这是从宏观角度来讲的。从微观的角度看，产业发展相关的前期准入、中期运行和后期保障等整个产业发展流程所需的具体制度设计也带有围绕产业发展而形成的链条式立法特征。

三、产业法的调整方法和手段

产业法的调整方法、手段遵循法律调整方法、手段的一般性要求，同时也具有自身的特殊性。这种特殊性表现在以下几大方面：

一是产业法的调整方法或手段是综合性的。产业法是对产业关系进行调整的法。产业关系既涉及公法的规制，也涉及私法的激励；既有经济性的规范需求，也有非经济性的规范需求；既有宏观性的规划指导，也有微观性的规范调整。规范产业关系的产业法的调整方法、手段也综合了各种法律的调整方法和手段，以此实现在产业法价值和目的追求下的一体化、协同性调整。所以说，产业法的调整方法、手段具有综合性与协同性。

二是在产业法的调整方法、手段中,鼓励性、激励性的规范占据较大的比重。像民法等私法性规范之中也存在鼓励性和激励性的规范,这是因为民法等私法性规范的方式主要是权利的授予,既然是权利就可以为也可以不为,可以这样为也可以那样为。但是,为了让法律追求的终极价值尽可能地实现,不仅需要对权利人的行为实施一个超越“不求有利他人,但求不损害他人”的调整方式,而且尽可能地引导权利人走向“以不损害他人为底线,趋向于也有利于他人”的行为方式。这时,鼓励性或者激励性的规范能够起到较大的作用。当然,民法中的鼓励性或者激励性规范只是在个别情况下存在,与产业法中的较大量存在还是有区别的。针对相关产业不愿进入或难以进入,但社会又迫切需要其积极进入的领域的现状,需要有制度上的条件使得相关产业得以进入并获得长远发展,这也是产业法产生的主要原因。而这种制度上的条件很多就表现为鼓励性或者激励性的规定。

三是介于公、私法之间的调整方式、手段,在产业法中有所体现并将占据重要的地位,发挥重要的作用。产业法在调整产业关系时综合运用公、私法的调整方式和手段,以此实现综合调整的目标要求。不仅如此,产业法在调整产业关系时还经常性地用到介于公、私法两者之间的第三种调整方式,或称新型的调整方式,如行政合同、基金、保险等制度性规范手段。这种新型的调整手段在产业法领域发挥积极的作用,确保在公共目标的规制下实现产业的市场化运作和发展,最终实现完整、规范的产业市场化制度。

四是产业法以利益的协调与平衡作为确保自身有效性、实现规范对象健康发展的重要手段。产业法主要的作用领域是市场失灵的地方,是为有效弥补市场缺陷而存在的。但市场失灵并不意味着市场因素对产业法没有影响。产业法的制定应当接受市场规律的制约,产业法作用的持续有效发挥同样应当借助市场的推进。而作为制定实施者的政府部门,其占有无可比拟的资源和权威优势。产业法的顺利实施需要政府作用的充分发挥但无法完全依赖于政府作用,因为即使是政府部门也存在自身利益追逐下的失灵状态。在双重失灵的现实状况下,产业法往往需要协调、平衡甚至制衡的力量确保自身的有效性。从产业法调整对象的角度而言,产业经济的发展谋求的是长期的、内部和谐的发展状态,各种经济利益间应当保持整体产业经济效益最大化下的平衡。这是从产业经济闭合系统角度所提出的要求。如果超越产业经济发展的视野,产业经济的发展还必然涉及与此密切相关的生态、社会的发展,经济利益还必须与生态利益、社会利益保持协调和平衡。更进一步来讲,产业经济赖以发展的生态资源和社会资源何尝不是一种能够直接或间接产出经济效益的生产力资源,这就更加需要产业法在充分关照现实情况下的综合协调平衡了。

第二节　生态恢复法制基础

一、生态恢复法制问题的提出

随着人类影响范围和幅度的不断拓展,生态环境出现不断遭受破坏和整体功能退化的趋势。这一不争的事实已经严重影响到了人类的基础性生存和未来的持续发展。在严峻的现实面前,人类开展反思自身的行为,意识到对生态环境不能一味索取,还应当适时地予以"回报"。而"回报"的主要形式就是对遭受破坏的生态环境进行治理和恢复,维持生态系统良好的结构和功能状态。在这种背景下,生态恢复的提法逐渐为人们知悉和重视,生态恢复作为理论和实践课题也日益成为世界各国的研究热点。在技术层面,生态恢复相关的技术理论和技术手段也在回应实践需求的前提下获得了快速的发展。相应的生态恢复实践得到技术的支撑,生态恢复活动日益频繁并成为很多领域的常规性工作。与此相关的产业发展、行业标准、制度规范等问题相应地出现,生态恢复作为一个系统问题也就以迅猛发展之势呈现在我们面前。

关于生态恢复的产生与发展在第二章中已经有所论述。在恢复生态学研究之外,其他学科的研究也取得了一定的成绩。尤其是法学领域的研究为传统法学理论的创新找到了突破点,为环境资源法制建设提供了强大的理论工具和制度蓝本。具体到制度建设领域,早在 2002 年我国著名环境法学家王灿发教授指出:"一些机构和民间组织,也在大力呼吁和促进国家和地方政府制定和实施环境恢复与再生的环境政策和立法,提出了'21 世纪应当是环境恢复与再生世纪'的口号,并为此召开各种研讨会,探讨环境恢复与再生的形式、途径、方法和法律保证。""在环境政策和立法方面,一些国家出现了重视环境恢复与再生的立法趋势。"①但是,从现实角度看,关于生态修复的法学理解和探析却落后于实践的需要,生态修复正式进入专门的规范化进程存在滞后性。② 因此,对生态恢复法制建设问题进行专门研究具有十分重要的理论价值、实践意义以及现实紧迫性。

二、国外生态恢复法制建设发展概况

国外在生态恢复法制建设领域投入了大量的资源,取得了较好的规范效果。

---

① 王灿发:《环境恢复与再生时代需要新型的环境立法》,载《郑州大学学报》(哲学社会科学版)2002 年第 2 期。

② 参见魏旭:《生态修复制度基本范畴初探》,载《甘肃政法学院学报》2016 年第 1 期。

从立法的范围来看，无论是环境保护基本立法还是各环境资源单项立法多有生态恢复方面的规定。尤其是在新近的环境立法之中，重视环境恢复与再生已经成为一个重要的立法趋势。

（一）从环境保护基本法考察

近年来，中山大学李挚萍教授在环境基本法方面做了大量深入细致的分析研究。据李教授介绍，在俄罗斯《环境保护法》第七章“对进行经济活动和其他活动的环境保护要求”中，对开发建设活动都规定了相应的环境修复措施和要求。例如，规定建筑物、构筑物等项目的布局、设计过程中就要事先包含恢复自然环境的内容；当这些建筑、工程项目退出使用时，也应采取措施恢复自然环境、整理和复垦土地。在俄罗斯环境保护法中，将开发项目的事前绿色预防设计与工程建筑物废弃后的生态恢复置于“同等重要的地位”。《加拿大环境保护法》第2条也规定加拿大政府“采取预防的和救济的措施，以保护、提高和恢复环境”。李挚萍教授总结认为，20世纪90年代后，许多国家的环境基本法对环境修复进行了规定，主要是通过两种形式进行的：一是作为一项基本原则规定在基本法中，如保加利亚，格鲁吉亚等；二是作为重要的法律制度规定在环境保护基本法中，如加拿大、俄罗斯、老挝、坦桑尼亚等。[①] 1995年的《英国环境法》专门规定了一编探讨污染土地和废弃矿山的治理和恢复问题。美国环境保护领域的基本法《国家环境政策法》第1条明确规定“鉴于恢复及维持环境质量，对于全体人类之福祉与发展深具重要性。国家兹宣布……实现当代美国人及其子孙后代对于社会、经济和其他方面的各种条件。”

（二）国外较为专门的生态恢复法

在基本法之外的环境立法中，生态恢复制度也随处可见。20世纪70年代以来，现代意义上的退化和受损生态系统的生态恢复问题及其法制日益得到国际社会的关注，并呈现有关生态恢复需求法律化的趋势。从环境法制建设来看，除环境保护基本法中倡导式规范之外，生态恢复有关法律规范以“法律原则”“法律制度”的形式不断“侵入”传统环境资源法中。有的国家还开展了专门性立法。

1. 美国的《超级基金法》等

谈到生态恢复方面的专门性立法，我们通常首先想到的是美国的《综合环境反应、赔偿与责任法》（也称《超级基金法》）。1976年，美国纽约州尼亚加拉是拉芙运河（Love Canal）区域一处居民区的居民发现地下室有化学异味，居民中出现药物灼伤、产妇流产、婴儿畸形等异常现象。1978年此事引起政府有关部门重视，当

---

① 参见李挚萍：《环境修复法律制度探析》，载《法学评论》2013年第2期。

地居民也曾向法院提起民事诉讼要求赔偿，但因缺乏法律依据，诉讼请求未获得法院支持。虽然美国的《清洁水法》《自然保护与恢复法》《有害物质控制法》中有一些对污染场地治理的规定，但无法为清理历史遗留的污染场地、消除其对公众的危害提供有力的法律支持，尤其是对追责问题束手无策。1976 年颁布的《资源保护和恢复法》对该法生效前由于危险废弃物不当处置所引起的污染场损害责任问题无相关规定。鉴于这种情况，美国国会于 1980 年通过了《综合环境反应、赔偿和责任法》。统观整部法律主要包括四大方面的法律制度：一是信息收集和分析制度，主要是为及时了解污染场地的分布状况，拟定污染场地国家治理名录，确定治理先后顺序；二是授权与监督制度，授权联邦政府处理危险废物事件的权力，并设计了监督机制；三是超级基金制度，创设了危险物质信托基金，为联邦政府的反应行动和自然资源损害恢复工作提供资金支持；四是以污染者付费原则为基础的环境责任制度，要求对危险物质释放或释放威胁有责任的主体承担反应行动的费用，特别值得重视的是超级基金法的责任具有追溯既往的法律效力，是严格的无限连带责任。近年来，我国政府有关部门和研究人员加大了对美国《超级基金法》的研究，出版了《美国超级基金法研究——历史遗留污染问题的美国解决之道》①《美国超级基金制度与国内污染场地评估案例》②两本著作，非常值得阅读。

美国早在 1911 年即提出土地复垦，1918 年在伊利丹维尔附近的煤矿进行种植复垦；20 世纪 70 年代，美国出台了《资源保护和恢复法》（1976 年）、《露天采矿管理与土地复垦法》（1977 年，又称《复垦法》）。《资源保护和恢复法》通过许可制度有力制约了危险废物对土地、水体的污染，是资源保护和恢复的前置性制度。矿区土地生态恢复和土壤污染防治是最为突出、明显的问题，为此美国国会于 1977 年在各州矿区生态恢复法的基础上颁布了第一部联邦层次的矿区生态恢复法——《露天采矿管理与土地复垦法》。该法规定设立矿山管理及复垦的专门机关，规定了专门的生态恢复基金制度，规定了管理办法和验收标准等。这部法律较为有效地缓解了美国自工业革命以来所造成的生态环境破坏问题。“复垦率要求达到 100%。据现场考察，矿山复垦率达 85% 以上。”③1985 年，美国政府推出农地保护计划，对于发生土壤侵蚀、荒漠化的地区，有计划地实施大规模退耕还草、植树或休耕。到 1990 年，美国农业部对容易发生土壤侵蚀的 4770 万 hm^2 耕地全部进行了退耕还林或休耕。④ 值得一提

---

① 参见贾峰等：《美国超级基金法研究——历史遗留污染问题的美国解决之道》，中国环境出版社 2015 年版，第1～400页。

② 参见王兴润、颜湘华主编：《美国超级基金制度与国内污染场地评估案例》，中国环境出版社 2013 年版，第 1～264 页。

③ 中国 21 世纪议程管理中心：《生态补偿的国际比较模式与机制》，社会科学文献出版社 2012 年版，第 263 页。

④ 李文华主编：《中国当代生态学研究——生态系统恢复卷》，科学出版社 2013 年版，第 259 页。

的是,2010年墨西哥湾钻井平台发生爆炸后,造成大量原油泄漏,严重损害了墨西哥湾区域的生态环境。美国国会为此通过了《墨西哥湾区域自然资源和生态系统可持续、旅游发展和经济恢复法》,该法中设立的恢复信托基金制度、恢复公众参与制度等为生态恢复法律制度的建立提供了宝贵的可资借鉴经验做法。① 此外,美国也有较多的与生态恢复、土地复垦相关的法律规定散见于其他法律当中,如《联邦金属矿与非金属矿安全法》《矿业与矿产政策法》《垃圾法》等。

2.德国的生态恢复法制

德国的《土地保护法》《联邦森林法》《水保护法》《矿山还原法》《联邦矿产法》《联邦自然保护法》等均对生态恢复有所规定。《联邦自然保护法》强调通过土地复垦的方式对受损生态系统和景观进行恢复、治理。《联邦矿产法》也是将采矿权与生态环境保护义务和废弃矿区的环境治理责任进行了结合。② 矿主必须提出具体的矿区复垦措施方可取得采矿许可证。

基于2004年《欧盟环境责任指令》,德国制定了《环境损害预防及恢复法》(2007年)。该法主要适用于以下三类环境损害:(1)物种及栖息地的损害;(2)水质的损害;(3)土壤受到的损害。特别值得注意的是,德国的《联邦土壤保护法》对"土壤功能"是做了宽泛解释的。德国《联邦土壤保护法》第2条第2款规定:"土壤功能"包括自然功能,如人类动植物的生存空间功能;自然、文化遗产保存场所的功能;利用功能,诸如作为原料矿床,居住地的功能等。自然人和法人均可以成为责任主体。明确列举了适用无过错责任原则的行为类型,主要包括各类工厂的废弃物管理、排水、有害化学物质的制造和使用、基因操作等。未列入的,则适用故意或过失责任原则。③

3.其他国家的生态恢复法制

澳大利亚习惯于运用行政合同与市场谈判的方式管理生态恢复,签订《生态环境恢复治理协议书》(以下简称《协议》)。《协议》要求对矿区生态尽量恢复到原始样态;在申请采矿许可时应一并提交植被恢复计划;以《协议》为基础,组织有关部门和专家进行恢复后验收;恢复治理得好,通过降低抵押金等方式进行奖励。④ 日本的《土壤污染对策法》《农用地土壤污染防治法律》《自然环境保全法》,澳大利亚的《国家拨款(自然保育、土壤保育)法》、新南威尔士州的《土壤保育法》等也对自

---

① 参见马英杰、于晓华:《美国〈墨西哥湾恢复法〉特点及其对我国海洋生态修复的启示》,载《中国海洋大学学报》(社会科学版)2016年第2期。

② 参见王江、黄锡生:《我国生态环境恢复立法析要》,载《法律科学》(西北政法大学学报)2011年第3期。

③ 陶建国:《德国〈环境损害预防及恢复法〉评介及启示》,载《中国环境管理干部学院学报》2015年第2期。

④ 国土资源部:《加拿大、澳大利亚矿山环境治理制度与实践》,载国土资源部官网:http://www.mlr.gov.cn/wskt/wskt_zlj/200707/t20070703_81579.htm,最后访问日期:2016年12月20日。

然环境恢复进行了专门的立法。20 世纪 70 年代，加拿大实施了《露天矿和采石场控制与复垦法》。英国 1944 年的《城乡规划法》要求对破坏的土地进行修复，《矿物开采法》(1951 年)、《废弃地拨款方案》(1980 年)、《环境法》(1995 年)的第二部分是对“污染土地和废弃矿山”的规定。

国外在生态恢复方面还非常注重市场化的运作，对资金筹集、产权保护、交易等进行了一定的规范。从现有的生态恢复制度规范来看，国外立法具有理念先进、设计系统、规范细致和操作性强的特点。但是，这并不意味着国外的立法我们就能直接接收运用。一部法律或一项制度的出台或完善还需要结合特定的环境、经济、社会状况以及现有立法的情况来合理判断取舍。为实现加快偿还旧账、扭转整体生态恶化的趋势，还需要创设符合我国国情、与经济社会整体发展方向相一致的新型立法和制度，不断推动环境恢复工作持续有效进行。

第三节　绿色产业法制视野中的生态恢复产业法

扼要了解与生态恢复产业法制最为相关的绿色产业法的概念和有关法制建设情况，有利于从绿色产业发展理论以及现有的绿色产业法制发展研究成果中找到生态恢复产业法的位置，有利于从更深厚、更实际的理论和实践视野中探讨生态恢复产业法，有利于在生态恢复产业法制建设工作中得以指导、加以借鉴。

一、广义绿色产业法制与生态恢复产业法

《节约型社会建设中的——绿色产业与绿色产业法》，①对绿色产业以及绿色产业法做了比较详细的研究探讨。在此，仅对“绿色产业及其法制”做扼要框架性介绍，以利形成宏观视野性的“纲”。生态恢复产业法制，是融于整个绿色产业法制体系当中的。由于其涉及全产业链，一定是从产业结构、布局、组织、技术等方面加以规范、促进的，注定是比较分散的。这种绿色产业法制视野下的“剖析和凝视”，恰恰有助于将分散的“目”，以“纲”加以统领。像《循环经济促进法》《清洁生产促进法》则有相当强的产业政策法意蕴，产业法律规范的“规范凝聚度”相对要高。但由于其具有产业政策性、倡导性，规范的操作性则相对较弱，需要更多的配套法规支持。

---

① 参见刘国涛：《节约型社会建设中的绿色产业和绿色产业法》，中国法制出版社 2005 年版，第 1 ~ 470 页。

(一)产业法、绿色产业法、生态恢复产业法

产业法分为广义、次广义、狭义的产业法,绿色产业法也可做类似理解。广义的绿色产业法包括促进传统产业绿色化和现代绿色产业发展的一切相关法律。次广义的绿色产业法则主要包括产业政策角度的绿色产业政策法。狭义的绿色产业法主要分别指具体的绿色农业法、绿色工业法、绿色能源法、绿色建筑法、绿色贸易法等部门法、行业法。[①]

刘思华先生等主编的《绿色经济导论》一书中对《中国绿色经济系列丛书》进行了架构。[②] 这对我们研究相关的生态恢复产业法制有非常重要的借鉴意义。

依据我们前述所界定的广义、中义、狭义的生态恢复产业,则可在绿色产业法中找到生态恢复产业法的位置。

(二)环境法、绿色产业法、生态恢复产业法

环境法具有综合性、交叉性。环境法具有其核心领域,如污染防治法、资源管理法、自然保护法、化学物品法等;另外,又与其他传统法律部门形成环境刑法、环境民法等交叉领域。环境法与经济法的交叉也是非常明显的,过去许多经济法学者认为环境法属于经济法,且同属社会法。如今,大家都认为环境法是一个独立的法律部门,但其与经济法却有了更密切的交叉——更多地体现在环境法与产业政策法的交叉上。环境法具有了更为突出的产业政策性。绿色产业法属于环境法与经济法(特别是产业政策法)相交叉形成的新的环境法子部门。但是,当我们采用广义产业法概念的时候,我们认为,绿色产业法是环境法与"大经济法"[③]的交叉,其内容则是与绿色产业发展相关的法律规范的总和。作为绿色产业法内涵之一的生态恢复产业法具有同样的性质。

(三)韩国亲环境产业政策与法律之参考

介绍外国绿色产业制的研究成果也比较多。在此我们仅以资料介绍一下韩国所谓"亲环境产业政策与法律",以助完善宏观视野。

---

① 参见刘国涛:《节约型社会建设中的绿色产业和绿色产业法》,中国法制出版社 2005 年版,第 122 ~ 123 页。

② 参见刘思华、刘泉主编:《绿色经济导论》,同心出版社 2004 年版,扉页。

③ "大经济法"时代已经过去,但那种思考方式和大经济法的概念依然存在。

表 3－1　韩国亲环境产业发展政策体系①

<table>
<tr><td rowspan="4">引进提升</td><td>亲环境农业发展政策</td><td rowspan="10"></td><td rowspan="10">循环经济发展政策</td><td rowspan="10">框架取向</td></tr>
<tr><td>亲环境工业发展政策</td></tr>
<tr><td>亲环境服务业发展政策</td></tr>
<tr><td>亲环境建筑业发展政策</td></tr>
<tr><td rowspan="3">拓展核算</td><td>新再生能源发展政策</td></tr>
<tr><td>废弃物再利用发展政策</td></tr>
<tr><td>环境会计准则</td></tr>
<tr><td rowspan="3">协调支援</td><td>生态工业园区发展政策</td></tr>
<tr><td>开发事业亲环境预控政策</td></tr>
<tr><td>公共机关亲环境商品义务购买政策</td></tr>
</table>

表 3－2　韩国亲环境产业发展政策促进系统②

领域	法律指南	促进计划	主管部门	专门机构
农业	亲环境农业培育法	亲环境农业培育计划	农林水产食品部	—
工业	有关促进向亲环境工业结构转换的法律	亲环境工业发展综合计划	知识经济部、环境部	韩国环境产业技术院、国家清洁生产支援中心、韩国认定院
服务业	有关促进资源节约和再利用法律	绿色物流政策促进方案	环境部、国土海洋部	—
建筑业	大气环境保护法、建设废材排放事业者的再利用指南	建设环境基本计划、建设废弃物再利用计划	环境部、国土海洋部	—
新再生能源	新能源及再生能源开发、利用普及促进法	新再生能源技术开发及利用、普及基本计划	知识经济部	新再生能源中心
废弃物再利用	废弃物管理法、有关促进资源节约和再利用的法律	国家废弃物综合管理计划、资源再利用基本计划	环境部	韩国环境公团、韩国废弃物协会
环境会计	环境会计指南	—	环境部	—

① 金钟范:《韩国亲环境产业发展政策》,上海财经大学出版社 2012 年版,第 7 页。

② 同上书,第 8 页。

续表

领域	法律指南	促进计划	主管部门	专门机构
生态园区	有关促进向亲环境工业结构转换的法律	为区域均衡发展的生态工业园区构筑事业计划	知识经济部、环境部	韩国工业园区公团
预控开发事业	环境影响评价法	—	环境部、国土海洋部	环境影响评价协会
亲环境商品购买	有关促进亲环境商品购买的法律、亲环境商品购买指南	亲环境商品购买促进基本计划	环境部、调达厅	韩国环境产业技术院

二、循环经济、资源再生与生态恢复产业法

在我们的研究思路和观点中，循环经济法与生态恢复还是有重大区别的。区别在于两者侧重点不同：循环经济强调的是产业链“闭环”；生态恢复则与“资源再生与综合利用”更为相似，强调的是对生态性资源的恢复与再生。因而我们在此对循环经济法以及资源再生产业的发展均加以框架性扼要探讨，促使生态恢复产业发展研究与循环经济法制研究“挂上钩”，更与资源再生产业发展研究与实践“牵上手”。

（一）循环经济产业法制简介

《循环经济促进法》《清洁生产促进法》等属于绿色产业法制。鉴于近十多年来我国在这一领域开展了相当多的研究，并制定了相关法律。因此，在此我们做扼要探讨，同样是为了“在这一热门话题当中”为生态恢复产业法制找到一个定位标准。在现有法律体系当中，对生态恢复产业法制的准确定位，有利于在已有法律体系基础上进一步开展生态恢复产业发展建设。

1. 日本的循环经济立法

在循环经济立法方面，日本是走在前列的，其法律分为三个层次：第一层次就是《环境基本法》《推进循环型社会形成基本法》《推进循环型社会形成基本计划》；第二层次是涵盖生产生活众多领域的综合性法律，如《促进资源有效利用法》《固体废弃物管理和公共清洁法》；第三层次则是针对某一大类产品的回收利用所制定的专门法，如《家电器回收法》《建筑材料再生利用法》《促进容器与包装分类回收法》《报废汽车再生利用法》《食品资源再生利用促进法》《多氯联苯废弃物妥善处置特别措施法》《绿色采购法》等。

2. 欧盟的循环经济立法

欧盟有关废品、废物利用处置立法的过程分为三个阶段，由针对专门废品废物的单项立法，发展到综合性立法，再发展到综合性立法和单项立法的升级版。主要立法如下：1975 年欧共体颁布《废油 75/439 指令》《地表水 75/440 指令》《废弃物 75/442 指令》（分别于 1991 年、1996 年进行了修订）；1976 年《洗浴用水 76/160 指令》；1978 年《废物运输 78/319 指令》；1986 年《下水道淤泥 86/278 指令》；1991 年《有毒废物指令（91/689）》《城市废水处理 91/271 指令》《电池与蓄电池（91/157）指令》；1994 年《包装和包装废物 94/62 指令》。1998 年欧盟实施了《废旧电子电器回收法》。2002 年通过了《关于报废电子电气设备（WEEE）指令》《在电子设备中限制使用某些有害物质（ROHS）指令》。2005 年出台《电子废弃物处理法》。2006 年颁布《有关废弃物的 2006/12/EC 号指令》《有关采矿业废物管理的 2006/21/EC 指令》《电池、蓄电池和废旧电池和蓄电池的 2006/66/EC 号指令》《有关废物运输的 1013/2006/EC 号条例》。①

3. 德国的循环经济立法

德国的循环经济法律体系是由《循环经济和废物管理法》作为核心，其下分为两部分：一部分是针对具体产品责任延伸的有关条例，另一部分是用于辅助《循环经济和废物管理法》执行的条例和准则。德国循环经济法律体系，见图3－1。

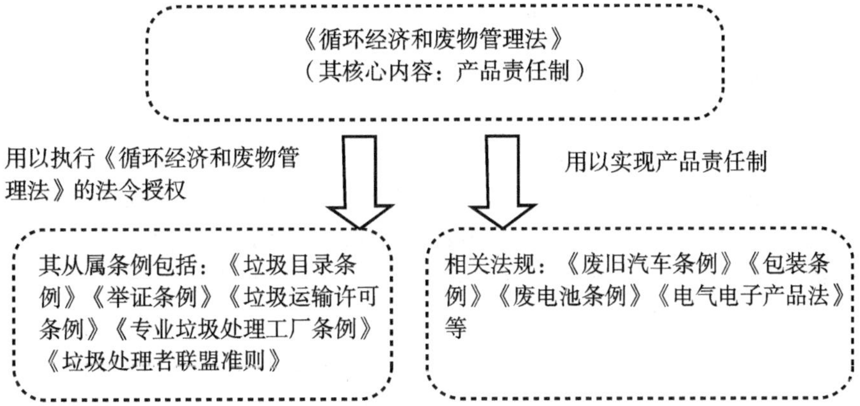

图 3－1　德国循环经济法律体系②

---

① 参见毛振亚：《欧盟资源节约运动对我国循环经济立法的启示》，华东政法大学 2014 年硕士学位论文。

② 苗晓丹：《德国〈循环经济和废物管理法〉探析》，载《环境保护与循环经济》2014 年第 10 期。

4. 我国的循环经济立法

我国与循环经济有关的法律主要有《循环经济促进法》《清洁生产促进法》《固体废物污染环境防治法》，当然还应该有《环境保护法》《海洋环境保护法》等。近几年来，我国制定了有关循环经济的国家、行业标准 307 项(国家标准 175 项、行业标准 132 项)；颁布实施了《废弃电器电子回收处理管理条例》《国家鼓励的循环经济技术、工艺和设备名录(第一批)》等。① 有些行政法规也包含循环经济内容，如《矿产资源开采登记管理办法》《指导外商投资方向规定》《废旧金属收购业治安管理办法》《报废汽车回收管理办法》《森林法实施条例》《退耕还林条例》等。1999 年 11 月，我国第一部清洁生产地方性法规《太原市清洁生产条例》正式颁布。其后许多省、市开展了循环经济的立法实践，2004 年第一个循环经济试点城市贵阳市出台《贵阳市建设循环经济生态城市条例》。一些省份制定了有关循环经济的条例，如《甘肃省循环经济促进条例》2012 年 6 月起实施，《山东省循环经济条例》于 2016 年 10 月 1 日起施行。

2009 年 1 月 1 日施行的《循环经济促进法》发挥了重要历史作用。为了更好地适应我国经济社会发展的需要，立法机关已启动相关修订程序。不到十年的时间，即提出对该法进行修订，体现了我国社会经济发展的日新月异，也充分显示了该法的重要性。循环经济立法要以资源综合利用和再生利用为核心，以开展“城市矿产”开发利用技术为关键，努力实现动脉产业和静脉产业的无缝衔接，减少废物处置量。城乡一体化规划设计，在本书所谓“三生一体”(生态、生产、生活一体)思路下开展循环经济产业和法制建设。

(二)资源再生产业发展简介

1. 从“资源再生”思考“生态再生”

资源再生与综合利用产业，其再生和利用的对象以动产、可移动“物”为主，当然也包括不动产、不可移动“物”被拆除、拆卸后形成的资源。生态恢复的对象也非常多种多样，但通常离不开不可移动的地表。其恢复的目标是：土壤、生物、岩石、水等不同组合共同形成不同空间尺度、不同类型、不同丰富度、不同用途的“生态”。我们不妨粗陋地理解为广义的资源再生包括两方面：(1)动产性、可移动物质的再生，即当前通常所说的资源再生、静脉产业，或称狭义的资源再生；(2)对不动产性、不可移动地表生态的“再生”，即生态恢复。广义资源再生产业，见图 3-2。

---

① 张化冰：《环境立法不应以确立理念模式为目的而应侧重其对实现环境和经济效益的实际作用——一位立法专家对修订在即〈中华人民共和国循环经济促进法〉的观点》，载《资源再生》2015 年第 8 期。

与循环经济相比较,资源再生产业属于静脉产业;循环经济产业,则是全产业链,既包括动脉,也包括静脉。生态恢复通常是对地表生态的再生,不同于传统的静脉产业,但物质流的方向是相同的。静脉产业所处置的对象是无生命的,而生态恢复是不可能离开生命物质的。搞清了两者的异同,也就便于借鉴资源再生产业发展的经验措施,促进生态恢复产业发展。

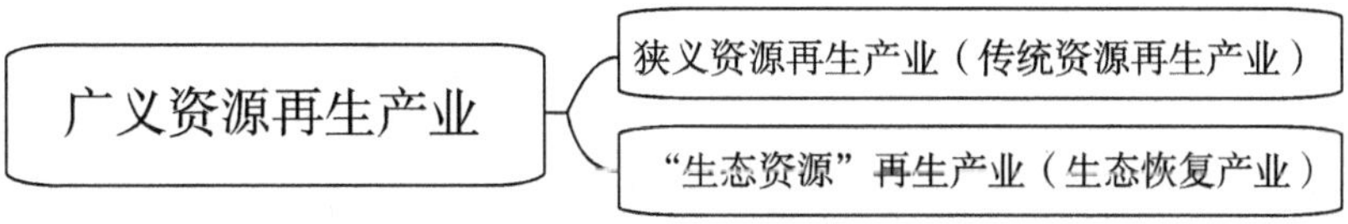

图 3－2　广义资源再生产业

2. 资源再生产业及其法制发展

为贯彻《国务院关于加快发展循环经济的若干意见》(2005 年)和《国务院关于做好建设节约型社会近期重点工作的通知》(2005 年),2006 年原国家环境保护总局制定了《静脉产业类生态工业园区标准(试行)》(HJ/T 275—2006,2006 年 9 月 1 日实施)。2008 年 8 月 20 日,国务院通过公布《废弃电器电子产品回收处理管理条例》,自 2011 年 1 月 1 日起施行。依据条例,由设区的市级人民政府环保部门对处理废弃电器电子产品的企业资格进行审批。钱易院士认为,"十三五"期间应该实现每个城市都初步建成城市矿山资源再生产业链。[①] 资源再生产业绝不仅仅是收废品、捡垃圾,其核心在于对废旧物质的再生、分解、提取、处理、利用和废弃处置,这都需要所谓的"高新技术",以提高城市矿产的有效开发率。资源再生产业能够将所谓的动脉产业、静脉产业联结起来,并犹如矿山开发一样带动关联产业,形成产业集群效应。如图 3－3 所示。

静脉产业的特点是易于造成二次污染,所处理的物质种类繁多,稀少贵重的物质难提取,有危害的物质不易处置等。产业技术含量是非常高的。作为"城市矿山"其发展前景是非常广阔的。

3. "城市矿山论"和"四矿问题"值得借鉴

日本东北大学选矿精炼研究所教授南条道夫最早提出城市矿山概念。他认为,日本虽是一个资源贫困国,但在长期的工业化发展过程中积累的大量废品里蕴含了大量可使用的资源,特别是金属资源。例如,从 1 吨废旧手机中可提炼 400g 黄金,2. 3kg 银,172g 铜。这些废品就是高纯度的优良矿山,比真正的矿山更具价值。

---

① 张化冰:《破解中国经济发展瓶颈的良方——钱易院士谈资源再生产业的属性与社会责任》,载《资源再生》2015 年第 10 期。

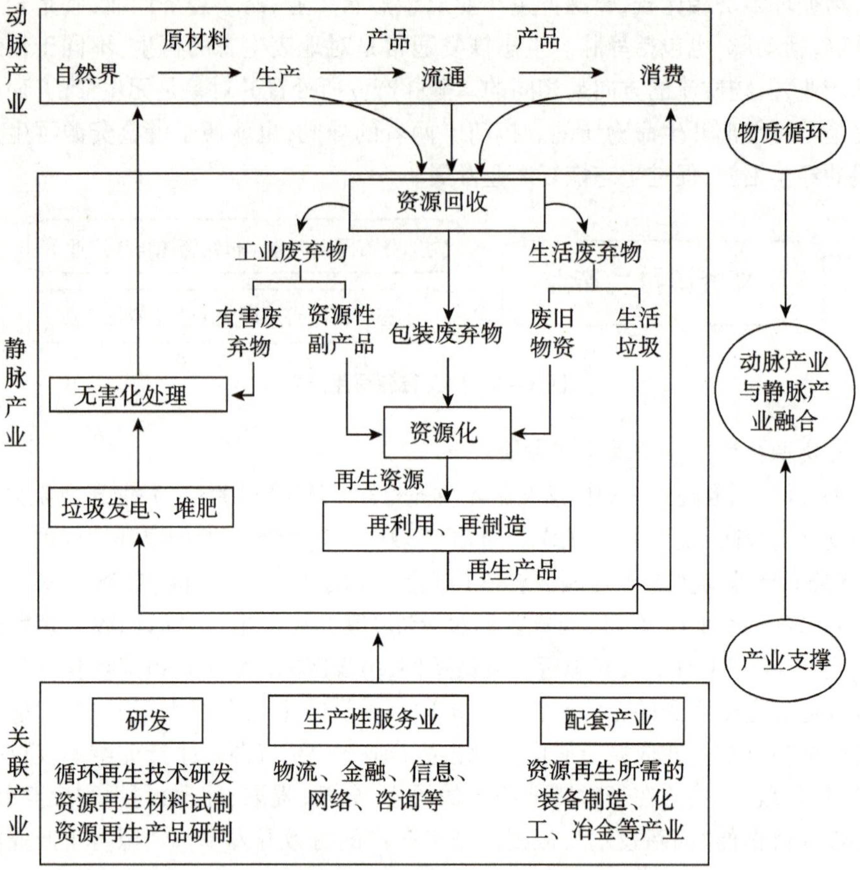

图3－3　产业融合与资源再生产业链拓展①

前地矿部长朱训教授认为,要像重视"三农"问题那样重视"四矿"问题,即矿山问题、矿业问题、矿工问题、矿城问题。② 这些朴素、真实、贴近现实的形象化、类比化概念的提出,让人有豁然开朗、思路顿开的感觉。我们可借鉴大量的已有矿产开发的经验、思路、做法,去搞好城市矿山的开发。当然,其有重大差别,这种差别并不影响宏观思路的反思和借鉴。对于"四矿"问题,我们面临的是解决传统矿山的"老四矿问题"。我们更要借鉴其经验、反思其教训,解决、建设好新型城市矿山的"新四矿问题"。(1)矿山问题,即如何将废品回收,形成有规模效应的"矿山"等问题;(2)矿业问题,即如何形成产业?如何优化其产业化途径等问题;(3)矿工问

① 杨雪峰:《系统关联、产业融合与资源再生产业价值链重构》,载《苏州大学学报》(哲学社会科学版)2013年第1期。

② 钱俊生:《自然价值论是发展资源再生产业的理论基础》,载《经济研究参考》2013年第60期。

题，即如何吸引企业家、技术人员从事静脉产业工作？特别是如何采取有效机制，让居民转化为“矿工”等问题；(4)矿城问题，即我国正在进行的国家“城市矿产”示范基地建设工作等，可以说就是规模、产业化的矿城问题。每一个城乡和每一位居民都应当参与到静脉产业发展当中，但并非都要成为城市矿山开发基地。城市矿山开发有二次污染问题和贵金属提取工艺、效率、效益问题，宜建立、扶持不同类型、不同特色的大区域企业开展城市矿产开发工作。

第四节　我国现行生态恢复法律政策

一、《环境保护法》生态恢复内容

修订的《环境保护法》于2015年1月1日起施行。统览《环境保护法》，至少有以下方面的内容与生态恢复产业发展有直接的关系。无论是修订前后该法第三章的名称都是“保护和改善环境”。可见环境法立法之初就非常有前瞻性，已经涉及了“保护和改善”，“改善”一直是本章的主题。但是，在实际工作当中，对“改善”的重视是不够的。有些问题，并非法制不足，而是如何进一步落实、实施法律的问题。2014年的修订，该章由8条扩增为12条。进一步增加了与生态恢复有关的规定，如第28条[①]即明确了“改善环境质量”的政府责任。新增加的第32条[②]明确规定了“修复制度”。第31条规定了生态补偿制度。第30条第1款规定了“生态保护和恢复治理方案”。第29条第1款规定了“生态保护红线”。第61条规定“责令恢复原状”。第39条规定的“环境与健康制度”，第52条规定的“环境污染责任保险”，第57条、第58条规定的“环境公益诉讼制度”等，均为生态恢复产业法制发展提供了具体的法律制度支持。可见，《环境保护法》一直有“保护和改善环境”这一章，“改善环境”并不是新目的、新要求。这次最新的修订，对于改善环境有关的法律制度作了进一步的加强。

二、其他法律中有关生态恢复的内容

法律类规范是开展生态恢复工作最具执行力的手段。我国虽没有作为基础性立法的生态恢复法，但是其他法律法规中多有相关的制度规范。广西师范大学蒋

① 《环境保护法》第28条规定：“地方各级人民政府应当根据环境保护目标和治理任务，采取有效措施，改善环境质量。”

② 《环境保护法》第32条规定：“国家加强对大气、水、土壤等的保护，建立和完善相应的调查、监测、评估和修复制度。”

红彬教授指导的硕士生仲成对生态修复有关法律做了简要梳理，引用在此，以资研究。

这些法律中的法条分别对“生态修复”“封育保护”“自然修复”“生态补偿”等做了规定。《土地复垦条例》(2011年)及其实施办法、《退耕还林条例》(2003年1月20日起施行)属于较为专门性的“生态恢复”行政法规。如果从广义的生态恢复、环境治理来看，如包括环境修复、生态修复、环境恢复、环境治理、生态治理、国土整治、荒漠化治理等，有关“生态恢复”的法律法规还要更多一些，如《固体废物污染环境防治法》《建筑法》《城乡规划法》《防震减灾法》《煤炭法》《防洪法》等以及一些地方法规等均有涉及“生态恢复”的有关规定。

从规划的较为宏观的角度看，《全国主体功能区规划》是非常重要的规划类规范。该规划将全国区域划分为优化开发区域、重点开发区域、限制开发区域和禁止开发区域四大类区域，不同区域实行不同的开发方式和制度条件。该主体功能区的划分主要依据就是各区域的资源环境条件，以资源环境的承载力作为控制开发强度的重要依据。对于资源环境条件较差的地区，要限制乃至禁止开发，还要实施生态恢复，不断增强区域生态环境的承载力。对于资源环境条件较好的地区，也要实施集约化开发，要在资源环境的承载力范围内开发。此外，其他具有规范效力的通知、意见、导则、纲要等也可划归到宏观的政策性法律规范之中。

表3-3　国家层面生态恢复有关法律规定①

法律法规名称(简称)	条文内容
《环境保护法》	第5条;第32条
《水污染防治法》	第3条;第16条
《水土保持法》	第12条第2款;第16条;第20条;第四章　“治理”
《大气污染防治法》	第10条
《海洋环境保护法》	第20条第2款;第22条第1项;第28条第1款
《土地管理法》	第19条第4项、第5项;第31条;第35条;第39条;第41条;第42条;第75条
《基本农田保护条例》	第18条;第19条
《土地复垦条例》	土地资源开发利用的生态修复相关法律制度
《地质灾害防治条例》	第五章　“地质灾害治理”

① 仲成:《我国生态修复法律制度初探》，广西师范大学2015年硕士学位论文。

续表

法律法规名称(简称)	条文内容
《海岛保护法》	第 21 条;第 25 条
《农业法》	第 16 条第 3 款;第 59 条;第 60 条;第 61 条;第 62 条
《森林法》	第 8 条;第 11 条
《退耕还林条例》	林业资源保护及开发利用的生态修复相关法律制度
《草原法》	第 1 条;第 3 条;第 25 条;第 39 条;第 40 条;第 46 条;第 47 条;第 48 条
《渔业法》	第 30 条;第 32 条;第 36 条
《海域使用管理法》	第 4 条
《水法》	第 9 条;第 29 条;第 31 条;第 40 条第 1 款
《防沙治沙法》	第 3 条;第 23 条;第 34 条;第五章　“保障措施”
《矿产资源法》	第 21 条;第 32 条

《环境保护法》《环境影响评价法》等规范环境保护的基础性法律是生态恢复法制建设的法制框架,具有基础性规范意义。在各环境资源类型的部门立法中,生态恢复制度分布最为广泛,也相对明确。《防沙治沙法》《水土保持法》《矿产资源法》《土地复垦条例》《渔业法》《草原法》《森林法》《海洋环境保护法》《自然保护区条例》等法律、法规的效力等级较高,是生态恢复工作具体实施的有力法制保障,对土地、草原、森林、海洋渔业等关键领域的生态环境修复工作提供了基本的规范依据。《关于切实做好企业搬迁过程中环境污染防治工作的通知》《电子废弃物污染环境防治管理办法》《国务院办公厅关于印发近期土壤环境保护和综合治理工作安排的通知》《关于加强水土保持生态修复促进草原保护与建设的通知》《矿山地质环境恢复治理专项资金管理办法》《矿山生态环境保护与恢复治理方案编制导则》等则是国家在一定时期重点且有针对性的制度性对策和措施,是具体领域生态恢复工作开展的制度性规范。

地方层面,湖南、山西等省份针对当前矿山开发中造成的生态环境破坏问题,从矿山地质领域生态恢复治理的资金、标准等方面出台了相应的制度性规范。如《湖南省矿山地质环境恢复治理验收办法(试行)》《湖南省矿山地质环境恢复治理验收标准(试行)》《山西省矿山环境恢复治理保证金提取使用管理办法(试行)》《山西省试行煤矿转产发展资金及矿山环境恢复治理保证金监交管理办法》。这些省份的制度性规范是对相关领域生态恢复规范开展的有益尝试,其中涉及的生态恢复资金使用、管理模式、各方权利、义务的定位等内容将会成为未来更加完善的生态恢复制度建构的借鉴。

三、2015 年《生态文明体制改革总体方案》生态恢复内容

2015 年 9 月 11 日召开的中共中央政治局会议，审议通过了《生态文明体制改革总体方案》（以下简称《总体方案》）。《总体方案》是生态文明领域改革的顶层设计和部署。《总体方案》提出的改革目标之一是“构建以改善环境质量为导向，监管统一、执法严明、多方参与的环境治理体系”。《总体方案》提出的“生态文明体制改革的总体要求”中特别提出“坚持节约优先、保护优先、自然恢复为主方针”，显示了中央对“自然恢复”“建设美丽中国”的重视。《总体方案》提出了生态文明体制改革的“六大理念”。[①] 其中“尊重自然”、保护和建设“绿水青山”这类“金山银山”，重视“自然价值和自然资本”的投资与运作，都与生态恢复法制有着直接关系，起到了理念性的重要指导作用。《总体方案》提出了生态文明体制改革的“九大制度体系”建设目标，具体见表 3－4 所示。

表 3－4　《总体方案》的九大制度体系

九大制度	分项子制度
健全自然资源资产产权制度	建立统一的确权登记系统；建立权责明确的自然资源产权体系；健全国家自然资源资产管理体制；探索建立分级行使所有权的体制；开展水流和湿地产权确权试点
建立国土空间开发保护制度	完善主体功能区制度；健全国土空间用途管制制度；建立国家公园体制；完善自然资源监管体制
建立空间规划体系	编制空间规划；推进市县“多规合一”；创新市县空间规划编制方法
完善资源总量管理和全面节约制度	完善最严格的耕地保护制度和土地节约集约利用制度；完善最严格的水资源管理制度；建立能源消费总量管理和节约制度；建立天然林保护制度；建立草原保护制度；建立湿地保护制度；建立沙化土地封禁保护制度；健全海洋资源开发保护制度；健全矿产资源开发利用管理制度；完善资源循环利用制度
健全资源有偿使用和生态补偿制度	加快自然资源及其产品价格改革；完善土地有偿使用制度；完善矿产资源有偿使用制度；完善海域海岛有偿使用制度；加快资源环境税费改革；完善生态补偿机制；完善生态保护修复资金使用机制；建立耕地草原河湖休养生息制度

---

① （1）尊重自然、顺应自然、保护自然的理念；（2）发展和保护相统一的理念；（3）“绿水青山就是金山银山”的理念；（4）自然价值和自然资本的理念；（5）空间均衡的理念；（6）山水林田湖是一个生命共同体的理念。

续表

九大制度	分项子制度
建立健全环境治理体系	完善污染物排放许可制;建立污染防治区域联动机制;建立农村环境治理体制机制;健全环境信息公开制度;严格实行生态环境损害赔偿制度;完善环境保护管理制度
健全环境治理和生态保护市场体系	培育环境治理和生态保护市场主体;推行用能权和碳排放权交易制度;推行排污权交易制度;推行水权交易制度;建立绿色金融体系;建立统一的绿色产品体系
完善生态文明绩效评价考核和责任追究制度	建立生态文明目标体系;建立资源环境承载能力监测预警机制;探索编制自然资源资产负债表;对领导干部实行自然资源资产离任审计;建立生态环境损害责任终身追究制
生态文明体制改革的实施保障	加强对生态文明体制改革的领导;积极开展试点试验;完善法律法规;加强舆论引导;加强督促落实

其中"健全自然资源资产产权制度"为生态恢复产业法制建设奠定了产权基础。"完善资源总量管理和全面节约制度",分别对耕地、土地、水资源、能源、天然林、草原、湿地、沙化土地、海洋资源、矿产资源、可循环资源等的开发利用保护制度目标做了规定。"健全资源有偿使用和生态补偿制度"体系中,特别指出要"完善生态保护修复资金使用机制"。"建立健全环境治理体系"中提出要"严格实行生态环境损害赔偿制度,强化生产者环境保护法律责任。"特别是在"完善生态文明绩效评价考核和责任追究制度"体系中提出要"制定生态文明建设目标评价考核办法,把资源消耗、环境损害、生态效益纳入经济社会发展评价体系""探索编制自然资源资产负债表""对领导干部实行自然资源资产离任审计""建立生态环境损害责任终身追究制",下文所介绍的《生态文明建设目标评价考核办法》可以说是《总体方案》的进一步落实。这些顶层制度设计,将有利于落实自然资源资产化管理,对生态恢复这类自然资产增量行为将是极大地促进,有利于促进生态恢复产业法制的建设与发展。

四、2015 年《生态文明建设目标评价考核办法》有关内容

2015 年 12 月,中共中央办公厅、国务院办公厅印发了《生态文明建设目标评价考核办法》(以下简称《考核办法》)。《考核办法》适用于省级党委和政府生态文明建设目标的评价考核,即所谓"党政同责"。《考核办法》第 6 条规定指标体系框架中包含了"环境治理""环境质量""增长质量"等。《考核办法》与上文所介绍的《总体方案》是一脉相承的,是《生态文明方案》的进一步落实。这些顶层制度设计,将有利于落实自然资源资产化管理,对生态恢复这类自然资产增量行为将产生

极大地促进，必然指导和促进生态恢复产业法制的建设与发展。

五、2014 年《生态规划（2013—2020）》中有关生态恢复

2014 年 2 月 8 日，国家发展和改革委员会、国土资源部、环境保护部、住房和城乡建设部等 12 部委局联合发布了《生态规划（2013—2020）》。《生态规划（2013—2020）》内容包括全国生态保护与建设的主要成就、面临形势、指导思想、基本原则、主要目标、区域布局，生态保护与建设重点、主要任务、政策与保障措施。《生态规划（2013—2020）》中谈到我国生态保护与建设面临的总体形势时认为"生态领域存在的水土流失、土地沙化、草地退化、湿地萎缩、生物多样性降低、生态灾害频发、海洋自然岸线减少、全球气候变暖背景下各类气象灾害增多等问题，严重制约着我国经济社会的可持续发展。""生态产品仍然是我国短缺的重要产品之一，生态差距仍然是我国与发达国家重要的差距之一。"《生态规划（2013—2020）》"指导思想"中指出要"统筹兼顾生态、生产和生活，着力发挥生态系统自我修复能力""着力加强重点区域综合治理"。

六、2016 年《"十三五"环保规划》生态恢复内容

2016 年 11 月 24 日，国务院印发了《"十三五"环保规划》。《"十三五"环保规划》认为："全国土壤点位超标率 16.1%，耕地土壤点位超标率 19.4%，工矿废弃地土壤污染问题突出。城乡环境公共服务差距大，治理和改善任务艰巨。"《"十三五"环保规划》的"指导思想"①直接涉及了"生态保护与修复""治理体系和治理能力现代化""提供更多优质生态产品"。《"十三五"环保规划》的"基本原则"中认为，要"系统推进生态修复与环境治理，确保生态环境质量稳步提升，提高优质生态产品供给能力"。这可以说是本书所主张"生态增量经济"的直接表述。"坚持空间管控、分类防治，生态优先，统筹生产、生活、生态空间管理"是本书主张"三生一体"的直接表述。《"十三五"环保规划》共有十章，其中第七章是"加大保护力度，强化生态修复"，该章共有七节：（1）维护国家生态安全；（2）管护重点生态区域；（3）保护重要生态系统；（4）提升生态系统功能；（5）修复生态退化地区；（6）扩大生态产品供给；（7）保护生物多样性。这充分体现了国家对生态恢复的重视，并具体规划设计了生态恢复的内容。《"十三五"环保规划》还涉及了"编制自然资源资产负债表""领导干部自然资源资产离任审计"等，有利于形成现代环境治理机制。

① 指导思想是指："以提高环境质量为核心，实施最严格的环境保护制度，打好大气、水、土壤污染防治三大战役，加强生态保护与修复，严密防控生态环境风险，加快推进生态环境领域国家治理体系和治理能力现代化，不断提高生态环境管理系统化、科学化、法治化、精细化、信息化水平，为人民提供更多优质生态产品"。

《"十三五"环保规划》对生态产品供给的重视，对供给手段丰富和发展的促进，以及相应法制体系建设的深入规划，必将促进生态恢复产业法制的快速建设、深入发展。

七、2016年《土十条》、2015年《水十条》和2013年《大气十条》

（一）2016年《土十条》指导性内容

2016年5月，国务院发布的《土十条》共有十大条、三十五小条。《土十条》出台的总背景可以概括为："我国土壤环境总体状况堪忧，部分地区污染较为严重，已成为全面建成小康社会的突出短板之一。"《土十条》的第七大条是"开展污染治理与修复，改善区域土壤环境质量"，其中包括四小条：(1)明确治理与修复主体；(2)制定治理与修复规划；(3)有序开展治理与修复；(4)监督目标任务落实。《土十条》的第八大条"加大科技研发力度，推动环境保护产业发展"中包括"推动治理与修复产业发展"。提倡"通过政策推动，加快完善覆盖土壤环境调查、分析测试、风险评估、治理与修复工程设计和施工等环节的成熟产业链"。《土十条》的第二大条是"推进土壤污染防治立法，建立健全法规标准体系"，其中内容包括"发布污染地块土壤环境管理办法、农用地土壤环境管理办法"；"到2020年，土壤污染防治法律法规体系基本建立"；"2017年底前，发布农用地、建设用地土壤环境质量标准"；完成"治理与修复等技术规范以及环境影响评价技术导则制修订工作"等。《土十条》的第二大条"推进土壤污染防治立法，建立健全法规标准体系"中的内容，对于生态恢复中的主要内容"土壤修复"的有关法制建设起到了较为具体的指导，并基本构建了有关法制建设的内容、步骤和进程时间安排。

（二）2015年《水十条》指导性内容

2015年4月，国务院发布的《水十条》共有十大条、三十五小条。《水十条》出台的总背景可以概括为："我国一些地区水环境质量差、水生态受损重、环境隐患多等问题十分突出，影响和损害群众健康，不利于经济社会持续发展。为切实加大水污染防治力度，保障国家水安全，制定本行动计划。"《土十条》中强调要"狠抓工业污染防治""强化城镇生活污染治理""推进污泥处理处置""保障饮用水水源安全""深化重点流域污染防治""采取控源截污、垃圾清理、清淤疏浚、生态修复等措施，加大黑臭水体治理力度""开展海洋生态补偿及赔偿等研究，实施海洋生态修复""落实排污单位主体责任"等。

(三)2013 年《大气十条》指导性内容

因大气的形态与土壤有着明显的区别,生态恢复的对象似乎不包括“大气”。我们认为,广义的生态恢复应当包括生态系统中的大气因子的恢复。这是生态恢复系统性、工程性的必然要求,是大气和生态系统不可或缺因素的必然要求。如此理解,则所有的大气治理工作都可以归为生态恢复了。这种扩大化、泛化也有弊端。“大气”是无体物,具有公共物品的排他性和非竞争性,而且流动性强,无固定场所。因此,在区域生态系统的整体因素中,才宜将大气作为其整体生态恢复的因素予以考虑;否则,无此必要。2013 年 9 月,国务院发布的《大气十条》共有十大条、三十五小条。《大气十条》中提出“加强工业企业大气污染综合治理”“推进城市及周边绿化和防风防沙林建设,扩大城市建成区绿地规模”“调整优化产业结构,推动产业转型升级”“积极发展绿色建筑,政府投资的公共建筑、保障性住房等要率先执行绿色建筑标准”“严格节能环保准入,优化产业空间布局”等。这些内容对于生态恢复产业发展具有重要意义。

八、2016 年环境保护部发布的《关于积极发挥环境保护作用促进供给侧结构性改革的指导意见》(以下简称《促进供给侧改革指导意见》)和《最高人民法院关于充分发挥审判职能作用　为推进生态文明建设与绿色发展提供司法服务和保障的意见》(以下简称《生态文明与绿色发展司法意见》)

2016 年 4 月 14 日,环境保护部发布了《促进供给侧改革指导意见》提出要“提供更多优质生态产品”“落实环境治理任务,推动环保产业发展”。

2016 年 5 月 26 日,最高人民法院发布了《生态文明与绿色发展司法意见》。《生态文明与绿色发展司法意见》提出,要“落实最严格的源头保护制度、损害赔偿制度、责任追究制度”;“落实生态环境修复制度,探索适用惩罚性赔偿责任,确保责任人依法承担生态环境修复费用和生态环境服务功能的损失”。

九、2016 年《“十三五”节能减排综合工作方案》指导性内容

2016 年 12 月 20 日国务院发布了《“十三五”节能减排综合工作方案》(以下简称《节能减排方案》)。《节能减排方案》提出要坚持政府主导、企业主体、市场驱动、社会参与的工作格局,推进产品全生命周期绿色管理,开展绿色生态城区建设示范,实施绿色建筑全产业链发展计划;大力发展循环经济,推进环境污染第三方治理;到 2020 年,再生资源替代原生资源量达到 13 亿吨,资源循环利用产业产值达到 3 万亿元。

第四章　多学科视野中的生态恢复产业法制建设

基础理论是任何制度建设的根基。“生态恢复产业法制研究”属于跨学科、新兴的研究领域。在了解“生态恢复”的较为清晰的边界和内涵后，适当了解一些与之相关的学科理论和知识点，是非常必要的。对于法律或法学工作者而言，以下学科和理论可以作为生态恢复及其产业法制建设基础性支撑理论。

第一节　公共物品供给理论

产品和服务可分为私人物品和公共物品两大类。生态恢复所涉及的生态系统及其生态系统功能更多地属于公共物品或准公共物品。探讨、分析公共物品供给理论，有利于以生态公共物品供给为主要立法目的的生态恢复产业法制建设工作健康、迅速发展。

一、公共物品的分类

公共物品，又称为公共财货、公有物品、公共产品、公共商品等。关于公共物品的界定和划分，理论界有多种说法。我们仅对较为常见的“通说”加以介绍和探讨。

（一）按非竞争性和非排他性划分

这是最为常见、常用的分类方式。消费上的非竞争性（non－rivalry），即在某一个物品的消费过程中，如果一个消费者增加一个单位的消费量不会导致其他消费者减少一个单位；或者说增加一个消费者并不影响其他人对该物品的消费，增加的边际成本为零，这个物品的消费就是非竞争性的。如增加一些人呼吸空气并不会影响其他人呼吸。技术上的非排他性，即在技术上将拒绝付款消费者排除在消费者之外是不可行的或不经济的；从另一个角度讲，任何人也无法以拒绝付款的方式不接受公共物品，正如无法拒绝呼吸当地空气。这使得公共物品交易中出现市场失灵的现象。

比较常用的公共物品分类方法，是根据物品是否具有非竞争性和非排他性将公共物品分为四类：（1）纯公共物品：具有非竞争性，具有非排他性，如国防、消防、法律、公共电视信号等；（2）俱乐部物品：具有非竞争性，不具非排他性，即可以排他一定限度内非竞争的产品，如社区游泳馆、公共图书馆、大众俱乐部、有线电视信号等；(3)共同资源：不具非竞争性，具有非排他性，即非排他但竞争的产品，如江河湖海、草地、地下水、水库等；(4)私人物品：不具非竞争性，不具非排他性，如衣服、面包、汽车等。

在下表4－1中，展现了纯公共物品、纯私人物品以及准公共物品的特征。

(二)按公共物品的覆盖范围划分

按公共物品的覆盖范围可将公共物品分为以下几类：(1)地方公共物品，如路灯；(2)全国性公共物品，如国防；(3)国际性公共物品，如全球性气温。

(三)按公共物品的品质划分

按公共物品的品质，可分为良性公共物品和恶性公共物品。公共物品并不绝对属于有益物品，有些公共物品可被称作“公害物品”或“公共坏物品”。环境污染及其危害就是典型的公害物品。在公共物品供给的研究中，公害物品通常是排除在外的。

表4－1　纯公共物品、纯私人物品以及混合物品的特征①

	排　他	非排他
竞争	纯私人物品 1.排他成本较低 2.由私人公司生产 3.通过市场分配 4.通过销售收入融资 例子：衣服、食品	混合物品 1.产品利益由集体消费但受拥挤约束 2.由私人公司或公共部门生产 3.由市场分配或由公共预算分配 4.对服务使用权的收费或通过税收筹资 例子：公园、公有财产资源、公共自然资源
非竞争	混合产品 1.含外部性的私人物品 2.私人企业生产 3.通过含补贴或矫正性税收的市场分配 4.通过销售收入融资 例子：学校、有线电视、高尔夫球俱乐部	纯公共物品 1.很高的排他成本 2.直接由政府生产或政府签约的私人企业生产 3.通过公共预算分配 4.通过强制性税收收入筹资 例子：国防

(四)按公共物品的有形和无形划分

有形公共物品通常是硬件，如公共图书馆、公共绿地等。无形公共物品通常是软件，如政府的公共政策(法律等)和公共设施(气象预报、社会保障等)，公益部门的公共服务(如社会援助等)。

① [英]C.V.布朗、P.M.杰克逊：《公共部门经济学》，中国人民大学出版社2004年版。转引自王勇、肖洪浪：《基于公共物品理论的中国西北生态脆弱区资源退化分析》，载《干旱区资源与环境》2009年第5期第38卷。

（五）从市场属性和社会属性划分

贾海彦在其博士学位论文中分别对公共物品按照市场属性和社会属性进行了比较新颖的划分。按市场属性公共物品划分为：高度不确定性公共品和一般不确定性公共品；高资产专用性公共品和低资产专用性公共品；信息难传递性公共品和信息易传递性公共品；产权拥挤性公共品和宽松性公共品。按市场属性公共物品划分为：福利性公共品和偏好性公共品；易衡量型公共品和非易衡量型公共品；工业化公共品和非工业化公共品；高档性公共品和基本性公共品。[①]

（六）环境公共物品的类别

环境纯公共物品，如清洁空气、生物多样性、臭氧层、平衡的生态系统等，即同时具有非竞争性和非排他性的环境物品。

环境俱乐部物品，如容量有限的旅游区、地方性环境保护法规等，即消费上具有非竞争性，但却不具有非排他性。它只供俱乐部成员（一般要需付费）使用，排除外部人员。

环境共同资源，如环境容量、公共捕鱼区等，即不具有非竞争性，具有非排他性。某人对公共资源的使用会影响到其他人的使用，会出现所谓“公地悲剧”。

二、公共物品的供给

公共物品供给是个有研究难度的大问题。在此，仅借鉴有关研究成果对供给的基本方式和手段做一个简单梳理，以期对生态恢复产业法制建设研究及其实践有所裨益。环境需求是人们对环境服务功能的需求，以求得到污染自净力或洁净空气等，减少生产成本、获取良好的生活质量。有需求和稀缺，就有供给。对于生态和生态恢复而言，亦是如此。

在公共物品供给中政府具有不可替代的作用，如解决搭便车问题等。国际实践中纯公共物品或自然垄断性较高的准公共物品，通常由国家直接供给。但是，由于政府失灵问题，市场引领下的一些非政府机构也日益参加到公共物品供给行列中来，参与一定排他性准公共物品的供给。

除政府、市场之外，还有所谓第三部门供给，通常以“公益”为特点。这种第三部门通常是参与到政府、市场供给中去，与其他两主体合作，在供给工作中起到辅助、引导作用。在取得资金资助时，也可以发挥主导作用。

---

① 详见贾海彦：《公共品供给中的政府经济行为分析一个理论分析框架及在中国的应用》，经济科学出版社 2008 年版，第 29～37 页。

从各国公共物品供给的实践来看，公共物品供给主体不外乎政府、市场、第三部门及其相互结合，见表4－2①和图4－1②。

LBO，即杠杆收购（Leveraged Buyout），是买方利用外部融资购买交易的方式。购买价款中外部资本是主要部分，买方自有资本占比较少。

BOT，即建设—经营—转让（Build-Operate-Transfer），通常是指政府通过契约授予民营企业公用基础设施建设与收费的特许专营权，约定期限回收投资并赚取利润，期限届满时，将该设施无偿移交政府。

表4－2　公共物品供给方式

政府供给	政府直接供给（如国防、货币等）
	政府间接供给（利用其他部门辅助供给）
市场供给	合同外包，特许经营（LBO、BOT等），政府参股，经济资助，独立供给
第三部门	NPO，NGO，社区供给
混合供给	政府与市场合作供给PPP（合同外包、特许经营、政府参股、经济资助） 政府与第三部门合作供给PPP（公共服务社区化、合同承包） 市场与第三部门合作供给（公益推广、共同主题营销、核发许可证） 政府、市场、第三部门多元合作供给

PPP，即公私合作伙伴（Public-Private-Partnership），即公共部门与私营部门的合作伙伴模式。

其他一些方式，理论与实践均较丰富，在此不再详论。

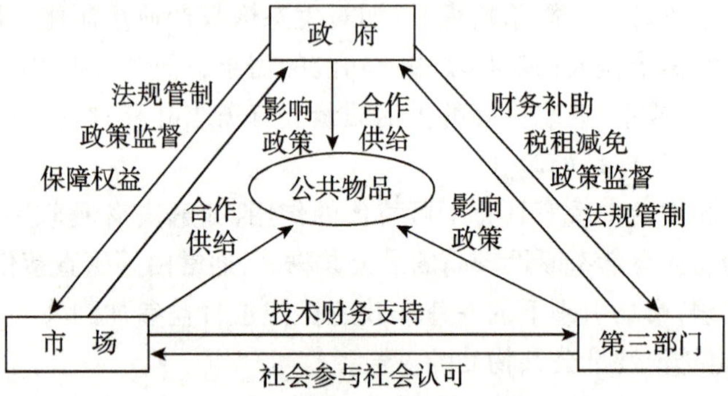

图4－1　公共物品供给多元化架构

① 黄慧、高明：《国际视角下我国公共物品供给方式改革的思考》，载《华中农业大学学报》（社会科学版）2009年第6期。

② 同上。

第二节　综合生态系统管理理论

一、综合生态系统管理的概念

正如蔡守秋先生所言，目前对综合生态系统管理（Integrated Ecosystem Management，IEM）还没有统一的概念，也没有固定的实践模式，一切尚在探索、发展之中。[①] 生态系统管理方法、基于生态系统的方法、以生态系统过程为导向的方法、生态管理方法、生态系统管理等都是与综合生态系统管理表达不同、意思相近的术语。这些术语基本属于同一内容的不同表达，侧重点略有不同而已。[②] 此外，还有一些与生态系统管理相近的术语，如可持续发展管理、生态系统健康、生态恢复、自然资本管理等。与这些概念相比，综合生态系统管理的特色在于对自然界的系统性考察，对手段的综合运用，强调"人—自然—社会"的一体化管理。

分析众多的生态系统管理概念，可以发现以管理的"目的"划分，可以分为"生态系统本身的综合"和"生态系统和经社发展的综合"；以管理的"手段"划分，可以分为"重视生态系统内部的综合"和"生态、经济、社会多手段的综合"。在生态系统名称定义中侧重其一或不同侧重的组合。

例如，杜群教授认为，在人类与生态系统缔结的自然法契约关系中，"生态系统服务功能"赋予了"生态系统"享有生态保护利益"补偿"的"自然法"契约正义。当人类社会自觉维护生态系统的维持自然生命力的特殊服务功能，并赋予其"价值"认同的条件时，"生态系统服务价值"便产生了。在生物和物种因子为本位的生态环境系统中，"生态系统服务价值"可以泛指子系统之间的功能互补和对应服务价值；在以人为本位的人类环境系统中，"生态系统服务价值"主要指生态系统对人的服务价值。[③] 这种对生态系统服务功能的两类型划分，对于生态系统管理分类也是非常有启发意义的。

从广义的生态系统管理来看，我们认为可根据手段和目的差别在名称上有所区别：(1)对于强调"无为而治"的，如自然保护区之核心区的保护管理，可称为"生态系统维持"；(2)对于强调生态系统自身的综合性的，可称为"生态系统管理""生

---

① 蔡守秋：《论综合生态系统管理》，载《甘肃政法学院学报》2006年第3期。

② 为尊重引文作者，在下文论述中所用引文可能会名称不一，本文作者是认为其名称基本意义相同的前提下引用，特此说明。

③ 杜群：《生态保护及其利益补偿的法理判断——基于生态系统服务价值的法理解析》，载《法学》2006年第10期。

态系统途径”“生态系统方法”;(3)对于侧重手段综合性的,可称为“综合生态系统管理”。生态系统管理本身是离不开自身综合考虑的,“综合”更多强调的应是手段综合。

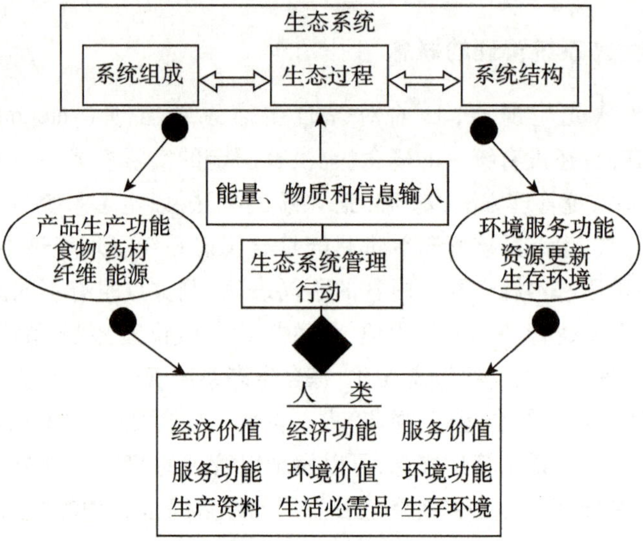

图 4-2　生态系统管理概念示意①

二、综合生态系统管理的具体内涵

(一)综合生态系统方法的操作指南

《生物多样性公约》制定了应用生态系统方法的 5 条操作指南:(1)关注生态系统内部的功能关系和过程;(2)加强利益共享;(3)采用适应性管理方法;(4)在一个适合解决问题的尺度上进行管理,并且把管理权下放到适当的最低一级;(5)加强跨部门合作。②

(二)综合生态系统管理和传统的自然资源管理的区别

生态系统管理和传统的自然资源管理的区别,可归纳为表 4-3 所列的九个方面。③

① 于贵瑞:《略论生态系统管理的科学问题与发展方向》,载《资源科学》2001 年第 6 期。

② 周杨明等:《自然资源和生态系统管理的生态系统方法:概念、原则与应用》,载《地球科学进展》2007 年第 2 期。

③ 赵云龙等:《生态系统管理的内涵与应用》,载《地理与地理信息科学》2004 年第 6 期。

表 4－3　生态系统管理和传统的自然资源管理的区别①

	生态系统管理	传统的自然资源管理
目标	所在区域的长期可持续发展	短期的产量和经济资产
重点	强调生物多样性保护	强调单个物种的保护
尺度	区域—国家—全球范围，尺度较大	限于地方—区域层次，一般尺度较小
人类活动	把人类作为系统的一个组分，在一定阈值范围内，允许和鼓励人类活动	人与自然是分离的两个组分，人类活动受限制并在必要时被禁止
价值取向	考虑政治、经济和社会价值，提出的所有措施必须能被各方面接受	主要考虑经济价值
敏感性	对公众的特性和需要更敏感，这些都包括在区域保护、恢复和发展的总体规划中	典型的商品导向型，对公众的特性和需要不太敏感
区域协调性	从景观和生态系统尺度考虑，具有等级特征，它有一个自上而下的程序，它的行动和建议的措施与整个区域规划一致	注重解决局部的问题，可能干扰或影响更大范围的生态系统
科学基础	使用诸如模型和 GIS 等现代工具，有利于增强整体特性，并可能在一个更加广泛的空间框架中使用	基于传统的生物学、地学、经济学以及资源利用的技术科学（如农学、森林学、土壤学、矿物学等）
信息资源	以多重因素，在多重尺度上使用多重边界去采集、组织信息资源	通常过分简化信息收集，依靠有限的分类和信息基础进行分析

三、综合生态系统管理的基本框架

了解和掌握生态系统管理的基本工作框架，对于开展实际工作和有关法制建设是十分必要的。

（一）重视生物自然力地位的管理框架

塞克斯顿（Sexton）总结生态系统管理的一般框架（见图 4－3），详细阐述了管理过程中需要的各种相关数据资料。②

① 赵云龙等：《生态系统管理的内涵与应用》，载《地理与地理信息科学》2004 年第 6 期。

② Sexton WT，"Ecosystem Management：Expanding the Resource Management 'Tool Kit'"，*Landscape & Urban Plan*，1998，40，pp. 103－112. 转引自田慧颖等：《生态系统管理的多目标体系和方法》，载《生态学杂志》2006 年第 9 期。

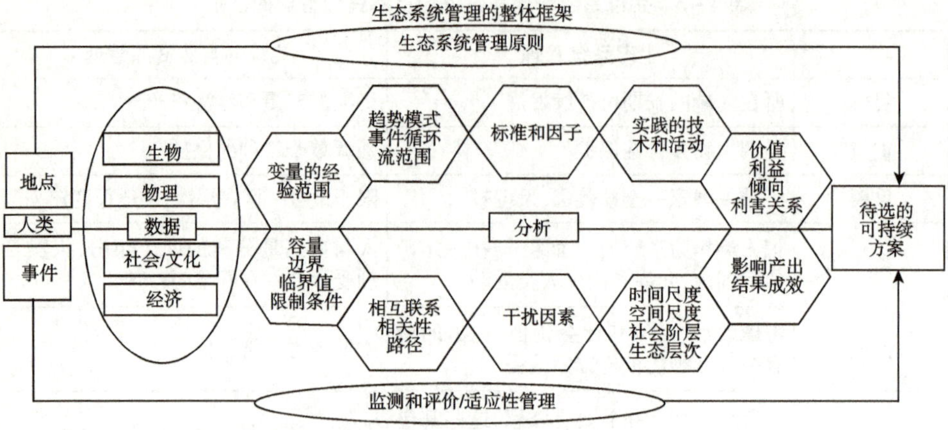

图4-3 生态系统管理的一般框架

(二)以利益相关者确立为起点的管理框架

世界自然保护联盟生态系统管理委员会在关于“生物多样性”的第五次会议论文中也对生态系统方法的实施步骤进行了总结,认为管理过程包括:确定主要利益相关者,划定生态系统区域,并建立二者之间的联系→描述生态系统结构和功能,设立管理和监测机构→确定影响生态系统和居民的重要经济问题→确定管理对象对邻近生态系统的可能影响→制定长期的目标和实现目标的可行办法。实质上与上述归纳有很多相同之处。① 此外,承认生态系统服务的财产属性也应当成为综合生态系统管理中,重要内容之一。对此,美国森林生态系统综合管理中已经形成了经验性的做法。②

四、综合生态系统管理的法制建设意义

我国著名环境法学家蔡守秋先生认为,从总体上看,目前我国环境资源法律中的综合生态系统管理理念或原则还不明确、具体,也缺乏具体的生态系统管理制度(如生态环境影响评价制度等)。因此,在将综合生态系统管理法定化、制度化方面,以及在加强综合生态系统管理的法制建设方面,我国还有大量的理论研究工作和实际工作要做。③

从众多有关文献对生态系统及其法制的研究来看,通常强调的是两个方面:一是“生态系统”,二是“综合”。具体研究有关成果的内容,大都是在环境体系角度

① 参见田慧颖等:《生态系统管理的多目标体系和方法》,载《生态学杂志》2006年第9期。
② 参见高静芳:《森林生态系统综合管理:美国经验及其对中国的启示》,载《林业经济》2017年第5期。
③ 参见蔡守秋:《综合生态系统管理法的发展概况》,载《政法论丛》2006年第3期。

思考问题，因为生态系统本身就涉及水、气、土壤等生态要素，当然也涉及了一些所谓系统性思考；但是其具体措施总要落实在可操作的具体事物、系统要素上。"系统"和"综合"其实是虚的，是由具体事实和相关法制组成的。我们认为，"生态系统管理"应作为法制建设的指导原则，具体法律制度在这一原则指导下进行具体建构。例如，我们进行生态恢复产业法制建设过程中，就要始终牢记并努力落实"综合生态系统管理原则"。

第三节　其他相关学科理论支撑

一、恢复生态学、污染生态学和污染生态修复学

（一）恢复生态学基础

恢复生态学是生态学的分支学科，是从生态学的角度研究生态恢复。它与生态系统生态学的相同点是都以生态系统为基本单位，不同点在于恢复生态学强调应用性和干预性，生态系统生态学更为强调理论性和生态性。

恢复生态学起源于生态恢复实践。早期的采矿业和地下水开采所造成的各种塌陷环境及其生态恢复研究是较早的生态恢复实践。1935 年，利奥波德（Leopold）和其助手在威斯康星州一块废弃农场种牧草，如今这地已是威斯康星大学具有美学和生态学意义的植物园，这是最早的生态恢复试验范例；1985 年，英国学者 Aber 和 Jordan 提出了"恢复生态学"，同年，成立了国际恢复生态学会；1996 年在瑞士召开了第一届世界恢复生态学大会。从国际恢复生态学会召开的大会所涉及的主题来看，综合起来主要包括以下六个方面：第一，生态恢复制度选择；第二，生态系统边界的界定；第三，恢复生态学的综合性；第四，不同类型生态系统的恢复技术；第五，生态恢复的机制与标准问题；第六，恢复生态学相关的交叉学科研究。①

（二）恢复生态学对生态恢复的目的研究

生态恢复学认为，生态恢复的"一些基本的恢复目标或要求，主要包括：（1）实现生态系统的地表基底稳定性，因为地表基底（地质地貌）是生态系统发育与存在的载体，基底不稳定（如滑坡）就不可能保证生态系统的持续演替与发展；（2）恢复植被和土壤，保证一定的植被覆盖率和土壤肥力；（3）增加种类组成和生物多样性；（4）实现生物群落的恢复，提高生态系统的生产力和自我维持能力；（5）减少或

① 参见郑钊佩编著：《恢复生态学概论》，科学出版社 2011 年版，第 2 ~ 6 页。

控制环境污染;(6)增加视觉和美学享受。”①在生态恢复工作中,首先强调的是“保护”,努力保护和利用自然生态系统。这种本地性的自然生态状况,对于恢复的最终考核、验收标准制定具有重要参考价值。其次是要注重景观层次的生态系统的丰富性,并体现与保持区域文化特点。

(三)恢复阈值和恢复途径

大多数生态系统不同时期通常具有若干不同状况,如未退化的健康状态、轻度退化状态、高度退化状态等。当某一干扰因子去除后,这一生态系统有可能自主恢复到先前的状态;也有可能无法自主恢复,只能加以人工干预。自助恢复和人工干预的临界点,就是恢复阈值。如果恢复阈值是因为缺少某种生物造成的,则需要采取生物学措施人工干预。如果是由于水土流失等生态破坏或环境污染造成无机因素引发的阈值,则需要人工改良无机环境。

在没有人工干预跨越恢复阈值的情况下,生态系统通常是进行自我设计的,生物群落只能被动地根据具体环境决定,进而通过系统性反馈、依据最小能耗原理建立生态系统的结构和生态过程。大自然是该生态恢复过程的工程设计师。

无论是否为了跨越恢复阈值,我们都可以对生态恢复进行人工干预、人为设计。在人工设计过程当中,通常把物种的生活史作为生物恢复的重要考虑因素,通过生物重建和工程措施直接恢复和构建生态系统诸要素。

(四)污染生态学和污染生态修复学

1. 污染生态学

污染生态学是一门应用性生态学,其研究的对象就是污染了的生态系统。污染生态学尤其注重运用生态学原理和方法对污染的生态系统进行控制、改造和修复。

2. 污染生态修复学

近年来,污染土壤和污染地下水的修复取得长足发展,促成了污染生态修复学作为污染生态学新的生长点的成长和作为新的重要分支学科的产生。其主要研究内容有:污染环境的物理修复、化学修复、生物修复、植物修复和生态修复机理及其技术完善等。②

二、生态系统健康学

(一)生态系统健康学

将环境(或生态)和健康这两个词结合在一起的学科主要有两个:一是环境健

① 郑钊佩编著:《恢复生态学概论》,科学出版社2011年版,第94页。

② 参见李文华主编:《中国当代生态学研究》(生物多样性保育卷),科学出版社2013年版,第375页。

康学或称“环境与健康”,实际上是过去的环境卫生学演变而来的,主要关于环境与人体健康的关系。这一学科与生态恢复也是有关的,我们之所以进行生态恢复,其中的原因之一是因为被破坏或污染的生态影响了我们的生产、生活。二是生态系统健康学,其与生态恢复的关系尤为密切。生态系统是否健康,其判断标准也是非常复杂的,也有所谓生态中心主义和人类中心主义之别。无论如何,生态系统具有复杂性、多样性,服务功能、活力、恢复力、环境容量等应是健康的重要标准。作为“生态系统标本”保存的,脆弱、退化生态系统则另当别论。这也许应当建立专门的地质公园、自然保护区等加以保护。做一个极端的设想,假如地球上大都是绿色生态系统,那么海洋和沙漠就会成为极其珍贵的、需要保护甚而需要恢复的自然环境。生态系统健康学是生态恢复法制建设的科学基础,生态系统健康与否,退化程度如何,均需依法制定相应的标准。何时、何种情况下需要进行生态恢复,以及生态恢复工程完成后的验收标准,都是生态系统健康学的重要研究内容。

(二)生态系统退化、生态系统破坏

与生态系统健康相反的概念是生态系统退化(有的又简称生态退化)和生态系统破坏(有的又简称生态破坏)。这两者都涉及自然或人为干扰造成的生态系统的变化。生态系统退化更为侧重于自然因素的影响且较之以往变化幅度小。生态系统破坏更为侧重于人为因素的干扰且较以往变化幅度大。当然,两者并不是截然分开的,生态系统破坏是生态系统退化的一种更为严重的形式而已。

(三)生态系统进化、生态系统演替

生态系统进化是指生态系统的抗干扰能力和有序性增强,环境容量、生物多样性以及生态服务功能在时间和空间上较以往更为丰富、多样、持久。生态系统是动态的。地球生命发生至今的几十亿年里,生态系统的种类、样态处于不断变化、演替与发展之中。

随着时间的推移,生态系统总是不断地向更多样、更复杂、更稳定方向变化。生态系统某一历史阶段类型向另一历史阶段类型的变化,就是所谓的生态系统演替。

(四)生态系统干扰

生态系统在存在过程中,总是会受到各种各样的干扰。这些干扰有可能是正干扰,也就是说促进生态系统进化;也有可能是负干扰或维持性干扰。对这些干扰进行深入、细致的分析认识,有利于生态恢复产业法制建设。通过法制手段,有利于取消或阻断负干扰,增大或增强正干扰,或保持维持性干扰。见图 4 -4 干扰体系。

- 干扰体系
  - 自然干扰体系
    - 火干扰
    - 气候性干扰
    - 地因性干扰
    - 土壤性干扰
    - 植物性干扰
    - 动物性干扰
  - 人类干扰体系
    - 干扰类型
      - 开发利用干扰
      - 污染性干扰
    - 干扰规模等级：Ⅰ～Ⅳ级干扰，Ⅴ级为人类破坏

图4－4　干扰体系①

(五)脆弱生态系统

“物种组成比较贫乏、群落结构非常简单、生态系统功能已严重衰退、生产力低下，或者存在面临严重威胁、濒临灭绝的生物种类、群落的生态系统，即脆弱生态系统。”②在干扰下，此类生态系统的结构组成和功能通常容易向更为脆弱的方向发展，甚而走向荒漠化。所述的干扰因素，既可能是自然因素，也可能是人为因素。

生态系统的健康程度是不同的，可以分为健康生态系统、脆弱生态系统、退化生态系统、破坏生态系统；无生命的死寂系统已不能称为生态系统，可以称为自然或大自然；生态环境、生态系统一定是要有生命的；自然环境和自然系统可以包含无生命的系统。

三、景观生态学

(一)景观

“景观”的内涵非常丰富、多样，在此仅举一些与景观生态学有关的理解。

从景观生态学来看，景观是指由相互作用的生态系统或拼块组成的自然综合体，是以相似的形式重复出现的一个空间异质性区域。最为普通的理解是，景观泛指地表自然景色。景观专指自然地理区划中起始的或基本的区域单位，是发生上相对一致和形态结构同一的区域，即自然地理区。景观是个体区域单位，相当于综合自然区划等级系统中最小一级自然区，是相对一致发生和形态结构同一的区域。用于区域分类单位，景观指相互隔离的地段按其外部特征的相似性，归为同一类型的单位，如草原景观、森林景观等。区域单位不等同于景观，而是景观的有规律

① 郑钊佩编著：《恢复生态学概论》，科学出版社2011年版，第83页。
② 同上书，第47页。

组合。

(二)景观生态学

生态学在处理生态系统以上尺度的问题时无能为力,需要新的理论知识。地理学是研究地球表面自然现象以及它们之间相互关系和区域分异的科学,作为其分支的景观学则侧重于地理综合体空间水平方向的规律与综合研究。

现代景观学研究的内容主要是:一是通过对景观组成成分及其相互关系的分析研究,解释景观的特征;二是对景观整体特征进行综合研究,类似综合自然地理;三是研究景观内部的土地结构,以利保护、开发或治理,也称景观形态学,类似土地类型学。

景观学与生态学互补与结合,诞生了景观生态学。景观生态学(landscape ecology)是以景观为研究对象,运用生态系统原理和系统方法研究景观结构和功能、景观动态变化、相互作用机理、景观美化格局、结构优化以及景观合理利用和保护的学科。景观生态学理论内容十分丰富,例如,对异质景观格局和过程的关系以及在不同时空尺度上相互作用的研究,探讨生态过程是否存在控制景观动态及干扰的临界值,研究景观格局和生态过程的可预测性等。这对生态恢复及其法制建设具有直接和间接重大影响。

(三)景观生态建设与生态区位理论

景观生态建设是指对基础景观要素进行优化组合或导入新景观要素,调整、构建生态恢复或重建新思路下的新的景观格局,目的在于通过增加景观的异质性、增强其稳定性,形成更为优异的生态、经济、社会效益的新景观。这种景观生态建设的异质性、较大尺度的时空性,较之生态系统更为丰富的生态、经济、社会要素,使之更具生态恢复建设的理论指导价值。

从生态规划角度看,生态区位就是生态单元、景观组分、经济和生活要求的最佳生态利益配置。生态规划就是按照生态经济学原理对人口、资源、环境、产业、技术、管理、市场、资金、效益等生态经济社会要素严格进行区位分析与综合,合理进行生产力要素配置、科学开展环境整治,以期达到生态规律和人类利益相统一。景观生态学的重要任务之一就是深化景观生态系统空间结构分析与设计,运用发展生态区位论和区位生态学的理论和方法,科学有效地规划、组织和管理景观生态建设,实现区域自然、人文的和谐发展。

四、生态系统服务功能和环境资源价值论

(一)生态系统服务功能

生态系统服务功能是指人类直接、间接从生态系统功能(生态系统中的生境以及生物、物理、化学过程及其功效)中获取的利益,如涵养水分、提供食品、药品,通过自净功能供给清洁空气、水、土壤等,以及美学意义上的利益。在现代社会,生态系统提供的生态功能、美学功能等已经具有了同经济功能相类似甚至更重要的价值和意义。这种认识集中体现在立法对生态价值和利益的确认,例如,眺望权、达滨权的法律规定即是对人们享有优美生态环境、享受精神愉悦的立法确认和保护。生态恢复的提出正是认识到了生态环境对人类生存与发展的基础性作用和重要意义,通过对受损生态环境的恢复,确保生态环境本身处于完整健康的状态,使生态环境的服务功能得以持续提供,人类与自然得以和谐、融洽共处。

科斯坦萨(Costanza)等把生态系统服务功能分为气体调节、气候调节等17类。谢高地等根据中国实际情况将生态服务分为食物生产、原材料生产等共9项。虽然划分方法不同,但相当部分的内容还是互有包含的。这两种划分体系的对照见表4-4所示。[①]

对于生态系统服务功能的具体分析及将其指标化、系统化,无疑会对制定与生态恢复标准有关的指标数值有着重要的指导价值,将成为生态恢复产业法治的重要实践基础标准。

表4-4　生态系统服务的两种划分体系对照[②]

一级类型	谢高地体系	科斯坦萨体系	生态服务的含义
供给服务	食物生产	食物生产	将太阳能转化为能食用的植物和动物产品
	原材料生产	原材料生产	将太阳能转化为生物能,给人类作建筑物或其他用途
调节服务	气体调节	气体调节	生态系统维持大气化学组分平衡,吸收SO_2、吸收氟化物、吸收氮氧化物
	气候调节	气候调节、干扰调节	对区域气候的调节作用,如增加降水、降低气温
	水文调节	水调节、水供给	生态系统的淡水过滤、持留和储存功能以及供给淡水
	废物处理	废物处理	植被和生物在多余养分和化合物去除和分解中的作用,滞留灰尘

① 郑钊佩编著:《恢复生态学概论》,科学出版社2011年版,第33页。

② 同上。

续表

一级类型	谢高地体系	科斯坦萨体系	生态服务的含义
支持服务	土壤形成与保持	控制侵蚀和保持沉积物、土壤形成、养分循环	有机质积累及植被根物质和生物在土壤保持中的作用,养分循环和累积
	生物多样性维持	传粉、生物控制、栖息地、基因资源	野生动植物基因来源和进化、野生植物和动物栖息地
文化服务	景观愉悦	休闲、文化	具有(潜在)娱乐用途、文化和艺术价值的景观

(二)环境资源价值论

在国内,环境资源价值论已经成为一个耳熟能详的理论。对于环境保护工作有关人员来讲,尤其如此。对生态系统服务功能的深入认识,更加强化了环境资源价值论的理论正当性、应用性。环境资源的有用性、稀缺性,使得其具有价值。一般认为环境资源价值可以分为:直接和间接使用价值、存在价值和选择价值。直接和间接使用价值都可以直接或间接通过市场价格表现,能够从环境提供的服务功能直接和间接获利。选择价值可以认为是潜在资源价值,存在价值可以认为是非资源利用性价值。

关于环境资源价值论的研究成果还是非常多的,研究视角也比较丰富,对于我们认识生态恢复的价值有重要意义。

五、环境库兹涅茨曲线理论

在简要介绍环境库兹涅茨曲线及其“拐点”认识的基础上,重点讨论为什么说我国即将进入环境库兹涅茨曲线右侧,需要大力开展生态恢复、环境治理工作。实际上就是运用环境库兹涅茨曲线理论讨论了依靠法制强化生态恢复产业发展的必要性和紧迫性。

(一)环境库兹涅茨曲线的产生

1955 年,美国经济学家西蒙·库兹涅茨发现:以经济增长为横轴,收入差距为纵轴,绘出的平面图形呈倒“U”形。我们通常称之为库兹涅茨曲线或倒“U”曲线。普林斯顿大学的经济学家格鲁斯曼和克鲁格研究发现大多数污染物质的变动趋势与人均国民收入水平的变动趋势间呈倒“U”关系,我们称为环境库兹涅茨曲线(Environmental Kuznets Curves,EKC)。该曲线表明:随着人均收入增长,污染程度先上升、后下降,峰值大约位于中等收入水平阶段。他们在1995年发表的文章中提出了环境库兹涅茨曲线(EKC)的假说,见图4-5。

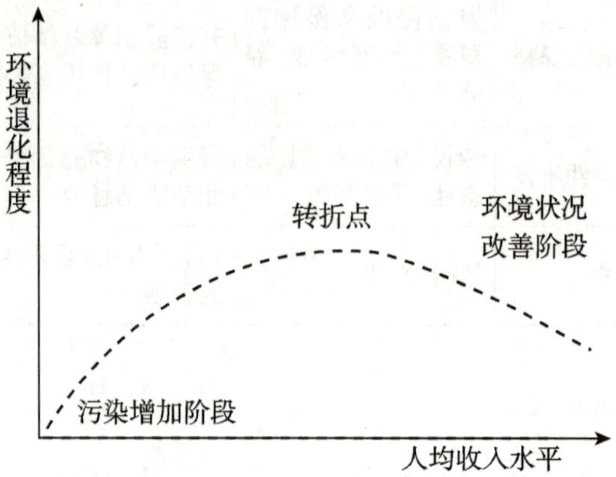

图4-5 环境库兹涅茨曲线

下图4-6,更为有利于对环境库兹涅茨曲线的理解。图4-6中的L1线为安全警戒线;L2线为环境承受极限线;曲线ABG表明以环境退化为代价的发展,最终导致生态崩溃、收入减少;曲线AFE表明保护环境、依赖技术经济进步,实行了生态、经济的双赢。①

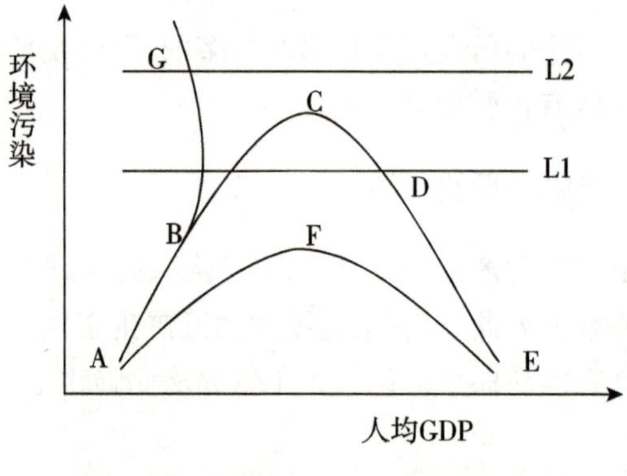

图4-6 环境环境库兹涅茨曲线详解

(二)环境库兹涅茨曲线"拐点"的下移和左移

从发达国家跨越"拐点"的经济状况来看,德国、美国、日本分别在人均GDP

① 参见王虹等:《从环境库兹涅茨曲线变动看工业生产模式的选择》,载《统计与决策》2006年第10期。

8000 美元、11000 美元、10000 美元时实现了跨越。西方大部分发达国家在人均 GDP 8000～10000 美元时解决了环境问题。后发新兴工业化国家人均 GDP 达 2000～5000 美元时环境质量出现改善趋势。① 我国《2012 年国民经济和社会发展统计公报》显示 2012 年中国人均 GDP 达到 6100 美元。按上述统计结论推断,我国已经进入生态恢复、环境治理时期。

同时,非常值得我们重视的是,发达国家越过曲线最高点的时候生态环境的状况都还在自身的承载能力之内,所以他们顺利过渡到了环境改善期。然而,我国目前的生态环境已经非常脆弱,资源的利用率很低,人们的环保意识也很差,而且还正处于工业化的关键阶段。如果不调整经济增长方式,对环境可能还会造成更严重的破坏。如果我们超越了环境承载力的"阈值",环境库兹涅茨曲线就会表现为陡直上升的态势。我们要避免图 4－6 中 ABG 曲线的出现。我国要大力发展绿色产业,积极开展生态恢复工作,促使我们的环境库兹涅茨曲线的高点向下移、向左移,即在生态破坏的低位、人均收入达到一定程度的早期,尽早开展生态恢复,促使图4－7中 AFH 曲线的出现。参见图 4－7 环境库兹涅茨曲线"拐点"下移、左移。

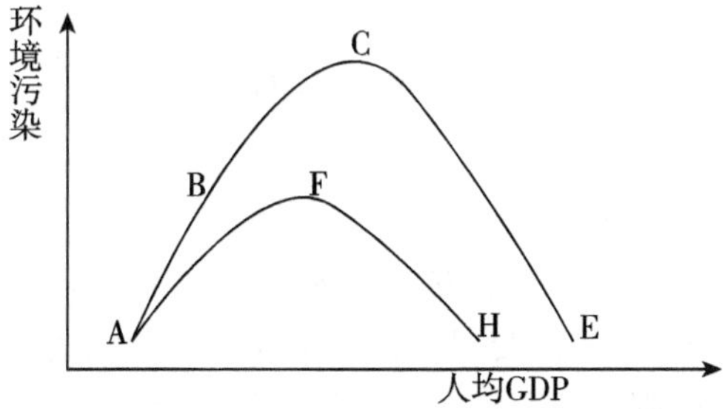

图 4－7　环境库兹涅茨曲线"拐点"下移、左移

① 参见蔡文晓等:《运用环境库兹涅茨曲线对我国环境污染的趋势分析》,载《环境保护》2007 年第 2 期。

第五章 生态恢复产业法制建设的现实地位

在长期的粗放式、割裂式发展进程中，生态环境遭受了巨大的破坏，生态欠债与赤字问题凸显。由此带来的是生态承载力的降低甚至是崩溃，建立于生态承载力基础之上的人类经济社会系统也逐渐呈现出难以为继的严峻态势。为基本维持和进一步增强生态承载力，夯实经济社会发展的物质基础和生态环境基础，有必要将生态恢复提升到一个新的高度。生态恢复产业正是以生态恢复为核心建立和发展起来的产业形态，它是将生态利益和经济利益有机融合并相互增进式的经济发展模式，能够化解“生态不经济”和“经济不生态”的环保难题，是更加经济、务实和可持续的生态恢复实现方式。

第一节 生态恢复产业法制建设的必要性与紧迫性

探讨生态恢复产业法制建设的必要性与紧迫性需要从生态、经济社会、立法等全方位的角度综合理解。日益紧迫的生态保护要求是生态恢复产业法制建设的立足点，现实存在的经济社会条件与要求是生态恢复产业法制建设的着力点，实际效果发挥有限的制度构造则为生态恢复产业法制建设指明了完善的方向。

一、生态恢复产业法制建设是生态保护的迫切需要

（一）日益退化的生态系统需要生态恢复的实施

生态恢复产业法制建设首先是基于保护生态环境的需要。从全球范围来看，在传统的注重经济增长、忽视环境保护的发展思维模式下，生态系统和自然环境遭受了较为严重的毁坏，并已呈现出整体恶化的严峻局面。其中的主要原因就是在传统发展模式下，环境仅仅被当做获取资源的途径，并被认为是取之不尽、用之不竭的。环境自身的价值被严重忽视，维持人类生存发展的基本条件——环境，已经难以支撑起日益庞大的消费需求，进而导致生态支出与生态供给的比例严重失调，久而久之便形成了数额巨大的生态赤字与生态欠债。世界自然基金会早在2004年发布的《地球生态报告》中就指出，全球湿地、内陆水、地下水系统因开采破坏等

原因已经出现了干涸和退化的趋势，人类对自然资源的消耗与地球的再生能力之间已经失衡。如果不尽快恢复资源消耗和恢复之间的平衡，人类将没有机会再来偿还这些生态债务。该报告还称：到目前为止，人类人均自然资源消耗量的增长水平超出地球生态负载能力的20%。虽然人类在生态和环境保护方面做了很多努力，但全球总体生态形势并未呈现好转的趋势。另外，根据2014年比利时《自由报》的报道，2014年地球超载日与2013年相比提前了1天，与2000年相比则提前近一个半月。[①] 在中国，整体生态形势更加不容乐观，相比于全球人均自然资源消耗量的2.2公顷、人均生态容量的1.8公顷和人均生态赤字的0.4公顷，我国的数值更加令人担忧，分别为1.5公顷、0.8公顷、0.8公顷。[②] 为更加科学地反映某个地区对生物圈承载力的要求，生态足迹报告成为重要的衡量标准。由世界自然基金会和中国科学院联合编写的《中国生态足迹报告2012》称，中国的人均生态足迹虽然低于全球平均水平，但是已经超过自身生物承载力的一倍。同时，由于中国人口数量大，生态足迹总量在全球各国中是最大的。在生态赤字区域数据统计方面，有报道称我国80%的省份存在生态赤字。[③] 国内方面，中国科学院国情分析研究小组对我国生态环境做出的基本评价是："先天不足，并非优越；后天失调，人为破坏；退化污染，兼而有之；局部改善，整体恶化；调整增长，缺乏后劲，无相应有效措施，发展前景令人担忧。"目前中国的生态环境恶化仍呈范围不断扩大、程度日趋加剧、危害继续加重的趋势。突出表现在几大方面：一是水土流失呈发展趋势；二是土地荒漠化与沙尘暴愈演愈烈；三是水资源严重短缺；四是水旱灾害严重；五是淡水和湿地生态系统受损；六是植被退化；七是耕地资源锐减，质量下降；八是生物多样性减少；九是"三废"及农村生态环境污染严重。[④] 对于我国生态环境整体恶化的趋势，高层次的官方文件中也有分析和评价。《中华人民共和国国民经济和社会发展第十三个五年规划纲要》（以下简称《十三五规划纲要》）指出，发展方式粗放，不平衡、不协调、不可持续问题依然突出……空间开发粗放低效，资源约束趋紧，生态环境恶化趋势尚未得到根本扭转。《全国生态保护"十三五"规划纲要》中也指出了相同的问题：总体上看，我国生态恶化趋势尚未得到根本扭转，生态保护与开发建设活动的矛盾依然突出，生态安全形势依然严峻。由此看出，我国的整体生态系统已经遭受了严重的破坏，存在较大存量的生态赤字，短时间内还难以得到根本扭转。需要尽早实施生态恢复，补偿长期不合理发展产生的生态欠债，最大限度地

---

① 齐子瑶：《2014年地球超载日提前　人类面临生态赤字》，载环球网：http://world.huanqiu.com/exclusive/2014-08/5112615.html，最后访问日期：2017年4月2日。

② 参见张可佳：《世界自然基金会发出地球警报：人类生态赤字不断扩大》，载《今日科苑》2006年第3期。

③ 章轲：《生态赤字之忧：80%的省份生态赤字》，载《第一财经日报》2012年12月19日，第C02版。

④ 参见赵廷宁、丁国栋、马履一等：《生态环境建设与管理》，中国环境科学出版社2004年版，第39～51页。

实现生态供给和生态支出的平衡。

在整体生态系统恶化的大背景下，土壤等领域的环境污染和生态破坏以及相应的恢复问题尤为引人注目。近些年无论是从国家环保大政方针政策还是频频见诸报端的环境事件中都可以很容易地发现，土壤等领域的污染和恢复（修复）已经成为时下非常重要而紧迫的社会民生问题。就全国土壤污染情况而言，相关的统计数据可以较为直观地反映其严重程度。经初步统计，全国受污染的耕地约有1000万hm^2，有机污染物污染农田达3600万hm^2，主要农产品的农药残留超标率高达16%～20%，污水灌溉污染耕地216.7万hm^2，固体废弃物堆存占地和毁田13.3万hm^2。每年因土壤污染减产粮食超过1000万t，造成各种经济损失约200亿元。[①] 在土壤污染高发的另一领域，也就是城镇出现的大量污染土地，国外称作“棕地”，其污染程度也相当惊人。由于近些年城市工业企业搬迁等原因，遗留了大量遭受化学或物理污染的场地。根据保守估计，我国污染地块的数量至少有30万块，并且绝大多数没有被修复。尤其是在城市人口聚集区，土壤环境质量持续下降。在这些搬迁的污染企业中，100个地块有20%～30%可能存在不同程度的土壤和地下水污染。在这些污染地块中，分布在全国城市和郊区的风险较大的污染场地就有1万～2万个，对人体健康形成了极大的威胁。[②] 随着土壤污染识别、风险防控技术的进步和土地管理要求的不断提高，接下来必将有更多的污染土地和污染场地被有效识别并进入恢复治理的范围。这将有力地推动土壤污染和破坏领域的生态恢复实践活动规模性开展。在土壤污染和土壤生态系统退化之外，矿山、草原、林地、重要水体的生态破坏和退化问题也早已凸显并现实性地影响着人们的日常生活。可以说，这些领域的生态退化和生态欠债在直接影响人类生存发展和曝光率不断提高的现实条件下将率先获得生态恢复和治理，并将带动整体生态环境恢复的发展。

（二）生态恢复是实现生态保护的有效路径

中国在几十年的经济发展中取得了举世瞩目的成就，经济总量已经跃居世界第二位，成为名副其实的经济大国。但是，在经济高速发展的背后也隐藏了这样或那样的问题。其中，长期以环境资源为代价换取经济发展造成的生态环境问题逐渐凸显并成为制约下一步经济社会持续发展的主要障碍。为了弥补因过分强调经济发展所造成的环境污染和生态破坏，环境保护或生态保护的议题被正式提出并

---

① 熊严军：《我国土壤污染现状及治理措施》，载《现代农业科技》2010年第8期。

② 参见王喆、盛卉：《全国城市污染地块至少有30万块　多数未获修复》，载《人民日报》2012年7月5日，第3版。

在各领域努力推行。实事求是地讲，这些年我国对环保领域的重视程度不断提高，投入力度不断加大，实施的范围也逐步拓展，在局部领域确实也取得了重要的进展。但是“局部好转、整体恶化”的趋势仍然没有得到完全扭转，生态破坏和生态保护的整体基本呈现出相持的状态。由于环境污染和生态破坏的后果具有显现的滞后性，之前粗放式发展导致的污染和破坏后果有很多还没有完全显现出来；而生态破坏和生态保护的持平状态并没有将这些潜在后果充分考虑进来；加之生态系统整体恶化具有惯性发展的趋势，这种持平状态也具有极大的不稳定性，一旦放松警惕，工作不到位，很可能打破这种平衡，导致整体生态系统的极度退化和恢复的不可能性。

现实的严峻局面不得不使我们开始反思这些年来的环保工作，反思到底是什么原因阻碍了环保预期效果的实现，又是什么因素使得生态环境仍然呈现出趋于退化和恶化的趋势。是环保制度本身设计不够科学所致？还是无法逃脱“先污染、后治理”这一不可逾越的“环保怪圈”？找到并破解这一问题的症结所在，显然无法依靠闭门造车式的理论分析和无视现实的对策应对。真正务实有力的解决方法应该是从中国现实语境出发，从中国发展的现实要求出发，将环保工作置于经济社会发展的现实背景和要求之下。不是单纯强调环保的重要性而轻视经济社会的发展，而是将环保融入各个领域、各个系统、各个环节，谋求其他领域工作对环保工作的内在支持，从根本上扭转环保弱势的地位。尤其是在现阶段，从国家层面而言，经济发展的压力依然很大，经济建设依然是国家的中心工作。十八大报告中也指出，经济建设为中心是兴国之要，发展仍是解决我国所有问题的关键。所以说，将环保与经济割裂的做法是不切实际的，也无法获得社会的支持。与消极禁止和限制性的环保思路不同，生态恢复的着力点在于对生态环境质量的巩固和夯实，在于对经济内在品质的提高。通过这样的思路，目的是将环保工作与经济工作有机结合，进而为生态恢复提供持续稳定的动力支持。伴随国家对生态保护工作的不断深化，尤其是对重点领域生态保护的“红线”划定和强制性目标要求，未来很长一段时间环保活动将会获得政策与制度性保障和广阔的实施空间。这些以国家政策和制度形式展现出来的信息必将带动相关领域市场的关注，引导市场投资的方向和发展的着力领域。此外，从当前统计和预期评估来看，生态恢复将会逐步占据整个环保工作的主力位置，市场份额也将会呈现出不断上升的趋势。这就为生态恢复市场手段的运用和利益推动作用的发挥提供了前提条件。对生态恢复本身进行分析，生态恢复这一带有典型“正向建构”色彩的活动是以价值和利益增进为着眼点的，是保障环境生产和生态生产力效益实现的主要手段。生态恢复的结果，即生态结构和功能良好、生态系统整体健康的生态环境，是能产生重要的生态效益和与此对应的经济效益的。生态系统整体恢复与否以及恢复的程度，将会直接或间接地决定获得效益与否和多少。而这恰恰是有效激发生态恢复活动实施积极性和自主性的决定性因素。因此,生态恢复及其产业化的制度设计必将有效促进生态恢复活动的开展,顺利实现预期的生态保护目标。这是在多重发展压力和环保制度困境的背景下顺利实现生态保护目标的现实要求。

如果从经济与环境关系的角度分析,环境质量接近或到达好转的拐点也就具有了现实的物质和经济条件。这是运用环境库兹涅兹曲线理论进行分析的结论。根据对经济发展与环境保护间相互作用关系的分析,西方大部分发达国家的人均GDP达到8000~10000美元时解决了环境问题,而后发的新兴工业化国家,人均GDP达到2000~5000美元时环境质量出现改善的趋势。[①] 据国家统计局2013年初公布的《2012年国民经济和社会发展统计公报》显示,通过计算得出,我国2012年的人均GDP为38354元。按当年年底统计的人民币兑美元汇率中间价6.2855计算,2012年我国的人均GDP达到了6100美元。而根据《2015年国民经济和社会发展统计公报》显示,2015年全年人均国内生产总值已达到49351元。按当年的人民币兑美元平均汇率6.2284计算,已经达到7900美元。从统计数据来看,中国环境质量改善的转折点已经到来,经济发展规模已经可以允许和支撑环保工作的顺利开展。在之前召开的中国环境与发展国际合作委员会上,当时担任国务院副总理的李克强也指出,在经济快速增长的同时,环境污染和生态破坏加重的趋势有所减缓,部分地区和城市环境质量有所改善。这可以看做是经济发展成果反馈生态环境保护的结果。再进一步分析,环境库兹涅兹曲线理论向我们传达了很重要的信号,就是经济发展到一定程度就要不失时机地补偿因经济发展而造成的环境损失,实现环境质量改善和建立于环境质量改善基础上的环境经济增进式发展。以环境库兹涅兹曲线理论为分析工具反观生态恢复及其制度建设,生态恢复正是对长期遭受损害的生态环境本身的补偿和修复,顺应了经济发展反哺环境保护的发展趋势。同时,生态恢复是对生态环境的积极改善,将对环境的改善与经济增长紧密结合起来,推动科学发展拐点的早日到来,最大限度地减少经济发展和环境保护间的摩擦效应,降低恢复治理的代价。以产业法为核心构建生态恢复法律制度,就抓住了推进经济发展与生态恢复良性互动的关键点,从而实现在产业经济质量改善的同时达成生态恢复的目标,在生态恢复不断推进的过程中推动产业经济的良性发展。在这种综合效益优化的产业发展模式下,环境质量的改善也就获得了经济发展的内在支撑和助推动力。

---

① 参见蔡文晓等:《运用环境库兹涅兹曲线对我国环境污染的趋势分析》,载《环境保护》2007年第20期。

二、生态恢复产业法制建设是经济社会协调发展的现实要求

(一)重、特大环境事件触发公众对环境安全的强烈需求

生态恢复成为一种突出的社会需求,较为直接的原因是近些年频繁发生的环境污染和生态破坏重大事件。这些事件的发生对公众健康和财产造成了触目惊心的损失,也让人们对受损生态系统的恢复问题有了更加直接和深入的认识。细数过往的这些重大环境事件,它们都有一个共同点,那就是因人类长期破坏性的发展导致了某一生态系统的健康受损,甚至机能的严重恶化。受损和恶化的结果通过空气、水体、土壤等与人类生存发展须臾相关的环境介质输出反馈,从而直接威胁到人类的健康和安全。为了最大限度地避免类似事件的发生,源头性的预防工作当然应当常抓不懈,但同时也应当客观地看到数量和规模巨大的“已然”性生态受损现实,着力对受损生态系统进行修复和恢复,避免受损的破坏性结果向人类健康安全领域的延伸。正是在这样的反思和认识作用下,生态恢复才不断地被人们重视,生态恢复在环保工作中的地位也有了不断的提高。作为确保生态恢复规范有效开展的核心手段,法律制度建设也才有了进入生态恢复领域的迫切需求和现实契机。可以说,重、特大环境事件的发生和人们对此的重视有力地推动了生态恢复制度的建构。在该方面,美国著名的拉夫运河事件即是其中非常著名的例证。20世纪70年代末,建于美国拉夫运河旧址之上的居民区里不断出现孕妇流产、儿童夭折、畸形和成年人多发癫痫、肿瘤疾病等情况。这一状况引发了媒体的关注和公众的质疑。在媒体和公众的巨大压力下,纽约州卫生部采取行动对该小区进行环境监测,发现了危险性化学物质的存在。再后来,该小区地面开始流出类似重油一样的黑色黏稠状液体。最终,经证实发现,该小区原来是建立在一个大型化学废料填埋场之上。该场地未经修复处理即进行了居住区的开发利用,场地里的有毒有害物质正是造成人体健康受损的罪魁祸首。事情一经揭露,小区居民震惊愤怒,他们纷纷走上大街游行示威,要求政府进行更加深入细致的调查,并对该事件做出合理解释和采取有效措施。最终,拉夫运河事件的发生迫使当时的卡特总统颁发了紧急令,要求联邦政府和纽约政府为拉夫运河小区的居民实行暂时性的搬迁。之后,卡特颁布了划时代的法令,创立了“超级备用金”,用于清理泄漏的化学物质和有毒垃圾场。[①] 以该事件为契机,美国逐步建立了针对污染场地恢复的制度规范。

在我国,类似的事件并不少见。尤其是近年来发生的重、特大环境安全事件[②]

① 参见 Seuly:《美国拉夫运河事件》,载《环境》2005 年第 8 期。

② 如福建紫金矿业污染事件、山东渤海蓬莱油田漏油事件、云南曲靖铬渣污染事件。

不断向我们敲响警钟，昭示了开展生态恢复工作的极端重要性和现实紧迫性。对于重金属和有毒化学品污染而言，因为其危害性大，潜伏期长，危害因子不会自动消解，所以需要积极开展生态恢复，确保生态系统的健康和人类社会的安全。在重大环境污染事件的处置处理过程中，生态恢复工作是基础性和根本性的环节，生态恢复工作是否开展、开展得好坏直接影响到其他处置处理工作的成效。生态环境是基础资源也是基础限制。如果不对生态环境本身进行彻底的治理和恢复，其他工作做得再好，也只能将危害结果暂时控制在表面。随着时间的推移，生态系统损害的结果还会通过健康安全事件的形式表现出来，发展成为时刻威胁公众健康安全的“定时炸弹”。在重大环境事件的影响下，现有生存居住环境的安全问题也逐渐引起了人们的关注。尤其是在媒体采访曝光的“癌症村”事件后，更是引发了公众对居住环境安全问题的强烈关注和对知情权的要求。当前，环保部等部门开展的全国土壤污染状况调查活动还在进行，而针对重工业企业搬迁形成的城镇“宗地”情况调查已有初步的评估数据。随着污染数据的证实确认和有关强制性规定的出台，生态恢复必将成为一项必备的工作并得以正常开展。在制度建设层面，专门针对重金属污染防治的《重金属污染综合防治“十二五”规划》《湘江流域重金属污染治理工程实施方案》等法律文件已经出台。2016 年 5 月，国务院印发了《土十条》。作为土壤污染防治领域的基础性法律，备受瞩目的《土壤污染防治法（草案）》也已于 2017 年 6 月 28 日至 7 月 27 日对外征求意见，共有 140 人次参与进来，收集到 724 条意见。[①] 可以预见，该法在不久的将来将正式出台。这些都将为下一步生态恢复领域具体制度的构建提供相应的法制环境和规范依据。

重大环境安全事件的发生向人们传达了一个重要的信息，那就是遭受污染或破坏的生态环境本身正在形成对人类健康安全的根本性约束。如果不进行积极有效的生态恢复，生态系统退化的趋势将会加剧约束的范围和限度，人类的生存安全将会面临极大的难题。在健康安全的生存性约束之外，受损生态系统对人类社会的发展性约束也在不断显现。在生态环境整体呈现退化和脆弱趋势并凸显稀缺性的背景下，生态系统本身已经无法自我弥补因经济社会发展而遭受的生态环境损害，抑或维持人类社会发展必要的整体质量了。以环境资源依赖和消耗为特征的经济社会发展模式也就难以长时间持续下去，生态环境本身对经济社会发展的约束性显著加剧。对于这一点，我们也已经清醒地认识到。十七大报告首次把生态文明作为建设小康社会的新要求之一写进报告。十八大报告则首次提出“五位一体”的发展总体布局，将生态文明建设提升到与政治、经济、文化和社会建设并列的

① 《土壤污染防治法（草案）》，载中国人大网：http://www.npc.gov.cn/npc/flcazqyj/node_8195.htm，最后访问日期：2017 年 9 月 5 日。

高度,足见我们对生态文明建设的空前重视。将生态文明建设鲜明地提出并赋予高度重要的地位,是从我国经济社会发展的长远大计考虑的。党的十八届五中全会提出“创新、协调、绿色、开放、共享”五大发展理念,在提及全面建成小康社会新的目标要求时,强调要使生态环境质量总体得到改善。为此,应当加大环境治理力度,提高环境质量,实行最严格的环境保护制度,坚持保护优先,自然恢复为主,实施修复工程。公报中还特别提到,推动建立绿色低碳循环发展产业体系。作为生态文明建设的基础性工作,生态恢复的实施就是着力恢复和改善长期遭受损害的生态环境,不断增强生态环境本身的承载力和对经济社会发展的支撑力,实现生态“建设性”的要求。为顺利实现生态文明建设的目标,满足“五位一体”大建设格局的要求,还必须将生态建设与经济、社会等领域的建设紧密结合,善于在各领域建设的整体推进中找准突破点和发力点。党的十九大报告就美丽中国建设作出了战略性和前瞻性的重大决策部署,报告中的第九部分“加快生态文明体制改革,建设美丽中国”指出,必须坚持节约优先、保护优先、自然恢复为主的方针,形成节约资源和保护环境的空间格局、产业结构、生产方式、生活方式。在具体发展战略方面,均提到了生态恢复和恢复性产业发展的问题。在推进绿色发展领域,加快建立绿色生产和消费的法律制度和政策导向,建立健全绿色低碳循环发展的经济体系。构建市场导向的绿色技术创新体系,发展绿色金融,壮大节能环保产业、清洁生产产业、清洁能源产业。在着力解决突出环境问题领域,加强大气和水污染综合治理,强化土壤污染管控和修复。构建政府为主导、企业为主体、社会组织和公众共同参与的环境治理体系。在加大生态系统保护力度领域,实施重要生态系统保护和修复重大工程,提升生态系统质量和稳定性。开展国土绿化行动,推进荒漠化、石漠化、水土流失综合治理,强化湿地保护和恢复,加强地质灾害防治。完善天然林保护制度,扩大退耕还林还草。严格保护耕地,扩大轮作休耕试点,健全耕地草原森林河流湖泊休养生息制度,建立市场化、多元化生态补偿机制。在改革生态环境监管体制领域,设立国有自然资源资产管理和自然生态监管机构,完善生态环境管理制度,统一行使所有国土空间用途管制和生态保护修复职责。综上所述,从产业发展及其法制建设的角度入手研究生态恢复的引导和规范问题,实现生态恢复与产业经济的整体推进,同步发展,无疑是一条有效的路径,也是当前政策倡导鼓励和大力推动的。

(二)生态恢复产业的有序发展需要制度规范和保障

作为经济和环保有效结合的产业发展形式,环保产业应时代要求而生,并获得不断发展壮大,逐渐成为整个产业经济中不可或缺的组成部分和最具活力的产业样态。环保产业的大发展植根于生态环境现状下的环保需求,受制于经济社会发展程度和国家政策与法制的取向。从环保产业发展的走向看,以修复、恢复生态环境、促进环境自身的生产与价值产出为特征的生态恢复产业是最具发展前景的产业形态之一。对于该项结论的得出,前文已有部分论述,就是环境污染防控为主,到污染防控与生态建设并重,再到生态建设时代的到来和经济社会的发展累积对以投入和补偿为特征的生态恢复的支撑和支持。考察各国经济社会发展、生态环境保护状况以及它们之间的相互关系,结合我国当前的发展现实,能够发现生态恢复本身蕴含的巨大市场潜力和产业发展的强劲动力。以生态恢复产业经济规模为例,美国在过去的十几年里,生态恢复产业产值不断上升,逐渐成为整个环保产业的主要组成部分。2000 年、2007 年、2008 年,美国的修复与工业服务产值分别为 101 亿美元、121 亿美元、127 亿美元;资源恢复的产值分别为 160 亿美元、251 亿美元、320 亿美元,产业经济已经形成很大的规模。① 另据 Environment Business International Inc 测算,到 2015 年,美国环保总产值达 3600 亿美元。以土壤和地下水修复为主的环境修复产业占据 20% 的比例推算,到 2015 年美国的主要环境恢复产业产值会达到 700 亿美元。其他国家在生态恢复产业发展方面也呈现较强的发展势头。在日本,土壤和地下水污染的全部修复大约需要 1600 亿美元。荷兰在 20 世纪 80 年代就已经投资 15 亿美元进行土壤污染的修复,而德国单是 1995 年一年就投资了 60 亿美元来修复污染土壤。② 据前瞻产业研究院发布的《环保行业发展前景与投资分析报告》预计,2016—2018 年我国节能环保产业将保持 18% 左右的增速。到 2018 年,节能环保产业产值规模将超过 7 万亿元人民币,达到 74799.2 亿元人民币。"十三五"期间,土壤修复领域有望获得实质性推动,带动超过 5 万亿元人民币的投资规模。③ 结合我国经济社会发展阶段和开展生态恢复的现实条件分析,生态恢复经济产值在我国必将会有较大的增长,相应的产业市场因此具有了广大的发展潜力。生态恢复产业经济的大发展将带动该领域经济社会关系的复杂化和规模化,从而产生对规范相应经济社会关系的法律制度的需求。

如此看来,生态恢复的规模化开展无疑成为我国环境保护的重要发展趋势。明确了这一大前提之后,接下来非常关键的问题就是生态恢复的实施和落实问题。与其他领域的环保工作类似,生态恢复从本质上需要解决的就是一个外部性的问题。对待因环保实施而产生的外部性,主要的解决方案是借助于政府的强制性和借助于市场的激励性两大手段。受部门法划界分明和公私利益严格分立思维的影响,在很长一段时间内,政府的强制性作用在解决外部性问题上占据绝对的统治地

---

① 参见刘嘉、秦虎:《美国环保产业政策分析及经验借鉴》,载《环境工程技术学报》2011 年第 1 期。

② 参见王尔德:《三类企业掘金土壤修复万亿市场 国家标准亟待建立》,载《21 世纪经济报道》2012 年 6 月 19 日,第 22 版。

③ 杨帆:《节能环保产业强势崛起 2018 年规模将破 7 万亿》,载前瞻产业研究院:https://bg.qianzhan.com/report/detail/459/170517-cc2a47ae.html,最后访问日期:2017 年 12 月 7 日。

位。在该种思维范式下,外部性问题是市场固有缺陷造成的,只能依靠政府来解决,通过政府的强制力扭转因个人逐利而产生的对公益的损害。尤其是对于生态环境这种带有典型公共性特征的“物”而言,在它难以被特定化和价值化[①]的情况下更是非依政府的公共安排解决不可。因此,环保领域的外部性问题依赖政府作用也就长期存在于制度安排之中了。不可否认,政府在环保工作中的作用确是立竿见影,收效甚快。但是,面对经济发展和环保实施的双重压力以及个体在公益保护面前的动力不足甚至是“阳奉阴违”的问题,政府的作用面临事实性递减和难以落实的困境,环保的实际执行力和持续性遇到了很大的难题。在市场经济深入发展和政府职能积极转变的今天,解决环保持续性的难题,需要在政府主导规划的基础上更加重视市场在环保工作中的作用,更加重视对市场主体的有效激励,通过充分体现生态价值性和利益归属性的制度设计,实现从被动性环保到主动性环保的转变。从产业的角度切入,通过产业性的规划、引领和带动,将环保经济性和生态性有机融入产业整体发展之中,着力推动环保产业化和产业环保化以及它们的制度性规范,这是解决环保持续性和有效性的关键性举措,也是未来环保工作的必由之路。在政策驱动和规范领域,国家近些年出台的节能环保产业发展规划对环保产业领域的发展问题进行了专项规定。这些规定在很大程度上是对环保产业整体发展的引导性和支持性安排,从而在政策上为环保产业的进入和发展准备了基本的条件。大幕已经拉开,号角也已吹响,当前最为紧迫的就是将政策的部署安排以制度和细则的形式予以界定和落实,从而为处在观望和摸索阶段的环保产业发展提供制度条件,依法规范和引导环保产业的健康发展。作为环保产业的重要组成部分和未来的重点崛起领域,生态恢复产业正在呈现出蓬勃发展的趋势;但是相关的制度规范和安排还远远滞后于实践的需要和产业发展的现实。因此亟须制定完善相关的法律法规,从生态恢复产业整体发展的角度进行制度设计和安排,以产业法制的形式推进生态恢复的有序顺利实施。

从本源意义上讲,法律规则的形成和发展无非是遵循了这样一种现实逻辑:人类在不断重复某种经济社会活动并形成足够规模的过程中,必然会经历若干次针对类似活动的行为冲突和磨合。在这种长期的行为交往中,基于行为的顺畅和便利,必然会逐渐形成约定俗成的行为方式和行为习惯,当这种行为方式和行为习惯发展到一定阶段后就会形成明确供大家普遍遵守的法律规则。从这种现实发展逻辑里不难发现,不断重复的规模性经济社会关系是法律规则形成的基本条件。这也是论证某类社会关系是否应当进入法制规范领域的基本前提。具体到生态恢复产业法制建设命题,我们就要从实证角度对生态恢复产业发展情况和法制规范诉

---

① 这里的特定化和价值化是在传统法思维下的含义。

求进行分析。

从前文分析可知，生态恢复经济发展迅速，预期经济规模巨大，能够为生态恢复产业的发展提供广阔的市场空间，未来生态恢复产业活动必将呈现蓬勃发展之势。而生态恢复产业关系也将日趋典型化、规模化，从而形成对相关领域法律制度的现实需求。客观地评价，在生态恢复及其产业领域明显存在制度建设滞后于实践发展的现实，制度虽有欠缺但生态恢复实践却在紧张地进行之中。尤其是近些年因重金属等污染而形成的对生态恢复的迫切要求，直接促使了生态恢复活动的开展和生态恢复产业的发展。以中国环境恢复网上的实证资料和统计数据为分析的范本，我们发现近些年从事生态恢复的企业已经成为一股重要的力量，代表了环保企业未来的重要盈利模式和发展趋势。生态恢复领域的政策利好直接带动了生态恢复产业的发展。据中国环境修复网的不完全统计，单是 2011 年一年，新注册成立或转作土壤修复业务的企业就超过了 20 家。而在北京、上海、江苏等经济相对发达且污染场地较为集中的区域，围绕产业链的修复类企业正在不断诞生。在生态恢复企业蓬勃发展之际，2012 年由生态恢复相关参与单位共同发起成立了中国环境修复产业联盟，拟共同探索我国环境修复产业的发展模式和策略，积极促进修复产业的技术进步、交流与应用，推动制定相关行业规范、技术标准和产品标准，促进产业链上下游沟通与战略合作。作为带有产业自我规范和自我发展的组织，该联盟的成立将会从实践角度对生态恢复产业成熟、发展起到支持和促进的作用。不仅如此，以重点污染和破坏治理示范项目为先导的生态恢复实践活动也在如火如荼地进行。示范项目的成功模式和经验无疑将会拓展至其他恢复活动当中，从而促进生态恢复产业的壮大和实践发展。在生态恢复技术研发和应用领域，早在 2001 年，土壤修复技术研发就纳入了国家高技术研究与发展计划（“863”计划）资源环境技术领域，加之国家科研经费向生态恢复领域的倾斜，生态恢复产业发展的技术问题也将在不久的将来得以很好的解决。根据此种发展进程，相关专业人士也预言，到“十三五”时期，生态恢复产业将进入大发展的黄金时期。可以预见，随着政策措施的进一步出台和产业实践的不断向前推进，生态恢复产业法制的需求将会更加显著化和紧迫化。

生态恢复企业数量在快速增长的同时却暴露出生态恢复产业领域存在的诸多乱象。这些乱象出现最主要的原因是缺乏规范该领域的制度规范和技术标准。实践中暴露出来的问题主要有生态恢复的行业规范严重欠缺。行业规范的欠缺主要源于制度缺失下实践活动的无序开展，这就导致在生态恢复领域的企业及其实际工作水平鱼龙混杂。中国环境修复产业联盟秘书长高胜达表示，现在国内有 100 家左右的企业在做有关污染土地修复的事情，但是在这之中，真正有能力做好的到不了十分之一。在生态恢复企业准入和资质管理空白化的背景下，很多企业仅靠几台挖掘机等简单设备就可以成立一个环境修复公司,实际的修复效果很难保证,甚至还会因修复不利产生新的更加复杂的污染和破坏。在产业化健康发展方面,生态恢复领域的企业组合和发展模式还难以配称完全意义上的产业化状态。很多企业的技术完全依赖外部的供应,自身没有专业的技术研发团队和专业技术人员,尚未形成以企业为主体的技术产生、应用和拓展形态。在典型商业模式成型方面,生态恢复企业到目前为止还普遍缺乏成熟的商业盈利和运营模式,显著制约了生态恢复企业的持续发展和产业整体的发展壮大。这些困境都有赖于下一步制度设计层面的积极回应才能有效化解。

三、生态恢复产业法制建设是发挥制度作用的必然选择

(一)依法规范引导是发挥生态恢复制度作用的必然选择

客观地讲,几十年的环保立法实践确实取得了很大的成绩,在环保关键性领域发挥了至关重要的作用。但是,如果同样客观地观察和分析,就会发现在环保领域,制度的应有作用还没有充分发挥,制度的落实效果还不尽如人意,环保立法的高调宣示与环保主体的动力不足已经成为影响未来环保实际效果的显著问题。只有正视环保实践中不断暴露出来的问题,找到产生这些问题的主要原因和制度落实的困境,重点从制度落实和实践操作的角度予以规范化应对和化解,才是确保环保实际效果的关键性举措。

相较于其他环保领域,生态恢复立法效果的落实问题显得尤为复杂。前文介绍过,生态恢复对环境的改善将产生积极的效果,得到的是一种正向的结果。从目前的情况看,在正外部性问题上还存在不少的问题,有些问题没有得到应有的重视,研究深度不够,实践性不强,导致相应的制度措施赶不上形势任务发展的要求。恢复活动产生的利益难以得到确认,法律上的权利属性不强,恢复性利益存在"无主体、无保护、无促进"的尴尬境地。在这样一种利益彼此割裂、落实和保障机制欠缺的状况下,仅仅依靠宣示性的制度设计显然无法有效激励相关主体积极投身恢复实践,更加难以确保生态恢复活动的持续开展。为此,解决生态恢复的立法效果问题,无疑关键就在于解决恢复的正外部性问题。详言之,就是正视生态恢复产生的利益,妥善安排恢复利益的归属,以制度性的利益保护和激励机制促进生态恢复的有效开展和实际落实。当生态恢复性的利益在制度上得以确认后,接下来的关键就是以何种方式将这种利益有机整合并实现市场化的运作。只有实现市场化的运作才能理顺政府、社会和个人在公益活动中的关系,也才能更好地解决生态恢复的内在动力问题,同时这也符合市场经济条件下环保工作改革和发展的要求。我们认为,产业化思维是市场经济条件下推动生态恢复持续有效开展的重要突破点。

首先,生态恢复的利益性与生态恢复的产业化具有内在的联结关系。生态恢复的利益性是指生态恢复所产生的结果,即生态功能恢复本身对人类社会存在与发展的价值能够通过经济社会系统的指标予以衡量,并集中体现为经济性利益。生态恢复的产业化是指将生态恢复活动纳入产业化运作,通过确认生态恢复的经济社会性利益为实现产业化找到立足点,同时以产业化发展的方式激发对集中体现为经济性利益的生态功能的积极维护和促成实现,从而促进生态恢复活动的开展,实现生态恢复与产业化的有机结合与相互促进。可以说,无论是生态恢复的利益性还是生态恢复的产业化都是立足于对生态性资源、功能和价值的承认,都体现了将生态功能和价值纳入社会经济体系中予以衡量和保护的思路。就两者的关系而言,生态恢复的利益性是生态恢复产业化的前提,生态恢复的产业化则是生态恢复利益性的延伸和促进机制。正是生态恢复利益性与生态恢复产业化的内在联结关系使得生态恢复产业化具有了促进生态恢复持续有效进展的可操作性的现实手段,为生态恢复及其产业化发展找到了具有制度分析意义的切入点。

其次,产业化发展是促进生态恢复活动持续有效开展的必然选择。在以往的生态恢复活动中,影响其持续性和有效性的关键问题是个人利益与公共利益在很大程度上的彼此割裂和冲突。生态恢复产业化的实现将意味着生态恢复相关企业、活动以及效益的规模性和系统性。生态恢复的盈利前景具有预见性和相对稳定性,这对于从事生态恢复活动主体的积极性是一个强有力的激励。为维持个体利益的持续性进而实现自身利益的最大化,从事生态恢复活动的主体会不断提升自身生态恢复的能力和水平,对生态恢复的效果以及因生态恢复而产生的短期或长期利益都会有所顾及和安排。在这种思路下,生态恢复产业化实现的将是在个体利益最大化基础上对公共利益的维护和实现。另外,生态恢复的产业化意味着围绕生态恢复活动所形成的系统化、整合性的产业链和产业体系。生态恢复产业化的形成和发展将会不断充实丰富生态恢复的智识和经验,不断提升生态恢复技术、经营、服务和运作等各个领域的水平,最终形成生态恢复的整体合力和最优模式,促进生态恢复行业水平的不断提升和生态恢复实践的不断向前发展。

最后,产业化的形成和发展是实现生态恢复持续性和有效性的重要保障。产业化的形成与发展并不是自发实现的,产业化的结果也仍然需要一定的规范和约束。因此,在推进生态恢复产业化的过程中还应当有相应制度规范的跟进,要将生态恢复的产业化及其发展纳入法制的轨道内,依法规范生态恢复产业化的发展进程,协调生态恢复活动中经济利益和生态利益、个体利益和公共利益、眼前利益和长远利益的关系,防止政策利好和利益刺激下的大干快上、盲目跟风,避免生态恢复产业化的方向走偏和目标游离。从另一方面讲,制度建设和依法规范对生态恢复的产业化形成和发展而言是一个积极的促进性和保障性因素。将生态恢复的目标和产业化发展的要求以制度的形式规定下来,能够为从事生态恢复活动的主体提供稳定的心理预期,排除影响生态恢复产业化发展的方向性障碍,确保生态恢复产业化发展的顺畅进行。在生态恢复产业化的形成和发展过程中,具体制度的规定能够为产业化提供可操作性的指导和程序性的保障,确保产业化的每个环节、每个步骤都依法有序进行,有效避免干扰性因素对产业化发展进程的影响。因此,实现生态恢复立法效果的关键性举措就是循着产业化的路径,实现对产业化的依法引导与制度性规范。

(二)产业法制建设是生态恢复法制建设的核心任务和关键举措

与环境保护其他领域的制度建设相比,生态恢复相关的法制建设明显滞后,显著制约了制度作用的发挥和制度目标的落实。结合我国生态恢复法制现状和制度实践中的问题分析,这种滞后性与制度性不足表现为多个方面。其中,我们认为非常重要的原因就是缺乏从制度实践的角度分析并提出相应的措施,具体表现为宣示性的制度设计和制度规定的空泛化。

受我国现行环境基本法立法体例和立法内容的限制,资源法制度在整个环境法制体系中所占比例明显偏小,环境的资源属性和生产力效用在现有制度及其实践中未能充分体现。这一立法疏漏导致的结果是环境保护的动力性不足和由此导致的制度“落地性”效果不理想。这种立法的偏差对我们所要探讨的生态恢复活动而言具有直接的影响。在生态恢复领域,生态环境本身其实就是一种特殊的产品。该种产品的特殊性无非在于其满足人类需要的属性不同于传统意义上的产品而已。在环境整体退化面前,环境的稀缺性和价值性已经凸显。为此,当前应当依法彰显并保障环境的资源属性和价值属性,充分运用市场机制和经济手段充实制度内容、完善制度手段、促进制度功能的实现。

具体到法律法规的具体规定方面,要求对具体领域的生态破坏予以恢复和保护的并不少见,如《自然保护区条例》《自然保护区土地管理办法》《矿产资源法》《草原法》等法律法规中均有对生态恢复的制度性要求。综观这些法律法规中的具体规定不难发现,它们普遍存在这样的问题,即对具体领域的生态恢复虽然多以“应当”“必须”“要求”等强制性的字眼规定,但具体如何落实、有何激励和保障措施多是缺乏规定或是语焉不详,直接影响了立法的现实效果和实践意义。尤其是对于生态恢复这样一个正外部性显著、利益外溢明显的环保活动而言,在缺乏利益认定和归属的情况下仅是想当然地认为强制性规定奏效的做法基本是行不通的。生态恢复需要的是一种对生态环境切实的、长期性的维护机制,是对以生态结构和功能恢复为核心的公共利益的尊重和保护。但是,只要我们客观地总结和分析就不难发现,公共利益的实现从来都不是轻而易举的,它必然会遭到个体利益一定程度上的阻挠甚至破坏，除非公益的实现对个体利益的增进具有明显的价值。具体到生态恢复领域，更是如此。在现有的制度框架下，利益间的沟通、协调和对接还未能实现，立法上也还没有形成对积极从事生态恢复活动的主体以足够和稳定的激励机制。在这种制度现实条件下，欲求通过语义强制的宣示性制度规定和零散脱节的空泛性制度内容来要求个体所从事的恢复性活动真正符合立法的效果要求，显然是不切实际的幻想。正如蔡守秋教授在一篇序中所坦言的，“环境利益的外部性，大多数并不能为所有者独享，而是由公众或全人类共享，具有非竞争性、非排他性，其价值需要较长的时期才能体现出来，相对于经济利益更为弱势，更易受损，即使在法律条文中轻言环境利益优先，在现实的全球一体化市场经济中却难以操作”。[①] 在这里，法律条文的强制性规定宣示了以生态利益为核心的公共利益的优先性，需要履行生态恢复义务的主体所从事的非恢复性活动集中表现为经济利益。语义层面上对生态利益优先性的片面强调无法取代经济利益对个体抉择的实质优先性，这样导致的后果就只能是实践效果与立法效果之间的反差甚至背反。

基于以上分析，生态恢复领域的制度建设需要在继续强化方向、目标和原则性要求的基础上，将可实施性与可操作性作为制度建构的着力点与核心要求，注重依法规范和保障利益间的沟通和协调，并设计可行的实现方式和方法，创新政府宏观调控和监管的机制，更多地通过市场手段实现恢复性的公益目标，增强恢复活动的可持续性和高效性。从产业法的角度切入，将产业法制与生态恢复法制有机结合，实现生态恢复事业到生态恢复产业的转变。这就从制度导向上对生态恢复活动的引导和规范起到基础性作用，为生态恢复的持续有效开展奠定法制应对的基调。就具体的制度建设思路而言，以产业制度建设作为生态恢复法制建设的重要内容和着力方向，就是从制度基础和制度内核上扭转已有制度建设过程中曾经出现的“假大空”以及制度和实践“两张皮”的现象，着力解决的是制度目标和制度效果的落实问题，即解决在已有制度条件下生态恢复的持续性和实效性的难题。从更深的层次分析，生态恢复法制建设意在通过产业发展及其制度规范的形式找到利益间协调、整合的途径与方式，实现生态恢复正外部性的产业化经营与产业化对恢复性利益的增进，为破解生态恢复立法效果掣肘根源找到现实的路径。与此同时，生态恢复的正外部性和环保工作可持续性间的联系，以及这种联系所带来的法制建设需求随着实践问题的不断暴露将会越发凸显。可以预见，以产业化联结、统筹和发展为规范内容的生态恢复产业法制建设必将成为未来生态恢复法制建设领域的核心任务和可行路径。

---

① 张璐：《环境产业的法律调整——市场化渐进与环境资源法转型》，科学出版社2005年版，序第Ⅲ页。

另外，探讨生态恢复立法效果的实现应当注意从制约生态恢复实践效果的事实中寻求制度性破解的思路。从基础性原因分析，不合理的产业经济体系和产业经济发展模式对日益严峻的生态危机负有不可推卸的责任。从现实情况来看，这种不合理的产业经济体系并没有得到根本性扭转，反而因制度的乏力和模式的惯性而呈现出不断加深的趋势。这就直接影响到生态恢复活动的实践效果，进而对生态恢复制度作用的发挥构成严重制约。立足于制度实践的需求，以产业法制建设作为统领生态恢复法制建设的核心任务，将生态恢复的原则要求贯穿于产业法制度建设的整个过程；从产业经济体系的内部以制度规范的形式鼓励、引导并逐步实现恢复型经济和友好型经济的发展模式，从基础性和深层次的环节推动生态恢复目标的实现。这样，通过产业制度的建设也就很好地回应了生态恢复立法目标的要求，生态恢复法制作用的发挥也就有了相对扎实的现实条件基础。不仅如此，生态恢复责任等制度规定的落实也需要着眼于以产业法制为主导的、有关生态恢复的持续、长效机制的保障与推进。

第二节　生态恢复产业法制建设的社会基础与法制基础

任何一部法律的制定与出台都必须具备现实的必要性与紧迫性，这是立法列入议事日程首先应当具备的条件。但是，仅仅具备这一条件还是远远不够的。某项立法计划想要获得最终的认可，还必须具备可行性的要求。可行性要求衡量某项立法的条件是否成熟以及某项立法在实践中是否可操作、可执行。对于生态恢复产业法制建设而言，我们从社会基础和法制基础两大方面探讨立法可行性的问题。

一、生态恢复产业法制建设的社会基础

对于生态恢复领域的制度建设而言，首先应当将其放在现有的经济社会发展的大环境下予以考量。任何与现有经济社会发展大环境不相适应、不符合经济社会发展趋势要求的制度建设都将成为无本之木、无源之水，注定无法获得立法部门的认同。在这一层面上，我们分析生态恢复法制建设的可行性就要从以下两点着手：

第一，经济纵深化发展和创新发展模式为生态恢复产业制度建设提供了有利的环境。自党的十四大正式把建立社会主义市场经济体制确立为我国经济体制改革的目标以来，市场经济模式得到政策和制度层面的逐步确认和强化，在现实中也呈现出了不断向纵深领域发展的良好势头，对我国经济社会的快速、有序、持续发展起到基础性和决定性的作用。结合市场经济这些年的发展历程分析，市场经济之所以取得如此大的成绩，其主要原因在于以市场手段发展经济符合经济规律和

市场规律,能够实现效益的最大化和效率的最优化,进而有效调动主体的积极性和主动性,积聚各个主体的市场力量,从而推动经济社会的不断向前发展。在市场经济有力推动经济发展的同时,新的经济社会形势也现实地摆在了市场经济和市场思维的面前,对市场经济提出了新的更高的要求。尤其是在以环境保护为代表的公共问题的解决上,传统的政府主导模式和强制命令手段已经被事实证明为低效的和高成本的。在生态价值性和利益性已经显现的背景下,市场经济手段注定应当在公共问题的解决上有所作为。对此,无论是政策层面的要求还是实践领域的情况都体现了这样的导向性和发展趋势。党的十八大报告在加强生态文明制度建设部分对环境的资源属性和价值属性予以充分肯定,[①]并要求建立相应的制度体系。这样的规定其实是对以往环保工作游离于市场经济和市场机制之外的一种扭转,重新定义了市场经济在环保问题上的地位和作用。与党的十八大对市场作用强化的导向相呼应,党的十八届三中全会将市场在经济社会发展中的地位提到一个新的高度,那就是使市场在资源配置中起决定性作用。这一规定无疑具有划时代的意义,它是在经济社会发展新形势下对市场机制的全新定位和全新要求,是对市场经济深化改革、推进市场机制创新、更全面地发挥市场作用的政治要求。在十二届全国人大第二次会议上,李克强总理强调了非常重要的一点,那就是要推动重要领域改革取得新突破。具体要求主要有:制定非国有资本参与中央企业投资项目的办法,在金融、资源开发等领域向非国有资本推出一批投资项目;在更多领域放开竞争性业务。这些要求无不说明了国家对市场经济和市场机制的新认识和新要求,进一步强化了市场机制作为公共问题解决和公益事业发展新力量的重要认识。在经济政策改革创新的大背景下,生态恢复产业化运作也有了政策支持和保障,该领域的制度建设也具有了方向和目标。

第二,经济结构战略性调整和新兴支柱产业的改革发展要求。在以往的经济发展进程中,我们曾过分地追求经济增长的速度,而轻视了经济增长内在质量的要求。在开始的阶段,环境资源的承载能力还没有达到上限,经济发展中的比较竞争优势也还现实存在,因此这种短视型、片面化的经济发展模式所产生的问题还没有完全暴露。随着经济发展速度和规模的不断增加,原有经济发展过程中的问题在累积效应之下变得日趋明显和不断恶化,这种不健康的经济发展模式因此而逐渐显示出难以为继的态势。在严峻的现实面前,我们已经认识到了传统经济发展方式存在的主要问题,并提出了以推动经济结构战略性调整为关键内容的经济改革方案。在经济结构战略性调整领域,产业结构的调整无疑是重中之重,它直接牵动

① 十八大报告中提出,要把资源消耗、环境损害、生态效益纳入经济社会发展评价体系;要建立反映市场供求和资源稀缺程度、体现生态价值和代际补偿的资源有偿使用制度和生态补偿制度。

和决定着经济结构调整的整体成效。在经济结构战略性调整的背景下，产业结构居于关键性的地位，特别是集中在新兴产业和战略性产业的发展推进政策和措施领域。当前，我国的产业经济结构调整，需要考虑的重要前提就是环境资源对经济发展的约束。[①] 这种约束是制约经济持续发展和健康发展的主要影响力量，也是经济结构调整和产业结构调整的重要依据。为此，需要调整以往以环境资源依赖、消耗甚至破坏为特征的产业模式，代之以资源节约型、环境友好型为特征的产业模式。在这个方面，生态恢复产业不仅不会对环境造成破坏，反而会促进环境的再生产和有效供给。

更进一步地讲，生态恢复产业不仅对于环境而言是友好的、节约的，对于经济发展而言也是一股新兴、强劲的产业力量。大力弘扬和发展生态恢复产业，对于优化我国的产业结构、提升我国产业经济的发展具有重大作用和意义。一方面，生态恢复产业是将生态环境作为一种资源加以运营的产业形态，它的出发点是通过对受损生态环境的修复而产生经济性利益和价值。产业发展的结果是生态环境不断改善、环境的资源性价值在产业经济中得到现实的体现。相对于以消耗环境资源、减损环境承载力为代价的产业经济形态，生态恢复产业是修复受损环境、增加环境承载力的产业，是对整体产业经济的必要补充和战略性调整。因此与国家经济结构战略性调整和大力发展新兴产业的政策相契合。另一方面，生态恢复产业将经济增长转向于通过恢复生态环境的角度实现。这种产业发展方式是新颖的，也是持续的。同时与生态文明建设的时代要求相符合，具有法律和政策的保障，因而具有推动经济发展的巨大潜力。生态恢复产业的发展还能刺激和带动关联产业的发展，该类产业将会成为我国经济“新常态”[②]的稳定增长点。

此外，生态恢复产业化发展实践能够为下一步的制度建设提供丰富的素材。一是大规模的生态恢复产业化实践探索，能够加速该领域类型化事实的形成，为规范此类社会关系的法律制度的形成、发展与成熟提供前提条件；二是生态恢复产业化探索不断向前，产业化发展“大浪淘沙”的过程会逐渐形成、固定一些好的经验，同时也会暴露出产业化形成、运作过程中的困难和问题。正反两方面的经验教训无疑会成为未来生态恢复产业法制建设的重要参考，为制度建设提供丰富的实践素材。

二、生态恢复产业制度建设的法制基础

相较于制度建设的社会基础，法制基础更具有制度建设意义上的直接性和关

① 党的十八大报告中指出，经济发展过程中的资源环境约束加剧，必须加快转变经济发展方式，优化产业结构，着力解决制约经济持续健康发展的重大结构性问题。

② “新常态”是对我国当前经济发展阶段的一种新的概括。“新常态”表明我国经济发展由超高速增长时期进入了经济调整优化的新时期。“新常态”概念的提出某种程度上是对以环境破坏换取经济增长发展模式的重要转变。

联性。在生态恢复产业法制建设领域,已有的政策规定和法律规范为该领域的法制建构提供了框架依据和制度基础,相应的研究和探索则为具体制度的设计提供了理论基础和方法依据。

第一,现有法律规定和政策规定。现有的法律规定和政策规定是生态恢复产业法制建设的法制基础和政策保障。这些规定可以划分为以下几个领域和方向:

一是政策性的规定。十九大报告鲜明地提出,加快生态文明体制改革,建设美丽中国。报告在“推进绿色发展”“着力解决突出环境问题”“加大生态系统保护力度”“改革生态环境监管体制”四个具体领域均对生态恢复和恢复性产业作出了明确部署和具体安排,为未来我国生态恢复产业和产业法制建设提供了根本遵循和明确指引。《全国生态保护“十三五”规划纲要》在“主要任务”部分提出,制定实施生态系统保护与修复方案,开展一批保护与修复示范。针对重点生态功能区保护,提出要科学开展生态退化区恢复与治理。在产业发展规划方面,《“十三五”节能环保产业发展规划》对涉及生态恢复产业在内的环保产业发展的指导思想、基本原则、主要目标、重点领域、重点工程、政策措施等予以了规定。其中,与《“十二五”节能环保产业发展规划》不同的是,《“十三五”节能环保产业发展规划》分几个大的部分,专门规定了节能环保产业的市场化发展途径和具体措施。第五部分集中论述“培育壮大市场主体”,从“环保企业协调发展”“产业集聚区提质增效”“发挥第三方机构催化作用”三个角度进行了规划;第六部分集中论述“激发节能环保市场需求”,从需求引导的角度提出促进产业化发展的措施;第七部分集中论述“规范优化市场环境”,对环保产业的健康发展提供优越的市场环境。这样的规定显然具有特殊意义,更加强化了依靠市场促进产业发展的政策导向。这些规定通过对生态文明建设的要求,倒逼了生态恢复产业发展,提出了该领域制度建设的要求。同时,通过对产业发展的重视和积极推动,为生态恢复产业的发展营造了有利的外部环境,提供了明确的政策支持。政策性规定为生态恢复法制建设提供了方向性指引和规范领域的参照。

二是法律制度规定。2015 年 1 月 1 日起施行的《环境保护法》把生态文明建设明确写进总则之中,对整部立法起到引领作用。该法第 18 条规定,应当建立环境资源承载能力监测预警机制。该法第 21 条是促进环保产业发展的激励措施。① 该法第 30 条规定了资源开发的恢复性义务。② 作为基本法,《环境保护法》还涉及生态环境污染和破坏后的恢复性责任问题。在部门法层面,在《防沙治沙法》《水土保持法》《矿产资源法》《土地复垦条例》《渔业法》《草原法》《森林法》《海洋环境保护

① 该条规定,国家采取财政、税收、价格、政府采购等方面的政策和措施,鼓励和支持环境保护技术装备、资源综合利用和环境服务等环境保护产业的发展。

② 该条规定,开发利用自然资源,应当合理开发,保护生物多样性,保障生态安全,依法制定有关生态保护和恢复治理方案并予以实施。

法》《自然保护区条例》等法律法规中涉及各具体领域的生态恢复规定。这些规定主要涵盖具体领域生态恢复的原则、要求、程序、激励和惩处等保障措施。再如《矿山地质环境恢复治理专项资金管理办法》《矿山生态环境保护与恢复治理方案编制导则》等则从生态恢复资金、方案编制等专项领域为未来生态恢复具体制度的建构提供了参照。原国家环保总局单独或与其他部委联合发布的关于生态恢复责任机制、工程编制等方面的通知、指导意见等则为生态恢复具体制度的建立提供了较为翔实的范本。除了国家层面的立法之外,地方立法也进行了很多有益的尝试,如重庆《关于加强我市工业企业原址污染场地治理修复工作的通知》《湖南省矿山地质环境恢复治理验收办法(试行)》《山西省矿山环境恢复治理保证金提取使用管理办法(试行)》等。这些立法涉及生态恢复及其产业法制建设领域的重要问题,有些规定还比较细致,且具有较高的立法范本价值。从上述立法情况来看,现有规定或多或少涉及了生态恢复的基本领域,包括生态恢复的义务和责任规定、生态恢复效果验收和标准规定、生态恢复资金来源管理规定、生态恢复实施的鼓励性规定、生态恢复的技术规定和生态恢复监管规定等。这些规定涉及了生态恢复及其产业发展规范领域的基本问题,为未来生态恢复产业法制建设搭建了基本的制度性框架。具有确定效力的法律制度,可以为生态恢复产业法制建设提供直接依据。

第二,当前理论研究和立法建议。法制实践的开展,离不开理论的支持。对生态恢复产业法制建设这样一个议题,因其涉及多学科的交叉和创新思维的运用,尤为需要扎实的理论支持才能够顺利实现。就现有的研究情况而言,虽然直接以生态恢复产业法制作为专题进行研究的还比较稀少,①但是与生态恢复产业法制议题相关联进行理论方面的探讨和立法方面建议的研究已经开展起来且取得一定的成果。

从生态恢复产业基础理论来看,肖国兴的博士论文《中国自然资本投资法律制度研究》(2006 年),张璐专著《环境产业的法律调整:市场化渐进与环境资源法转型》(2005 年),何卫东专著《环境产业持续发展与中国环境法律政策创新》(2005 年),高广阔、张永庆著作《环境产业经济学》(2010 年),刘国涛专著《节约型社会建设中的——绿色产业与绿色产业法》(2005 年),《和谐社会之环境立法研究——生物自然力法制构建与农业实践》(2012 年),王天津专著《环境资源产业经济结构与运行》(2010 年),张百灵的博士论文:《正外部性理论与我国环境法新发展》

① 目前,从中国知网上以"主题"和"篇名"搜索发现,直接以生态恢复产业法制作为专题进行研究的论文还比较少,主要是课题主持人发表的两篇:刘国涛、余晓龙:《马克思主义环境生产理论指导下的生态恢复产业法制研究论纲》,载《贵州师范大学学报》(社会科学版)2012 年第 1 期;刘国涛、余晓龙:《论"环境污染第三方治理"背景下的生态恢复产业法制建设》,载《中国地质大学学报》(社会科学版)2015 年第 6 期。

(2012年)等涉及自然资本、自然生产力、环境资源价值、正外部性等理论,这就为生态恢复产业化提供了理性上的解释。将这些理论结合法制建设的具体需要进行研究,能够为生态恢复产业法制建设提供契合性强的理论指导。

从立法研究和建议来看,王灿发论文《环境恢复与再生时代需要新型的环境立法》(2002年),王文革论文《生态环境建设立法问题研究》(2005年),王江、黄锡生论文《我国生态环境恢复立法析要》(2011年),李挚萍论文《环境修复法律制度探析》(2013年),《环境修复的司法裁量》(2014年),《环境修复目标的法律分析》(2016年),魏旭论文《生态修复制度基本范畴初探》(2016年)等对阐述生态文明建设、生态恢复立法基础理论的研究具有重要指导意义,提出了生态恢复法制建设过程中应当注意的问题和制度建设的基本思路。在产业政策与法制研究领域,姜昕、杨临宏专著《产业政策法》(2008年),张雪楳专著《产业结构法研究》(2005年),卢炯星专著《产业调节法理论创新与实务问题研究》(2011年),王先林论文《产业政策法初论》(2003年),王健论文《产业政策法若干问题研究》(2002年),刘文华、张雪楳论文《论产业法的地位》(2001年),杨紫烜论文《对产业政策和产业法的若干理论问题的认识》(2010年)等对产业法制领域的基本问题进行了探讨,对基本概念进行了厘定,为准确认识产业法的性质、内容、体系、调整手段等提供了基本依据。在生态恢复及其产业法制建设领域,国外相对成熟的立法和制度设计对我国的生态恢复产业法制建设具有积极的参考价值和意义。比如1999年的《加拿大环境保护法》、1995年的《英国环境法》、1969年美国制定的《国家环境政策法》,还有美国的《资源保护和恢复法》《综合环境污染响应、赔偿和责任认定法案》以及《墨西哥湾区域自然资源和生态系统可持续、旅游发展和经济恢复法》,德国的《环境损害预防及恢复法》《联邦土壤保护法》《矿山还原法》,日本的《土壤污染对策法》《农用地土壤污染防治法律》《自然环境保全法》等均可视为生态恢复法制,其中的很多制度都是我国现行立法所缺乏而又十分必要建立的。从具体规定上看,国外很多立法已经将生态恢复作为一项法律制度和法律义务,从法律原则和具体规则的角度进行了明确具体的规定。[①]

现有介绍这些国家生态恢复相关法制的文章则为理解和挖掘立法深层次的信息提供了更多有用的参考。可以说,这些都为生态恢复产业法制建设奠定了一定的法制基础。

---

① 李挚萍:《环境修复目标的法律分析》,载《法学杂志》2016年第3期。

第六章　生态恢复产业法制建设的基本原则和思路

第六章是本书的核心章之一。探讨了生态恢复产业法制建设的基本原则。构思了生态恢复产业法制建设的宏观思路。重点介绍了生态恢复产业法制建设中可借鉴的微观操作思路。这些微观操作思路不仅是思路,更是生态恢复产业法制的具体构建方法和内容。

第一节　生态恢复产业法制建设的基本原则

在进行具体领域的制度建设时,首先应当明确的是制度建设的总体方向和基本原则。在生态恢复产业法制领域,基本原则的确定应当结合生态恢复、产业以及法制三个参考维度进行,充分体现生态恢复产业法制建设的内在要求。生态恢复产业法制建设的整体思路阐明的是该领域法制建设的主要考虑以及包括的基本内容,为具体领域制度建设理顺思路、奠定基础。曹明德教授认为,生态法的基本原则主要有:物种平等原则、代际公平原则、生态优先原则、预防为主原则、合理开发利用原则、污染者付费原则、公众参与原则等。① 这些原则在生态法制建设中均具有重要意义。在此,我们探讨的所谓原则,是更为贴近生态恢复产业法制建设的基本原则,是下位法的原则。生态恢复产业法制建设的基本原则应当体现生态恢复产业发展及其制度规范的内在要求,具有相对独立的特征和内容。

一、"逆向、无害化与增量原则"的确立

受生态恢复、碳获取和封存技术发展的影响和无害化原则应扩大适用的认识的影响,我们认为应当确立"逆向、无害化与增量原则"作为环境管理和环境法制以及生态恢复产业法制建设的原则。这可以说是减量化、再循环、再利用"3R 原则"或减量化、资源化、无害化"三化原则"的新发展,具有更为丰富的新内涵。分析清洁生产、循环经济、绿色设计、静脉产业、碳获取和封存等有关行概念和行为,

---

① 曹明德:《论生态法的基本原则》,载《法学评论》2002 年第 6 期。

我们可以看到3R原则的落实,我们也可以体会到对资源的减量、对有害物质的截获和无害化处理。总之,物质流中蕴含着一种“逆向”趋势,促使人们节约资源,无害化处理废物。静脉产业更是形象地强调了“回流”。但是,这似乎都缺少“造血”功能的意蕴。也就是说,我们不仅仅是节约、再循环、再利用、无害化,我们还要直接增加可利用资源的量。这种增加,既有静脉产业对废物回收造成的增加,也有人为直接干预较大的生态重建、生态修复带来的增加。更加值得注意的还有在良好的生态系统管理下自然生产力所形成的资源源增量。之所以在原则名称中加入“增量”二字,意在突出生态恢复,突出带来生态增益的行为,引起人们对促进生态增益的法律规范(所谓增益性规范)的重视。

源削减是物质流的逆向思维。对有益或有害物质在生产流、物质流、能量流中的削减、截获,也是一种物质流的逆向操作。我们可以提出一个新概念——流削减(或流截获)。“逆向”中的“截获”不同于“清洁生产”和“循环经济”的突出特点正是其对有害物质的“流削减”。生态系统修复也可以广义地理解为变有害为无害的“无害化处理”。对破坏的生态系统进行恢复,恢复其功能,提高其生产力,已成为当前实践工作重点。

二、环境有价有偿原则

环境有价有偿原则是在环境资源稀缺性凸显的基础上重新认知环境内在价值而发展出来的环境法律原则。环境有价有偿原则是指环境资源除了直接体现为经济价值和利益的部分,还有其生态价值和利益的部分。开发、利用、消费环境资源,不仅应当支付直接体现为经济价值和利益的对价,还应当支付体现其生态价值和利益的对价,以此完整反映特定环境资源的产品价格、环境成本和生态服务价值。环境有价有偿原则的确立将对环境资源市场的形成和发展起到有力的推动作用,开辟环境资源保护的市场化进路,以此解决长期制约环保工作动力性、持续性和有效性的问题。环境有价有偿原则成为生态恢复产业法制的基本原则,主要是因为:第一,环境有价有偿原则立足于环境资源的生态性价值和利益,并主张通过市场的手段加以反映,这就为环境资源价值的市场化奠定了基础。生态恢复产业的对象是有待恢复的生态环境,承认生态环境的生态功能和市场价值才能将恢复后结构和功能良好的生态环境作为特定的“商品”投入市场,也才能实现生态恢复的产业化。生态恢复产业法律制度遵循环境有价有偿原则是契合生态恢复产业发展规律的要求,在此基础上才能理顺相关的法律制度,实现良好的制度规范效果。第二,环境有价有偿原则运用市场经济的思维解决环境外部性的问题,为经济价值和生态价值的有效沟通交流提供了理论上的理性解释和工具意义上的实现路径。在谈及生态环境立法在实现经济价值和生态价值平衡,进而充分反映并保障生态价值的立法实现时，吕忠梅教授认为，立法必须充分考虑生态资源的稀缺性和价值的多元性，要对环境资源的经济价值和生态价值进行重新定位，在这两个冲突的价值面前建立新的平衡，通过权利的重新配置解决由于价值冲突所造成的紧张局面。[①]生态恢复产业法制建设的基本思路就是将生态恢复所产生的生态价值市场化、产业化，通过产业化发展实现对生态价值的市场化确认和保护。这实际上就是在环境有价有偿原则的基础上进行的制度创新和实践，生态恢复产业法制建设当然应当遵循环境有价有偿的原则。

三、正向激励与利益增进原则

处理经济发展与环境保护、经济价值与生态价值之间的紧张关系，需要把握的核心问题就是利益调整的问题。法律制度在调整利益关系问题上的规定将直接决定着某种社会关系调整的法律效果。在过往的立法实践中，多采取的是对不合理利益的强制和被动限制，以此谋求环保目标的实现。可以说，这样的制度设计看到了经济利益和环境利益之间的冲突关系，强制性和限制性的立法规定也意在实现对相对弱势的环境利益的保护；但是现实已经证明了这种制度设计的思路在很大程度上是存在缺陷的。其实，这种立法效果的不彰显也容易理解。对于处在市场经济中的理性经济人而言，利益才是驱动他们行为的最主要因素。如果从事环境保护不仅得不到任何利益，反而还会因为制度规定的不足而使自己的利益受损，那从事环境保护的实效性和持续性就很难得到保证。如果换个考虑问题的角度，不再揪住利益间的冲突不放，而是探寻利益间可能存在的“沟通点”和相互促进的方式，通过实施环境保护的行为能够获得利益上的确认和增进，并且这种利益增进的激励方式反过来又会促进环境保护的积极开展。可以说，在涉及诸如生态恢复这样具有显著的正外部性特征的活动时，强调正向激励和利益增进的原则就显得非常必要。具体到生态恢复产业法制建设领域，生态恢复的目标就是使受损的生态环境恢复到原有的生态结构和功能，而恢复后的生态功能或者说是一种功能性的资源应当有制度意义上的权益归属和安排，否则恢复活动很难持续开展。作为一项产业活动，之所以称得上是产业并且能够有序运转，理所当然地应当有相应的盈利途径和盈利模式。以生态恢复作为产业活动的对象更加需要实现环境利益和经济利益之间的双向互动和相互增进。在生态文明社会的建设背景下，正向激励和注重修复的制度设计将会得到更多的重视和体现，生态恢复产业的发展将获得更加有利的环境。因此，应当着重强调以正向激励和利益增进的原则指导生态恢复产业的发展以及相关制度的建构。

---

① 参见吕忠梅：《生态文明建设的法治思考》，载《法学杂志》2014 年第 5 期。

四、政府积极引导与市场有效调节原则

相比于传统产业而言，生态恢复产业的技术性要求较高，环境外部性特征明显，产业的投资风险较大，盈利存在外部性依赖特点，因此属于典型的政策引导型产业。生态恢复产业要想获得持续稳定发展，最终还需要形成一套成熟的市场化运行机制和模式，这有赖于产业确立和发展过程中市场的有效调节。在生态恢复产业法制建设过程中，需要明确政府积极引导的原则。政府积极引导的原则主要体现在为生态恢复产业发展营造良好的政策和法律环境，提供生态恢复产业化实现、发展和壮大的条件，为生态恢复产业扫除制度和环境上的障碍。生态恢复产业要想获得持续稳定发展，仅有政府的积极引导是不够的，还需要重点树立市场化运作的思维，遵循市场有效调节的原则。这是生态恢复产业法制建设时应当明确的一个关键性问题，因为这直接关系到恢复产业法制的建设方向和制度效果。市场有效调节原则主要体现在生态恢复产业的发展应当遵循市场规律，要善于运用市场手段和市场工具为环境外部性内部化找到市场化实现的路径，通过一整套完整的市场化机制和运作模式实现生态恢复产业的持续稳定发展。在生态恢复产业法制领域坚持政府积极引导和市场有效调节的原则，应当注意这里的政府积极引导不是政府的直接控制和干预，仅是政府从较为宏观的层面上为生态恢复产业发展扫清障碍、提供便利、引导发展，并且这种引导也应当以遵循产业发展规律和市场经济内在规律为前提。这里的市场有效调节是在坚持市场经济规律和环境保护规律有机结合的基础上，运用市场思维解决环保的动力性和持续性问题。这里的有效调节意指实现生态恢复产业的协调发展。因此，应当将政府积极引导与市场有效调节在共同目标的指引下结合起来，确定为生态恢复产业法制的基本原则。

五、生态社会本位原则

产业法以社会整体、长远利益为立法指向，具有明显的社会本位法属性。“产业法追求的目标是社会经济的整体、协调发展，它强调社会性、公共性。”[①]产业法的这种强调社会整体利益、重视利益平衡协调的内在要求使得它在推动产业经济发展的同时也能够照顾到经济发展与社会整体利益间的关系，不会因过分强调经济的发展而忽视其他领域发展的诉求。具体到经济发展与环境保护的关系问题上，产业法的这种特质集中表现为它能够跳出“非黑即白”的思维框架，更加重视以社会利益的保护为依据处理经济发展与环境保护间的关系，通过采取必要的纠偏措施达到两者利益间的平衡和协调。不仅如此，在生态经济崛起并凸显其优越

① 刘文华、张雪楳：《论产业法的地位》，载《法学论坛》2001 年第 6 期。

性的时代,产业法调整更加强调经济发展和环境保护之间的彼此融合和相互促进关系,通过制度规范的形式推进环境保护的产业化发展,通过规范产业有序发展的形式促进环境保护目标的实现,最终达到两者之间的共赢。作为产业法制的特殊领域,生态恢复产业法制是调整生态恢复领域产业关系的制度体系。这就决定了该领域的产业法制建设在遵循产业法一般原则的同时应当更加重视包括生态恢复法制在内的生态环境保护法制的原则要求。生态恢复产业法制的基本原则也就应当在社会本位原则的基础上更加体现生态利益和生态保护的要求,即生态社会本位原则。另外,生态社会本位原则是对社会本位原则的一种继承和发展,继承性体现在它的基本内涵仍然是强调社会整体利益的优先地位,目标也仍然是社会的整体、协调发展;发展性则体现在它将生态利益——这种生态时代集中显现的社会性利益提炼出来,强调生态利益作为社会利益应当享有的优先地位,将利益的协调平衡拓展至经济、社会和生态的三位一体领域,符合作为生态恢复产业法制基本原则的要求。因此,从这个意义上,生态恢复产业法制的基本原则也宜确立为生态社会本位原则。

六、可持续发展原则

可持续发展原则是当代环境法最为基本的原则。不仅如此,随着全球环境状况的恶化和与此联系的环保理念的盛行,可持续发展原则已经远远超出了环境法的适用领域,逐渐成为其他立法乃至整个社会生产和生活的指导准则。在生态恢复产业法制领域,可持续发展原则当然适用,并且具有很强的针对性和适用性。第一,可持续发展原则的内容既包括经济和社会的可持续发展,也包括生态环境的可持续发展。其中环境的可持续是最为基础性的要求,它直接决定着经济和社会的可持续性能否实现。生态恢复产业发展的目标是实现生态环境的改善,提高生态环境持续性发展的能力,这也是可持续发展原则的基础性要求。以生态恢复产业作为规范对象的生态恢复产业法律制度显然应当遵循可持续发展的原则,以此确保产业的健康发展和制度的规范目标。第二,可持续发展原则超越了以往一味强调经济发展或片面要求环境保护的弊端,找到了一条谋求两者冲突最小化、实现两者协调发展的道路。从这个意义上讲,可持续发展原则对处于相对弱势的环境保护而言具有更加重大的意义,它为环境保护的持续开展以及开展的实际效果提供了有效保障。生态恢复产业发展及其制度规范正是立足于这样的一种原则之上,它通过将生态恢复产业化运作同步实现生态恢复和产业经济发展的双重目标,为生态恢复这样一类原本主要依靠政府投入和强制性推进的工作找到了持续有效开展的成功路径。

第二节　生态恢复产业法制建设基本思路

一、富有特色的生态恢复产业法制建设思路

（一）与传统环保法制建设思路的不同

党的十八大将生态文明建设提升到前所未有的高度，明确提出了建设生态文明的目标和要求。党的十九大进一步提出加快生态文明体制改革，建设美丽中国的重大决策部署。作为建设生态文明和美丽中国的制度保障，环境保护相关法律制度的作用最为直接，也最为关键。为更好地回应生态文明建设的目标要求，除了对已有的环境法律制度进行修订完善之外，还需要构建符合时代要求的全新法律制度和机制。就当前和未来经济社会与生态环境的状况分析，生态恢复必然会发展成为环境保护的主要方向，生态恢复法制建设也必将成为环境保护法制建设的重点领域。与已有环保法制建设思路不同的是：生态恢复法制建设的重点在于用制度的手段确保受损生态环境得到积极的修复和恢复，在于如何确保这种带有明显正外部性特征的活动所产生的利益能够得到合理的分配，进而保证生态恢复活动能够持续且有效地开展。对此，传统的以解决环境负外部性为目标的法制建设思维显然难以适应这种带有积极“正向构建”色彩的制度建设的需要。这就需要我们立足于生态恢复制度建设的现实，创新环境法制相关理论，选择更加符合生态恢复内在要求、更加有利于制度作用发挥的构建思维和模式。

生态恢复具有明显的正外部性特征，解决正外部性问题可以借助于政府在强制推行和强制基础上的支持。但是这种方式的作用力和作用效果难以持久，也不符合制度经济的需要。相反，树立环保市场化的思维，吸收制度经济学的有益内容，将环保与产业发展有机结合起来。通过确认生态恢复的价值和利益，并将这些价值与利益运用产业的形式有效组织起来，从而实现生态恢复的产业化运作和市场化推进。通过产业法的思维和形式构建生态恢复法制体系，就抓住了利益这一影响制度建设及其作用发挥的关键性因素，有助于把握生态恢复制度建设的核心问题，确立符合生态恢复特点和工作规律的制度规范方向。基于以上分析和认识，结合对生态恢复实践和制度建设情况的考察，我们认为，以产业法作为研究的主线和制度构建的着力点，有利于全面梳理整合生态恢复相关制度规范，把握生态恢复法制建设的核心问题，进而保障生态恢复制度的实际效果。

（二）生态恢复法制体系建设应注意把握的关键点

在以产业法为主线进行生态恢复法制体系建设时，我们认为应当把握以下几点：

一是基础理论支撑下的生态恢复产业法制建设问题。生态恢复产业法制建设是运用全新的视角进行的制度设计和创建。为保证制度建构的科学性和系统性，富有解释力和指导性的理论资源和理论工具必不可少。在生态恢复产业法制建设的基础理论领域，我们深入挖掘和引入马克思主义环境生产理论，对传统生产力概念进行本源性解读和符合时代要求的积极拓展，赋予环境生产所产生的环境结构和功能性资源以实践价值和现实利益，为生态恢复产业化发展及其相应的制度构建提供了具有中国特色的，丰富性、解释性、实践性强大的理论资源，从而使得法制理论基础与法制建设实践的衔接更加顺畅，更加契合制度设计的思路和要求。另外，对于生态恢复产业法这样一个涉及多学科、多领域的综合性法律制度建设而言，它不仅需要汲取其他学科尤其是生态学和经济学等基础学科的基础理论营养，更需要在各学科的相互碰撞和交融中创新发展出新的综合性理论。这些都需要具有跨学科研究的思维和积极创新的学术态度。

二是作为主线的产业法与生态恢复法制的结合问题。生态恢复产业法制建设是以产业法为主线和依据来构建其制度体系的。这涉及产业法和生态恢复法的关系问题。首先，应当坚持以产业法来统领、梳理和创新生态恢复法制，将生态恢复法制融合进产业法制度建设框架中。其次，以产业法为主线并不是照搬产业法固有的思维和制度，而是应当有个参照。这个参照就是生态恢复本身及其制度建设的需要。基于生态恢复的特殊性和制度建构的新颖性，产业法的理论、制度内容、规范手段以及侧重点都会有新的要求和表现，最终形成具有生态恢复产业特色的产业法制规范。①

三是生态恢复产业法制建设的体系性和周延性问题。由于是以产业法为研究的着力点，生态恢复产业法制的体系也主要是在产业法基本框架的基础上进行构建的，即主要分为产业结构调整法、产业组织法、产业技术法和产业空间布局法四个大的部分。在产业法基本框架之内，生态恢复领域的产业法制内容侧重点和具体的方面又显现出自身的特殊性，在一定程度上还具有超出产业法常规制度内容的特点。除四大部分的产业核心法制之外，不直接表现为产业法制的形式，但是与产业法制内容具有紧密关联性的制度规范也应当并且可以放在生态恢复产业法制体系之中进行完善

① 刘国涛、余晓龙：《论“环境污染第三方治理”背景下的生态恢复产业法制建设》，载《中国地质大学学报》（社会科学版）2015 年第 6 期。

和设计,我们称该类制度规范为生态恢复产业法制的外围法制。在生态恢复产业核心法制和外围法制的基础上,对生态恢复产业发展中涉及的微观层面上的法制问题进行比较细致的研究,对当前重点生态系统恢复领域的产业法制问题进行具体的梳理,以期更加全面和体系性地论证和设计生态恢复产业法制。

(三)生态恢复产业法制体系框架

1. 本书生态恢复产业法制的架构体系

基于以上考虑,生态恢复产业法制建设的具体内容分为生态恢复产业宏观核心法制体系和生态恢复产业中观重点领域性法制体系。宏观核心法制包括产业结构调整法、产业组织法、产业技术法、产业空间布局法,这四个角度涉及的生态恢复产业法制规范;中观重点领域性法制则是从退化生态系统恢复的视角,选取当前生态恢复的重点领域进行产业化法制研究和建设,主要包括荒漠化治理、退化草场和森林、污染场地、农业用地、废弃矿山、污染水体、建筑产业发展等诸领域涉及的生态恢复产业法制。生态恢复产业微观具体制度要素的探讨将视法制建设需要,分

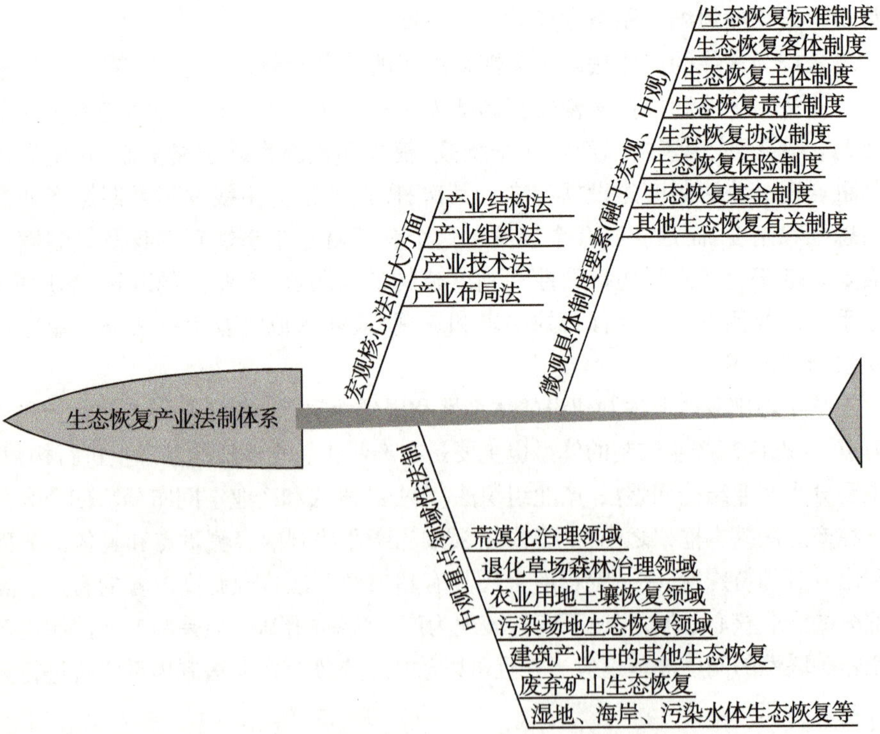

图6-1 生态恢复产业法制建设框架示意图

散于前述两大研究工作之中，如生态恢复主体制度、生态恢复客体制度、生态恢复标准制度、生态恢复责任制度、生态恢复协议制度、生态恢复产业保险制度、生态基金制度等。（见图6－1　生态恢复产业法制建设框架示意图）之所以选择“鱼形图”，是因为本研究项目的重点是有先后顺序的，前方的宏观核心法优先，其次是中观重点领域性法制，具体制度的探讨则蕴含于前两项研究内容之中。

2. 我国现实政策法律中的有关情况

关于生态恢复产业有关的我国政策法律建设情况，在本书其他章节中还有更专门的介绍。在此仅简要介绍，以提示和完善思路。2014 年 2 月 8 日，国家发展改革委、科技部、财政部、国土资源部、环境保护部、住房城乡建设部、水利部、农业部、统计局、林业局、气象局、海洋局联合发布了《生态规划（2013—2020）》。《生态规划（2013—2020）》内容包括全国生态保护与建设的主要成就、面临形势、指导思想、基本原则、主要目标、区域布局，生态保护与建设重点、主要任务、政策与保障措施。《生态规划（2013—2020）》最后一章“政策保障措施”第五项“健全法制体系，完善监督管理”中指出：“建立健全生态保护与建设法制体系。加快完善《森林法》等现有法律法规，健全海洋生态损害赔偿的评估和测算标准、办法等”“要严格管理，依法补偿”“加大对生态违法案件的查处力度，严厉打击破坏生态的违法行为。完善地下水管理制度。”尽管非常笼统，也是官方的认识和态度，可作为生态恢复产业法制的宏观指导资料之一。

3. 我国其他学者部分可资借鉴的观点

在本章，我们重点探讨生态恢复法律制度体系建设问题，探讨的角度在于宏观和启示性。因此，我们在此再介绍一下其他学者的相关观点，以资借鉴、研究。如果不局限于狭义的产业法制，近年来有关生态恢复法律制度的研究还是比较多的，篇幅所限，在此仅挂一漏万加以学习介绍。

生态恢复中的核心领域可以说是土壤修复。中山大学法学院李挚萍教授对土壤修复法律制度进行了精心研究与设计，认为应当从如下方面开展研究：土壤修复的法律义务及义务主体；土壤修复规划；土壤修复的目标及标准；土壤修复社会参与机制；土壤修复的商业模式；土壤修复的基金保障机制；不履行土壤修复责任的追究机制；土壤修复的监管机制。[①] 在《环境修复法律制度探析》一文中认为，环境修复制度应当作为环境法的一项新的管制手段和制度来进行设计，其主要包括以下几方面：需要明确相关义务；确定环境修复规划计划机制；明确环境修复义务落实和途径措施；建立社会广泛参与的环境修复机制；建立环境修复的基金保障机

① 李挚萍：《土壤修复制度立法探讨》，载《环境保护》2015 年第 15 期。

制；革新环境责任追究机制。①

有学者在《我国生态环境恢复立法析要》一文中提出了“我国生态环境恢复立法体系的构想”，其包括五大方面：第一，立法理念的转换。第二，立法的基本原则，包括生态环境优先原则、共同但有区别责任原则、破坏者恢复责任原则、公众参与原则。第三，立法目的的确立。第四，立法的目标体系。认为在环保基本法层面应有生态恢复的相应规定；在全国性单行立法方面应有促进生态恢复的针对性立法；在相关环境立法中应有促进生态恢复的法律规范；还要有更为成熟的促进生态恢复的针对性制度。第五，立法建议和制度建构，包括：(1)修订《环境保护法》时，将生态恢复纳入其中。② (2)制定《生态环境恢复促进法》。认为该法应包括：第一章总则；第二章基本制度，主要包括生态环境恢复规划制度、生态环境恢复审批制度、生态环境恢复公众参与制度、生态环境恢复基金制度、生态环境恢复检查验收制度等；第三章主要规制人为原因导致的生态环境破坏的恢复；第四章主要规制自然原因导致的生态环境破坏的恢复；第五章激励措施；第六章法律责任；第七章附则。(3)在相关立法中加入促进生态环境恢复的内容。(4)完善生态环境恢复的相关法律制度，如生态环境恢复保证金制度。③

还有学者认为，极有必要制定一部《中华人民共和国生态修复法》。在该生态修复基本法之下可以制定国家层面的生态修复行政规章和地方法规，如生态修复规划条例、生态修复行政管理条例、水体生态修复条例、矿山生态修复条例、草原生态修复条例、森林生态修复条例、土壤生态修复条例、“四荒”生态修复条例、海洋生态修复条例等。地方性生态修复法规可以包括专门的地区性综合生态修复立法或针对特定事项的专项生态修复立法。④

二、生态恢复产业法制建设可借鉴的操作思路

从生态恢复产业法制建设中的具体操作点来看，生态恢复产业法制建设是一项非常复杂的、多学科相交叉的工作，需要一些来自不同学科的微观操作思路，以便碎片化地落实于实证法当中去。也就是说，这部分内容探讨的是思路性、整体性、操作性更强，更为接近实践的微观建设思路，这些建设措施可能是分别由不同的法律或不同的法律规范“碎片化”地加以具体落实。这种探讨较之前述的宏观思路具有更强的操作性和指引性。

---

① 李挚萍：《环境修复法律制度探析》，载《法学评论》2013年第2期。

② 新修订的《环境保护法》已经落实。

③ 王江、黄锡生：《我国生态环境恢复立法析要》，载《法律科学》2011年第3期。

④ 方印：《我国生态修复法律制度立法若干问题思考》，载《生态安全与环境风险防范法制建设——2011年全国环境资源法学研讨会(年会)论文集》(第一册)，第43页。

（一）“土地开发整理规划环境影响评价”的产业法制建设启示

土地开发整理作为增强耕地排灌能力、提高耕地质量、扩大耕地面积、改善农业生产环境和条件的重要手段，在某种意义上讲也属于生态恢复。杨晓艳博士在其出版的博士学位论文《环境视角下的土地整理——土地开发整理规划的环境影响评价》一书中认为，从土地利用而言，土地整理、土地开发、土地复垦的本质相同。广义的土地整理包括了土地的复垦和开发。[①] 杨晓艳博士对土地开发整理规划的环境影响评价与传统环境影响评价的区别做了认真研究。这一研究成果有助于我们理解和实施生态工程恢复项目的环境影响评价，是生态恢复产业法制建设中的“起点性规范”之一。

表6－1　土地开发整理规划的环境影响评价与传统环境影响评价的区别[②]

比较项目	传统环境影响评价	土地开发整理规划的环境影响评价
主要目的	控制污染，解决清洁、安静问题，主要为工程设计和建设单位服务	保护生态环境和自然资源，解决优美、舒适和可持续性问题，为土地管理部门长远发展规划服务
主要对象	污染型工业项目，工业开发区	区域土地开发整理活动
评价因子	水、大气、噪声、土壤污染，根据工程排污性质和环境要求筛选	生物及其生境，生态系统环境服务价值、区域景观格局、对土地利用持续性的影响
评价方法	重工程分析和治理措施，定量监测与预测，指数法	重生态分析和保护措施，定量与定性方法相结合，综合分析评价，类比分析
工作深度	阐明污染影响的范围、程度，治理措施达到排放标准和环境标准要求	阐明生态环境影响的性质、程度和后果（功能变化），保护措施达到生态环境功能保持和可持续发展的要求
措施	清洁生产，工程治理措施，追求技术经济合理化	合理利用资源，寻求保护、恢复途径和补偿方案及替代方案，全过程管理
评价标准	国家和地方法定标准，具有法规性质	法定标准，参考背景与本底，类比及规划等，具有法规性质或参考性质

① 杨晓艳：《环境视角下的土地整理——土地开发整理规划的环境影响评价》，上海远东出版社2009年版，第25页。

② 同上书，第33页。

从生态恢复的角度来看,无论是土地利用整理,还是土地生态恢复,都是多层次的复合系统。对于这种工程系统的研究,有一个从分析到综合、再从综合到分析的过程。这种系统化的分析综合研究,对于构建生态恢复产业法制也是非常有帮助的。杨晓艳博士的研究成果,从一个具体的角度给予我们示例和启示。

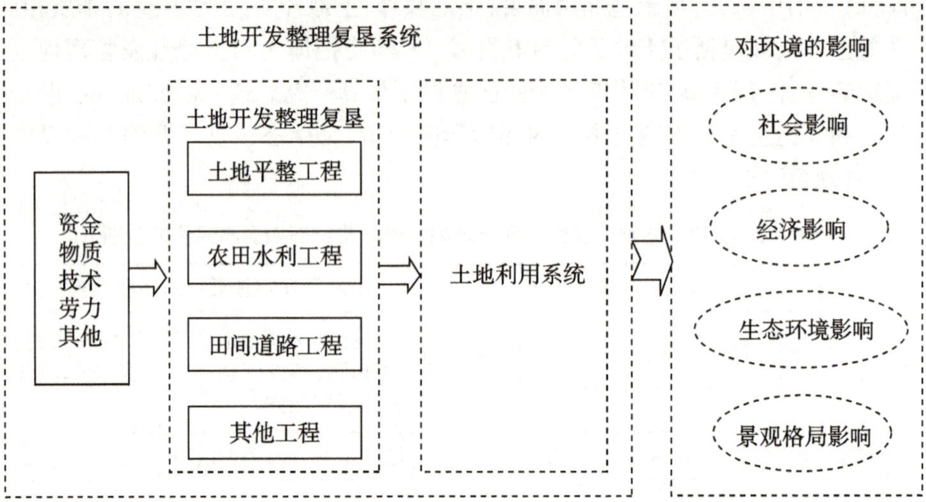

图6-2　土地开发整理活动系统对环境的影响分解①

（二）"人类对生态系统干扰的方式与效应"的产业法制建设启示

从退化生态系统的成因来看,生态系统退化都是由干扰作用导致的。这种干扰可能是人类活动,也可能是自然灾害或两者的叠加。消除这种干扰的方式可以是消除干扰源或阻断干扰途径。因此,充分了解这种干扰的来源、途径和效应,对制定生态恢复产业法制是非常有益的,表6-2即是人类对生态系统干扰的方式与效应。

① 杨晓艳:《环境视角下的土地整理——土地开发整理规划的环境影响评价》,上海远东出版社2009年版,第35页。

表 6-2　人类对生态系统干扰的方式与效应①

人为干扰方式			效　应
资源的过度利用	土地资源的过度利用	土地资源过度开发利用	破坏原有生态系统的结构与功能，引起生态环境变化，导致土地生产潜力的衰竭。在一些风蚀、水蚀严重的地区，造成土地资源的破坏
		土地掠夺式经营	
		土地资源反复不合理利用	
	草地过度放牧		土壤覆盖度降低，加速土壤风蚀或水蚀；植物根系数量减少，土壤固结能力减弱；表土破碎，下层土壤紧实；进入土壤的有机质减少，物种循环受阻
	滥采、滥挖、滥伐		目标植物的生长受抑制，种群数量减少，植物资源受到破坏；植被覆盖度降低，生态系统的生态服务功能下降；植被受到破坏，下垫面微环境明显改变；土壤层破损，易形成地表侵蚀
	野生动物资源的过度利用		动物种类减少，甚至濒危；野生动物很可能在短期内消亡
	矿产资源的过度使用		超速开采导致矿山生态系统无法按照计划分步骤地进行转型或进一步开发新的资源；滥采滥挖导致资源浪费
	生境破坏与丧失		生物物种，特别是珍稀物种失去生存空间而濒危或者灭绝，物种多样性减少
水资源利用不合理	上游用水量过多		下游地表径流减少，引起地下水位下降，造成绿洲萎缩，生态系统退化
	滥建水库塘坝		下游河流断流或供水不足，引起植被退化；蓄水后导致河水倒灌，导致洪灾发生；引发泥沙淤积，威胁生态安全
	大量抽取地下水		水位急剧下降，在降水不足的情况下，植被大面积衰退甚至死亡；地表下陷，导致生态系统退化；海水倒灌，引发土地的次生盐渍化
生态系统经验管理不善	农业管理措施		导致农业资源、养殖资源、森林资源和其他资源受损，甚至耗损；引起生态系统退化
	养殖管理方式		
	其他不合理管理方式		

① 李洪远、莫训强:《生态恢复的原理与实践》(第二版)，化学工业出版社 2016 年版，第 4 页。

续表

人为干扰方式		效应
环境污染	酸雨污染	土壤酸化、贫瘠，对植物产生毒害
	农药污染	土壤重金属超标，土壤退化，农作物产量和品质下降，通过径流、淋失作用污染地表水和地下水
	化肥污染	土壤和水体的养分元素增加，污染土壤，进而进入食品中
	重金属污染	造成土壤和水体污染，在动植物体内积累，形成二次污染
	空气污染	对生物造成直接危害，导致植物大面积死亡，影响人类呼吸，导致疾病发生

(三)“生态恢复应遵循的原则”对产业法制建设的启示

本书前面已经讲了生态恢复产业法制建设的原则。此处所介绍的是生态恢复

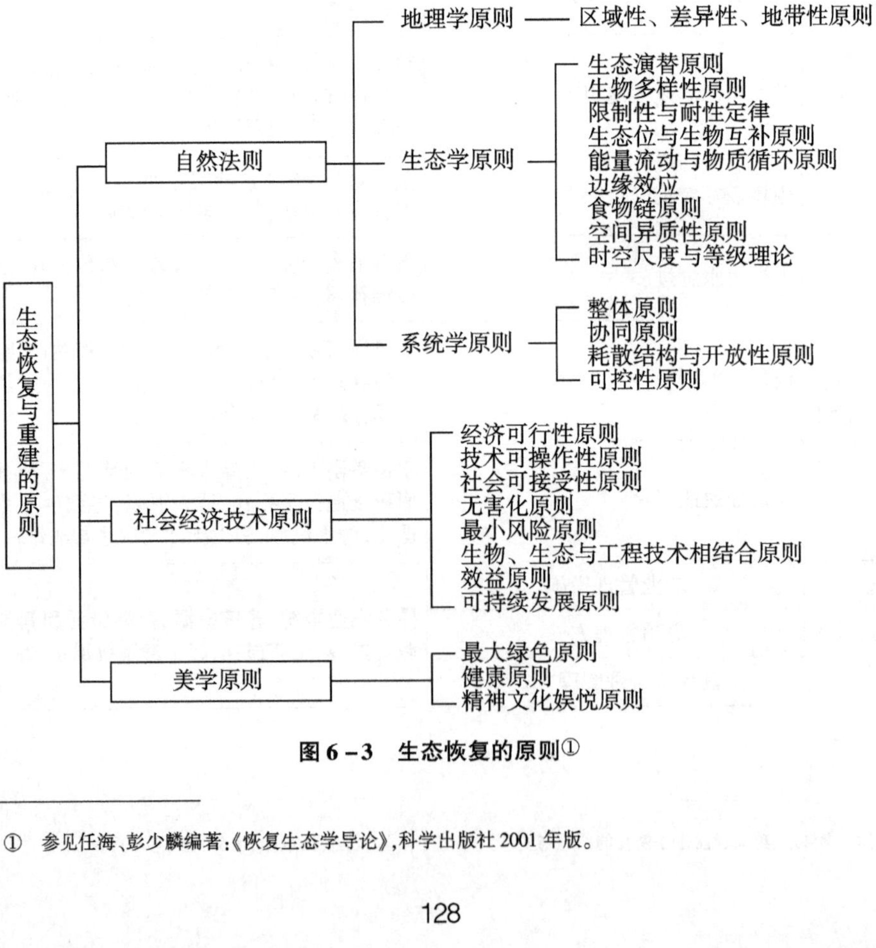

图6-3　生态恢复的原则①

① 参见任海、彭少麟编著：《恢复生态学导论》，科学出版社2001年版。

的原则，当然也对生态恢复产业法制建设具有重要的指导意义。生态恢复学学者认为，生态恢复与重建应遵循自然法则、社会经济技术原则和美学原则。遵循自然法则当然是生态恢复的题中之意，这也是本书选择生态恢复作为纲领性概念的核心理念。社会经济技术水平决定了生态恢复建设的可能性和深度。美学原则是包容性和深刻性最大的一项原则，它不仅意味着生态系统的美、景观的美，还要求人与自然的和谐美以及人化自然的和谐美。

（四）“生态恢复技术体系”的产业法制建设启示

生态恢复工程的恢复目标侧重点不同，所选用的配套关键技术就会有所不同。从微观来看，生态恢复工程技术主要是生物因素和非生物因素的恢复技术；从宏观系统来看，还要利用生态恢复工程技术构筑生态系统以及由不同的生态系统群所组成的景观。生态恢复产业技术法就是要促进生态恢复产业技术发展，依法规范生态恢复产业技术的利用，进而促进生态恢复工程的生态、经济、社会、美学效益的统一。

表 6－3　生态恢复技术体系①

恢复类型	恢复对象	技术体系	技术类型
非生物环境因素	土壤	土壤肥力恢复技术	少耕、免耕技术；绿肥与有机肥施用技术；生物培肥技术（如 EM 技术）；化学改良技术；聚土改土技术；土壤结构熟化技术
		水土流失控制与保持技术	坡面水土保持林草技术；生物篱笆技术；土石工程技术（小水库、谷坊、鱼鳞坑等）；等高耕作技术；复合农林牧技术
		土壤污染与恢复控制技术	土壤生物自净技术；施加抑制剂技术；增施有机肥技术；移土客土技术；深翻埋藏技术；废弃物的资源化利用技术
	大气	大气污染控制与恢复技术	新兴能源替代技术；生物吸附技术；烟尘控制技术
		全球变化控制技术	可再生能源技术；温室气候的固定转换技术（如利用细菌、藻类）；无公害产品开发与生产技术；土地优化利用与覆盖技术
	水体	水体污染控制技术	物理处理技术（如加过滤、沉淀剂）；化学处理技术；生物处理技术；氧化塘技术；水体富营养化控制技术
		节水技术	地膜覆盖技术；集水技术；节水灌溉（渗灌、滴灌）

① 参见任海、彭少麟编著：《恢复生态学导论》，科学出版社 2001 年版。

续表

恢复类型	恢复对象	技术体系	技术类型
生物因素	物种	物种选育与繁殖技术	基因工程技术；种子库技术；野生生物种的驯化技术
		物种引入与恢复技术	先锋种引入技术；土壤种子库引入技术；乡土种种苗库重建技术；天敌引入技术；林草植被再生技术
	种群	物种保护技术	就地保护技术；迁地保护技术；自然保护区分类管理技术
		种群动态调控技术	种群规模、年龄结构、密度、性比例等调控技术
		种群行为控制技术	种群竞争、他感、捕食、寄生、共生、迁移等行为控制技术
	群落	群落结构优化配置与组建技术	林灌草搭配技术；群落组建技术；生态位优化配置技术；林分改造技术；择伐技术；透光抚育技术
		群落演替控制与恢复技术	原生与次生快速演替技术；封山育林技术；水生与旱生演替技术；内生与外生演替技术
生态系统	结构功能	生态评价与规划技术	土地资源评价与规划；环境评价与规划技术；景观生态评价与规划技术；4S 辅助技术（RS、GIS、GPS、ES）
		生态系统组装与集成技术	生态工程设计技术；景观设计技术；生态系统构建与集成技术
景观	结构功能	生态系统间链接技术	生态保护区网格；城市农村规划技术；流域治理技术

（五）“生态系统恢复程序”对产业法制建设的启示

参考生态恢复学著作，①可以从以下角度考察生态恢复的程序。

从大的空间尺度和流程来看，生态系统恢复的基本过程为：基本结构组分单元的恢复⟶组分之间相互关系（生态功能）的恢复（第一生产力、食物网、土壤肥力、自我调控机能包括稳定性和恢复能力等）⟶整个生态系统的恢复⟶景观恢复。

从核心关键步骤来看，植被恢复是重建任何生物生态群落的第一步。

退化生态系统恢复与重建的一般操作程序与内容，见图 4－3。

---

① 李洪远、莫训强：《生态恢复的原理与实践》（第二版），化学工业出版社 2016 年版，第 36～37 页。

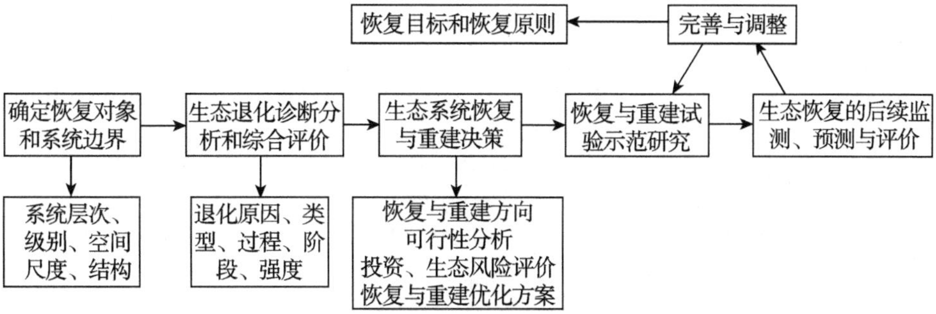

图6－4　退化生态系统恢复与重建的一般操作程序与内容①

（六）“恢复成功的判定标准”对产业法制建设的启示

大家都想知道恢复成功的标准究竟是什么？我们也制定了一些特殊领域的恢复工程验收标准，还有现存的环境质量标准以及环境要素有关标准。但是，生态恢复学学者告诉我们，这依然是一项艰巨、复杂长远的任务。正因如此，这也是一项非常有意义和价值的工作和研究任务。生态系统是非常复杂的，制定恢复标准通常需要与生态系统基底以及受干扰前生态系统进行比较，关注其骨干生物的生长与繁盛过程，关注其基础无机物基底对生命系统的支撑程度等。对恢复后生态系统生物多样性、系统稳定性、土壤和水分条件、抗逆性、自净力等进行综合考评。

许多研究成果中对生态系统服务功能给予了细致的研究，并列出了详细的表格。这种简明扼要的功能列表，对于法学工作者理解生态恢复工程的目标和验收标准，还是有着形象直观帮助的。表6－4、表6－5即是示例。

表6－4　按种类划分的森林生态系统服务②

种类	类型	定　义
供给服务	生物多样性	提供结构的多样性，组成的多样性和功能的多样性。这是可持续发展生态系统功能的基础
	木制品和非木制品	提供像纸、木材燃料和工业圆木之类的自然产品，人类依靠其生存
	食物	提供一个自然的栖息地、庇护所和动物的食物。这些动物也会被捕猎，或被人类食用

① 李洪远、莫训强：《生态恢复的原理与实践》（第二版），化学工业出版社2016年版，第36页。

② ［美］Marty D. Matlock、［美］Robert A. Morgan：《生态工程设计：恢复和保护生态系统服务》，吴巍译，电子工业出版社2013年版，第247页。

续表

种类	类型	定 义
调节服务	气候调节	树是星球上最大的碳隔绝体,减少全球变暖和提供阴凉,减少当地的能量值
	土壤和水的保护	一棵树错综盘结的根系系统提供土壤保护,稳定自然景观,因而减少或防止洪水和滑坡
	疾病调节	森林减少持水,减少蚊子的繁育区,因而减少疟疾的蔓延
	授粉	附近森林的蜜蜂授粉给农作物
	虫害调节	附近森林的捕食者食用农田害虫(如蝙蝠、蟾蜍、蛇)
	自然灾害调节	红树林保护暴雨激增的海岸线;生物分解过程减少潜在的野火燃料
支持服务	养分循环	转化植物中的氮、磷和碳到土壤
	水循环	通过植物转化大气中的水到土壤,或反之
文化服务	娱乐服务	森林提供捕猎、钓鱼、徒步、野营和观鸟的场所
	生态旅游	带旅游者从其他区域到此地的娱乐服务,森林提供了资金收益
	宗教价值	老雨林和红木林提供人类依附的精神价值、审美价值和其他价值

表 6-5 按种类划分的草地生态系统服务①

种类	类型	定 义
供给服务	生物多样性	提供结构的多样性,组成的多样性和功能的多样性。这是可持续发展生态系统功能的基础
	草料生产	提供草和干草堆喂养牲畜
	食物	提供一个自然的栖息地、庇护所和牛羊的食物,这些动物被人类食用
调节服务	气候调节	草地是碳隔绝的来源,减少全球变暖和提供土壤中的有机质,增加有机质容量
	土壤保护	根系系统提供土壤的侵蚀保护,增加水过滤,减少防止洪水
	水的保护	草地减少陆上的沉积传输,因而使得沉积、养分和细菌下填回河流和溪流
	授粉	蜜蜂依靠草坪中的野花、食物和遮蔽物给农作物授粉
	虫害调节	草地中的鸟类食用农田害虫
	养分循环	转化植物中的氮、磷和碳到土壤

① [美]Marty D. Matlock、[美]Robert A. Morgan:《生态工程设计:恢复和保护生态系统服务》,吴巍译,电子工业出版社2013年版,第248页。

续表

种类	类型	定　义
支持服务	水循环	通过植物转化大气中的水到土壤,减少降雨径流,增加地下水的过滤
	土壤构成	草地矿化地质的最高水平,创造土壤
文化服务	娱乐服务	草地提供捕猎、钓鱼、徒步、野营和观鸟的场所
	生态旅游	带旅游者从其他区域到此地的娱乐服务,草地提供了资金收益
	宗教价值	草地提供人类依附的精神价值、审美价值和其他价值

(七)“生态系统服务设计道德准则”的产业法制建设启示

生态恢复更多的是一种工程行为,工程师以及工程伦理在生态恢复工作中发挥着重要的作用。在我国,工程伦理教育很受重视,例如,清华大学要求工程硕士如果拿不到工程伦理学分就不能申请学位。丰富的工程伦理道德知识和体系,对工程法制的发展起到重要的启示和帮助作用。在生态恢复产业法制建设当中,生态恢复工程设计师的道德伦理准则有一些也需要法律化。(见表6-6　生态工程师生态系统服务设计道德准则)

表6-6　生态工程师生态系统服务设计道德准则①

生态工程伦理学的基本原则	
工程师维护和促进工程专业诚信、荣誉和尊严,通过	
1	用他们的知识和技能来促进人类福利,保护、修复和增强生态系统服务
2	诚实、公正和忠诚地服务于公共事业、雇主和客户的现实和未来利益
3	通过跨学科之间强有力的合作来努力提高工程专业的能力和信誉
4	在专业的学科和技术学会制定、实施和创新设计标准的实践时,积极支持他们
工程伦理学的基本规则	
1	工程师应当维护公众至高的安全、健康和福利(当代和后代的),在履行其专业职责时应该努力遵循生态系统服务设计的原则

① [美]Marty D. Matlock,[美]Robert A. Morgan:《生态工程设计:恢复和保护生态系统服务》,吴巍译,电子工业出版社2013年版,第48页。

续表

2	工程师应当仅在其胜任的领域履行服务，并留心记录和交流额外领域的能力，以促成成功的设计
3	工程师只应该以客观和诚实的态度发出公开声明，具体来说为量化与设计决策相关的风险和不确定性
4	工程师应该在每个雇主或是忠实的代理人或者受托人的专业问题上采取行动，并且要避免利益冲突
5	工程师应该在他们服务的成绩上建立自己的专业声誉，而不是与他人不公平竞争
6	工程师应该以这种方式行事——维护和提高工程专业的荣誉、诚信和尊严，并且不可容忍贿赂、欺诈、腐败、生态开发或肆意破坏生态系统服务
7	工程师应该继续其整个职业生涯的专业发展，并且通过生态工程学科以及跨学科专业人士的参与为那些在其监督下的工程师的专业发展创造机会

（八）"绿色会计"的生态恢复产业法制建设启示

国民经济是由众多产业构成的，产业又是类似企业的集群。无论是在国民经济层面，还是产业或企业层面，都有着许多绿色会计等方面的研究成果。绿色GDP、绿色投融资、绿色核算、绿色会计等都会从各自的层面对生态恢复产业产生影响。其依法需要促进或规范的内容，同样是生态恢复产业法制的重要内容。在此我们仅介绍一份韩国环境成本分类表，见表6－7。从该表可以看出，其环境成本分了四大类：事后处理活动成本、事前预防活动成本、利益关系者活动成本、应对法规和复原活动成本。复原环境活动费用包括了三项：(1)复原环境和预备金；(2)损害赔偿、诉讼费用；(3)其他费用。

表6－7　韩国环境成本分类①

活动分类 \ 媒介分类		大气	水质	废弃物	土壤、地下水	噪音、震动	其他	合计
1. 事后处理活动成本								
1.1 事后处理设施运营活动费用	企业内设施运营费用							
	委托处理费用							
	其他费用							
2. 事前预防活动成本								

① 金钟范：《韩国亲环境产业发展政策》，上海财经大学出版社2012年版，第158页。

续表

活动分类 \ 媒介分类		大气	水质	废弃物	土壤、地下水	噪音、震动	其他	合计
2.1　环境经营相关费用	环境经营认证费用							
	教育训练费用							
	环境影响检测费用							
	其他费用							
2.2　资源节约和再利用活动费用	企业内设施运营费用							
	委托处理费用							
	节约能源和应对气候变化费用							
	改善物流费用							
	其他费用							
2.3　研究开发活动费用	改善工程费用							
	改善产品费用							
2.4　其他费用	事业场内绿化费用							
3. 利益关系者活动成本								
3.1　对外合作活动费用	支援环境团体费用							
	区域合作费用							
3.2　其他费用	企业外自然保护费用							
	环境广告、报告书出版费用							
4. 应对法规和复原活动成本								
4.1　应对法规活动费用	负担金、税款							
	罚金							
4.2　复原环境活动费用	复原环境和预备金							
	损害赔偿、诉讼费用							
	其他费用							
总环境成本								
环境效益								

(九)"生态补偿"研究的生态恢复产业法制建设启示

《环境保护法》规定:"国家建立、健全生态保护补偿制度。"所谓生态补偿主要是为了保护生态利益,具体来说就是保护生态系统的生态服务功能。这种利益和功能通常是公共利益、公共产品,没有竞争性和排他性。对于提供生态服务的区域政府和人民来讲,如果这种服务的提供是无偿的,但他们同时还付出了保护成本和发展机会成本,显然是不合理的。基于这种认识,我们就要以经济手段为主调节相关者的利益关系,并作出法律制度安排,这也就是所谓的生态补偿法。从补偿的对象来看,狭义地讲,只包括提供生态系统服务的自然生态系统,也就是说对自然进行补偿,特别是对已经遭受破坏的生态环境进行恢复和重建。广义地讲,既包括对自然恢复的补偿,也包括对保护和恢复生态环境及其功能而付出代价的区域单位和个人进行的补偿。保持生态系统持续稳定地提供生态系统服务,及时进行生态恢复,维持提供服务的水平,是生态补偿不可缺失的题中之意。

袁占亭结合白银市的生态补偿实践,对生态补偿进行了非常有价值的研究。在此介绍其部分研究成果,以利我们开展生态补偿视角下的生态恢复产业法制建设。

计算生态补偿标准有许多方法,图 6-5 提供了一个计算生态补偿标准的估算框架。

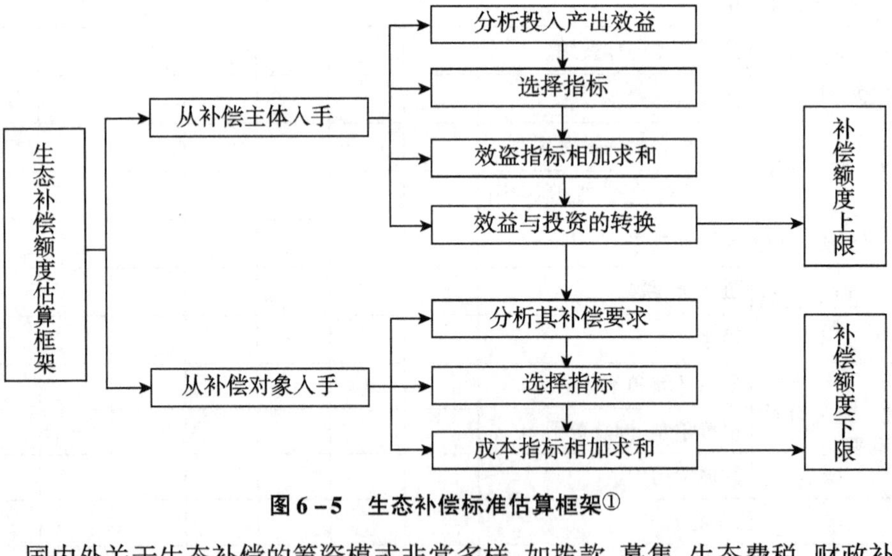

图 6-5　生态补偿标准估算框架①

国内外关于生态补偿的筹资模式非常多样,如拨款、募集、生态费税、财政补贴与转移支付等,还可以采取 BOT 投资、环保保险、生态建设彩票等。见图 6-6　生

① 袁占亭:《资源型城市环境治理与生态重建》,中国社会科学出版社 2010 年版,第 317 页。

态补偿机制融资体系的构想。

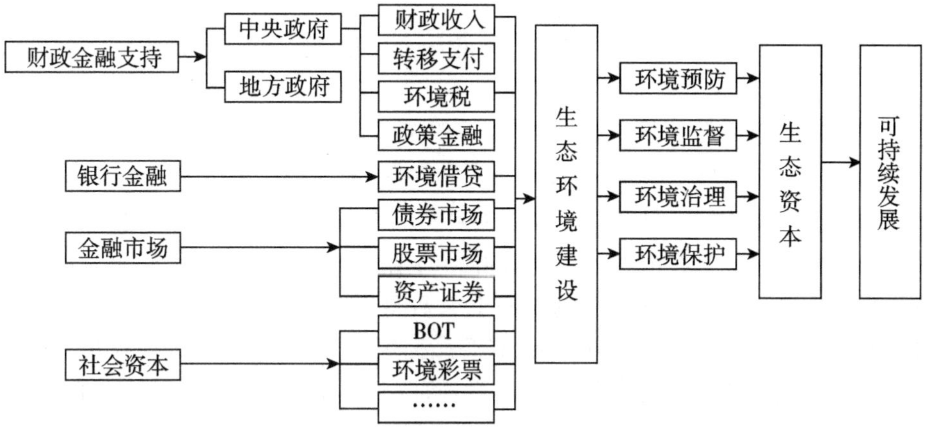

图 6 –6　生态补偿机制融资体系的构想①

从下图 6 –7 生态补偿机制的评价体系来看,其既有生态系统改善后的维护费用和植物树草等基本补偿费用的评价,也有产业结构调整、监督管理费用和法律效用的评价。

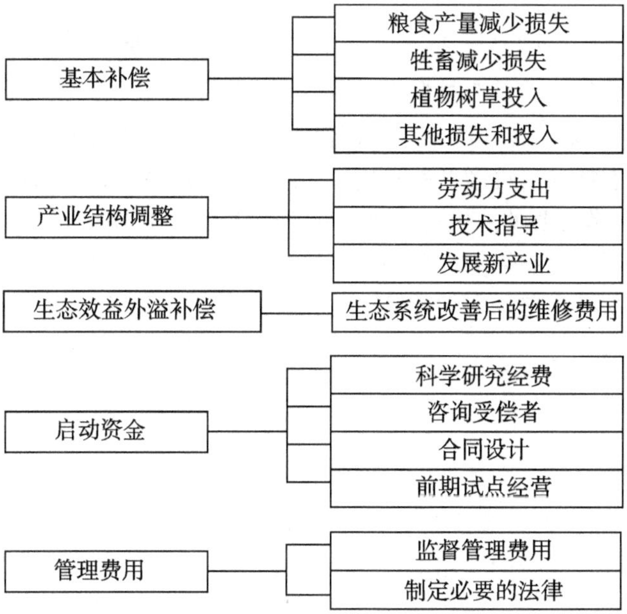

图 6 –7　生态补偿机制的评价体系

① 袁占亭:《资源型城市环境治理与生态重建》,中国社会科学出版社 2010 年版,第 318 页。

第三节　生态恢复产业中的“标准”制定思路

“标准”通常是法律规范构成要素中的“行为规范”。这种标准类行为规范通常不具体包含在法律当中，而是独立制定和存在，通过具体法律规范的引用而成为法律的有效组成部分。具体的生态恢复实践操作要依据有关的“标准”。这类标准中具体参数的制定通常是多种利益博弈的结果。由于自然生态的基础性，生态恢复工作通常还涉及政府多个管理部门，会有多部门的标准有所涉及。例如，农用地的恢复会涉及土壤环境质量标准、农产品标识标准、农产品农药残留检验标准、土壤环境卫生标准等。这会涉及土地管理部门、食品卫生监管部门、农业管理部门、农产品出口贸易管理部门等。因此，生态恢复标准问题是一个涉及多部门，涉及生态恢复工程的前、中、后的复杂问题，需要通过一个大的项目进行深入研究。在此，我们在探讨生态恢复标准基本认识的前提下，扼要讨论有关土壤恢复标准和环境卫生标准问题。

一、生态恢复标准制定的基本认识和影响因素

生态恢复标准问题是生态恢复工作当中的重大问题。在生态恢复工程实施前、实施中、实施后均涉及有关标准。或者说，我们的有关标准要考虑到生态恢复工程的总体目标，以及工程实施前、实施中、实施后的各项考核内容和要达到的目标值。由于生态恢复工程影响的长期性、生态性，制定更为长远的“生态恢复工程后评估标准”也是必要的。生态恢复工程实施结束后，长期来看其修复的效果究竟如何？是否达到了生态恢复工程的预期目标？是否还会对土壤生态系统和人类健康带来威胁？这类环境基本问题需要较为长期的后效观察。

（一）生态恢复标准制定的基本认识

1. 生态恢复标准

生态恢复的目标是实现生态系统完整的结构和功能特质。判定生态系统恢复的目标是否实现，涉及生态恢复的判定标准问题。在生态恢复问题上，任海、彭少麟认为无论对什么类型的退化生态系统，应该存在一些基本的恢复目标或要求，主要包括：(1)实现生态系统的地表基底稳定性；(2)恢复植被和土壤，保证一定的植被覆盖率和土壤肥力；(3)增加种类组成和生物多样性；(4)实现生物群落的恢复，提高生态系统的生产力和自我维持能力；(5)减少或控制环境污染；(6)增加视觉

和美学享受。[①] Hobbs 和 Norton(1996)认为恢复退化生态系统的目标包括:建立合理的内容组成(种类丰富度及多度)、结构(植被和土壤的垂直结构)、格局(生态系统成分的水平安排)、异质性(各组分由多个变量组成)、功能(诸如水、能量、物质流动等基本生态过程的表现)。[②] 此外,还有一些学者从生态系统健康的定义及其指标上对生态恢复标准进行揭示。如郑昭佩将生态系统健康状态定义为生态系统随着时间的进程有活力,并且能维持其组织及自主性,在外界胁迫下容易恢复。相应地,生态系统健康就有 8 个方面的标准:活力;恢复力;组织;生态系统服务功能的维持;管理选择;外部输入减少;对邻近系统的破坏;对人类健康的影响。[③] 再放大一下时空尺度,景观健康学是近年来出现于景观生态学与生态系统健康学领域的一个新交叉学科,旨在探讨人类活动干扰下遭受污染与退化、甚至会逐渐消失的景观系统的健康问题。景观尺度与城乡规划联系更为密切,景观健康标准的研究成果,也是生态恢复标准的重要来源与借鉴。

综合以上对生态恢复目标或标准的论述,我们认为生态恢复的标准主要有以下几个方面:一是结构。具体指生态系统的各个组成部分较为完整,各组成部分间的关系较为和谐,整体结构符合生态区域的要求。二是功能。功能是判定生态系统恢复的最主要的标准。功能主要是指生态系统的服务功能,包括生态系统的经济性功能、生态系统的生态性功能以及生态系统的美学性功能。三是美观。生态系统恢复还有一个标准是美观。美观是指生态系统的外观符合基本的美学原则,符合人类基本的美的精神享受。尤其在城市基建绿化等的生态恢复中,美观是一项重要的衡量标准。四是可持续性。生态系统恢复不是暂时性的恢复,而是具有可持续性的恢复,这种可持续性一方面是指恢复后时间上的持续性,另一方面是指生态系统受到干扰后具有相当的自我恢复能力。可持续性在生态恢复标准中算是较难评估的指标;但却是一项非常重要的标准,需要在技术上和制度上加以解决。在生态恢复标准中,文化因素越来越成为一项独立的标准,这是由人类长期对大自然的依赖所形成的文化以及娱乐、休闲和艺术欣赏方面需求的不断强化而产生。

2. 生态恢复标准的现实问题

"污染环境修复标准是指被技术和法规所确定、确立的环境清洁水平,通过生态修复或利用各种清洁技术手段,使环境中污染物的浓度降低到对人体健康和生态系统不构成威胁的、技术和法规可接受的水平。"[④]技术标准、技术规范属于法律

---

① 任海、彭少麟编著:《恢复生态学导论》,科学出版社 2001 年版,第 14 页。

② 同上。

③ 郑昭佩编著:《恢复生态学概论》,科学出版社 2011 年版,第 26 页。

④ 周启星等编著:《生态修复》,中国环境科学出版社 2006 年版,第 159 页。

规范的重要构成要素，其通常是独立于具体的法律和法条之外而独立成篇存在的，只有在执法和司法过程当中，才会被引用。这种独立存在并不影响其作为法律规范要素的严肃性、强制性（强制性标准）或指导性（推荐性标准）。

从世界范围来看，大气、水环境质量标准的制定、实施通常超前于土壤环境质量标准。各类生态恢复标准的制定，也是远落后于污染物排放标准和环境质量标准。与生态恢复密切相关的污染土壤修复标准也是如此。

“绿色”“环保”“清洁”这些概念的内涵是随时代的发展不断变化、提高的。当前“清洁的”，十年以后可能就成为要淘汰的“污染的”。当前有科学疑问的，十年后可能证明“危害很大”。这种对清洁的追求、对环境风险的预防，都加大了对生态恢复标准制定的难度。“修复到什么程度才可认为是清洁的？”是非常重要的问题。

（二）生态恢复标准制定的影响因素

生态系统恢复标准的确定会受到各方面因素的影响，这些因素包括经济的、技术的、社会的、生态的。生态规律等因素是生态恢复的基础性影响因素，在此基础上，生态恢复标准的确定还需要在社会经济、技术容许的范围内进行，需要符合社会条件的要求。换句话说，单从生态因素方面考虑最佳的生态恢复标准并不一定就是最符合社会要求或者制度要求的生态恢复标准，制度上要求的生态恢复标准大多数情况下是综合考量生态、经济、技术和社会等因素的权衡性标准。在确定生态恢复标准时需要注意的第二个问题就是确定生态系统服务功能要与社会功用或法定用途相符合。比如，在确定农用地的功能恢复时，就要符合农用地的特定要求，着重在土壤结构、肥力和污染方面；在确定建筑用地的功能恢复时，要符合建筑用地的要求，如土地平整度、土地污染状况等。制度上的生态功能恢复具有分级管理的性质，当然这种性质同样需要在生态规律的框架内确立。另外，在确定生态恢复标准时要将人体健康作为重要的因素加以考虑。人体健康是立法需要考虑的最重要的价值，任何对人体健康具有现实或潜在威胁的生态恢复都难以获得立法的认同。在这里，不能因为标准的存在而否定对人体健康造成损害应当承担的法律责任。

二、生态恢复的核心标准——污染土壤修复标准

2016年，在中国环保产业高峰论坛上，中国环境科学研究院土壤污染与控制研究室主任谷庆宝认为：2016年和2013年进行的全国污染状况调查结果显示，目

前全国土壤污染总超标率16.1%，“整体形势不容乐观”。[①] 随着城市改造的不断进行，产业升级、“退二进三”的不断推进，还会有更多的化工厂类的污染场地被用于教育、住宅、医院、商城等民用设施建设。一旦这些场地的污染问题处理不当，就会造成环境卫生和人类健康问题。甚而有些场地被用于农业、畜牧业生产，就有可能带来食品卫生问题。“毒大米”“毒地”问题时刻有可能发生，风险程度较高。在土壤修复领域政策、法律、商业模式相对缺位和不成熟的情况下，土壤恢复标准作为直接服务于生态恢复领域的规范性文件，显得更为重要。

（一）我国已有的与生态恢复产业关系较为密切的标准

1. 环境保护部科技标准司网站标准查询

2016年年底查询我国环境保护部网站科技标准司的“土壤环境保护标准”部分（又分为“土壤环境质量标准”“土壤监测规范方法标准”两小类），明显直接与生态恢复有关的标准至少有以下种类。见以下表格，表格的名称及所选标准均为本书作者所为，仅供参考。

表6-8　土壤环境质量标准

标准名称	标准代号
土壤环境质量标准	GB 15618—1995
拟开放场址土壤中剩余放射性可接受水平规定（暂行）	HJ 53—2000
食用农产品产地环境质量评价标准	HJ 332—2006
温室蔬菜产地环境质量评价标准	HJ 333—2006
展览会用地土壤环境质量评价标准（暂行）	HJ 350—2007

表6-9　2004年环保部发布的五项污染场地系列环保标准

标准名称	标准代号
污染场地术语	HJ 682—2014
污染场地土壤修复技术导则	HJ 25.4——2014 代替 HJ/T 25—1999
污染场地风险评估技术导则	HJ 25.3——2014 代替 HJ/T 25—1999
场地环境检测技术导则	HJ 25.2——2014 代替 HJ/T 25—1999
场地环境调查技术导则	HJ 25.1——2014 代替 HJ/T 25—1999

2014年2月19日发布，2014年7月1日正式实施。

① 毛振华：《城市污染土壤修复产业标准亟待规范》，载《经济参考报》2016年9月12日，第7版。

表 6－10　与生态恢复关系较为直接的“土壤监测规范方法标准”

标准名称	标准代号
土壤环境监测技术规范	HJ/T 166—2004
土壤质量词汇	GB/T 18834—2002
土壤质量 总砷的测定 硼氢化钾－硝酸银分光光度法	GB/T 17135—1997
土壤质量 铅、镉的测定 KI－MIBK 萃取火焰原子吸收分光光度法	GB/T 17140—1997
土壤质量 总汞的测定 冷原子吸收分光光度法	GB/T 17136—1997
土壤质量 铅、镉的测定 石墨炉原子吸收分光光度法	GB/T 17141—1997
土壤质量 总砷的测定 二乙基二硫代氨基甲酸银分光光度法	GB/T 17134—1997
土壤质量 铜、锌的测定 火焰原子吸收分光光度法	GB/T 17138—1997
土壤质量 镍的测定 火焰原子吸收分光光度法	GB/T 17139—1997
土壤质量 六六六和滴滴涕的测定 气相色谱法	GB/T 14550—93

表 6－11　与生态恢复关系较为密切的“其他标准”

标准名称	标准代号
生态环境状况评价技术规范	HJ 192—2015
温室蔬菜产地环境质量评价标准	HJ 333—2006
食用农产品产地环境质量评价标准	HJ 332—2006
生态环境状况评价技术规范(试行)	HJ/T 192—2006
区域生物多样性评价标准	HJ 623—2011
农业固体废物污染控制技术导则	HJ 588—2010
尾矿库环境风险评估技术导则(试行)	HJ 740—2015
工业企业土壤环境质量风险评价基准	HJ/T 25—1999
地下水环境监测技术规范	HJ/T 164—2004
地表水和污水监测技术规范	HJ/T 91—2002
水质 河流采样技术指导	HJ/T 52—1999
地表水环境质量标准	GB 3838——2002 代替 GB 3838—88，GHZB 1—1999
海水水质标准	GB 3097——1997 代替 GB 3097—82

续表

标准名称	标准代号
地下水质量标准	GB/T 14848—93
农田灌溉水质标准	GB 5084—92
渔业水质标准	GB 11607—89
集中式饮用水水源地环境保护状况评估技术规范	HJ 774—2015
集中式饮用水水源地规范化建设环境保护技术要求	HJ 773—2015
采油废水治理工程技术规范	HJ 2041—2014
城镇污水处理厂运行监督管理技术规范	HJ 2038—2014
危险废物处置工程技术导则	HJ 2042—2014
矿山生态环境保护与恢复治理技术规范(试行)	HJ 651—2013
矿山生态环境保护与恢复治理方案(规划)编制规范(试行)	HJ 652—2013
味精工业废水治理工程技术规范	HJ 2030—2013
医院污水处理工程技术规范	HJ 2029—2013
电除尘工程通用技术规范	HJ 2028—2013
催化燃烧法工业有机废气治理工程技术规范	HJ 2027—2013
吸附法工业有机废气治理工程技术规范	HJ 2026—2013
危险废物收集贮存运输技术规范	HJ 2025—2012
完全混合式厌氧反应池废水处理工程技术规范	HJ 2024—2012
厌氧颗粒污泥膨胀床反应器废水处理工程技术规范	HJ 2023—2014
焦化废水治理工程技术规范	HJ 2022—2012
环境质量报告书编写技术规范	HJ 641—2012
铬渣干法解毒处理处置工程技术规范	HJ 2017—2012
环境工程名词术语	HJ 2016—2012
水污染治理工程技术导则	HJ 2015—2012
生物滤池法污水处理工程技术规范	HJ 2014—2012
升流式厌氧污泥床反应器污水处理工程技术规范	HJ 2013—2012
垃圾焚烧袋式除尘工程技术规范	HJ 2012—2012
制浆造纸废水治理工程技术规范	HJ 2011—2012
膜生物法污水处理工程技术规范	HJ 2010—2011

续表

标准名称	标准代号
生物接触氧化法污水处理工程技术规范	HJ 2009—2011
环境影响评价技术导则地下水环境	HJ 610—2011
危险废物安全填埋处置工程建设技术要求	国家环境保护总局环发〔2004〕75 号
铬渣污染治理环境保护技术规范(暂行)	HJ/T 301—2007
中华人民共和国环境保护行业标准:静脉产业类生态工业园区标准(试行)	HJ/T 275—2006
行业类生态工业园区标准(试行)	HJ/T 273—2006
长江三峡水库库底固体废物清理技术规范	HJ 85—2005
医疗废物集中焚烧处置工程技术规范	HJ/T 177—2005
危险废物集中焚烧处置工程建设技术规范	HJ/T 176—2005
建设项目环境风险评价技术导则	HJ/T 169—2004
土壤质量 词汇	GB/T 18834—2002
城镇污水处理厂污泥处理处置及污染防治技术政策(试行)	建城〔2009〕23 号
矿山生态环境保护与污染防治技术政策	环发〔2005〕109 号
城市污水处理及污染防治技术政策	建成〔2000〕124 号
城市生活垃圾处理及污染防治技术政策	建成〔2000〕120 号
煤矸石综合利用技术政策要点	国经贸资源〔1999〕1005 号

2. 国土资源部网站有关标准查询

2016 年年底查询我国国土资源部网站,根据国土资源部 2016 年 1 月 14 日发布的《国土资源标准目录》,与土壤复垦、修复有关的标准、规范类文件至少有如下种类。表格的名称及所选标准均为本书作者所为,仅供参考。

表 6－12　与生态恢复有关的国土资源部网站中的标准

标准代号	标准名称
GB/T 19231—2003	土地基本术语
GB/T 21010—2007	土地利用现状分类
GB/T 25282—2010	土壤和沉淀物 13 个微量元素形态顺序提取程序
GB/T 28407—2012	农用地质量分等规程
GB/T 28405—2012	农用地定级规程

续表

标准代号	标准名称
GB/T 28406—2012	农用地估价规程
GB/T 30600—2014	高标准农田建设通则
GB/T 18507—2014	城镇土地分等定级规程
GB/T 18508—2014	城镇土地估价规程
TD/T 1011—2000	土地开发整理规划编制规程
TD/T 1012—2000	土地开发整理项目规划设计规范
TD/T 1013—2000	土地开发整理项目验收规程
TD/T 1007—2003	耕地后备资源调查评价技术规程
TD/T 1031. 1—2011	土地复垦方案编制规程　第 1 部分:通则
TD/T 1031. 2—2011	土地复垦方案编制规程　第 2 部分:露天煤矿
TD/T 1031. 3—2011	土地复垦方案编制规程　第 3 部分:井工煤矿
TD/T 1031. 4—2011	土地复垦方案编制规程　第 4 部分:金属矿
TD/T 1031. 5—2011	土地复垦方案编制规程　第 5 部分:石油天然气(含煤层气) 项目
TD/T 1031. 6—2011	土地复垦方案编制规程　第 6 部分:建设项目
TD/T 1031. 7—2011	土地复垦方案编制规程　第 7 部分:铀矿
TD/T 1032—2011	基本农田划定技术规程
TD/T 1033—2012	高标准基本农业田建设标准
TD/T 1001—2012	地籍调查规程
TD/T 1034—2013	市(地)级土地整治规划编制规程
TD/T 1035—2013	县级土地整治规划编制规程
TD/T 1036—2013	土地复垦质量控制标准
TD/T 1037—2013	土地整治重大项目可行性研究报告编制规程
TD/T 1038—2013	土地整治项目设计报告编制规程
TD/T 1039—2013	土地整治项目工程量计算规则
TD/T 1040—2013	土地整治项目制图规范
TD/T 1013—2013	土地整治项目验收规程
TD/T 1041—2013	土地整治工程质量检验与评定规程
TD/T 1042—2013	土地整治工程施工监理规范
TD/T 1043. 1—2013	暗管改良盐碱地技术规程　第 1 部分:土壤调查

续表

标准代号	标准名称
TD/T 1043.2—2013	暗管改良盐碱地技术规程 第2部分:规划设计与施工
TD/T 1044—2014	生产项目土地复垦验收规程
TD/T 1010—2015	土地利用动态遥感监测规程
DZ/T 0218—2006	滑坡防治工程勘查规范
DZ/T 0219—2006	滑坡防治工程设计与施工技术规范
DZ/T 0220—2006	泥石流灾害防治勘查规范
DZ/T 0221—2006	崩塌、滑坡、泥石流监测规范
DZ/T 0222—2006	地质灾害防治工程监理规范
DZ/T 0223—2011	矿山地质环境保护与恢复治理方案编制规范
DZ/T 0253.1—2014	生态地球化学评价动植物样品分析方法 第1部分:锂、硼、钒等19个元素量的测定 电感耦合等离子体质谱(ICP - MS)法
DZ/T 0253.2—2014	生态地球化学评价动植物样品分析方法 第2部分:硒量的测定 原子荧光光谱法
DZ/T 0253.3—2014	生态地球化学评价动植物样品分析方法 第3部分:总汞的测定 冷原子荧光光谱法
DZ/T 0253.4—2014	生态地球化学评价动植物样品分析方法 第4部分:氟量的测定 扩散—分光光度法
DZ/T 0261—2014	滑坡崩塌泥石流灾害调查规范(1:50000)
DZ/T 0262—2014	集镇滑坡崩塌泥石流勘查规范
DZ/T 0269—2014	地质灾害灾情统计
DZ/T 0282—2015	水文地质调查规范(1:50000)
DZ/T 0283—2015	地面沉降调查与监测规范
DZ/T 0284—2015	地质灾害排查规范
DZ/T 0285—2015	矿山帷幕注浆规范
DZ/T 0286—2015	地质灾害危险性评估规范
DZ/T 0287—2015	矿山地质环境检测技术规程
DZ/T 0288—2015	区域地下水污染调查评价规范
DZ/T 0289—2015	区域生态地球化学评价规范
DZ/T 0079—2015	固体矿产勘查地质资料综合整理综合研究技术要求
DZ/T 0290—2015	地下水水质标准

(二)关于污染土壤修复标准的理论思考

1. 制定良好的生态恢复产业标准需要多部门、多学科协调

由于自然生态的基础性,生态恢复工作通常涉及政府多个管理部门,多部门的标准均可能对其有所涉及。例如,农用地的恢复会涉及土壤环境质量标准、农产品标识标准、农产品农药残留检验标准、土壤环境卫生标准等,涉及土地管理部门、食品药监部门、卫生部门、农业管理部门、贸易管理部门等。生态恢复标准中具体参数的制定通常是多种利益博弈、多部门会商出的既重点突出又综合平衡的结果。就生态恢复工程而言,生态恢复工程的前、中、后阶段均需相关标准予以规范。

由于生态恢复的工程影响的长期性、生态性,制定更为长远的“生态恢复工程后评估标准”也是必要的。生态恢复工程实施结束后,需要长期来看其修复的效果究竟如何?是否达到了生态恢复工程的预期目标?是否还会对土壤生态系统和人类健康带来威胁?这类环境基本问题需要较为长期的后效观察。

生态恢复工程所营造的新的“生态环境”“改良的土地、水域等”,均与人类生活、健康密切相关。从《环境健康学》《环境卫生学》的角度来看,环境与健康、环境卫生等方面的标准也与生态恢复有着直接密切的关系,值得重视。更为重要的是,不仅仅是重视的问题,难度在于如何协调各部门间的标准。重视是前提,协调是结果,效率、效益才是最终目的。

2. 生态恢复标准研究的理论思考

对于生态恢复来讲,我们首先要设计恢复的当然是物质基础。物质基础的基础是作为生命根基的土壤。所以在标准研究当中,土壤修复标准依然是最为重要的。大自然当中,土壤的相对环境基准值我们搞清了吗?为什么说是相对环境基准值?因为我们已经很难找到纯天然的土壤环境基准。特定区域环境中,土壤的纯天然性基准值对于我们制定符合大自然规律的土壤标准还是非常重要的。进一步思考,土壤中有益物质、有害物质分别达到什么样的数值,土壤才被确认为被污染了?被确认污染了的土壤是否都需要进行恢复?哪几种数值作为其阈值?用途不同的土壤,其启动恢复的阈值有何不同?不同用途的土壤,其生态恢复的目标值如何确定?在标准中如何体现?由于土壤作为生态基础具有长期性和基础性,土壤恢复工程的后评估如何开展?是否还要设定专门的风险评估方法和标准?其实这些都应当是肯定的回答,随着生态恢复产业的发展会产生一系列有关的标准。除前述有关标准之外,当前一些地方政府更是走在前列,如北京市制定了更多的有关生态恢复的标准。

中山大学法学院王欢欢博士对污染土壤修复标准制度进行了较为深入的研究。王博士在《污染土壤修复标准制度初探》一文中将许多国家构建土壤污染修复标准制度的基本思路和发展趋势归纳为两种:一是“从基于多功能修复到风险管理方法标准制度的演化”;二是“从系风险评估的统一数值标准到场地风险评估标准制度的演

化”。也就是说，考虑到技术经济成本和现实状况，不再追求所谓的“永久修复”；而是根据场地的不同用途，将风险控制在可接受的范围之内。当然，也有学者建议采用统一数值标准与单用途场地风险评估标准相结合的标准制定制度。①

重庆交通大学教授刘枬等在《污染场地环境风险评价标准结构模式的建构》一文中提出了“污染场地环境风险评价标准结构模式”（见图6－8）。

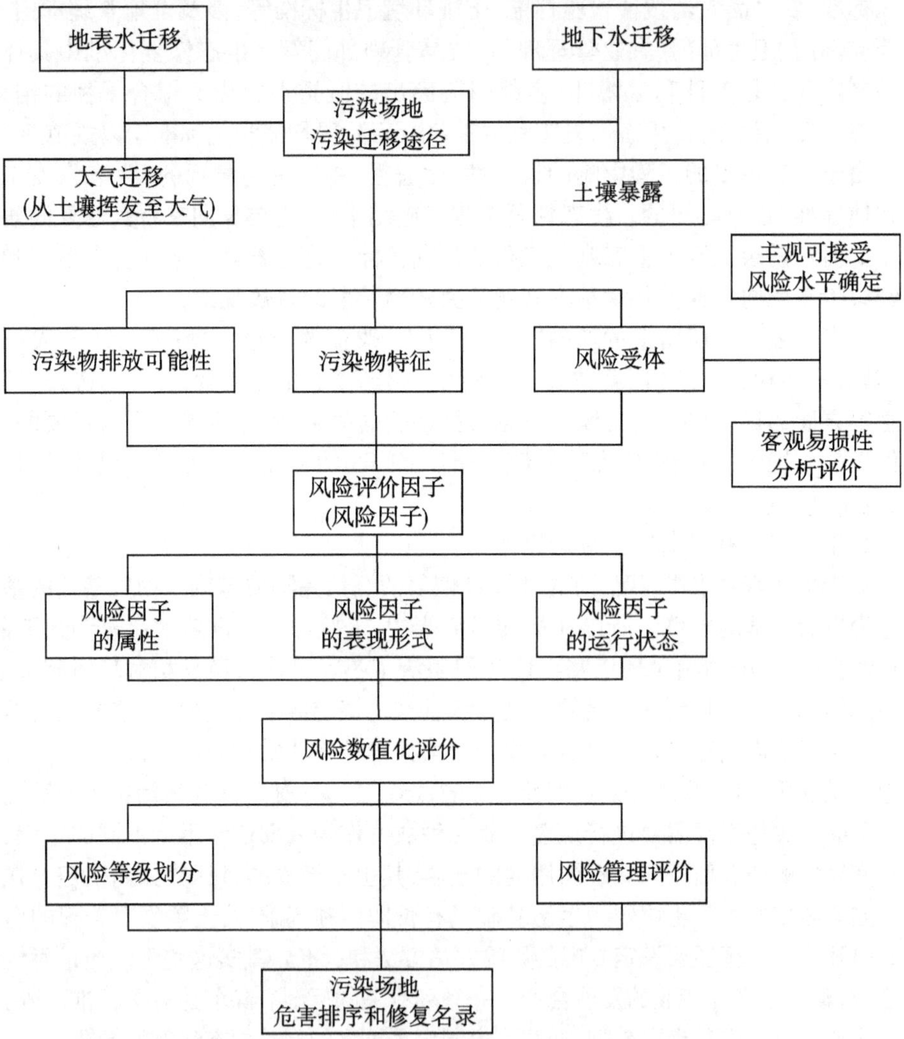

图6－8　污染场地环境风险评价标准结构模式②

① 参见王欢欢：《污染土壤修复标准制度初探》，载《法商研究》2016年第3期。

② 刘枬等：《污染场地环境风险评价标准结构模式的建构》，载《重庆大学学报》（社会科学版）2016年第1期。

刘桝教授认为，对污染场地环境风险的评价应当以风险受体为核心，以风险数字化评价方法为基础，分析和量化风险程度（数字化），依据确定的环境风险大小建立污染场地优先处理顺序。①

三、生态恢复工作中的环境卫生标准与法规

重庆交通大学刘桝教授等在《污染场地环境风险评价标准结构模式的建构》一文的“研究背景与文献述评”中认为：“长期以来，污染场地的环境风险评价问题受到国内外学术界的关注。从研究现状分析，国外学界的研究主要集中在环境和公共卫生学领域，大多运用环境保护、卫生保健理论来研究污染场地的风险评价问题。”②国内学界的相关研究主要集中在两方面：一是专注于污染场地的环境和健康风险；二是专注于污染场地的修复或再开发。③ 这也正是我们在此专节探讨“环境卫生标准与法规”的原因。

（一）生态恢复与环境卫生标准、卫生法规关系密切

农业生产用地的修复通常是由于其不再能够满足农业生产的需要，有害残留超标，修复后或继续作为农用生产用地或作为工业或生活用地。如果继续作为农业生产用地，其修复标准定然与食品安全和人类健康有关。污染土地修复后作为生活用地，也定然与人类环境卫生有关，最终均涉及人类健康。这也是我们在此重点介绍环境卫生标准与法规的原因。

《环境健康学》④等有关著作都对环境卫生标准与法规进行了著述，有的还专章介绍。与生产环境、生活环境密切相关的生态恢复工程显然也要符合环境卫生的标准与法规。

（二）环境卫生标准的概念

“环境卫生标准是从保护人群身体健康和保证人类生活质量出发，对生活环境中与人群健康有关的各种因素（物理、化学和生物）以法律形式做出的量值规定，以及为实现量值所作的有关技术行为规范的规定，经国家标准化主管部门批准，并以一定形式发布的法定卫生标准。”⑤

---

① 刘桝等：《污染场地环境风险评价标准结构模式的建构》，载《重庆大学学报》（社会科学版）2016年第1期。

② 同上。

③ 同上。

④ 郭新彪主编：《环境健康学》，北京大学医学出版社2006年版，第499～521页。

⑤ 同上书，第501页。

(三)环境卫生标准的制定

1. 卫生标准

我国的卫生标准是由卫生部全国卫生标准技术委员会组织起草、审查和上报,经主管机关批准而以特定形式(国家标准、行业标准)发布。全国卫生标准化技术委员会下属若干个分委员会,其中环境卫生标准分委员会主要负责环境卫生标准的草拟,参加标准草案的审查工作。由国家层面或卫生部层面所发布的环境卫生标准都是直接为保障人体健康和人身安全而制定的,是与有关卫生法律,法规配套,实施卫生监督所必需的。因而多数是强制性标准,其中也包括指定用于裁决的监测方法标准。1989年卫生部发布我国首部较完整的《卫生标准体系表》,它是卫生标准研制的指导性技术文件。《卫生标准体系表》的层次结构,是根据1985年原国家标准局制定的《标准体系表编制原则和要求》制定的,国家标准体系表的结构分为五个层次(见图6-9):全国综合性基础标准、行业基础标准、专业基础标准、门类(通用)标准和单项(个性)标准。卫生标准体系属专业标准体系,它只有专业基础标准、门类(通用)标准和单项(个性)标准三个层次。在整个卫生标准体系内划分成几个门类或分科,即分为五大卫生(环境、劳动、食品、学校和放射卫生)和三大疾病(职业病、食源病和放射病)。①

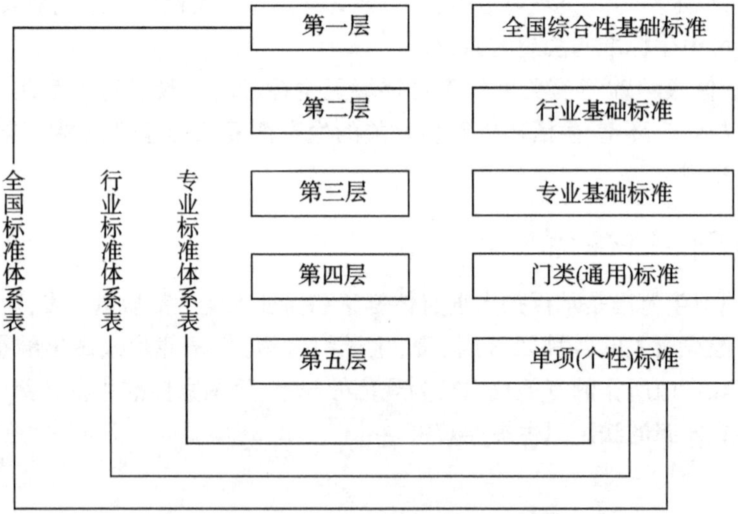

图6-9 国家标准体系层次结构示意图②

① 郭新彪主编:《环境健康学》,北京大学医学出版社2006年版,第502页。

② 同上书,第503页。

2. 环境卫生标准

环境卫生标准体系属于卫生专业中的一个门类或分科，只有门类（通用）标准和单项（个性）标准两个层次。环境卫生标准体系见图6－10。

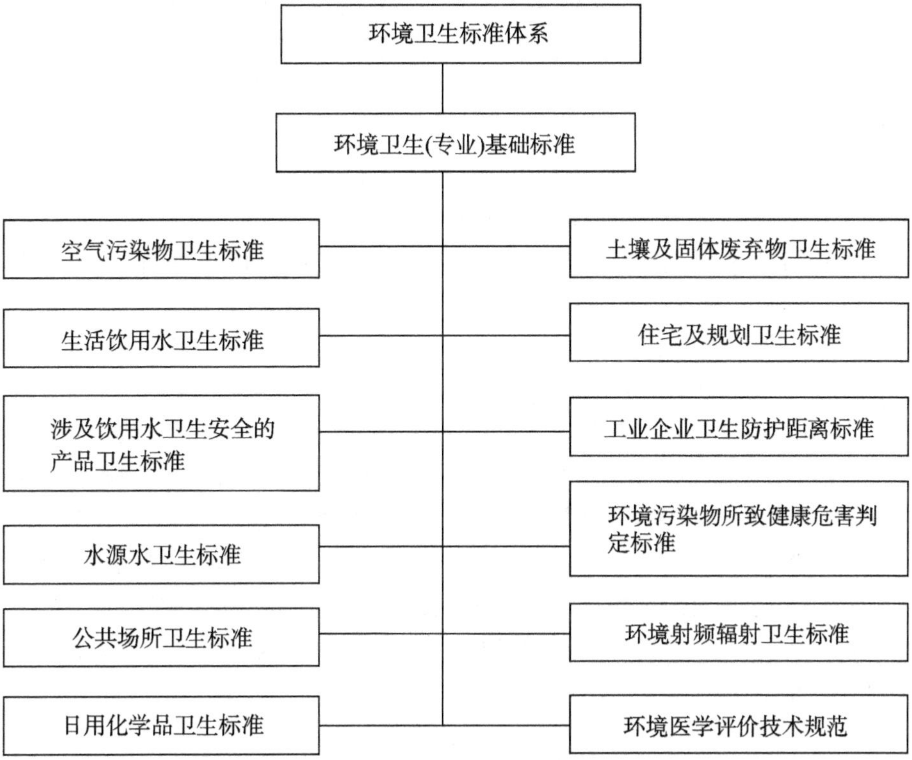

图6－10　环境卫生标准体系①

20世纪50年代，我国发布了《自来水水质暂行标准》《生活饮用水卫生规程》《工业企业设计暂行卫生标准》（标准101—1956）。20世纪60年代正式发布《工业企业设计卫生标准》[国标建（GBJ）1—62]，其中规定了居住区大气中有害物质最高容许浓度19项，污水排入地面水的卫生规则和地面水中有害物质最高容许浓度37项，以及工业企业生产的卫生防护地带分级标准。这些标准对当时国家重点工程建设项目和城市预防性卫生监督起着重要的保证作用。20世纪80年代以后，环境卫生工作由对大环境的监督监测工作逐渐转移到对生活环境的研究，环境卫生标准内容亦随之转移。截至2002年，我国共有环境卫生标准105项（按标准编号统计，不包括方法标准），特别是《公共场所卫生标准》和《化妆品卫生标准》的发

① 郭新彪主编：《环境健康学》，北京大学医学出版社2006年版，第504页。

布和实施更增强了环境卫生标准的法规作用。

3. 环境质量标准和环境卫生标准的区别与联系

环境质量标准和环境卫生标准既有区别又有联系。环境质量标准是由环保部门制定的衡量环境污染与否的尺度。环境卫生标准是由卫生部门制定的评价环境污染对人群健康造成危害与否的尺度,也是制定环境质量标准的重要依据之一。

(四)环境卫生法规

卫生法是保护人类健康、治愈人类疾病有关的法律规范的总称。广义的卫生法还可以包括医师法、药师法、药品管理法等。

与环境卫生有关的法规,则属于环境卫生法。例如,国务院发布的《公共场所卫生管理条例》、卫生部的《公共场所卫生管理条例实施细则》;卫生部的《化妆品卫生监督条例》《化妆品卫生监督条例实施细则》;建设部和卫生部联合发布的《生活饮用水卫生监督管理办法》等。

人体分泌的激素尽管量极其微小,但对人类生长发育起到非常重要的作用。人类释放到环境中的某些化学物质,包括人工合成的化学物质,能影响激素的分泌,导致内分泌障碍或激素效用的变化。通常我们将这些化学物质叫作环境内分泌干扰物(Environmental Endocrine Disruptor,EEDs)。一些家用化学品也有可能成为环境内分泌干扰物或直接经口、呼吸道、皮肤与人接触对人身造成损害。与这些化学品的生产、管理、销售、使用有关的标准、法规,一定意义上也可以算作环境卫生标准、法规。

第七章　法制建设方法论:从新社会事实到新法律规范

从事与勃兴社会事实密切相关的法制建设研究,是一项非常辛苦、非常累心的工作。之所以这样说,除却研究者法制建设研究的基本专业能力因素之外,这种"新社会事实"通常伴随着经济、社会诸多学科的新知识,即具有所谓"新兴、交叉、跨学科"的特点。这给研究者带来了很大的研究压力,当然也伴随着新学科知识掌握的愉悦。当为零散的新社会事实及其相关的法制建设需求逐渐找到"理论凝结点"(如统摄性概念),通过类型化研究"纲举目张式"地建立起新法律规范框架体系时,研究者也收获了喜悦和成就感。探讨对新社会事实进行调整的新法律规范的生成机制是法律发生学的核心问题。本章意在从类型化的角度出发,对如何"从新社会事实到新法律规范"这一过程中的具有较普遍指导意义的方法论问题进行探讨。这也许会成为本研究成果和本书更具价值的一点工作。

第一节　问题的缘起

一、理论缘起——法的生成

马克思指出:"立法者应该把自己看作一个自然科学家。他不是在创造法律,不是在发明法律,而仅仅是在表述法律,他用有意识的实在法把精神关系的内在规律表现出来。"①恩格斯说:"在社会发展某个很早阶段,产生了这样一种需要:把每天重复着的生产、分配和交换产品的行为用一个共同规则约束起来,借以使个人服从生产和交换的共同条件。这个规则首先表现为习惯,不久便成了法律。随着法律的产生,就必然产生出以维护法律为职责的机关——公共权力,即国家。随着社会的进一步的发展,法律进一步发展成为或多或少广泛的立法。"②严存生教授认为马克思、恩格斯的前述论述表明"马克思主义的创始人也流露出许多法的生成的

① [德]马克思、恩格斯:《马克思恩格斯全集》(第1卷),人民出版社1956年版,第347页。
② [德]马克思、恩格斯:《马克思恩格斯文集》(第3卷),人民出版社2009年版,第322页。

思想”。[1] 据严教授介绍:“法是生成的或者说法有个生成过程,这一思想许多思想家都有论述。例如,著名历史法学家萨维尼认为:法是一个社会或民族自发运动的产物,是其民族精神的一种体现。”[2]著名思想家哈耶克也强调,法律具有社会制度的自生自发性,它本质上是生成的。

我们赞同“法的生成”是“与法的制定或立法不同的法的产生过程或阶段”的观点。“法的生成”阶段是自然法的形成阶段,是制定法的酝酿阶段。在这一阶段“社会是不断发展的,必然会出现新的社会问题,而其中一些社会问题会成为一种普遍性的急需解决的问题时,它必然引起人们的普遍关注和积极地寻找解决的办法……在这一过程中,不是少数人进行这一思考和探索,也不是一处的人进行这一思考和探索,思考和探索的结果也极不统一。”[3]因此,我们需要以“类型化方法”应对这种局面。本章所要探讨的“从新社会事实到新法律规范”的核心阶段就是处在“法的生成”,也涉及制定法的形成和完善。就事实与规范的关系而言,可以认为“实在法律是事物关系的外在表达,能够表达的,却只是人类所认识到了的事物的关系”[4],规范具有“规范对于事实与价值二分的弥合”[5]作用。本章正是从类型化的视角对“事实导生着法律”的过程进行探讨,从一般意义上的社会实践与社会规范的角度上探讨新的社会实践与相关新社会规范之间的关系。更明确地说,是讨论从新社会事实到新社会规范产生的方法论问题。在法学理论中,“立法学”“法的产生”“法律发生学”“法律进化论”“经济社会转型中的法制建设”“事实与规范的关系”“国家与法”“制度形成”等问题研究,均涉及对这一问题的回答。可以说,如何“从新社会事实到新法律规范”是一个宏大的法律发生学的基础性问题,其理论和手段是丰富多彩的。例如,哈贝马斯在《在事实与规范之间》[6]一书中认为交往行为理论可以消弭主张的有效性与既定标准的社会效力之间的张力,是合法性之重要来源。近年来,国内也有一些研究成果从不同角度对法律发生问题做了非常有价值的探讨。例如,张文显教授的《法理学》(第二版)一书中单列了一节来阐述“法的生成”。“法的生成”被定义为“是指特定国家的法和法律制度在特定环境与条件下的产生与形成的过程”,[7]但是书中仅阐述了法的生成的概念和特

---

① 严存生:《法的生成的几个问题》,载《华东政法学院学报》2002 年第 1 期。

② 同上。

③ 同上。

④ 谢晖:《法律的意义追问》,商务印书馆 2003 年版,第 474 页。

⑤ 陈太明:《规范对于事实与价值二分的弥合——论哈贝马斯道德哲学视域下事实、价值与规范的三分结构》,载《伦理学研究》2013 年第 4 期。

⑥ [德]哈贝马斯:《在事实与规范之间:关于法律和民主法治国的商谈理论》,童世骏译,生活·读书·新知三联书店 2003 年版。

⑦ 张文显主编:《法理学》(第二版),高等教育出版社、北京大学出版社 2003 年版,第 224 页。

征。除前述严存生教授的《法的生成的几个问题》[①]外，还有葛洪义教授的《论法的生成》，[②]以及《论博弈语境下法的生成》[③]《法律的生成——边沁的法律概念的构成》[④]《基础规范与制度事实——法效力证成中的"休谟难题"》[⑤]《韩非的道德思想与法律发生学》[⑥]《环境习惯与环境习惯法的概念辨正—"事实"与"规范"二分法的展开》[⑦]《自由竞争、工业革命与社会法——一个社会法生成的视角》[⑧]《罗马法与法系统的生成和演化》[⑨]等。关于类型化研究，也有一些成果，如《法学类型化研究方法的基础问题研究》[⑩]《公共利益的法律类型化研究——规范目的标准的提出与展开》[⑪]《我国法律激励的类型化分析》[⑫]《试论类型化思维及其法律适用价值》[⑬]等。但是，从类型化的视角，探讨新经济、技术发展带来的社会事实，引发的社会关系变化的法律规范发生问题却几近于无。

二、现实缘起——新产业发展中的"法的生成"

随着技术、经济、社会的不断发展，新的产业业态不断涌现，缺少相关法律规范的新社会事实现象让人有眼花缭乱之感。对纷繁芜杂的新产业发展中的新社会事实现象进行调整的新法律规范产生机制问题，是非常值得研究的法律发生学核心问题。按照在我国具有深刻解释力和广泛接受性的"本土资源"马克思主义理论来说，法律规范的产生与变革起因于生产力的变革，生产力决定生产关系并导致上层建筑的变化。本章所要研究的问题就是：从生产力变革到作为上层建筑的法制的变革，其中间过程如何？近年来，本章第一作者开展了一系列有关生物经济、技术发展中的法律规范建设问题研究，取得了一些研究成果。例如，著作：《和谐社会之环境立法研究——生物自然力法制构建与农业实践》[⑭]《绿色产业与绿色产业

① 严存生：《法生成的几个问题》，载《华东政法学院学报》2002 年第 1 期。

② 葛洪义：《论法的生成》，载《法律科学》2003 年第 5 期。

③ 王春业、聂佳龙：《论博弈语境下法的生成》，载《甘肃理论学刊》2011 年第 4 期。

④ 张延祥：《法律的生成——边沁的法律概念的构成》，载《河北法学》2012 第 3 期。

⑤ 钱锦宇：《基础规范与制度事实——法效力证成中的"休谟难题"》，载《法律方法》2012 年第 1 期。

⑥ 吴凡明、曾建平：《韩非的道德思想与法律发生学》，载《井冈山大学学报》（社会科学版）2012 年第 1 期。

⑦ 郭武：《环境习惯与环境习惯法的概念辨正——"事实"与"规范"二分法的展开》，载《西部法学评论》2012 年第 6 期。

⑧ 马金芳：《自由竞争、工业革命与社会法——一个社会法生成的视角》，载《江淮论坛》2011 年第 5 期。

⑨ 熊继宁：《罗马法与法系统的生成和演化（上）》，载《首都师范大学学报》（社会科学版）2012 年第 2 期。熊继宁：《罗马法与法系统的生成和演化（下）》，载《首都师范大学学报》（社会科学版）2012 年第 3 期。

⑩ 高乐鑫：《法学类型化研究方法的基础问题研究》，载《玉林师范学院学报》2013 年第 6 期。

⑪ 倪斐：《公共利益的法律类型化研究——规范目的标准的提出与展开》，载《法商研究》2010 年第 3 期。

⑫ 胡元聪：《我国法律激励的类型化分析》，载《法商研究》2013 年第 4 期。

⑬ 张斌峰、陈西茜：《试论类型化思维及其法律适用价值》，载《政法论丛》2017 年第 3 期。

⑭ 刘国涛：《和谐社会之环境立法研究——生物自然力法制构建与农业实践》，知识产权出版社 2012 年版。

法》；[①]论文：《“环境法学方法论”的内容架构》[②]《绿色产业与绿色产业法》[③]《论“环境污染第三方治理”背景下的生态恢复产业法制建设》[④]《论回归自然的生态农业法制构建》[⑤]《马克思主义环境生产理论指导下的生态恢复产业法制研究论纲》[⑥]《从环境保护到环境保健——论中国环境法治的趋势》[⑦]等。面对绿色产业、生态恢复产业发展中呈现的一系列新的社会事实及其法制需求，如何将这些新社会事实现象和相关法制建设需求类型化、体系化、理论化并与已有相关法制相衔接，直接涉及方法论的问题。事实的类型化，有助于法律规范制定的针对性、实效性。例如，我们将环境问题类型化为“环境污染”和“生态破坏”，进而分别制定有针对性的法律规范。社会现实需要和我们的研究经历，促使关注新经济技术发展带来的社会事实变化及其法律规范发生理论化、体系化问题。

第二节 类型化方法

类型化是对复杂的新社会事实进行分类的重要方法。对复杂的新社会事实进行类型化分析，是讨论其有关法律规范生成的重要过程和前提。

一、关于“类型”

（一）类型

1. 类型

类型是指依据一定的标准或标准体系对事实或规范进行分类的结果，进而形成不同的类型形态和类型体系。类型具有层级性、边界模糊性特征，并且是以“意义性”为统率。诸多社会新兴事实之所以能够凝聚组合为某一类型，是因为它们有一定的价值导向意义分类标准。之所以能够将某一新兴事实归属于类型，是因为

---

① 刘国涛：《节约型社会建设中的绿色产业与绿色产业法》，中国法制出版社2005年版。

② 刘国涛：《“环境法学方法论”的内容架构》，载《法学评论》2009年第5期。

③ 刘国涛：《绿色产业与绿色产业法》，载《中国人口·资源与环境》2005年第4期。

④ 刘国涛、余晓龙：《论“环境污染第三方治理”背景下的生态恢复产业法制建设》，载《中国地质大学学报》（社会科学版）2015年第6期。

⑤ 刘国涛、张百灵：《论回归自然的生态农业法制构建》，载《山东师范大学学报》（人文社会科学版）2015年第2期。

⑥ 刘国涛、余晓龙：《马克思主义环境生产理论指导下的生态恢复产业法制研究论纲》，载《贵州师范大学学报》（社会科学版）2012年第1期。

⑦ 刘国涛、张百灵：《从环境保护到环境保健——论中国环境法治的趋势》，载《郑州大学学报》（哲学社会科学版）2016年第2期。

该事实与类型中其他事实具有价值意义上的联系。从一定程度上看，该事实符合类型的价值意义的共同旨趣。类型不同于概念，它不要求其内涵与所指向的社会事实具有完全符合的特征，而是“或多或少地”保留了事物的个别特征。因此类型较之概念更接近于生活实况，同时又与具体的社会事实保持一定的距离，从而具有“相对确定性”。

类型居于普遍与具体、一般与个别中间，是抽象概念与具体规范之间的中间形式。在司法过程中，通常要将个案事实与相关规范相对应，即首先判断某一案件事实是否符合某一类型的法律规范，然后在这一类型规范的指导下再去寻找与案情直接相关的更为具体的法律规则，进而做出裁决。13 世纪英国出现令状制度就是案件类型化的结果。我国对案件案由的划分也是类型化的结果。

不同的类型所含的要素不同，侧重点不同，但各种类型组成的类型体系均是对经验事实的类型化结果。按照不同类型与价值原型的关系不同，可以分为标准类型、中间类型、非典型类型等，其共同构成类型体系。同时，在标准类型、非典型类型、中间类型之间也可以进行调整变化。

2. 理想类型

谈到方法论上的类型，我们不可避免地会涉及韦伯在《社会科学方法论》中所谈的“理想类型”。理想类型是研究者在观念上建构的一种纯粹类型或逻辑类型。韦伯的“理想类型”与一般类型是有所区别的，即前者比后者的抽象化程度要高。韦伯的“理想类型”与现实事物之间既疏离又接近，但它更倾向于保留和尊重原生事物的丰富个性。因此，与抽象概念相比，它对经验事物具有较大的涵摄力。韦伯创设一种观念上的“理想类型”之目的在于：(1) 试图发现此种理念构造物在多大程度上存在于现实之中，同时使其在现实中的对应物变得清晰和可理解；(2) 提高人们在研究中推断原因的能力：一方面，它为理念假设提供指导；另一方面，它为经验描述提供手段；(3) 它对弥散着的经验碎片和个别现象进行整理和系统化。①“对弥散着的经验碎片和个别现象进行整理和系统化”，充分表达了新型社会事实(特别是新经济形式)上的法律规范形成过程之特点。

3. 事实类型、理想类型、规范类型的关系

作为静态的类型而言，可以分为经验事实类型、理想类型、法律规范类型。这三种类型的关系就是一个逐渐逻辑化、抽象化、上层建筑化的关系。当理想类型进一步与法律相结合时，引导制定出了法律规范类型。事实类型受到法律规范的相互制约，就出现了法秩序。

---

① 参见[德]马克斯·韦伯：《社会科学方法论》，杨富斌译，华夏出版社 1999 年版，第 185 页。

(二)“类型”与“概念”的区别与联系

1.“类型”与“概念”的区别

拉伦茨说:“只有当借列举——描绘其特征的——全部要素得以清晰界定者,始能称之为严格意义的‘概念’。”[①]“在规范一种生活时,立法者通常可以选择,或者以概念性的方式,质言之,借助尽可能清楚地描绘其轮廓的,不可或缺并且终局确定的要素来指称意想的案件事实;或者以类型描述的方式,易言之,借着提出一些例示的特征或事例来描绘案件事实。”[②]也就是说,概念追求事实本质的一致性,适用于囊括其中的一切事实。概念强调事实构成要件的确定性、安定性;类型强调事实对象的“中心价值”,其适用范围具有一定的开放性。类型思维是价值导向性的,注重规范与事实的“价值”关联。在立法中,概念通常采用定义的形式,类型通常采用描述的形式。

2.“类型”与“概念”的联系

“‘类型’和‘概念’也并非截然对立。其中仍有一些流动的空间”,[③]“类型描述也可以被当做形成概念的前阶段,有时,所谓的概念定义,事实上是一种类型描述”。[④] 类型与概念的联系通常体现为“类型概念化”和“概念类型化”。

在立法阶段,立法者通常以类型作为考察社会事实的基础和手段,并对类型进一步进行剪裁,使之成为能够以完全构成要素加以判断的概念式类型,使法律的稳定性、明确性和可预测性得以实现。此即所谓的“类型概念化”。

“概念类型化”则分为两种情况:一是在上位抽象概念的基础上,形成下位类型体系,以更好地适应司法过程中的事实类型。二是前述“类型概念化”之后,某些情况下概念难以囊括新兴社会事实,这种类型概念化的努力就是不必要的。针对这种情况,立法者通常是采取“概念类型化”的对策,即貌似概念实为类型的作法,以例示特征或事例描述的方式表达案件事实要素要求。这种以“价值要求”为基础的类型化概念,具有灵活的囊括性,尤其适合于“新兴社会事实”这类具有较强不确定性的事实表达。民法中对复杂多样的契约类型的囊括就是采用的这种方式。

需要依法规范的社会事实多不确定,新兴社会事实更是如此。社会事实从零散到典型的抽象过程中,“典型”的归纳基准也具有主观性、价值判断差异性。因此,规范中的法律概念世界中内涵和外延非常明确的概念十分少,大多都有“解释

---

① [德]卡尔·拉伦茨,《法学方法论》,陈爱娥译,商务印书馆2003年版,第95页。

② 同上书,第101页。

③ 同上书,第101页。

④ 同上书,第102页。

空间”。内涵不确定、外延开放的类型式概念较多。在法律规范中,很少利用抽象概念,而常常体现为类型式概念。这种类型式概念也被称为定义式概念。

二、关于“类型化”

(一)类型化

1. 类型化是一个过程

类型化是立法主体以社会事实的价值取向为向导对社会事实事物的类属划分,是对具有大致相同的外部特征的经验事实和社会现象按照一定的标准进行分类,形成具有一定内在层次的类型体系的过程。类型化遵循的是事物的“类特征”,有利于避免“抽象化过度”和法律本身的僵化,在抽象与具体之间(寻求)一种权衡,能够较好地兼顾法律上的个别正义。类型化的对象、标准、结果,是一个逐步归纳的过程。类型化方法是介于抽象与具体之间的中介物,其较抽象概念具体,较具体则抽象。在这一中间位置上,其具有应有的、较高的认识论价值。

2. 类型、类型化、抽象化

类型是在静态中关注其自身体系化及其具体规定的精细化表达。类型化则是在动态中关注类型之建构与发展。类型是类型化的结果。类型化则是一种方法论,是一种手段,其目的是建构理想的类型形态和类型体系。传统抽象化是指立法者在一定的初始知识的基础上对新兴社会事实的要素进行剪裁式甄选,保留全面的基本特征性要素,摒弃某些个体性特点。类型化则具有流动的、开放的特征,为事物的某些个别性特征保留了足够的选取空间。

(二)“涵摄”与“类型化”的不同

“法律适用的逻辑表现于所谓的涵摄,即将具体的案例事实,置于法律规范的要件之下,以获至一定结论的一种思维过程。易言之,即认定某特定事实是否该当于法律规范的要件,而发生一定的权利义务关系。”①从概念法学的角度来看,适用法律规范的全部过程,就是将拟适用的生活事实适当选择使其归入某个既有法律概念之下。而任何一个法律概念在法律上定义时,都被赋予了特定的法律属性和适用条件,而将特定事实归于法律概念之下的过程可以检查这些特征的适用性,也可以重新认识法律概念的特征。

类型具有结构上的开放性。类型化有利于保留事物丰富的外部特征,是“归

---

① 王泽鉴:《民法总则》,中国政法大学出版社 2001 年版,第 45 页。

类”的过程。杨建军在《司法裁判中法律事实与法律规范的关系》①一文中认为法律适用过程中的归类与涵摄不同，依据拉伦茨的观点主要概括为以下六点：(1)涵摄思维以法律概念为前提，归类以类型思维为基础；(2)法律规范中事实构成表达方式可能是概念，也可能是类型；(3)涵摄程序要求事实与法律构成要素全对应；归类则可以“出现程度不同”对应；(4)涵摄理想状态下价值中立，归类则需借助价值判断；(5)涵摄过程中解释的自由空间较少，归类解释的空间较大；(6)对事实进行概念涵摄时，只能进行“是”或“否”的判断；而归类时，则可依据不同的价值导向，将同一事实归属于“此”或“彼”，甚或结合为一个新的类型。

类型的关键在于“相类”，而非“相同”，其有一定的意义核心，可以一定程度上接近意义核心，但其不能像概念一样进行“涵摄”。当使用涵摄方法无法解决适用过程中产生模糊性时，或者在归于某种法律概念却造成法律概念本身的不清晰时，就不能再运用涵摄方法，而是应当考虑使用类型化方法。只有这样，才能为所适用的事实进行合理的归类并正确分析其法律属性。

三、类型化之必要

(一)类型思维的优势

类型思维是以“原型”为参考的非涵摄性思考，价值判断在其中发挥着重要作用。因而观察者的价值取向不同会导致同一对象的归属不一。因为具有许多层次、远近不同的类型序列，而成为类型体系。这种类型体系既有共同的原则遵循，又体现了具体类型的区别。因此，“类型思维有利于实现法律上的个案正义与比例正义原则”。② 传统的概念式思维剪裁破坏了社会事实的整体性，类型思维的包容性恰好与其互补。在立法与司法的过程中，通常会存在“类型→概念→类型”的辩证过程。

类型思维的优势可以体现为以下几点：首先，基于类型具有灵活性，可以更全面地实现对多样化客观事实的分析与把握；其次，对于严谨思维构建的理论模型，可以通过类型化的过程实现现实化运用的转化；最后，类型可以较为便捷地建立法律体系，从而有利于更清晰认识体系内部的框架结构。赵秀梅等在《第三人侵害债权制度类型化必要性之研究》一文中从五个方面进行了论证，以期通过类型化确立第三人侵害债权制度，进而实现对债权人更加有力、周延的保护。③

---

① 参见杨建军：《司法裁判中法律事实与法律规范的关系》，载《法制与社会发展》2007 年第 2 期。

② 李可：《类型思维及其法学方法论意义——以传统抽象思维作为参照》，载《金陵法律评论》2003 年第 2 期。

③ 赵秀梅、单宇阳：《第三人侵害债权制度类型化必要性之研究》，载《山东警察学院学报》2008 年第 3 期。

(二)类型化是事实与规范沟通的前提

如何沟通事实与规范，是法学和法律实践不可回避的问题。立法者或司法者利用“价值导向”对具体的社会事实或案件事实进行分类，抽象出类型特征，然后制定或寻找相应的法律规范，通过规范的类型化实现事实和规范之间的沟通。

类型是新兴社会事实与法律规范之间的沟通桥梁。类型较之于零散的社会事实更为抽象，而较之于抽象的概念更为具体，具有直观性。类型有助于立法者掌握社会事实的丰富内涵以及事实间的意义关联。立法者在思考对社会事实进行规范时，其思维对象不是零散事实，也不是空泛的法律概念，通常是具有一定内涵规定性的不同社会事实类型或者说是“典型事实”。

(三)有利于促进事实与规范的契合广度

从法律诠释学意义上讲，事实与规范相结合主要是通过类型思维和概念思维两种思维形式进行的。法律规范作为论证大前提与案件事实这个小前提彼此相对应时，采用概念思维把案件事实涵摄于规范行为中，进而推知结论。事实与规范在概念性思维中是一种相符关系，即大前提和小前提的相符。

由于类型思维的这一特点，当案件事实与法律规范之间不完全对应时，则通常运用类型思维完成配置过程。类型思维的要点是寻找事实与规范背后的、体现二者对应关系的社会事实本质。法律证立的模式不是大前提对小前提的涵摄，而是大前提和小前提所蕴含的事物本质是否相同或者相似。类型思维具有层级性、开放性、直观性、整体性等特点，使之适用复杂多样的社会现实。

(四)使复杂的社会现实变得较为简单化，以便形成或匹配法律规范

对于新型社会关系而言，如生物技术带来的社会新型关系等，起初是比较简单、单一，甚或不能引起人们的注意；然后发展至杂乱而缺少章法，涉及的人身或财产关系缺少相应的法律调整，我们称为社会事实或法律需求的“新类型”；复杂到一定程度，则会进一步层次化，形成不同类型和类型体系；这种不同类型又可进一步规范至可用概念加在描述。由模糊的类型到规范的概念，是一个不断层次化和规范化的过程。这是一个“简单→复杂→可进行类型划分→分别以概念描述”的过程。

社会事实通常是非常复杂、难以把握的。我们不能用更加复杂的理论说明或解释事实，这会造成理解上更加困难。相反，面对复杂的社会事实如此丰富多彩，对其进行类型化，能够让人们更好地理解和接受，在选择事实或规范时更加容易，有利于切实提高立法和司法的准确性和有效性。

(五)有利于提高立法或司法的精确性

对新兴社会事实进行规范立法时,对事实的归纳首先概念化,其次类型化。概念化下的社会事实,构成要素明确,便于司法过程中将案件事实“涵摄”到相关法律规范的事实要件之中,法律结果具有更强确定性。但是,与其“更强的确定性”相对应的是“较差的事实适应性”。这就需要司法者运用类型化的方法,通常运用“立法目的解释”的方法,探求新兴事实概念背后的事实类型。这种类型寻找的方法,不拘泥于法条的表面文义,侧重于寻找介于立法价值与新兴社会事实之间的中间点——事实类型,并借以思考和维系法律规范“应当”体现的符合社会大义的联系,努力促进司法结论不背离规范目的和立法价值。质言之,概念愈是精准、明确,愈是丢失社会事实的丰富性,越是狭隘。这种狭隘会导致事实与规范间隙的加大。相反,类型化的“模糊”,提高了事实与规范间的吻合度。“精确”与“模糊”的互动,能够促进立法或司法的精确性。

例如,在侵权领域,通过对不同侵权类型的分析,有助于获得某大类侵权类型的整体性认识,划清小类型的彼此界限,为类型化立法提供依据或提出有针对性的法律适用规则。我国在侵权责任法中对侵权行为就进行了类型化划分。侵权行为的类型化,使法官明确每一种类型的侵权行为的责任构成、责任形式、举证责任等问题,有利于避免由于对法律的理解不一而造成的混乱,提高了法律的可操作性和实效性。

诉讼类型规定的缺失,会导致当事人诉讼“案由”不准确,不便于法院根据诉讼类型的要求做出相对正确的判决。相反,通过研究和揭示各种不同类型事实的特征和相应法律适用规则,使之类型化,既可避免当事人提出不当的诉讼请求,也有利于法院做出正确判决。自20世纪60年代以来,随着经济分析法学的兴起,法律的效率和效益日益受到人们的重视。立法要为法的经济高效实施创造条件,司法也要做到经济高效。这成为立法和司法者追求的共同目标。公正和经济,我们不能片面追求两者中的任何一方。类型和类型化正是体现了对公正和经济的双重追求。

四、类型化之实施

(一)类型化的标准

要进行类型化需要确定类型化的标准。这一标准或称为类型化的“原型”,其实质是“分类的根本意义所在”,是事实体系与规范体系两者之间大小、意义适宜的“衔接点”。归于同一类型的社会事实,为同一类法律规范所涉及。类型与原型之间具有较大程度上的一致性、近似性，而不是等同；否则就失去了类型化的固有意义。

类型化标准应以同一性和科学性为原则。同一性是标准的形式要求，要求只能有一个标准对类型划分起决定性作用。科学性是标准的实质要求，要求标准应具有高度的涵盖性，能够揭示归类于此的新兴社会事实的本质属性。为了使事实区分和规范制定与选择更为精细，在主导型标准之外，还可制定其他的次要标准，划分不同的“亚类型”。明确、统一的类型化标准是类型化的关键。但是，对于不同事实、规范，其类型化的核心价值标准是丰富多样的。以行政诉讼为例，“法国传统上以法官审判权力的大小为划分标准，日本以行政争议的性质和内容为标准，德国则以诉讼请求为标准，英国和美国则以诉讼程序和法院的管辖权为标准，我国台湾地区主要以诉讼内容为标准”。①

（二）“新类型”的论证确立

在法律上，有不同构建法律类型的途径。一般而言，主要有以下三种：(1)通过习惯法建立法律类型。这种方法以实践中既存的经验为基础，如民间广为适用或流传已久的公序良俗等，考虑其规范性与合理性，并将其转化为特定类型的法律规范。从而构成建立在习惯或民间公认伦理基础上的法律类型。(2)通过学者理论上论证建立法律类型。这种法律类型的基础是智识人士的严谨逻辑，并经历了与之相反观点的抨击论证，最终得以公认的法律逻辑体系。这种法律类型可以创新的方式对社会生活加以规范设计，并可以形成独特的法律类型。(3)通过事物客观规律存在建立法律类型。这种法律类型可以直接以经常反复发生的客观事实为基础，根据此类事实的自有特征，结合价值引导，以法律的途径加以规范形成。新类型的创立有两种途径，一种是理论类型来源于实践，对零散事实的归纳；另一种是理论类型指导实践类型的划分，是对理论初始概念的不断细化，使其体系化、理论化。

因此，类型化可以对社会事实加以归纳或具体化，当出现研究对象在某些特定属性或价值取向等因素上具有类似性时，可以归纳并分析其共同具有的特征，然后将其类型化，可以实现在更高层次上抽象出高层级的适用原则。质言之，有两种途径可以形成类型(类型体系)：一是对接近具体生活的研究对象予以归纳、抽象，依其共性意义构成类型；二是解析一般性价值追求，使其形成具体化类型体系，囊括社会事实。“使抽象者接近于具体，使具体者接近于抽象化的方法。利用此种方

① 朱慧君、金波：《行政诉讼类型化模式比较》，载《法制与经济》(下旬刊)2008年第9期。

法,使价值与生活容易相接。"[1]何永红在《德国法规审查标准之类型化——基于学说与实务视角的法理分析》一文中分为四个标题进行了论证:(1)标准的类型化与类型化标准;(2)审查标准为何类型化:多维视角的学说观点;(3)实务见解:法院选择审查标准之论理;(4)反思与启示标准类型化的确定性与流动性。[2] 前述研究成果分别从理论方法和具体实践操作方面对"新类型"之确立进行了重要研究,在方法和方法论上具有重要的借鉴、指导价值。

(三)类型化的实例

王华杰等以环境要素污染和有毒有害物质污染为基本标准对环境污染侵权行为做出类型分析:大气污染侵权行为;水污染侵权行为;海洋污染侵权行为;环境噪声污染侵权行为;固体废弃物污染侵权行为;有毒有害物质污染侵权行为;转基因农产品污染侵权行为。[3] 依据我国现行法律规定,在知识产权领域可以区分为专利权领域的独占实施权、商标权领域的独占实施权、著作权领域的独占实施权以及商业秘密领域的独占实施权。

第三节 从新事实到新规范

新法律规范的产生经过了一个从"零散事实"到"典型事实",再到"法律规范"的归纳、升华、规范过程。识别具有法律意义的新社会事实,科学地构建新法律规范,促进社会事实与法律规范的契合,有利于维护社会新秩序、提高法治能效。

一、"从新社会事实到新法律规范"的类型化方法的基本进路

前述讨论了类型及类型化的内涵、必要性和实施方式,奠定了一个基本工具方法基础,对如何从新型社会事实中逐渐产生法律规范的过程有了一个方法论的宏观讨论。下文我们重点讨论从新社会事实到新法律规范的类型化主要过程。

中国社会科学院经济研究所王诚在《经济研究》发表了《从零散事实到典型化

---

① 黄茂荣:《法学方法与现代民法》,中国政法大学出版社 2001 年版,第 472 页。

② 参见何永红:《德国法规审查标准之类型化——基于学说与实务视角的法理分析》,载《时代法学》2008 年第 6 期。

③ 王华杰、葛现琴:《环境污染侵权行为类型化分析及私法救济》,载《河南司法警官职业学院学报》2008 年第 2 期。

事实再到规律发现——兼论经济研究的层次划分》①一文。尽管是不同学科、不同领域，该文对于研究、思考"从新社会事实到新法律规范"过程中的类型化方法还是具有重要参考价值的。"经济研究的过程，大致上包括从零散事实到典型化事实，再到一般理论模型和真实模型，最后到经济规律发现等环节。"②在开展对新社会事实所涉法律规范体系化、理论化研究时，总会感到有关社会事实都比较新兴，而且愈是新兴愈是相对不丰富和零散，案例更显特殊且匮乏。从开展"从新社会事实到新法律规范"的研究视角来看，与前述经济学研究中的思路相同，正需要一个"零散事实——→类型化事实——→规范生成"的过程。"'典型化事实'一词在西方经济学和政府政策文件中很少出现，但是在实践中，'典型化事实'已经成为西方国家较为普遍使用的游说工具。在政策游说中通常使用的程式是，首先提出"研究表明……"后面紧跟着的就是一个"典型化事实"，然后就是建立在"典型化事实"基础上的政策主张。前述中的"研究表明……"正是表达了对零散事实的了解和掌握；"典型化事实"正是对零散事实的类型化；"建立在'典型化事实'基础上的政策主张"，正是法律规范的最终生成。这也佐证了"零散事实——→类型化事实——→规范生成"这一过程或称为"思路""逻辑进路"的正确性。

二、从零散事实到类型化事实

在典型化事实研究中，我们应当注意需要从零散事实中总结归纳出典型化事实，形成类型化的分析。与经济学研究中的这种认识相同，我们前述详细探讨了类型和类型化，也正是为了排除法律规范发生过程中的不良方法，避免采用不正确的方法。从生物经济、低碳经济等新经济形式引发的诸多新社会现实，到与之相关的法制建设，可以说是一个从零散事实到典型化事实再到法律规范制定的过程。类型化是典型事实归纳的重要方法。只有在正确进行事实类型化并掌握其典型特征的基础上，才能构建科学、有效的法制体系。在"从新社会事实到新法律规范"的研究视角下，"从零散事实到典型化事实"过程主要有以下方面。

（一）了解和掌握基本事实，构建类型事实

了解和掌握零散的基本性事实，是社会事实类型化的第一步。新兴的基本社会事实是时刻发生着的，不断发生在人们周围。因此，新社会事实是分散的、零乱的。即使排除了那些虚构的、偶然的、随机的事实，那些客观的、必然的、规律的事

① 王诚：《从零散事实到典型化事实再到规律发现——兼论经济研究的层次划分》，载《经济研究》2007 年第 3 期。

② 同上。

实仍是大量的、庞杂的、多样化的。在对社会事实进行归纳的过程中必须进行归纳,建构事实类型。事实类型是从经验现实中抽象出来的,凝练了一定价值取向下的社会事实。

(二)识别具有法律意义的事实

“识别具有法律意义的事实”主要是从零乱而复杂的原始、自然事实中找出具有法律属性的事实,摒弃不具有法律关联性的事实。这一过程的核心问题是回答判断“边缘事实”是否具有法律属性的理由,也就是解决了普遍规则与个案事实之间的张力问题。

如果基于类型化研究方法,将“事实”和“规范”加以区分,就可以发现环境习惯法与环境习惯之间的差别。即使同为环境习惯,归于事实环境习惯与技术性规范环境习惯之间也具有差别性。但只有在环境习惯基础上通过类型化确定为规范的内容才能够与环境习惯法具有相同的属性。因此,可以将环境习惯通过一定法律途径转化为环境习惯法,但也要注意不同性质环境习惯之间具有差别的事实。

(三)规范类型化有利于新事实类型化

“在现代法律体系中,分类具有重要作用,因为法律规范几乎无所不包,其数量与日俱增,如果不对法律规范进行分类,就会使人眼花缭乱,无从辨认,所以现代社会任何一个国家的法律都划分为了不同的法律部门。……与分类相反的思维活动就是归类,归类就是把某一属类事物归入种类事物。分类是立法活动,而涵摄与归类则是司法活动。”①新社会事实的类型化,为其归类于相应法律规范提供了基础。同样,规范体系的类型化也是新事实归类的基础。如果新事实个案成为类型时依然无相适宜法律规范,则会释法甚而造法。

三、从类型化事实到新法律规范的生成

(一)规范生成的基础认识:从利益到法益再到权利

在新经济领域中总是不断有一些“存在性事物”,由不被人关注到成为法律权利的客体。其过程通常是:忽视了的“存在性事物”→到被发现并被视为“利益”→到为法律所间接保护之“法益”→到为法律所直接保护之“权利”。因此,在讨论从新社会事实到新法律规范的过程中,有些“存在性事物”已经完成了从“被忽视”到“成为权利客体”的过程。对于这类存在性事物,我们已经或可以转化为“法言法

① 参见杨建军:《法裁判中法律事实与法律规范的关系》,载《法制与社会发展》2007年第2期。

语”，在法的语境中对其加以论述。而对暂时或暂无必要成为权利甚或暂无必要成为法益的“存在性事物”，我们更多的是讨论其是否应被忽视，或展望其转化为法益或权利化的前景。过于超前地纳入现行法体系中讨论之，则会使事实与规范严重脱节。

从无利益到利益是一个认识过程。从利益到法益再到权利，是利益被明确归属和强化保护的过程。即便认识到了利益存在，却并不是所有利益均可立即法益化或权利化。利益可分为可分配利益和不可分配利益。利益“不可分配”的原因多种多样，可能是客体本身的难以分割（如空气），也可以是分割的不经济性（如某些森林生态效益），即分割存在经济技术障碍。从外部性理论来讲，“外部经济”（能够被认识到的利益），实际上主要是经济行为主体对边界不清或计量困难而形成的“不可分配利益”的被动“赠予”。

（二）事实评价与规范确立

基于对各种社会事实进行规制的需要，社会才在基于自身价值选择与评价的基础上孕育出了法律。主体对事实进行评价，进而获得“公意”，最终形成规范。在形成规范的过程中，会出现法律对事实的评价，这种评价不同于非法律意义上的普通事实评价。非法律意义上普通事实评价很大程度受个体意志性所影响，因而具有个体性。这种评价的特征就必然具有较大的差异性和多样性，这种评价也不能在法律上产生任何约束力。但根据法律规定对特定事实的评价则不同，要依据特定的法律要素和法律程序完成。这种评价结果一旦产生就会产生法律上的约束力。

在立法、执法或司法时，首先要去面对、认定事实的法律属性，也就是前述“识别具有法律意义的事实”。但是，在规范生成过程中更为重要的是对现行法律规范的认识。只有从社会事实引发的社会关系调整需要的视角去观察法律，才更有可能发现“原本看似系统完美的法条与规范，往往难以完全有效调控多变的事实，我们需要释法甚或造法”。对于针对新经济形式的系统性立法而言，“发现现有法律规范的不足之处”也具有重要意义。

（三）追求社会事实与规范事实的契合

在司法过程中，法官依据事实与规范中的类型事实进行比对，如果发现案件事实符合规范中类型事实的构成要件，则依据推论规则得出结论。当遇到法律未予规定的事实或归属于不明的事实，则需要价值评价和法律解释，甚而“造法”。如对于涉及药品的知识产权案件，是否可以运用宪法否定或减弱药品专利权的独占性，目前在我国就是未明确的事实。这一法律未规定的事实需要更高层次的价值判断与法律解释，从而做出将其归类于何种案件类型的正确判断。所以，对于新社会实践来讲，当其引发的规范性问题需要依法规制时，我们在立法和司法时，要努力运用科学的立法和司法方法提高事实与规范的契合度，以便能够做出符合法律蕴涵社会价值需求的法制或判决文本。

（四）加强“立法解释”在“从类型化事实到新法律规范”过程中的作用

对于社会事实，可以根据其是否经过了立法解释加以区分。如果某种社会事实已经为法律所规范，并形成特定的法律评价标准，成为既定的法律类型，在进行解释时就不能按照普通的社会经验加以对待。反之，如果某种社会事实并未形成特定的法律评价标准，也没有形成特定法律类型，就是自然事实。这一概括性区分，为“从新社会事实到新法律规范”的研究提供了更具体的理论解释路线。对生物经济、低碳经济等新经济形式中的新事实、新问题，有些已经是“经立法解释加以形式化之经验”，更多的是“未经立法解释加以形式化之社会经验”。我们的研究就是要发现、总结、归纳这些经验事实，对事实积累较多的研究形成“对某事实的共识”，进而通过事实和价值的剪裁，构建相应的立法解释。这类事实就转化为“经立法解释加以形式化之经验”了。实际上这已完成了我们所谓“从新社会事实到新法律规范”的过程。立法解释如何转化为“法律”条文，立法规则中有明确规定，也非本章研究内容。

四、类型化方法的意义总结

马克思说：“社会不是以法律为基础的。那是法学家们的幻想。相反地，法律应该以社会为基础。法律应该是社会共同的、由一定物质生产方式所产生的利益和需要的表现，而不是单个的个人恣意横行。”①当新的物质生产方式不断呈现为新社会事实时，社会关系也因此发生变化。“法律应该以社会为基础”不断完善、发展，释法甚或造法。作为零散事实类型化结果的典型事实，是源于社会事实但先于法律存在的。那些为立法者和司法者所识别的“具有法律意义的事实”或者称为“具有规定性规范属性的事实”将最终为法律所吸纳，其“规范性”转变成为法律规范。这一转变过程，我们称为“从新社会事实到新法律规范”的过程。从类型化的角度看，这一过程就是从“零散事实⟶类型化事实⟶规范生成”的过程。类型化是这一过程发生、发展的重要手段。从方法论的角度来讲，对类型、类型化、类型化之必要性、类型化标准、新类型确立的了解和掌握，有利于新法律规范的发生，

① ［德］马克思、恩格斯：《马克思恩格斯全集》（第6卷），中共中央马克思恩格斯列宁斯大林著作编译局译，人民出版社1961年版，第291～292页。

有利于提高社会事实与法律规范的契合度。但是,“从新社会事实到新法律规范”是一个宏大和复杂的过程,涉及的问题、研究的角度非常多。本章仅是从类型化的角度,对这一过程做了方法论层次上的思路和方法梳理。赞同严存生、[①]葛洪义[②]等学者的观点,本章所探讨的并非通常意义上的“立法”,而是侧重于“法的生成”这一“自然历史过程”。这一过程是将新经济技术事实引发的内在于社会的自然法规范推向外部化的过程,即将社会内在规则(隐性规范)转化为外在规则(显性规范)。本章的类型化思路和方法,更多地涉及“从新社会事实到新法律规范”过程中的新法律规范的酝酿期、萌芽期以及幼苗向理论大树转化的发展期。至于国家立法机关“法律”立法阶段以及“司法的立法功能”阶段,应当属成熟期的事情了。从方法论的角度来看,本章所探讨的方法愈是接近新法律规范的酝酿期,愈是能发挥效能,给法的生成这一“自然历史过程”以“助力”,给这一“自然历史过程”中新法律规范的诞生和成长以“助产”。

① 严存生:《法的生成的几个问题》,载《华东政法学院学报》2002 年第 1 期。

② 葛洪义:《论法的生成》,载《法律科学》(西北政法学院学报)2003 年第 5 期。

第Ⅱ篇

生态恢复产业法制建设的生产力理论支撑研究

第八章　环境生产理论与生态恢复产业法制

生态恢复、生态补偿、生态系统功能服务等研究热点均涉及环境生产理论的有关问题。环境生产理论能够为生态恢复等问题找到深层次的理论依据。对马克思主义涉及环境生产理论内容部分的解读可以为生态恢复尤其是生态恢复产业法制找到具有中国特色的、实践性的理论资源，指导生态恢复产业法制建设。

第一节　环境生产理论

马克思主义"社会生产"的多样化分类和马克思主义"生产理论"中内在地蕴含了环境生产理论的有关内容。对马克思主义环境生产理论有关内容进行梳理、挖掘并形成相对系统化的理论资源，对指导生态恢复及其法制建设而言具有基础性价值和意义。关于"'环境生产'的马克思主义理论解读"，本项目主持人发表于马克思主义理论研究权威期刊《马克思主义研究》中的论文有较为详细的论述，①欢迎参阅、指导，在此仅做扼要论述。

一、马克思主义"社会生产"分类的多样性

马克思主义社会生产理论对生产的分类是多样的。研究马克思主义社会生产理论有利于从根源上理解生产含义的丰富性，进而为发现并正确认识环境生产的地位奠定基础。在"走进马克思""重返马克思"等观点的指引下，关于社会生产类型理论导出不穷，如"三种生产理论""四种生产理论""五种生产理论""全面生产理论"等。

（一）一种生产理论

认为社会生产仅指物质生产。该种生产理论通常被认为是狭义理解马克思、恩格斯理论思想的结果。但是，从马克思、恩格斯著作的特定语境和特殊的论述目的看，马克思、恩格斯更多地强调物质生产的重要性和物质生产在历史发展规律中

---

① 参见刘国涛：《"环境生产"的马克思主义理论解读及其法学意义》，载《马克思主义研究》2009年第10期。

的决定性作用。至于“其他生产”,则通常是涵盖其中或者忽略不计的。

(二)两种生产理论

1884年,恩格斯在《家庭、私有制和国家的起源》中明确指出:“根据唯物主义观点,历史中的决定性因素,归根结底是直接生活的生产和再生产。但是,生产本身又有两种。一方面是生活资料即食物、衣服、住房以及为此所必需的工具的生产;另一方面是人类自身的生产,即种的繁衍。一定历史时代和一定地区内的人们生活于其下的社会制度,受着两种生产的制约。”①两种生产即物质生产和人类自身的生产。

(三)三种生产理论

1.“三种生产理论(精神生产)”

该三种生产理论认为生产包括:精神生产、物质生产和人口生产。精神生产在这里还是遵循了生产力——生产关系——经济基础——上层建筑的论述逻辑。实际上,在“生产”的论述中,精神生产并没有被忽视,精神的内容包含于“生产”而“产生”的生产关系、经济基础、上层建筑之中。

2.“三种生产理论(环境生产)”

据刘思华先生介绍:早在1983年我国从事生态经济学学者提出并初步系统论述了环境生产、物质生产和人口生产的三种生产理论。② 鉴于物质生产的强“人为性”和环境生产的强“自然性”,将物质生产和环境生产分离、并列,有利于显示环境生产的重要性和基础性。

(四)社会生产“三大部类说”

马克思把“物质生产”划分为生产资料的生产和消费资料的生产“两大部类”。在此理论基础上,有学者提出“三大部类说”。

1.含环境生产之“三大部类说”

有学者认为,要将自然环境的生产内生于社会再生产系统中,整个世界系统形成了三大生产过程:生产资料生产、生活资料生产与环境资源的生产。按生产部类的说法:第Ⅰ部类、第Ⅱ部类与第0部类。③

2.含非物质资料生产之“三大部类说”

有学者认为,马克思把社会生产分为两大部类,没有穷尽社会生产的所有部

① [德]马克思、恩格斯:《马克思恩格斯全集》(第21卷),中共中央马克思恩格斯列宁斯大林著作编译局译,人民出版社1965年版,第29~30页。

② 刘思华:《再论四种生产理论——知识经济与可持续发展经济的基本理论》,载《河北学刊》1999年第6期。

③ 王奇、叶文虎:《从可持续发展看两大部类生产理论丰富和发展》,载《中国人口·资源与环境》2003年第1期。

门,问题在于将非物质资料排除在外。社会总产品和社会总生产应当分为三大部类:进入生产领域的物质资料归于第一部类;进入人们生活领域的物质资料归第二部类;非物质资料属于第三部类。[①] 非物质资料生产与前述的"精神生产"有内在一致性。把"非物质资料"变为"无体物"一词也许更为妥当,缩小"精粹产品"的外延,限定在民法上的"物"。

(五)四种生产理论

1."四种生产理论(含生态生产)"

有学者介绍说,20 世纪 80 年代中期起,生态经济科学工作者对人类社会历史活动进行了宏观、全面考察,提出了所谓四种生产的理论,即生态生产、人口生产、精神生产和物质生产。[②]

2."四种生产理论(含社会关系生产)"

例如,孙承叔认为,人类社会是由物质生产、人类自身再生产、精神生产和社会关系再生产形成的统一的有机体。[③] 其特点是"社会关系再生产"的观点。

(六)五种生产理论

如有学者认为:"四种生产"不够全面,还应增加安全生产,是五种生产的统一。因为一切生活活动都需要安全保障。[④] 对于该种观点,可以思考在马克思主义理论研究中有所谓"人的需要理论",是不是人有何需要我们就在社会生产分类中加上这种需要的生产呢?这是否会使哲学研究变成了科学研究?这是对五种生产理论分析和认识的重要方面。

(七)全面生产理论

例如,俞吾金先生认为,人们通常把"生产"理解为单纯经济学意义上的概念是不适当的。在哲学上,马克思提出了"全面生产"的理论,即把人类的全部活动,乃至整个社会的延伸都理解为生产的过程和结果。[⑤] 本书作者认为,过于"全面",会导致"抽象走矣,具象来矣""少了哲学,多了科学"。

---

① 郑志国:《社会生产第三部类与价值增殖》,载《岭南学刊》1997 年第 5 期。

② 刘思华:《再论四种生产理论——知识经济与可持续发展经济的基本理论》,载《河北学刊》1999 年第 6 期。

③ 孙承叔:《是一种生产,还是四种生产?——读〈1857 - 1858 年经济学手稿〉》,载《东南学术》2003 年第 5 期。

④ 潘春葆:《广义社会生产:五种生产的统一》,载《江西社会科学》1995 年第 1 期。

⑤ 俞吾金:《作为全面生产理论的马克思哲学》,载《哲学研究》2003 年第 8 期。

二、马克思主义“生产理论”中的“环境生产”

(一)“物质生产”中的“环境生产”

“一种生产理论”可以认为对物质生产进行核心关注,并非忽略其他因素。物质生产中的劳动对象中包括了环境资源。物质生产不仅蕴含人与自然的关系,也包括人与人的关系。马克思认为:“人没有创造物质本身。甚至人创造物质的这种或那种生产力,也只是在物质本身预先存在的条件下才能进行。”①物质生产活动既具有为人的功用,也具有为物的功用,其本身承担着修复、保护自然生态系统的任务。

(二)部分“N种生产理论”中的“环境生产”

广义的环境生产包括主要依赖可以被人操控的自然力的社会生产,也包括未被人操控的自然力发挥效用的纯自然生产。狭义的环境生产是指未被人操控的自然力发挥效用的纯自然生产。将“社会生产”和“自然生产(环境生产)”区分开,有利于认识自然生产的本质。

三、环境生产的基础地位

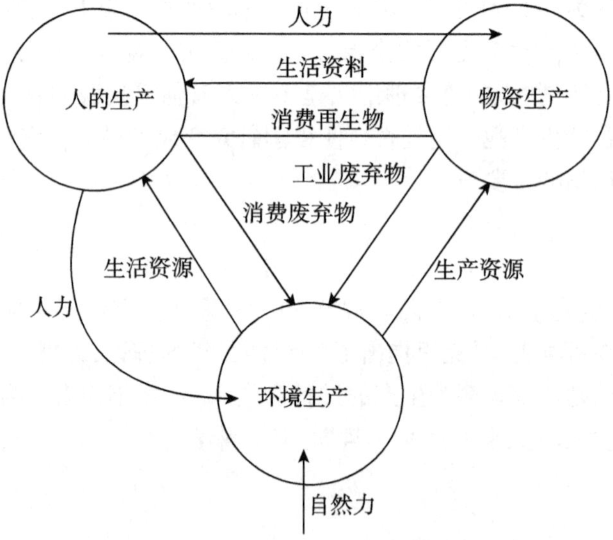

图8-1　人与环境系统概念模型②

① [德]马克思、恩格斯:《马克思恩格斯全集》(第2卷),中共中央马克思恩格斯列宁斯大林著作编译局译,人民出版社1957年版,第58页。

② 叶文虎主编:《环境管理学》,高等教育出版社2000年版,第18页。

重点借鉴叶文虎先生在《环境管理学》①一书中的观点论证环境生产的基础地位。叶先生认为：人和环境组成的“世界系统”是一个复杂巨系统，系统中的人与环境之间有着密切的联系，体现为物质、能量、信息的交换与流动。物质流动是另两种交流的基础和载体。在物质运动这一基础层次上可以划分为三个子系统：物资生产子系统、人口生产子系统和环境生产子系统。此即“三种生产理论”。（见图8－1　人与环境系统概念模型）

关于“人与环境系统”的演变过程，参考叶文虎教授的观点认为：人与环境系统的形成与存在经历了一个漫长演变过程，人类对这一系统的认识是曲折的（见图8－2①→⑤　人与环境系统的演变过程示意图）。在图8－2①所示的古代文明时代，环境生产是基础，只有很小规模的农业物质生产，人类自身的生产并没有显示出其重要性。在图8－2②～④是农业文明时代，农业生产已与基础的环境生产相分离、独立存在。农业文明晚期，人口生产规模扩大，已有独立存在的意义、价值和影响。在图8－2⑤是工业文明时代，人口生产已独立存在，甚而成为人口问题。人口、资源、环境三足鼎立，互相影响制约。

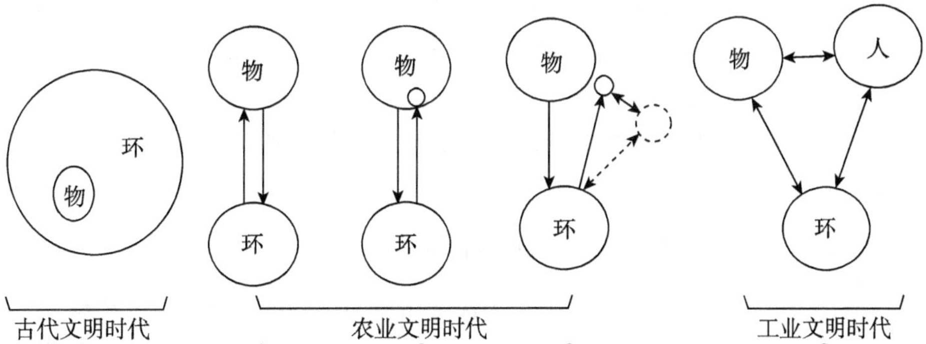

图8－2　①→⑤：人与环境系统的演变过程示意图②

关于环境生产的基础地位，叶先生认为：工业革命后，随着人口数量的迅速增加，科技水平日益提高，人类从自然环境中攫取物质的数量越来越多，物资生产系统在世界系统中的地位由从属上升为主导。③ 本书作者扩展了叶先生的“人与环境系统的演变过程示意图（见图8－2）”，以图8－2⑥表示物质生产的这种主导地位。在这一时代，人们习惯于把环境资源看做生产资料，环境生产被笼罩在物质生产视野之下。叶先生认为：由于历史局限性，只有出现了相对的物资匮乏，才意识

① 叶文虎主编：《环境管理学》，高等教育出版社2000年版，第17～27页。

② 同上书，第19页。

③ 同上书，第18～19页。

到人口生产子系统的存在；只有在环境污染、自然资源锐减时，才意识到环境生产子系统的存在。才认识到无论是人口生产还是物资生产，都必须与环境生产的能力相适应。从"一种生产"到"两种生产"再到"三种生产"认识不断深化的过程，以及最终认识到环境生产在世界系统中的基础地位，才是人类认识史上的飞跃。[①]本书作者以图8-2⑦表示"环境生产子系统的存在及其在世界系统中的基础地位"。图8-2⑦可见，物质生产和人口生产，均被置于环境生产视野之中，环境生产和与之配套的生态文明成为社会生产和社会精神的支柱和基础。

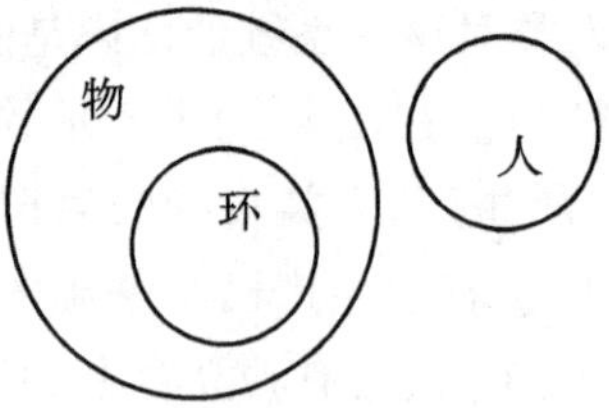

图8-2⑥ 人与环境系统的关系

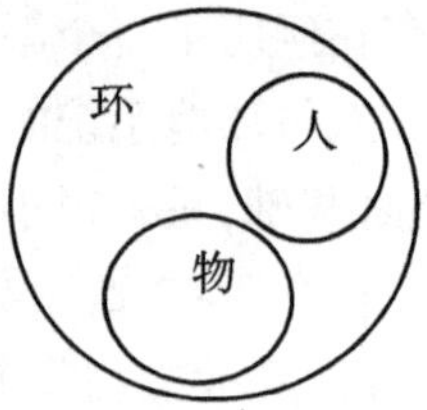

图8-2⑦ 人与环境系统的关系

著名生态学家李文华先生认为，十八大报告"将生态的内涵从生态环境保护上升到生产关系、消费行为、体制机制、思想意识和上层建筑高度，上升到为经济、政治、文化、社会发展奠定基础和桥梁的作用地位。这是实现中华民族生态伟大复兴的必由之路，也给生态学研究提出了新的问题与挑战。"[②]这既是对生态、环境的基础性肯定，也是勇于面对新问题与挑战的态度。对于法学，尤其是环境法学，亦应如此。

四、环境生产理论与法制建设的结合点

以上是对马克思主义理论中有关"环境生产"的整体梳理和重点挖掘。可以说，这种梳理或挖掘所得，多是带有"还原性""朴素性"的材料资源，是最大限度地真实还原和准确理解马克思主义生产理论的直接体现。另外，任何理论都带有宏观性和抽象性，对具体问题的指导具有间接性的特征。尤其是在生态恢复领域，跨越文理的大领域使得理论指导的抽象性甚至"隔空感"更加突出，"无用的理论""花拳绣腿理论"现象可能出现。在这种情况下，找准把握理论指导的方向，科学选择理论指导的基点是至关重要的，也只有这样才能对生态恢复法制建设起到真正积极的效果。为此，运用马克思主义环境生产理论时可以从以下三点着手：第一，遵循马克思主义理论研究的基本逻辑"生产力——生产关系——经济基础——上层建筑"，通过梳理和挖掘马克思主义社会生产分类和生产理论的内容，将环境

① 叶文虎主编：《环境管理学》，高等教育出版社2000年版，第19～20页。

② 李文华主编：《中国当代生态学研究》（生态系统恢复卷），科学出版社2013年版，第xvii页。

生产这类基础性生产纳入生产力体系中，从根本上实现上层建筑，即这里的制度建设的变革，为生态恢复实现后的价值所在和利益归属找到制度性的认可路径。第二，从马克思主义环境生产的生产力属性、经济属性与利益属性角度认识生态恢复产业化的制度设计。环境生产能够产生出对人类有益的资源，这种资源应当而且可以进入经济利益的视野。环境生产的经济性为生态恢复的经济性提供了直接借鉴。经济视角的分析为生态恢复产生经济价值的产权化与产业化找到了制度层面的分析工具，也是生态恢复产业制度建设的现实依据。第三，在思想领域充分发挥马克思主义环境生产理论的思想指导作用。使其深入人心，转化为被人类所掌握的理论武器之一。马克思主义理论的新发展与中国现实新实践的相结合，必将迸发出巨大的推进力，促进中国经济、社会的发展和生态文明建设。

第二节　环境生产与生态恢复的关系

环境生产与生态恢复具有密切的关系。深入挖掘马克思主义涉及环境生产理论的内容能够为生态恢复找到更加本土化和实践性的理论资源和制度建构思路。从理论研究和制度建构的角度而言，环境生产与生态恢复的关系可以归结为以下两点。

一、环境生产与生态恢复的理论基点

环境生产与生态恢复的理论基点是“生态环境的功能完整性”。

（一）环境生产理论使人们更为全面地认识环境的功能

人们对生态环境功能的认识经历了一个不断深化和螺旋式上升的过程。最初，人们对生态环境持有一种敬畏的态度，认为人类社会的所有都是生态环境的赐予，都要遵循生态环境的“旨意”。这种“旨意”在很大程度上说是生态规律的体现。此时，人类对生态环境的认识水平还处于较低的层次，也难以称得上是对生态环境功能有多大的认识；但这种原始朴素的生态环保思想却对生态环境的生态功能与价值有了客观的体现。随着人类利用自然和改造自然能力的增强，尤其是工业革命之后人类社会生产力水平有了极大的提高，人类已经摆脱了被动依赖自然的状态，转而将生态环境视为索取的对象。不断向生态要经济，向生态要发展，生态环境的经济价值与功能被无限放大，而生态价值与功能却被不断弱化甚至完全忽略。在这种理念认识的主导下，生态环境不断遭受非完整性开发与浪费，生态系统整体出现严重恶化的趋势。于是人类开始反思自身的行为，提出了可持续发展

的理念,对生态环境的功能也有了更加完整性和本真性的认识。

当前,人类对生态环境的功能和价值已经有了一个较为完整、科学的认识。依据生态环境本身的存在状态以及对人类社会的有用性划分,生态环境的功能大致可以划分为经济功能、生态功能、美学功能以及建立在这三者之上的对人类社会的基础性支撑的功能。环境生产和生态恢复理论的提出,是在重视生态环境经济性功能和价值的同时,更加强调生态环境的生态性价值以及与社会经济价值的关联性和相互促进性。环境生产能够产生对人类有用的环境资源要素,这种环境资源要素多以生态价值或功能性的资源出现,如原始森林的碳汇功能。环境生产的这种生态价值属性在很长时间内是不被重视的,只是在生态环境危机出现、生态功能逐渐稀缺的状况下才被人们重拾并珍视。

(二)环境生产提倡环境也是生产力

环境生产提倡环境也是生产力,环境本身的物质和能量交换也有价值。这是对生态环境完整性功能价值的科学认识,也是对传统生产力概念和价值概念的再认识。生态恢复则强调对受损生态环境进行修护、恢复,恢复的目的是实现生态环境原本的功能和价值。可以说,生态恢复的主要方面就是对生态结构和功能的恢复,这是对生态功能完整性认识的体现,也是对传统"重经济、轻生态,重发展,轻保护"发展思维的必要纠偏。比如对一块遭受污染的土地而言,其经济利用价值已经很小,原因是该块土地的生态结构和功能已经被破坏。在这里,土地的生态功能与经济价值已经融为一体,当然这是在土地生态功能丧失之后人们所不得不承认的事实状态。反之,如果土地的生态结构和功能还未遭受大规模的破坏,此时人们会人为地将土地的生态功能和经济功能区别开来,只是片面追求其经济价值,而忽略生态价值,最终的结果是土地的生态功能逐渐丧失,经济利用价值也不复存在。生态恢复强调的是对某一生态环境或系统进行生态性恢复,是将生态功能或价值提到一个突出的位置,是对生态环境完整功能的认识。生态恢复的目的恰是对以往不完整开发利用形成的生态功能废弃进行的弥补和修复,从而促进某类生态系统完整功能的形成或回归。

二、环境生产理论是生态恢复法制建设的重要理论依据

环境生产理论能够为生态恢复及其制度建设提供较为扎实的基础理论依据。

受到特定时代客观条件和人类认识水平的限制,环境生产及其理论在相当长的时期内没有得到人们的重视。当生态环境自身蕴含环境生产理论能够为生态恢复及其制度建设提供较为扎实的基础理论依据的各类资源要素逐渐稀缺并显现对人类至关重要的作用时,环境生产才由幕后走向前台,呈现出重要的理论和实践价

值。在生态恢复及其相关制度的建设方面，环境生产理论具有的基础性的理论指导意义主要表现在以下几方面。

（一）确认环境生产的价值性和利益性是开展生态恢复工作、进行生态恢复制度建设的前提

环境生产的价值性和利益性在很长时间内都不被重视，甚至根本未被认识。在环境资源领域，人们对能够直接产生经济价值或者以经济价值形态呈现的资源，如林木资源，较为重视，且有制度性的措施确保资源的价值得以体现。对于资源所依托的生态环境本身则基本不从资源的角度加以理解，从而制约了对生态环境的资源性保护效果，也不利于环境保护工作的持续性开展。现在，人们已经认识到环境资源的一体性特征，认识到环境本身也是一种资源，也需要从资源的角度进行保护，需要赋予环境本身以价值属性和对人类的利益属性。对于这一点，世界各国的碳汇交易实践及其制度设计已经给予了充分的证明。环境的资源属性是环境生产价值性和利益性的总体体现。在环境的资源属性层次之下，环境生产又强调了环境在物质和能量变化过程中所产生的资源性要素的价值性和利益性。在该层次上，环境生产对环境资源蕴含的各种物质性要素、资源性要素、能量性要素进行了更加深入和细致的挖掘，是对环境资源各环节、各形式、各样态的最大化利用的体现。以林木资源为例，如果仅仅看到其经济利用价值，随意砍伐，那么其吸收二氧化碳、释放氧气的生态价值就会被弃置和浪费。更进一步，该类林木资源与其他林木资源之间相生相克的生物功效也会被弃置和浪费。而环境生产的提出就是对这些生物资源、生态资源的重视和肯定，是对某一资源蕴含的各类价值和生产全过程产生的价值予以最大化的利用和保护。这也就起到了资源节约和生态保护的作用。在正视环境生产价值性和利益性的前提下，生态恢复才有其必要性。因为环境生产具有价值，能产生对人类有利的资源和利益，所以需要对受损环境进行恢复，以实现环境完整的功能，促进环境生产的进行。而生产恢复程度或生态健康程度也直接决定了环境生产的质量和效率，因此需要加大力度实现生态的最大化恢复和生态健康状态。

（二）环境生产产生的价值或利益的大小是确定生态恢复标准与限度的重要依据

不同区域的生态恢复标准不可能完全相同。这种不同主要来自于生态环境的自然条件差异和价值大小的不同。作为衡量不同生态环境条件下生态恢复的标准与限度，环境生产理论提供了重要的依据。从不同区域生态环境的功能角度方面来看，按照国家颁布的全国主体功能区规划的要求，对于优化开发区域、重点开发区域、限制开发区域和禁止开发区的开发利用强度有不同的规定。对于环境资源条件较好，环境承载力较大的地区，实行重点和集约式开发；对于环境资源条件较差，环境承载力

较小的地区要控制开发,实行生态恢复和生态建设。尤其是对于禁止开发区而言,要严格禁止不符合主体功能定位的各类开发活动,为生态自我恢复和自我完善提供条件。在这里,对禁止开发区严格且强制性的规定,充分考虑到了该区域生态环境的特点和功能定位。禁止开发区内主要是国家级的自然保护区、公园等,该类区域生态环境相对脆弱,生态功能十分显著,环境生产产生的价值和利益主要是宝贵的生态性价值和利益。该种生态性资源从环境生产的角度讲不仅具有价值性和利益性,而且还具有很大的价值性和利益性。在对该类区域进行生态恢复时,就要严格标准,加大力度,不能从传统的经济价值和利益角度认为该类区域价值性小就降低生态恢复的标准,甚至完全不进行生态恢复。从待恢复区域环境资源的用途方面来看,环境生产也是确定生态恢复标准与限度的重要依据。对于生态功能需求较高的区域,如待恢复区域的用途是种植粮食作物,生态恢复的标准也会较高。因为这里的环境生产效果主要取决于土壤里各种成分的数量、质量及其相互间的组合状态;而作为粮食作物健康生长的土壤资源,其条件要求是较为苛刻的。对于生态功能需求相对较低的区域,如待恢复区域的用途是停放车辆,生态恢复的标准较前者的种植粮食作物就会低很多。因为这里的环境生产主要侧重于土壤质地结构和表面平复程度所形成的功能。在对该类区域进行生态恢复时,标准不会像种植用地那样严格。这也是由该类区域环境生产所能产生的价值性和利益性所决定的。

(三)环境生产的"经济性"和"环境性"双重视角能够保证生态恢复工作的理性开展

环境生产可以从"经济性"视角和"环境性"视角进行分析和解读。"经济性"视角是将环境生产所产生的资源性要素予以价值性衡量和利益性制度设计,对积极促成环境生产或维持环境生产的主体予以制度性激励。环境生产的经济属性实际上是将原本未纳入价值体系衡量的生态功能性价值纳入进来,将其作为资源对待,对由此形成的利益关系进行制度性调整。在这里,环境生产及其由此产生的利益不再是游离于制度之外的事实,而是具有法律意义的行为,具有事实与法定利益。"经济性"视角的分析为生态恢复的必要性找到了现实的衡量标准和依据,利益性的制度设计为生态恢复的开展提供了持续的动力。与"经济性"视角相对应,"环境性"或者叫"生态性"视角是环境生产理论的另一重要分析角度。"环境性"视角是对"经济性"视角或者"资源性"视角的整体平衡和有力制约,通过该种分析下的制度设计使环境生产理论基础之上的生态恢复工作得以理性开展。"环境性"视角实际上与"经济性"视角是相互融合的关系。环境即是资源,对环境要像对待资源一样赋予价值性和利益性,需要加强保护。这是"环境性"视角的第一层次。"环境性"视角的第二层次是对环境资源性开发、利用的"生态性"约束。环境生产的第一要义是确保环境自身循环自生的能力，这是环境生产出对人类有益资源的前提和基础。而环境自生能力的维持要以环境生态性的要求为标准，以此实现环境本身的健康状态。另外，环境生产纳入社会制度规范的基础是环境生产的价值性和利益性。而这种价值性和利益性主要是以一种资源性价值和利益的形式进入规范的领域。相较于其他资源而言，比如林木产生的木材资源，环境生产产出的资源本身就带有很强的生态属性，就属于生态规律作用的产物。从该种意义上说，环境生产本身就要符合生态规律和生态属性的要求，对环境生产的资源性利用要符合生态整体性的要求。

第三节　环境生产理论的法制建设意义

深入挖掘环境生产理论对于生态恢复法制在内的环境法制建设，乃至整个法学生态化的发展都具有建设性价值和意义。

一、环境生产的发展是法律关系生态化的实践结果

环境生产的发展是法律关系生态化的实践结果，有利于实现整体法制体系的生态化。从社会实践来看，以下事项均体现了“环境生产”：(1)《联合国气候变化框架公约》的《京都议定书》承认森林碳汇对减缓气候变暖的贡献，并要求加强森林可持续经营和植被恢复及保护，允许发达国家通过向发展中国家提供资金和技术，开展造林、再造林碳汇项目，将项目产生的碳汇额度用于抵消其国内的减排指标，由此形成了国际“炭排放权交易制度”。碳汇交易实际也是一种生态补偿。生态补偿法制化问题是环境法学研究和社会现实中的热点。(2)作物间相生以及动物与植物间相生（如养蜂有利于果园生产）而产生的互益性利益能否进行交易？正外部性能否内部化？这类问题在环境经济学中有一定的涉及，在环境法学界却几近空白。但是，科学有效地解决好开发利用中存在的此类问题，有利于建设小尺度生态园区。这是一个被忽视的重要的理论研究“准热点”。(3)生物入侵严重危及一国的生态安全，如何科学抑制生物间的“相克”性损害，避免危害人类生存环境的问题，也是当前环境法学研究以及社会现实中的热点问题。(4)小尺度空间生物相克造成的损害如何定性？是生物污染案还是生态破坏案？现行环境法制能否提供审判依据？有关问题的可讨论性充分体现在“梨锈病案”中。[①] 这也是一个重视不足的理论研究“准热点”。

---

① 吕忠梅主编：《环境法案例辨析》，高等教育出版社2006年版，第72～85页。

无论热点,还是准热点,都涉及环境生产。以马克思主义环境生产理论为基础,再进一步挖掘与上升到"环境生产力"或"生态生产力"概念,则打通了"生产力→生产关系→经济基础→上层建筑"的制度建构逻辑程序,为从根本上完善、创新法律制度奠定了基础、提供了指引。从另一向度而言,法律制度的生态化确认了生态价值或生态利益作为法律上价值或利益的合理性,并以法律的手段予以保护和激励。这就极大地促进了以生态资源性价值和利益为产出对象的环境生产的实际进行。可以说,环境生产的发展和法律制度的生态化是一种良性互动的关系。环境生产实践导致、引发了法律生态化,并进而反作用于环境生产实践,促进了生态文明的实现。

二、环境生产理论有利于"主客一体"范式下法律关系的构建

从前述环境生产的基础地位的论述来看,人们对环境生产的基础地位有了更为清晰的认识,并且将这种认识融入马克思主义理论的新发展中。这种新认识、新观点,是提倡循环经济、生态经济的重要原因,是我们提倡法学生态化的重要原因,也是我们要对传统法学进行变革的重要原因。究竟如何对传统法学体系进行深层次、高效、稳步的变革呢?我们认为,可以从基础性法律概念的改良入手,从而引发体系性变革,促进法学体系绿色化转变。"法律关系"是基础性的概念,从法理学、民法学来看均关注较多,尤其是环境法学界讨论的最为热烈(主要是"环境权"以及"环境权主体"的讨论)。我们认为,从理论上来看,与环境生产的基础地位相匹配的"法律关系"概念内涵应当由"主、客二分"转为"主客一体"。这种转变,将引发研究范式的根本转变,全面促进法律实践和法学研究的绿色化、生态化。究竟如何理解"主客一体"将在本节随后内容中加以详论。

三、生态恢复法律关系"主客一体化"中的客体"物格"

生态恢复,其实就是一种环境生产,而且可以说是非常正宗、比较狭义的环境生产。对法律关系中的客体的深入认识,有助于我们在法律关系层面上提高对生态恢复对象的价值认识和法律关系设定的效率。在这里讨论所谓环境生产理论指导下的生态恢复法律关系的主体和客体变革,并非生拉硬拽,而是恰如其分。也就是说,我们在论证了环境生产"是什么""为什么存在"的前提之下,运用环境生产理论指导我们的法制建设,使其成为我们法治建设的理论基础,发挥应有的作用。

通常认为客体包括物、行为、知识产权等。我们在此仅以最为核心的"物"为对象。按照环境生产理论的视角和视野来看,鉴于物质生产和人口生产都纳入了环境生产视野之中,因此我们更多地考虑人口生产和物质生产的环境生产属性。那么,传统法律关系当中的物,在环境生态新视野当中如何理解呢?我们认为,传

统法律关系需要突破忽视客体生态性的现状，在关注“物”的经贸价值的同时不能忽视那些“构成人类生存基础的物”的生态价值。当法律关系的客体是行为时，也不能忽视行为的生态效应。

当我们充分认识和接受环境生产理论之后，我们非常有必要从环境生产（生态）的角度看待法律关系中的客体“物”。法律关系的客体“物”可分类为：(1)自然存在或人类生产的对环境基本无影响的“物”，如山上的岩石、提炼的黄金。(2)自然存在或人类生产的对自然有较大影响的“物”，如规模性的动植物、人造林等。(3)自身存在周期短，对主体行为有影响的“物”，如鲜果（储存期）、电器（使用寿命）等。例如，运输合同签订中应考虑其生命周期。(4)通过生态系统影响主体生存与行为的“物”，如土壤、大气、森林等。对物的生态性可以进行更为详细科学的划分，我们在此不加专论。这类似中国人民大学杨立新教授所谓“物格”。我们以物的生态性划分物格，有些物的生态性很强（如珍稀野生动物），有些物的生态性近于零（如饲养的动物）。从环境生产理论指导下的生态法律关系来看，物的“物格”是不平等的。物格与人格有着相反的发展路径，人格是由不平等走向平等，物格则是由平等走向不平等。

四、生态恢复法律关系“主客一体化”中的主体“固守”

随着环境公益诉讼的兴起以及对动物福利的重视，有些观点认为应当将动物、河流等作为法律关系的主体对待。也有相当多学者认为传统法律关系主体的界定可以解决生态保护带来的所谓新法律问题，不必对法律关系进行“革命”。我们比较赞同后一类观点，认为应当“固守”传统；但应从“主客一体化”的角度去理解传统法律关系。

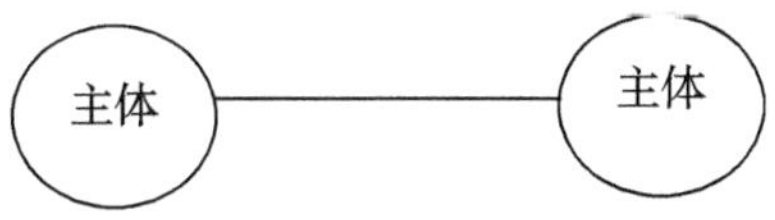

图8-3　传统法律关系

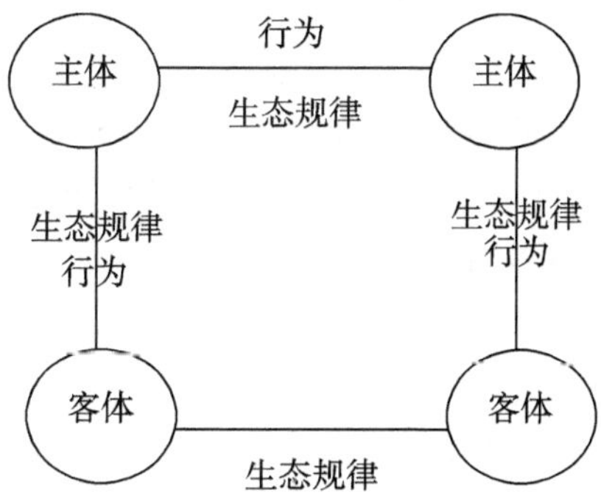

图8-4　生态法律关系

人格和物格是两个非常有趣的现象。人格是由不平等到完全平等，物格则是从平等发展为不平等。在人格平等的时代，物格却是不平等的。例如，过去黑奴不具有人格,现在已经可以具备完全的法律人格。这非常好理解,也非常容易接受;但这不是此处要讨论的问题。我们要讨论的重点是,在环境生产理论和生态文明建设的大前提下,环境诉讼以及环境公益诉讼蓬勃发展,传统法律关系当中的客体(如河流、动物等)能否作为权利主体提起诉讼、享受权益等。就环境法学界以及环境伦理学界,这已经是一个"古老的话题",也一直是一个非常迷人的话题。我们也曾对此做过多次讨论,如发表论文《论动物的法律地位及其福利监管》。① 自然的权利、动物的人格、河流的权利、为土地代言等,国内外研究成果颇多,也非常具有启发理论价值和环境保护理念启蒙价值。但是,我们的观点非常明确"传统法律关系中的客体没有必要变为主体,无论是人还是自然的利益,也能够得到保护"。我们认为应当"固守"的理由如下:由于思考问题的层面不同,传统法律关系与生态法律关系没有本质冲突。"传统法律关系"是在法的调整"起因和机制层面"上思考问题,法律的核心概念是权利与义务,当环境出现了问题之后,人不可能命令狗去履行义务,最终落实到行动上的还是人。这是传统法律关系产生与存在的根本原因,是科学的,也是合理的。在过去相当长的历史阶段中,在对传统法律关系的理解方面,对客体的生态作用基本不加重视,只重视客体(物)的财产性。"生态法律关系"是在法的调整"作用和功能层面"上思考问题,结合图 8-4,生态法律关系中既涉及人与人的关系,又涉及人与自然的关系。其与传统法律关系相区别的是对客体物的生态性认识,也就是说对"物格"的认识和关注。当法律关系中的物的生态性是零或趋于零时,依据图 8-3 所示的传统法律关系就可以很好地解决问题。当客体物的生态性大于零时,我们应当在图 8-4 所示的生态法律关系当中思考问题。图 8-4 的上方实际上就是图 8-3 所示的传统法律关系,只是当客体的生态性大于零时,才将客体物纳入了法律关系中,进入"主客一体化"的图 8-3 范式。在这两类范式中,其根本性的调整起因和机制,都是人或人与人的关系。只是当客体的生态性大于零时,从调整的作用和功能来看,生态法律关系当中既调整了人与人的关系,也调整了人与自然的关系。因此,我们说传统法律关系与生态法律关系并没有冲突,只是看问题的角度以及对客体生态性的重视不同而已,其根本性的调整原因和机制是相同的。因此我们赞同"固守"法律关系的主体是"人",不必要是"物"。无需对法律关系进行革命,只需改良一下思考机制而已。当然,这种改良也是非常重要的,有利于生态文明时代的法制建设,特别是有益于生态恢复这类生态公共物品供给类的法制建设问题。

---

① 刘国涛:《论动物的法律地位及其福利监管》,载《山东社会科学》2009 年第 10 期。

五、环境生产理论是环境法制正向构建的理论源泉

随着我国经济社会的迅速发展和人均收入水平的不断提高，环境库兹涅茨曲线的“右侧拐点”时代即将到来，这使得我国由重视“环境污染防治”发展到“污染防治和生态建设并重”，并逐步进入“重视生态恢复和建设时代”，以加速实现环境库兹涅茨曲线的右侧化和扁平化。与此相适应，环境法制的发展过程和趋势将是“重污染防治→污染防治和生态建设并重→重生态建设”。可以说，以重视生态恢复和生态建设为特征的环境法制正向建构是未来环境法制建设与发展的主要方向和重点领域。

作为带有“积极正向建构”色彩的理论，环境生产理论与环境法制正向建构趋势具有较大的契合性。环境生产理论将环境的物质、能量交换所产生的对人类有益的生态性资源与价值问题提了出来，并予以理论诠释和实践论证。为实现环境生产性资源的利益和价值，就要求人们对受损生态环境予以恢复，对本身脆弱的生态环境予以保护、改良和重建，目的是实现环境生产的效果以及效果的可持续性。环境法制正向建构理论正是对环境本身蕴含的资源或价值的重视，是将关注点更多地投入到环境资源的生产和供给上，进而将环境的正外部性问题纳入制度解决的框架之内。“从我国当前的环境法规范内容上看，我国环境法制更多关注的是环境污染的负外部性内部化问题，重视‘谁污染，谁付费’的运用，对正外部性的关注非常欠缺，忽视‘谁受益，谁补偿’的运用，形成了外部性理论的非对称性应用问题；更多环境资源的‘使用和消费’，忽视其‘生产和供给’。环境法制的正向建构是积极主动地加强促进具有正外部性的环境公共物品供给和激励正外部性行为的制度体系建设。”①所以说，环境生产理论与环境法制正向建构是相互促进、相得益彰的关系。此外，尤为重要的是，环境生产理论内含的价值、利益分析为环境法制正向建构提供了较为现实的制度设计路径。

第一，环境生产理论强调对生态环境内部的物质和能量交换产生的资源性要素予以重视和维护，对环境生产所体现出的环境生产力、生态生产力或自然生产力要加以保护和很好的利用。环境法制的正向建构是对过去那种只重视环境污染或破坏等消极因素控制手段的必要性补充，是对环境自身的价值以及维护环境、恢复受破坏环境所产生资源性利益的制度性认可与体现。具体而言，对于环境污染等环境破坏力，现有制度进行了相应的规制，规制的基点是环境破坏力对人身、财产权益造成了危害；而这些权益显然是为现行法律所认可和保护的。对于环境生产力、贡献力则缺乏相应的制度性规范，原因是环境生产性资源尚未在现行法律中得

---

① 参见刘国涛：《生态生产力与“两型社会”法制建设》，载《法学论坛》2009年第6期。

到应有的体现或肯定,对积极维护环境、进行环境恢复、促成环境生产的单位或个人也因环境生产性利益的难以确认而无法得到法定的激励。因此,环境法制的正向建构难以真正开展。环境生产理论不仅为环境法制正向建构提供了基础性的理论依据,更是内含了利益分析和价值分析的思维视角。这也就为环境法制的正向建构提供了实践性强大的理论资源和工具。

第二,环境生产理论对以往生产力、价值、利益等概念的基本内涵进行了更加科学和全面的阐释。这种阐释既符合生态基本规律和生态基本事实,也是环境生产的事实性利益上升到法律性利益的现实要求。传统的生产力概念是从人利用自然的能力角度进行论述的,强调了人类改造自然和利用自然的能力以及由此所产生的物质性价值与利益。在传统生产力的概念之中,以人为中心的思想无疑是其价值和利益评价的基准,生产所产生的物质性价值与利益也必须是进入"人为"领域的范畴,除此之外的"自然力"等则被当然排除在生产力、价值、利益的概念之外。但是,结合传统生产力理论的创立背景、时代局限以及对马克思主义更加全面、真实的理解,通过对马克思主义理论有关环境生产内容的解读和分析可以发现"人为"之外或者掺杂"人为"因素的环境生产、自然生产所产生的资源性物质利益应当而且可以纳入生产力理论之中,以此实现对传统生产力概念、价值概念、利益概念的必要扩展和补充。

第三,环境生产理论的内容无疑是环境法制正向建构的出发点。环境本身所固有的价值和利益长期以来得不到制度设计上的认可和重视,导致维护环境所产生的外溢性利益被任意"搭便车"和肆无忌惮地挥霍。在这种情况下,积极维护环境并促成环境价值产出的主体则没有了持续的动力,独立于传统经济利益之外的环境经济性利益或经济环境性利益则被弃置浪费,形成环境资源不断稀缺恶化的态势。环境生产理论的提出使得独立于传统经济利益衡量体系之外、对传统经济利益具有交叉互融关系的环境价值和贡献现实地展现出来。环境生产理论要求对环境本身所固有的价值和利益进行重新衡量和评估,对积极保护和促成环境价值力和贡献力等现实生产性利益的行为予以肯定和鼓励。这无疑对环境的维护和改善起到了引导和保障的意义。在环境生产理论的指导下,立足于当前环境法制建设的现状,亟须实现环境法制的正向建构,补足完善现有的环境法制体系,充分体现环境本身所蕴含的价值和贡献的法律地位。

第九章　生产力要素中“力”的新思考

本章主要是对生产力要素中的“力”做了一点创新思考，重点提出了“生物自然力”概念及其在生产力要素中的地位和作用，探讨了“资源形成力”。环境生产中的动力性、革命性要素是生物及其地球物理化学生物作用而形成的资源形成力。马克思主义环境生产的生产力要素新解读，有利于马克思主义理论的时代化、大众化发展，有利于加强人们对生物自然力、资源形成力应用重要性的认识，有利于运用马克思主义政治经济学促进生态恢复法制建设的良好发展。

第一节　生物自然力

一、马克思主义经典著作中的自然力

于中涛在《马克思主义经典作家论自然力与生产力的关系》①一文中较为全面地研究介绍了自然力以及自然力与生产力的关系，可贵的是其中“自然力和自然生产力”是相区别的。于中涛通过研究马克思主义经典著作，认为自然力包括三大方面：一是指人之自然力，如人力、“肌肉力”。关注了人力是自然力的组成部分这一现实。二是社会之自然力，如“分工与协作”所带来的力量。三是纯自然之自然力（如水、风、蒸气、电等），是相对于社会之自然力而言的。这是马克思主义经典作家所使用的自然力范畴的最基本、最主要的含义。

二、自然力理论中的其他代表性观点

解保军在《马克思“自然生产力”思想探析》中认为，狭义的自然生产力是指纯粹的自然力（如利用河水发电）；广义自然生产力不仅包括自然力，还包括自然资源、生产所需自然条件等。② 这种自然力的理解，我们称为“纯粹自然力说”。巨乃岐认为，自然生态生产力包括：一是自然界的自然力，分为生活资料自然力（如阳

① 于中涛：《马克思主义经典作家论自然力与生产力的关系》，载《辽宁教育学院学报》1996 年第 6 期。

② 解保军：《马克思“自然生产力”思想探析》，载《马克思主义研究》2002 年第 5 期。

光、空气、水等）和生产资料自然力（如矿产、火力等）两小层次；二是自然界的生产力，分为绿色植物和动物的生产力两个小层次。[①] 这一解说可称为广义自然力说，显然已涉及“生物自然力”。

刘静暖研究介绍了自然力的四种解说：（1）自然力窄派说，仅指天然物质。（2）自然力宽派说。根据马克思的观点，把自然力归结为人自身的自然力和人周围的自然力。人自身的自然力，包含劳动自然力和社会自然力两方面内容。劳动自然力即人自身作为一种自然力与自然物质相对立。社会自然力即“由协作和分工”产生的生产力。人周围的自然力则为天赋自然的自然力。这一研究结论与前述于中涛的研究结果是一致的。（3）自然力的自然资本说。将自然力视为自然资本，以区别于人造资本（道路、港口等）。[②] （4）自然力是资源、环境和生态代名词说。[③]

《自然资本论》[④]《投资自然》[⑤]等著作中也有一些非常有参考价值的观点，都是侧重从经济价值角度探讨问题的。与本书的侧重点不同，在此不再详论。

三、生物自然力的内涵界定

（一）生物自然力的内涵界定

前面所介绍的“马克思主义经典著作中的自然力”和“自然力理论研究中的其他代表性观点”表明“自然力”并非一个空穴来风的概念，而是有着马克思主义理论和其他科学理论基础的。根据刘静暖博士的观点：自然力内涵界定可以说是由模糊到渐趋明朗。其不足在于“关注点更多地放在自然力中的‘自然物质’上”。马克思对天赋自然力的界定比较宽泛，注重人本身的自然力。未来的研究应该从经济学的角度深入研究自然力中的“力”，进行深入细致地研究和论证。[⑥] 可以说，我们提出“生物自然力”正是这种“深入细致地研究和论证”。静暖博士所界定“自然力”：自然力是天然物质与能动力之和，即自然力 = 天然物质 + 能动力。能动力是指如土壤肥力、风力、汽压力、雨水灌溉力、太阳光和能等。[⑦]

借鉴静暖博士的观点，我们所界定的“生物自然力”是：生物自然力 = 生物物

---

① 巨乃岐：《马克思“自然生产力”思想初探》，载《河南师范大学学报》（哲学社会科学版）2004 年第 3 期。

② ［英］埃里克·诺伊迈耶：《强与弱两种对立的可持续性范式》，王寅通译，上海译文出版社 2002 年版，第 14 页。

③ 刘静暖：《关于自然力理论的文献评述——自然力经济学研究中的思考》，载《税务与经济》2008 年第 6 期。

④ ［美］霍根等：《自然资本论——关于下一次工业革命》，王乃粒等译，上海科学普及出版社 2000 年版。

⑤ ［美］比尔·金：《投资自然》，刘炳艳、张薇译，中国环境科学出版社 2009 年版。

⑥ 刘静暖：《关于自然力理论的文献评述——自然力经济学研究中的思考》，载《税务与经济》2008 年第 6 期。

⑦ 同上。

品+生物功效。生物物品因其具有食用、药用、燃料、饲料等价值，人类已经对其有较为充分的利用。对“生物功效”（如有益的方面：光合作用、碳汇功能等；有害的方面：生物污染等）缺少更为细致分类与研究。根据当前社会事实的呈现，在自然力语境中，我们把“生物功效”分为两大类、四小类：第一大类是局域、生境尺度的非系统性功效，其包括：非系统相生功效和非系统相克功效。第二大类是全球、区域尺度的系统性功效，其包括：系统相生功效和系统相克功效。（见图9-1）

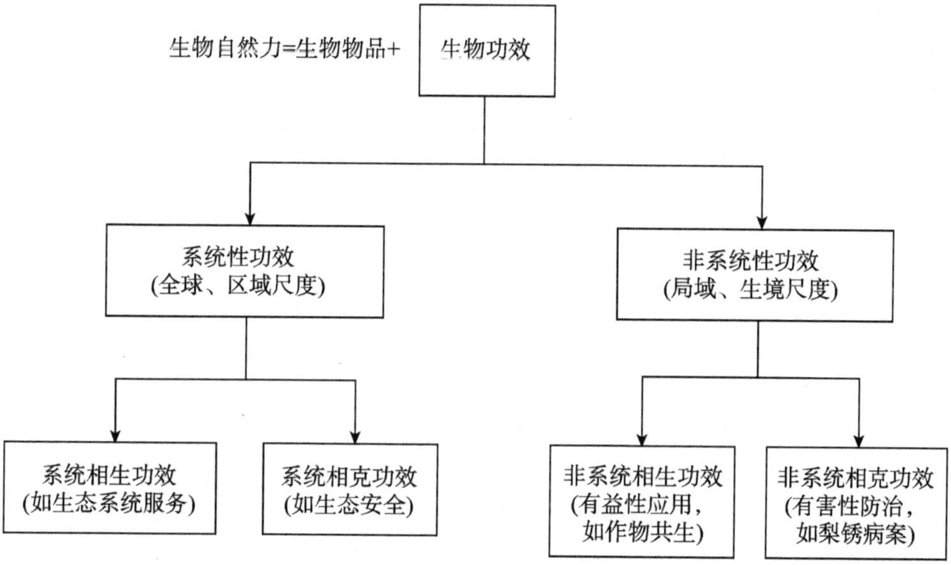

图9-1　生物自然力的构成

所谓非系统性功效，主要是指生物之间通常直接因其自然或分泌的生物物质或具有的其他功能而发生相生或相克作用。这种作用并非通过大的生态系统而相互造成的，是在小的生境当中直接或间接发生的。所谓系统性功效，主要是指较大的生物种群和群落之间通过大的生态系统直接或间接发生相生或相克作用。

（二）“生物自然力”与“自然生产力”的区别与联系

自然生产力是与生物自然力最为接近的概念，在此我们探讨两者之间的区别与联系。广义而言，有观点认为生产力应包括社会生产力和自然生产力。自然生产力是生产能够满足人类物质需要（提供食物、氧气等）和精神需要（如大自然的美感等）的能力。自然生产力是与生物自然力最为相近的概念。二者的区别、联系在于：生物自然力是自然生产力的核心，较自然生产力更为接近“能力”的本质；在类型化方面，生物自然力较自然生产力有更为科学、有效的分类方式；从操控性来看,对自然生产力的操控,主要是对生物(生物自然力)的操控,生物自然力较自然生产力具有更强的被操控性;从现实性看,当前一些热点问题,如生态恢复、生态补偿、生物安全、生物防治等均与生物自然力有关,生物自然力较自然生产力更接近实践、更具时代性;从技术革命的角度看,生物技术革命已为人们广泛接受,并日益取得进展,对风、雨、雷等非生物自然力的操控相对较弱。

中国社会科学院经济研究所李根蟠研究员在《中国农史》连续发表论文《自然生产力与农史研究(上篇)——如何认识自然生产力》①《自然生产力与农史研究(中篇)——农业中的自然生产力和自然生产率》②《自然生产力与农史研究(下篇)——中国传统农业利用自然生产力的历史经验》③对自然力及其农业应用做了非常深入的研究。其实,农业生产中运用的自然力主要是生物自然力。

四、生物自然力概念向环境资源法学概念的转换

生物自然力本身不是一个法学意义上的概念。如何将生物自然力纳入环境资源法学话语体系中来?这个问题看上去并不难,生物自然力理所当然的是一种"物",从民法上讲,非常好理解。可是生态恢复、生态入侵、农业生产互益、以虫克虫的生物病虫害防治等这类与生物自然力直接相关的社会事实,在大的学科体系当中,通常都纳入到环境资源法学。如何将生物自然力纳入环境资源法学?笔者刚开始思考这个问题时,还真有些懵。可当想明白的时候,又觉得很好笑、很简单。其实,生物自然力就是一类"资源"。当然,与其相关的法律关系可以受环境资源法的调整。这种将生物自然力视为资源的概念转换,还存在一个问题,即生物入侵、生物病害这类相克性功能,对人类无益,能够视为资源吗?其实这与平时我们说科学技术是"双刃剑"是一个道理。当"相克功效"运用于以虫治虫,制造生物杀虫剂方面时,就成为对人类有益的资源了。再要注意的一个问题是,生物物品和生物功效通常是不可分的。例如,我们要想得到森林的水土涵养功能,脱离了每一棵具体的树木是不可能的。因此,生物功效不是虚无缥缈的,其有具体的物质载体或生物系统性载体。也就是说某些生物功效是通过一个较为复杂的生态系统产生的。

① 李根蟠:《自然生产力与农史研究(上篇)——如何认识自然生产力》,载《中国农史》2014 年第 2 期。
② 李根蟠:《自然生产力与农史研究(中篇)——如何认识自然生产力》,载《中国农史》2014 年第 2 期。
③ 李根蟠:《自然生产力与农史研究(下篇)——如何认识自然生产力》,载《中国农史》2014 年第 2 期。

第二节　生产力要素及其改良必要性

一、生产力要素

（一）生产力的概念

我国的传统工具书通常沿袭苏联教科书的观点，大都是以“生产力是人们征服、改造自然的能力”定义生产力的，并将其等同于物质生产力或社会生产力。如“人们征服自然、改造自然的能力。表示人们在生产过程中对自然界的关系。”①“人们在物质资料生产过程中与自然界之间的关系；是人们征服和改造自然的客观物质力量。亦称社会生产力。”②这些都属所谓“传统生产力概念”。当前，我国学界对生产力的定义也非常多，如“人们运用生产资料创造社会物质和精神财富的能力，叫做生产力。”③“生产力是人们生产物质资料的能力。它表示人们适应自然、利用自然和改造自然的水平，反映了人和自然界的关系。生产力的构成包括人的因素和物的因素，也包括被利用的自然力如风力、水力和其他自然资源，还包括科学技术以及在生产中的分工协作和生产组织等社会结合方式。”④这最后一种观点，特别关注了“被利用的自然力如风力、水力”。

（二）生产力要素及其重要性

1. 生产力要素

关于生产力要素的学说众多，主要有：(1)三要素论。依据马克思的表述：“劳动过程的简单要素是，有目的的活动或劳动本身、劳动对象和劳动资料。”⑤此即生产力三要素论：劳动者、劳动资料和劳动对象。这是影响最大、普及程度最高之说。(2)二要素论。1949 年，斯大林在《辩证唯物主义与历史唯物主义》中对生产力问题作了阐释：“用来生产物质资料的生产工具，以及有一定的生产经验和劳动技能

---

① 《辞海》，上海辞书出版社 1980 年版，第 1728 页。

② 《中国大百科全书》，中国大百科全书出版社 1987 年版，第 784 页。

③ 程恩富、冯金华、马艳主编：《现代政治经济学新编》，上海财经大学出版社 2011 年版，第 6 页。

④ 转引自卫兴华：《科学把握生产力与生产关系研究中的唯物史观——兼评“生产关系决定生产力论”和“唯生产力标准论”》，载《清华政治经济学报》2014 年。

⑤ ［德］马克思、恩格斯：《马克思恩格斯全集》（第 23 卷），中共中央马克思恩格斯列宁斯大林著作编译局译，人民出版社 1972 年版，第 202 页。

来使用生产工具实现物质资料生产的人——所有这些因素共同构成社会的生产力。"[①]此即生产力两要素论:劳动资料和劳动者。(3)五要素论,即劳动者、自然资源、资本、技术与管理五要素。[②] (4)多要素论,除劳动者、劳动对象、劳动工具外,还包括科技、管理、信息等。(5)决定因素系统说[③],认为决定生产力的因素是一个系统,包括实体性因素、附着性因素或渗透性因素、运行性因素。

2. 生产力要素的重要性

人类社会的发展史,就是一部生产力要素内部不断改良或革命的历史。"生产力作为最活跃和最革命的因素,会自行发展,有其自己的发展规律。"[④]生产力的要素应当是构成生产力的不可或缺的元素,对生产力系统中的某一方面起着核心决定性作用。"生产力"本来就是对"生产"能力的一种社会层面的抽象与概括。"生产"与"生产力"是密不可分的。生产涉及的因素很多,许多因素并不能抽象概括为生产力要素,仅仅是生产过程所涉及的"因素"。其对生产有影响,但并非决定性作用。我们所论述的生物自然力,就是较自然生产力、生态生产力更为抽象的、本质的、决定性的要素之一。

二、生产力要素改良的必要性

我国经济、社会要实现绿色化发展、全面建设生态文明,已经无须论证其"为什么",急待落实其"怎么办"的突出问题。在我国,马克思主义理论是解释力最强、可理解性、接受度最高的"本土资源性"理论工具。"生产力决定生产关系、上层建筑"的观点,在大众话语体系和主流理论界,大家都耳熟能详、认定其为"规律"。因此,对其逻辑起点"生产力"的要素进行改造,无疑是引发理论和实践改良与"革命"的捷径。"马克思有着丰富而深刻的自然生产力思想,他通过区分劳动的自然生产力和劳动的社会生产力,强调社会生产力的自然之根基,尤为关注进入现代生产过程且依赖技术体系和资本体系的自然力量。"[⑤]生物自然力作为与自然生产力密切相关的概念,其如何融入马克思主义生产力理论中?地位如何?因此,论证的主要问题是"为什么生物自然力应当是生产力要素?"围绕这一中心问题,研究、梳理了生产力概念,界定了"生物自然力",论证了生物自然力视为生产力要素的理论与实践依据,思考了生物自然力纳入生产力的模式,探讨了该研究的当代价值。

---

① [苏联]斯大林:《斯大林选集》,中共中央马克思恩格斯列宁斯大林著作编译局译,人民出版社1979年版,第442页。

② 范声华、李雅文、吴文盛等:《试论生产力五要素》,载《首都经济贸易大学学报》2003年第2期。

③ 漆志平:《马克思主义视阈下的生产力解读》,载《内蒙古民族大学学报》(社会科学版)2009年第3期。

④ 马昀、卫兴华:《用唯物史观科学把握生产力的历史作用》,载《中国社会科学》2013年第11期。

⑤ 任暟:《环境生产力论:马克思"自然生产力"思想的当代拓展》,载《马克思主义与现实》2013年第2期。

更为重要的是,也关注到了对“自然资本化”的反对之声。[①] 这将为促进“生态恢复”“生态系统服务功能”“环境容量”“生物综合防治”“有机农业”“生态补偿”“生物安全”等“生物自然力”的应用,寻找“元范畴”中的理论立足点。对“生产力”要素的新阐释,注入新时代内涵,丰富了中国化的马克思主义生产力理论体系,有利于促进生产关系、上层建筑的绿色化发展,从理论角度推动生态文明建设。

第三节　生产力要素视野中的生物自然力

本节论述了生物自然力纳入生产力要素的几点理由和重要价值。

一、从“传统生产力概念的不足及其修正”分析

(一)“传统生产力概念”的不足在于割裂了人类与自然的联系

当前通常认为前述“传统生产力概念”是对马克思的生产力概念产生的误读。究其原因之一,就在于没有认识到自然生产力在其生产力概念中的地位和作用。关注自然生产力对生产力概念的影响,有助于澄清误读,有助于找到应对生态问题的马克思主义理论武器。传统生产力定义存在较大缺陷:(1)传统定义割裂了人类与自然、经济系统与生态系统的联系。(2)把进入生产过程的“人化自然”与“初始自然”分开,割裂了自然系统的统一性和内在有机联系。(3)把人类征服自然的能力“单向度”理解为积极生产力。忽视人类这种行为在创造物质生产力的同时,也销蚀了“自然生产力”,并反过来制约了“社会生产力”的发展。[②] 这种传统生产力概念对人类与自然关系进行了割裂,显然也就忽视了生物自然力生产力要素的必要性。

(二)“新生产力定义”的提出反映了对自然的重视与回归

在对传统生产力定义的批判中产生了新的定义类型,反映了人类对自然的重视与回归。对生产力定义的修正视角至少有以下几种:[③](1)人与自然的关系的视角。认为传统的生产力定义过于注重人类单方面地向自然界索取。新观点强调人类对自然的保护,把治理污染看做生产力发展中应的之义。(2)人与客观世界关

---

① 例如,刘顺、胡涵锦:《自然资本化:福斯特生态学马克思主义批判的关键命题》,载《中国地质大学学报》(社会科学版)2014 年第 1 期。

② 参见刘建伟:《马克思的“自然生产力”思想及其当代价值》,载《当代经济研究》2007 年第 12 期。

③ 参见陈向义:《当前生产力定义研究的范式评析》,载《宁夏社会科学》2005 年第 5 期。

系的视角。认为生产力作用对象包含了人类社会自身的“客观世界”,不仅仅是“自然”。(3)“生产”含义的视角。认为生产的对象是物质、精神和人本身。(4)物质载体的视角。认为生产力的物质载体只能是人。“生产力三要素”是将生产力概念偷换为生产概念的结果。应将“物的三要素”换为以人为载体的“能力三要素”,即应用科技的能力、管理能力和协调社会与自然关系的能力。

除这些“新生产力定义”之外,生态生产力、绿色生产力、环境生产力、土地生产力、自然生产力、自然资本、生态系统服务功能等一系列新概念的提出,均反映了对自然的重视与回归。

二、从“生产力发展的动力与源泉”分析

生产力为什么会发展?发展的动力和源泉是什么?对这类问题的思考与回答,无疑有助于理解“生物自然力以要素形态融入生产力是必然的吗?”“生物自然力的融入起到了动力与源泉的作用了吗?”“生产关系的发展是由生产力决定的,而生产力的发展又是由什么决定的,它的发展源泉或动力究竟是什么?”关于生产力发展的动力源问题,有多种观点,如生产力内部源泉说、生产关系说、生产力与生产关系的矛盾说。[1] 由此可见,这是一个很重要的理论问题,我们将从动力源的角度论述生物自然力纳入生产力要素必要性。

(一)优良自然资源的日益稀缺是生物自然力融入生产力的重要动力

马克思说:“没有消费,也就没有生产,因为如果没有消费,生产就没有目的。消费从两方面生产着生产。”[2]他还指出:“社会需要,即社会规模的使用价值,对于社会总劳动时间分别用在各个特殊生产领域的份额来说,是有决定意义的。”[3]人类需求是社会发展的动力源泉。环境问题恶化,导致优良自然资源日益稀缺,人类对良好自然资源的强烈需求,要求社会不仅要重视防止自然资源退化、恶化,而且要恢复和增加优良自然资源的供给。“生物自然力”作为生态系统中最活跃、最具革命性的现实力量,与马克思主义理论中最活跃、最具革命性的力量“生产力”相结合也就成为必然。

(二)“人类社会与自然”的关系可以理解为“生产力与生产关系”的关系

马克思、恩格斯在《德意志意识形态》中指出的人们的生产“表现为双重关

---

① 参见马昀、卫兴华:《用唯物史观科学把握生产力的历史作用》,载《中国社会科学》2013年第11期。

② 同上。

③ 同上。

系：一方面是自然关系，另一方面是社会关系”“人们所达到的生产力的总和决定着社会状况。”[①]这一系列论述，[②]表明“人们为了生活就需要进行生产。生产是社会生产，包括生产力和社会生产关系，前者是‘自然关系’，后者是‘社会关系’。”[③]这也就是说“人类社会与自然”的关系某种意义上讲就是“生产力与生产关系”的关系。

人与自然这一事实性关系恶化了，我们就可以认为是生产力与生产关系的矛盾恶化了。按唯物史观，事实性关系的恶化逼迫生产力与生产关系矛盾的解决。“人与自然的关系”和“人与人的社会关系”是互联、互通的，相互作用的，共同组成了一个联运性“关系网”。任何割裂这种关系网分析问题的方法，都有可能是独立的、片面的，甚而是错误的。

三、从“生产力主导要素的转移”分析

在人类历史发展过程中考察，生产力作为一种能力系统，其要素的地位不同。处于主要主导地位的生产力要素，决定着生产力系统的时代特征。这种主导要素就是生产力系统的重心。参考姜正冬的观点，生产力主导要素要有如下特点：(1)是生产力形态或基本特征的决定因素；(2)是社会经济结构的主要力量，相关经济成果占国民经济的主要部分；(3)得到社会主导力量的眷顾和支持。[④]

在原始社会，人类靠天吃饭，生产力的重心在于自然力。奴隶社会和封建社会，人类进入了农业社会，人力和畜力成为生产力系统的重心。从自然力到劳动力，这是生产力重心的第一次转移。人类进入工业生产时代后，电力等“非生命性力”大规范运用，这是人类生产力的重心的第二次转移。当前，发生了信息产业为代表的高新技术革命，生产力重心正在进行着第三次转移。[⑤] 在此思路之下，我们认为，生态文明建设和生物技术革命正在引发生产力重要的第四次转移。生物技术(尤其是环境生物技术)已经成为当今技术系统中的核心技术。21 世纪是生物学的世纪之说，也印证了生产力重心正在发生新的转移。良好的自然环境成为“社会主导力量的眷顾和支持”，其在保护和恢复生态环境中发挥核心力量的生物自然力当之无愧地成为生产力要素中的主导要素。

---

① 参见马昀、卫兴华：《用唯物史观科学把握生产力的历史作用》，载《中国社会科学》2013 年第 11 期。

② 同上。

③ 同上。

④ 参见姜正冬：《论生产力系统的形态、构成及其重心转移》，载《山东师范大学学报》(人文社会科学版)2006 年第 3 期。

⑤ 同上。

四、反对性视角：从“对自然资本化的批判”分析

将生物自然力纳入生产力要素的视野，某种意义上讲也是一个“自然资本化”视角和方法。“自然资本理论及应用研究经历了萌芽——发展——成熟的历程，已成为我国社会经济可持续发展的重要理论基础而备受关注。”①与此同时，“自然资本化”也面对着众多批判。最著名的生态学马克思主义领军人物之一，被誉为“马克思生态思想复兴的主要架构师”的约翰·贝拉米·福斯特（J. B. Foster）对自然资本化进行了旗帜鲜明的批判。“在他看来，自然资本化无论如何被‘包装美化’，都绕不开资本的反生态本性，其实质上是一种市场乌托邦与资本狂妄症。对此他分三个层次进行了深刻批判：自然资本化实为商品拜物教的流变形态、驱迫使用价值从属于交换价值、致使‘人——自然’之间新陈代谢断裂。”②

这种批判之声提醒我们：在生物自然力融入生产力的过程中，鉴于生物自然力的生态基础性，我们应当注重“尊重自然”，避免“拜物教化”自然，基于“真实需要”地利用自然，管控好自然资本化过程，搞好环境风险预防，努力避免生态层次上的“深层不道德”。③

我们所构建的基于生物间相生、相克的“生物自然力两大类、四小类”体系，同时关系了“相生”和“相克”。这种统摄性的一体化类型分析，有助于避免自然资本化的“反自然”、最终“反人类”的不良极端。将生物自然力引入生产力要素中加以思考，则有助于借助“生物自然力、生产力、生产关系、经济基础、上层建筑”的链条指导和规范社会实践和法治实践。

第四节　生物自然力的理论和实践价值

一、从生物自然力提出的必要性考察其价值

关于必要性的讨论可以是长篇大论，在此仅从四个方面简要论述。

第一，在大力提倡建设生态文明的今日中国，需要挖掘和加强马克思主义自然力理论研究与实践。北京大学林娅教授认为：长期以来人们对于自然生产力没有

---

① 卢辰宇等：《自然资本的新探索——ENC大循环》，载《中国人口·资源与环境》2014年第S1期。

② 刘顺、胡涵锦：《自然资本化：福斯特生态学马克思主义批判的关键命题》，载《中国地质大学学报》（社会科学版）2014年第1期。

③ 同上。

给予充分的重视，没有纳入社会生活之中。[①] 巨乃岐教授认为：我国理论界对马克思生产力理论的理解存在一个重大失误，即无视马克思“自然生产力”思想。这在指导思想上抽掉了可持续发展观的世界观基础。马克思自然生产力思想亟须恢复和重建。[②] 自然力及其生产力视角下的自然生产力是我们生态文明政治、法制、经济、社会发展建设中的重要理论武器。掌握这一马克思主义理论武器，有利于和谐社会中的生态文明建设。

第二，马克思主义认为，“把自然力大规模地使用于生产过程，在农业中要比在其他一切生产部门中早。自然力在工业中的使用，只是在工业发展到比较高的阶段才明显。”[③]“大工业把巨大的自然力和自然科学并入生产过程，必然大大提高劳动生产率。”[④]根据经济社会发展需要，把“被忽视了的自然力”（主要是指新时代意义下的生物自然力。另一些自然力没有被忽视，如电力等）给予应有的重视，纳入生产力理论中并加以实践。

第三，生物经济发展要求我们更为重视“生物自然力”，着力构建新型生产力引领下的上层建筑。在“自然力——生产力——经济基础——上层建筑”的马克思主义理论链条上探讨相关问题。《“生物经济”的兴起与实施“生物经济”强国战略》[⑤]等文章，《第四次浪潮生物经济》[⑥]《21 世纪新经济形态——生物经济与生物质的开发利用》[⑦]等著作，都表明了发展生物经济的重要性，并引发了《生物经济热的冷思考》。[⑧]

第四，从社会现象和实践层面看，生态安全、生物污染、生物防治、生态农业等均与环境生产、尤其是生物自然力有关，是生物自然力的应用。这些新型社会现象和社会实践相关的法制建设的关联还比较薄弱。以生物自然力和生物自然力法为统领，构建相关法制是必要的，也是亟须的。

二、生物自然力成为生产力要素的当代价值

在本章第三节“生产力要素视野中的生物自然力”中，已经部分地介绍、探讨

---

① 林娅：《关于自然生产力与社会生产力问题的几点思考》，载《自然辩证法研究》2002 年第 5 期。

② 巨乃岐：《我国生产力理论研究的重大缺失——马克思“自然生产力”思想探析》，载《学术论坛》2007 年第 4 期。

③ ［德］马克思、恩格斯：《马克思恩格斯全集》（第 26 卷），中共中央马克思恩格斯列宁斯大林著作编译局译，人民出版社 1972 年版，第 36 页。

④ ［德］马克思、恩格斯：《马克思恩格斯全集》（第 23 卷），中共中央马克思恩格斯列宁斯大林著作编译局译，人民出版社 1972 年版，第 424 页。

⑤ 孔令刚、蒋晓岚：《“生物经济”的兴起与实施“生物经济”强国战略》，载《技术经济》2007 年第 11 期。

⑥ 封展旗等：《第四次浪涛生物经济》，经济管理出版社 2002 年版。

⑦ 刘奇等：《21 世纪新经济形态——生物经济与生物质的开发利用》，经济科学出版社 2007 年版。

⑧ 李伟：《生物经济热的冷思考》，载《生产力研究》2006 年第 11 期。

了一些理论观点以支持生物自然力已经或应当成为生产力要素，部分地回答了“为什么生物自然力应是生产力要素”这一问题。在此，则从更为抽象、宏观的角度探讨“为什么要研究‘为什么生物自然力应是生产力要素’”。

（一）理论价值

1. 以“生物自然力”为基础概念，把孤立的并正在发展的理论综合起来

英国学者科林·费希尔在谈科学研究与论文写作时说：“论文的概念发展阶段在很大程度上是一个思考阶段，但是它确实让你为从事课题的发现、研究阶段做了准备。它最初代表了从迷惑到确定的运动过程。当你草拟了一个似乎在起作用的概念框架时，这个概念框架赋予你控制课题的感觉。你知道自己正在努力做什么。或许需要一些努力才能得到概念框架，那么你可能会经历好几次从迷惑到确定、又从确定到迷惑的循环。但是，在你能够开始下一个阶段并且可以依照你的研究结果检验该框架之前，最初出现的确定性会渐渐消失，而不确定性则会出现。”①这是一个典型的从社会新事实类型化到新理论概念产生的过程。“生物自然力”概念，就是这样产生并形成理论统摄力的。让我们产生了“这个概念框架赋予你控制课题的感觉”。当然，这是一个发展的过程，是“确定”与“迷惑”的循环，是螺旋上升的过程。开展生物自然力研究的动因之一就是要为生态恢复、生态补偿、生态安全、生物入侵、有机农业等纷繁复杂的事实找到一个统摄性概念。这是一项做完似乎很容易、简单，真正寻找时却会经历“众里寻她千百度，蓦然回首，那人却在灯火阑珊处”的苦恼与喜悦。

2. “生物自然力”的全面构建，有利于有关环境资源法治理论的均衡发展

由于历史发展条件的限制，从目前来看，我国环境法制存在一定的“畸形”，对于环境污染的负外部性内部化问题非常重视，重视“谁污染，谁付费”；更多关注抑损性规范，缺少对增益性规范的重视、研究与构建；忽视正外部性的内部化，对“谁受益，谁补偿”重视不足；比较重视良好生态环境的存量保护、轻增量增加。这种“畸形”在现实工作中的反映就是重污染防治、轻生态建设，重收费、轻补偿，重损益防止、轻增益增加。其恶果当然就是沙漠化、草原退化等。

生物自然力既包括“生物”，也包括四小类“生物功效”。从基本范畴上，有利于解决环境法制及其理论体系的“畸形”发展问题。

---

① ［英］科林·费希尔等：《博士、硕士研究生毕业论文研究与写作》，徐海乐、钱萌译，经济管理出版社2005年版，第97页。

3. 生物自然力作为生产力要素，有利于在更深层次上实现马克思主义理论的时代化、大众化

马克思主义理论是与时俱进、丰富多彩，在我国具有核心解释力和广泛接受度的理论。在大众话语体系和理论界，“生产力决定生产关系、上层建筑”的观点，大家都耳熟能详。因此，将生物自然力纳入马克思主义理论的重要基础范畴“生产力”中，既有利生物自然力的相关社会实践得到马克思主义理论指导，也有利于将新科技因素和时代发展趋势性因素融入马克思主义理论，使其与时俱进，保持时代性。马克思主义理论在中国可以说是大众化理论，将生物自然力融入其基础范畴，无疑可以“搭便车”，有利于从基础理论上引发有关生物自然力有关理论的“革命”捷径。

（二）实践价值

“生态文明建设”可以说是与生物自然力有关的中国最大实践。生物自然力的自然性、活跃性、时代性、最新科技性是有目共睹的。有关“生物及其应用”的研究成果更是汗牛充栋。社会实践方兴未艾，对法律规范的需求也就日益增强和迫切。与理论研究中的状况相对应，在现实实践中，对“生物”重视多，对“生物功效”重视不足。但是，近年来，对生物功效的重视呈勃发之势，这也是撰写本文的原因之一。在现实实践中，那些与生物自然力有关的事实（特别是与生物功效有关的）构成了诸多“零散事实群”。这些“零散事实群”及其政策法律研究大都彼此孤立。如生态恢复、生态补偿、生态安全、生物防治、环境容量交易、碳排放交易等，其中生物自然力均起到了举足轻重的作用；但在实践（特别是理论中）多属于分散的“零散事实”。这就需要我们将理论与实践相结合，找到一个基础性范畴“统摄”这些事实和概念，然后通过类型化手段进行深入研究，以期实现体系化、理论化，进而以马克思主义理论指导我国有关实践。这是一个从实践到理论再到实践的过程。

第五节　“资源形成力”初探

近年来，生态农业、生物防治、碳汇交易、生物入侵、生物安全等问题日益成为关注热点。其中涉及了一些新型资源，或者说有一些过去的潜在资源转变为了现实资源，如碳汇、生物间的相生相克效应等。能否用马克思主义理论解说新型资源的形成机制？生产力、生产关系、经济基础、上层建筑，是相互关联的。法制属于上层建筑。法制，尤其是环境法制对新资源的形成有何相应促进对策？这就是本节要具体讨论的两大方面的问题。在本节中，以马克思主义“自然生产力”有关研究

成果为着眼点,提出了自然生成力、资源形成力、自然贡献力等概念,对相关概念做了更具内在逻辑性的进一步类型化分析和内涵界定,探讨了环境法制应做出的相应变革方向,力图通过某些"新解读"对生态文明时代的环境法制建设能有所启示。

一、几个基本概念的科学解读

要在马克思主义理论框架中讨论问题,首先要基本遵守这一话语体系的概念的严谨性、逻辑性。不要时常转换概念的内涵和外延,否则会产生一些不必要的所谓"研究成果"。马克思主义理论有其哲学思辨性,但也有其理论科学性,我们的讨论更为注重的是从众多思辨性研究成果中寻找相对科学、自圆其说的理论观点。就本文而言,研究是基于自然生产力而展开的,已有相关研究成果中一些基本概念的理解和运用多有混乱。我们就首先剖析与自然生产力有直接关系的概念,并做出更为符合研究逻辑和发展趋势的解读。

(一)自然、物质和能量

1. 自然

广义的自然是指一切存在物,与物质、存在等同义,包含人类及其社会。通常分为非生命系统和生命系统。马克思把自然分成初始自然和人化自然。与"自然"最为相关的两个概念是"生态"和"环境"。生态就是指一切生物的生存和发展的状态,是生态学概念,可以理解为"生物中心论"的视角。环境是指人类环境,又分为自然环境和社会环境,是"人类中心论"的环境学观点。自然环境是指围绕人类的自然界。社会环境既包括物质化的社会环境,如城市、农村、工矿区等;也包括非物质化的精神环境,如法律环境。

2. 物质

"物质"一词的全面理解对于我们寻找生产实际中对物质掌握和利用的不足,发展绿色生产力、搞好绿色生产是非常重要的。广义的物质就是自然界,其可分为两类:一类是人类物质经济技术条件下可以为人所利用的物质,即资源;另一类是不能利用的,是潜在资源。对于物质型资源来讲,依据其利用方式不同分为:(1)物质物理性利用资源,如用木材做家具。(2)物质能量性利用资源,就是可以直接或经转换提供人类所需的光、热、动力等任一形式能量的载能体资源。(3)物质化学性利用资源,如运用物质对害虫的毒性杀虫,通过化学反应制造新物质等。有可能会消耗掉物质本身,也可能仅是化学功效的利用。(4)物质生物功效利用,如生物间的相生、相克。当然这种相生相克通常也是通过化学物质进行的。这并没有直接利用生物的物质性本身,而是利用了其生物功效。资源其他分类方式还很多,细致、科学的资源分类对于高效地利用好资源是非常重要的。我们在发展绿色生产力时,要思考的是我们过度利用了哪些资源？我们忽视了哪些资源的开发利用？更好地利用好哪类资源更为有利于绿色生产力的发展？有哪些资源需要采取措施进行恢复或者促进其形成？

3. 能量

"能",一是指物体做功的本领,能够对外做功则这个物体就具有能,有做功的能力、本领;二是指能量的简称,如化学能、机械能、电能等。

(二)"生产"与"生成"

这种区分,也许是我们的一个创新思维。要研究生产力,我们首先要明确什么是生产？根据《辞海》,生产是"指由一定生产关系联系起来的人们利用劳动工具改变劳动对象以适合自己需要的过程。包括生产力和生产关系两个方面"。[①] 这应当是普遍性、基础性的理解,而且通常是基于"物质生产"的。当你讨论"社会关系生产""精神生产"时,哪个扩大了"彼生产",显然不是"此生产"。本文讨论自然生产力也是从物质生产的角度加以讨论的。

生成,是生长和建构,是根据自然的状态和发展而产生的动态形成过程。根据人的参与程度又可分为两种:一种是在人的参与下生成人类预设目标的自然过程,可称为"自然生产";另一种则是完全遵循自然规律的自然的生成现象,可称为"自然生成"。正如北京大学林娅教授所说:"自然生产力要真正成为社会生产力同样需要中介。生产之所以能够实现,必须要有一定的人与人之间的关系。"[②]

(三)"力"与"自然力"

1. 力

"力",作为名词,有多种含义:(1)人和动物筋肉的效能,如力气、力量;(2)一切事物的效能、能量、能力,如电力、药力、生产力、控制力;(3)物体之间相互作用,如作用力;(4)姓氏。作动词,其含义为致力、努力等;作为副词,其含义为极力、尽力等。

2. 自然力

本章第一节有更为详细的探讨。"自然力"中的"力",应当是指:人的力量(当把人理解为自然的组成部分时);物质的效能、能量、能力;物理学上指物体之间相互作用。从应用的角度讲,对自然力的利用,应是对自然的力量、效能的运用,而不是对自然物体本身的物理性应用。自然物体本身是"物",而不是"力"。自然不等

---

① 《辞海》,上海辞书出版社1989年版,第4519页。

② 林娅:《关于自然生产力与社会生产力问题的几点思考》,载《自然辩证法研究》2002年第5期。

于自然力,自然力不等于自然物质。这种理解虽然比较狭义、朴素,却是最符合现实思维常识的,更为科学。

二、自然贡献力的两大类型

目前,学术界对于“自然生产力”的理解众说纷纭,相关概念颇多,如生态生产力、绿色生产力、生态系统生产力等。无论这些概念的定义是多么的不同,其共性之一就是都涉及了自然对人类的贡献。根据前述“生产”与“生成”的区别,我们将自然贡献的过程划分为“自然生产”“自然生成”,同时将其相关的自然能力分为“自然生产力”和“自然生成力”。

(一)自然生成力

这是自然界在基本没有人类参与的情况下,通过自然演变、自然生长过程形成物质或能量的“能力”。有关生产力、生态生产力研究中的一些论述即可归入此类。在此仅举一例,如“生态生产力是指生态系统的物质变换能力……其中,生物生产力起主导作用,因为生物生产力是生态生产力的主体和内因,环境生产力是生态生产力的客体和外因。”①

(二)自然生产力

这是一种在人的参与下生成人类预设目标的自然过程,可称为自然“生产”。有关生产力、生态生产力研究中的一些论述即可归入此类。在此仅举一例,如“生态生产力是人类同自然和谐协调、共生共荣、共同发展的能力,在以生态生产力为主导形态的生产力基础上,人类可以用对话的方式与自然界进行物质和能量的交流,从而有效地解决人与自然之间的矛盾,建构新型的生态文明。这一新理念极大地丰富和深化了生产力理论。”②

三、“资源形成力”概念的构建

(一)自然生产力概念剖析

运用前述的自然、自然力、自然生成力、自然生产力等概念的理解和界定,我们对已有马克思主义自然生产力研究成果中几个典型观点做一下借鉴性评析,或赞同其观点,或提出不同见解。这些观点的辩论与廓清,将为“资源形成力”概念的

---

① 文启胜:《论生态经济生产力》,载《生态经济》1996 年第 2 期。
② 于海量:《人与自然和谐:生态生产力发展的着眼点》,载《南京财经大学学报》2006 年第 3 期。

构建奠定基础。

第一种观点认为：“自然生产力有广义和狭义之分：狭义的自然生产力是指纯粹的自然力（如瀑布、河流等），而广义的自然生产力则不仅包括自然力，还包括自然资源、生产所必备的自然条件、人自身的自然条件等。”①本文笔者认为，这一观点中的自然生产力应当属于自然生成力。其所述的狭义、广义自然生产力属“自然力”而不是自然生产力。正如电力不能等同于电力生产力一样，把“自然资源、生产所必备的自然条件、人自身的自然条件等”这类所谓“广义自然生产力”和“社会生产力”并列，似需进一步分类、改良，其准确性和解释力要弱于两者分开。

第二种观点认为：“自然生产力属于广义生产力的范畴，是指客观存在于自然界同时又与人类的生存和发展紧密相关，能够直接或间接地影响生产活动的各种自然力量的总和，包括自然界的自然力、人的自然力和人化自然力。”②“包括自然资源和自然生产条件在内的整个自然生态环境都直接或间接表现为生产力。”③这种对自然生产力的定义更像是对“自然力”的定义，而缺少生产力定义的特征。

第三种观点认为：“生态生产力是自然生产力与社会生产力的统一。它是人类在认识自然、尊重自然和保护自然的前提下利用自然，使人类与自然在高度和谐统一中相互转换物质和能量，最终实现人类整体进步和每个个体全面发展的能力和成果。”④这一定义中的主体是“人类”，其自然生产力应当不属于自然生成力，但可以理解为包括自然生成力。

第四种观点认为，马克思说：“一切劳动，从一方面看，是人类劳动力在生理学意义上的耗费；作为相同的或抽象的人类劳动，它形成商品价值。一切劳动，从另一方面看，是人类劳动力在特殊的有一定目的的形式上的耗费；作为具体的有用劳动，它生产使用价值。”⑤从这一论断出发，认为生态生产力不能与劳动生产力相提并论，因为“它们本来就不是同一层次，同一辈分的概念”。⑥ 这一观点中的生态生产力应当是不包括人类劳动的自然生成力。

---

① 林娅：《关于自然生产力与社会生产力问题的几点思考》，载《自然辩证法研究》2002 年第 5 期。

② 刘建伟：《马克思的“自然生产力”思想及其当代价值》，载《当代经济研究》2007 年第 12 期。

③ 同上。

④ 蒋圣斐：《生态生产力：人与自然和谐发展的新理念》，载《苏州科技学院学报》2007 年第 1 期。

⑤ ［德］马克思、恩格斯：《马克思恩格斯全集》（第 23 卷），中共中央马克思恩格斯列宁斯大林著作编译局译，人民出版社 1972 年版，第 60 页。

⑥ 周少歧：《生产力泛化之困惑》，载《岭南学刊》2006 年第 4 期。

（二）“资源形成力”概念的内涵

“追本溯源，马克思在谈到生产力时使用了一些不同的概念，他本人也没有做出更为具体的解释，所以才有后来的各种经典文献的不同理解。”①我们同意这一看法。针对自然生产力研究的现状，我们对自然、自然力、物质、资源、能源做了进一步的类型化分析，对自然贡献力做了“自然生产力”和“自然生成力”的进一步划分。这为较好地表述“自然生产力”，实现自然贡献力的两种类型和社会生产力的区分与整合奠定基础。

1. 自然生成力和自然生产力分离

已有的自然生产力、生态生产力、绿色生产力等概念的界定中，时常出现混淆自然力、自然生成力、自然生产力的情况，导致概念界定的内在不合逻辑性。生成力和生产力都是基于“过程”而定义的。自然生成力的生成过程是没有人工参与的，其生成结果可能是被人类认识并纳入经济社会统计中去的事物，也可能是尚未被人类认识未纳入经济社会统计中的事物；自然生产力的生产过程是有人工参与的过程，其中可能包括（甚而主要依赖）自然过程，也可能全部是人工过程，但其结果是完全可以预期的并纳入经济社会统计的事物。例如，森林的碳汇功能是自然过程，当没有被人认识和纳入经济社会统计视野中时，它是纯自然生成过程，森林的这种能力是一种自然生成力。当人类经济社会关注森林碳汇并纳入经济社会统计中时，其就成为一种自然生产过程，森林的这种能力就可以称为自然生产力了。人类发展过程中一直存在自然生成力转换为自然生产力的情形。

显然，自然生成力或自然生产力与“自然力”有所不同，也不同于“生成”或“生产”。当然这里指的是狭义的自然力，而不是广义的等同于整个自然界的自然力。只有当自然力相互作用产生新的事物时才可称为自然生成力。产生的新事物可能是事，对人类有益的事（如久旱逢甘霖）或对人类有害的事（自然灾害）。产生的新事物也可能是物，对人类有益的物（如森林积累下来的碳）或对人类有害的物（如有害环境激素）。

类型化的新进展有利于更为准确地界定相关概念，更为贴切地依法规制相关行为。

2. 资源形成力的内涵构成

对于生产力的构成，当我们区分生产和生成时，显然传统的生产力概念应当是狭义的，即不包括生成力。当我们在不同意义上理解自然、自然力、社会、力等概念时，与之相关的概念，如自然生产力、社会生产力等及其不同组合和关系也是非常

① 李家庆：《生态生产力研究综述》，载《国家林业局管理干部学院学报》2008 年第 3 期。

复杂的。在此，我们不再做不同类型下的排列、组合，而是选择我们认为“应当如此”的说法加以论述。

对于最原初的生产力概念，在区分生成和生产的情况下，我们可以说：广义的生产力（或给一个新的此类概念，如自然社会贡献力）= 自然生成力 + 狭义的生产力。实际上此狭义生产力就是我们通常所说的生产力，是包含了人类劳动的生产能力。

自然力与自然生产力、生成与生产不应混淆。在不混淆的前提下，自然生产力应当界定为有人工因素的，可纳入人类生产经济系统的自然生产能力。自然生成力则是没有人工因素的，未纳入人类生产经济系统的自然生成力。自然生成力和自然生产力，以人工的介入和是否纳入生产经济系统为区分。随着人类社会经济技术的发展，自然生成力不断转化为自然生产力。

对于社会生产力，本人赞同在物质生产的概念上加以理解，而不是加上人的生产和精神生产。当然，把人视为“物”或“人之自然力”时，物质生产可以涵盖人的生产。社会生产力中含有精神生产力时，则是以非常广义的“生产”概念为工具进行的统揽“生产力——生产关系（经济基础）——上层建筑”系统性研究，与传统的研究进路有本质区别。

总之，资源形成力（或称形成人类资源的贡献力）包括生成力和生产力。生成力是纯自然的；生产力则是有人工因素的。生产力中以自然生成为主要方式，加入了人工劳动、经济因素的生产能力，称为自然生产力。生产力中非以自然生成为主要方式，以人工劳动、经济因素为主要生产方式，称为社会生产力。例如，当代传统农业尽管基于作物的自然生长，但是其依赖人工劳动，大量依赖农药、化肥、生产机械等，这就属于社会生产力。真正的有机农业有一定的人工因素，但主要依赖自然生成过程，这就属于自然生产力。野生动植物的生长，则是属于自然生成力。（见图 9－2）

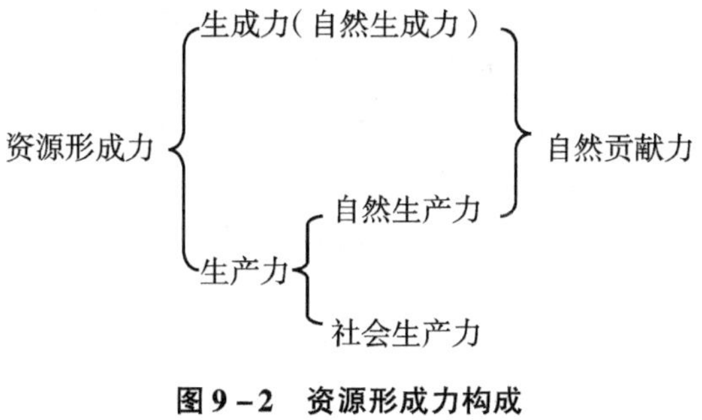

图 9－2　资源形成力构成

四、"资源形成力"的环境法制建设意义

从资源形成力的构成图来看,与传统社会生产力最大的区别是,我们更为关注了自然贡献力。自然贡献力又分划为自然生成力和自然生产力,分别归入生成力和生产力。从这类绿色生产力变革最相适应的上层建筑——环境法制的变革来看,主要表现在以下三大方面。

(一)有利于生态恢复产业法制建设与发展

有利于构建以生态恢复、重建为主要内容的生态恢复产业法制。资源形成力、自然贡献力所关系的重点正是如何发挥自然力的作用,使生态系统取得有效保护和恢复,并不断填补法律空白,形成一个健全完备的环境领域立法体系。

(二)有利于促进"自然力"的依法开发利用

由于经济发展方式的影响,在已往的研究成果中,较为普遍地存在一种现象,即重视物质型、能量型资源,忽视功能型资源。除医药之用外,生物功能型资源不被重视。当前,生物安全、生态补偿、生物防治、生态农业的兴起,生物功能型资源日益受到重视。生物功能性自然力应用、开发,已经出现不得不采取依法规制的情况。

(三)有利于体现法制建设研究的前瞻性

在建设环境友好型、资源节约型社会的今天,我们在注意资源节约的同时,也要重视资源的形成。我们要使潜在资源转换为现实资源,使自然生成力转换为自然生产力,注重资源生产的同时关注资源的生成。环境库兹涅茨曲线右侧的特征是不仅注重环境保护,同时更为重视环境改善和恢复。而"改善和恢复"的主要力量是"自然生成力",特别是生物自然生成力。生物是生态系统中最具活力和革命性的物质。除需用时巨长的地质变化过程之外,生物自然生成力是生态系统中最值得关注和研究的自然力资源。以"资源形成力"的有关理论观点为借鉴,发展环境法制,促进资源形成力向现实经济力的转化,将人类生产过程更多地与自然生成过程相和谐,无疑是非常需要重视,非常值得研究的。

第十章　“生态生产力”的类型分析

马克思主义政治经济学是在实践中指导我们理论研究的重要依据。对于“传统生产力”目前有众多批判,产生了“生态生产力”的概念,并逐步开始对其进行类型化研究。对四种生态生产力类型进行简介和评价,有助于梳理、廓清有关研究的理论观点类型,有助于分析、明确不同类型的侧重点和理论,或适用上的特殊语境或环境,有助于在深入类型化分析的基础上提出生态文明时代对生产力理解的创新性观点。提出了“批判之批判”性观点,认为生产力概念应向传统生产力概念回归;环境恶化、生态破坏的反动就是环境恢复和生态重建,是一定程度上的改造和征服自然;征服的激励性和自然的规律性应当和谐并存。

第一节　生态生产力类型分析的必要性和前提

一、马克思主义政治经济学是中国实践的行动指南

(一)生态生产力类型化的必要性

2015 年 11 月 23 日,中共中央政治局第二十八次集体学习的主题是“马克思主义政治经济学基本原理和方法论”。这次学习活动的举行再次显示和强调了丰富和发展马克思主义政治经济学理论的重要性和必要性。立足我国国情和实践,提炼和总结我国经济发展实践的规律性成果,总结提出当代中国马克思主义政治经济学新观点、新学说,为马克思主义政治经济学的创新发展贡献中国智慧,为中国生态文明建设提供具有中国特色的理论支撑,为全球环境保护事业做出中国贡献,是当前马克思主义理论界的重要职责。

(二)众多“生态生产力”概念需要类型化

传统工具书如 1980 年版的《辞海》、《政治经济学辞典》、1987 年版的《中国大百科全书》和 1998 年版的《政治经济学大辞典》都将生产力定义为:“生产力是人们征服、改造自然的能力”。通常将生产力等同于物质生产力或社会生产力,如

“人们在物质资料生产过程中与自然界之间的关系是人们征服和改造自然的客观物质力量，亦称社会生产力。”①蒋学模主编的教材中说：“生产力是人们征服自然、改造自然的能力。”②逄锦聚等主编教材说：“生产力是人们改造自然和控制自然界的能力，它反映人和自然界之间的关系。”③这种对生产力的定义通常都被称为“传统生产力”概念。传统生产力概念最为人们所诟病的是“征服自然、改造自然”，被认为是将人凌驾于自然之上，不尊重自然规律，没有科学地认识人与自然的关系。传统生产力定义存在较大缺陷：“（1）传统定义割裂了人类与自然、经济系统与生态系统的联系；（2）把进入生产过程的‘人化自然’与‘初始自然’分开，割裂了自然系统的统一性和内在有机联系；（3）把人类征服自然的能力‘单向度’理解为积极生产力。”④

习近平总书记认为有必要“牢固树立保护生态环境就是保护生产力、改善生态环境就是发展生产力的理念”。⑤ 如何正确对待“生产力”与“生态环境保护”的关系，也必然成为马克思主义理论界研究的一个重点。因此，在理论界产生对传统生产力概念进行的绿色化变革，出现生态生产力、环境生产力、绿色生产力、自然生产力等新概念。关注度最高、使用最多、研究较为深入的当属“生态生产力”概念，其他均可囊括其中，故本文仅选用“生态生产力”概念讨论之。众多的“生态生产力”概念内涵侧重点有所不同，在理论和实践中作用不同。对其进行类型化研究，有助于梳理、廓清有关研究的理论观点类型，有助于分析、明确不同类型的侧重点和理论或适用上的特殊语境或环境，有助于在深入类型化分析的基础上提出生态文明时代对生产力理解的创新性观点。

二、类型化前提：区分“社会生产力”和“自然生产力”

愈是基础性概念，愈是争议多。为了较为准确地进行类型的划分和解说，在此不做一些基础概念的辨析，而是尽可能选择概念意义的“通说”，再辅以“区分性解说”。这种“区分性解说”本身也具有一定的理论价值。本书将“社会生产力”和“自然生产力”作为前提性概念进行了界定和区分。既然进行界定、区分，显然是认为两者互不包含。这种不同于“自然生产力”的“社会生产力”也可称为“狭义的社会生产力”。所谓“狭义的社会生产力”，是与目前理论中的另一种界定“广义的

---

① 本书编委会编：《中国大百科全书》，中国大百科全书出版社 1987 年版，第 784 页。

② 蒋学模主编：《政治经济学教材》，上海人民出版社 1980 年版，第 4 页。

③ 逄锦聚等主编：《政治经济学》，高等教育出版社 2003 年版，第 23 页。

④ 参见刘建伟：《马克思的“自然生产力”思想及其当代价值》，载《当代经济研究》2007 年第 12 期。

⑤ 习近平：《坚持节约资源和保护环境基本国策，努力走向社会主义生态文明新时代》，载《环境经济》2013 年第 6 期。转引自徐水华、陈璇：《习近平生态思想的多维解读》，载《求实》2014 年第 11 期。

社会生产力”相对应,其包含本书所界定、区分的“社会生产力”和“自然生产力”,应当是两者之和。为了类型化的准确性,本书采用的“社会生产力”是“狭义的社会生产力”,不包含“自然生产力”。本书认为,“社会生产力”和“自然生产力”主要有以下几方面的不同。

(一)主体不同

社会生产力的主体是社会,是社会个体组成的群体,是有组织的人群,或者笼统地讲是“人”。人是有主观能动性的,自然可认为没有。这涉及人与自然的区别和联系,不再详谈。人类通过人口生产维持其存在。

自然生产力的主体是自然,是生命物质和非生命物质组织的系统性群体。生态学中的生产力概念,指处于生态食物链中各级生产者的生产力。在生态系统中,最初级的生产者应当是生物圈中的绿色植物,这种初级生产者的能量可以随食物链传递。而自然生产力的活跃、革命性主体则应当是生物以及生物本身具有的自然力。自然通过其生物再生(较迅速)和自然界的运动(异常缓慢或灾难性运动)维持存在和产生。

(二)作用对象不同

社会生产力以人为主体,它的作用对象是自然和人造自然。当然,如果我们所指的是广义的社会生产力,即如果还包括精神产品的话,它的作用对象还可以是社会组织,这是一种人类社会特有的事物类型。

以自然为主体的自然生产力的作用对象,是自然和自然界生命和非生命物质构成的“生态系统及其功能”。当然,在“自然的眼”中,人与动物似乎并无区别,只是其破坏能力更大些,也是其作用物中的一种。

(三)作用工具不同

与其他类生物相比,人类具有极强的优越性,而这种优越性的最强体现就是能够制造并使用工具。工具的使用,使人类完全不同于其他生物,具有了超强的生存力、破坏力和毁灭力。除个别动物非经常情况下使用工具外,生物基本上可以说是不能使用“人类社会意义上的工具”的。其实,自然也有其工具,那就是在生物与生物之间、生物与自然之间存在相互影响、相互依存的关系。这种关系可以通过食物链体现,也可以通过生态系统功能综合实现。当人类依靠极少几种动、植物解决了食物问题之后,生物或大自然对人类的作用工具,主要依赖于生态系统功能。生态的破坏和退化,将成为自然报复人类的工具,使人生活在恶劣环境中,健康无法得以保障。

(四)衡量尺度不同

如何对社会生产力加以衡量,并非是一个可以简单诠释的问题,单纯从"生产"来看,有"劳动生产率"进行评价生产力水平;从社会发展来衡量,则争论较多,例如,近年来发生的关于"生产力标准和价值标准相统一"的争论等。① 总之,当代不断强化生态文明建设的背景下,单纯用 GDP 增量来评价生产力并不充分,引入绿色 GDP 才是正途。

自然生产力的评价,其角度有二:一是人类价值角度评价,也就是能够为人类做什么贡献。这种贡献的评价目前也不再局限于物质生产的贡献,还应包括优良的综合生态环境、自然美感等。二是自然内在价值角度评价,当然是有利于维护大自然的繁荣、稳定和美丽的能力越强,自然生产力水平越高。

(五)规律和发展取向不同

就自然生产力而言,它能够符合自然界中的不以人类意志为转移的客观存在的规律,这种规律合乎于完整自成的生态系统所运行的规律。而对于社会生产力,其必须符合人类生存发展之需要,含有人类自我意志于其中。从这一角度来看,自然生产力与社会生产力在所依赖的运行规律、所受影响的因素以及体现出的价值等方面具有较大的差异性。虽然自然生产力必然受人类影响,因而生态生产力也必然带有与人类生存及其行为良性互动的属性,即其与人类保护生态的价值需要在某种程度上具有一致性,但生态生产力的运行和表现形式必然具有客观性、自定性和不可预测性。也就是说,它不能在任何时间节点及任何运转过程都与人类的自我行为保持一致,而且往往与之相反,它们之间也许是相互冲突的。对于人类而言,自然界中的生态系统是人类主要生活资料的来源。维护人类的可持续发展,必须认识到人类利益与生态利益之间的一致性。但同时也应当注意到,为最大化实现人类各种不同的利益,人类在利用自然之时也可能会不尊重生态规律,导致自然生产力遭受破坏。

第二节 生态生产力类型及其评价

由于是相对新颖的研究领域,仅"生态产生力"的概念界定就产生了一系列有关研究成果。每一个概念定义本身,大家理解也可能会有所不同。这是新事物、新

---

① 参见李善勇:《论评价社会经济制度的生产力标准与价值标准》,载《湖北社会科学》2013 年第 1 期。

理论初级阶段的必然情况。当其勃兴至一定程度，我们对这种“纷繁”状态进行理论梳理和廓清、升华，使其“减繁就简”，反而更宜理解、操作使用。作者在认真研究并学习有关“生态生产力”文献的基础上总结认为，我们可以在理论上将生态生产力概念归纳为四大类型。

一、类型Ⅰ：从“自然生产力”角度定义生态生产力

（一）类型Ⅰ简介

类型Ⅰ是指以“自然”作为生产的主体，以此为基础描述生态生产力。此种类型强调了自然生态系统的主体性，所界定的生态生产力就是本文所界定的自然生产力，仅指自然界的物质供给和服务功能供给能力。这种生态生产力类型体现在一些研究成果中，如“社会生产力是经济学概念，生态生产力源自生态学中的生产力概念，指处于‘生态食物链’中各级生产者的生产力。”①再如，“生态生产力则指自然资源环境为人类提供物质原材料、良好生活环境、经济生产的废弃物回收的综合能力。”②生态生产力是“整个生态系统的综合转换效率，生态系统本身在保持其健康状态时所表现出的生产能力或生产水平或生态系统的物质变换能力。”③

（二）类型Ⅰ简评

其实，类型Ⅰ是生态学概念而非政治经济学概念。我们认为，不同学科的概念、内涵可起到借鉴、启发、思考之功效，但不可不考虑学科不同、话语体系不同而在不明语境下混乱使用。当然，头脑清楚、借用语境明确的情况下，这种“未经概念转换的盲目借用”却更具有一定的“革命性”意义。类型Ⅰ尽管属于对生态生产力比较狭义的理解，却让我们了解到自然生产力丰富的内容。因此可以说，某种程度上我们对自然的忽视，并非低估或否定了自然中资源的价值，而是忽略了自然中客观存在的生态服务功能。当前，关于生态服务功能的研究已成为一个理论热点和难点。类型Ⅰ为我们搭建了“生态学与环境政策法律之间”以及“自然的环境功能与经济功效之间”的桥梁。

二、类型Ⅱ：双主体“社会生产力和自然生产力之和”的定义

（一）类型Ⅱ简介

类型Ⅱ认为“生态生产力是社会生产力和自然生产力之和”，生产力的主体包

---

① 卢莉芳：《论社会生产力与生态生产力的辩证统一》，载《北京化工大学学报》（社会科学版）2005 年第 1 期。

② 洪志生等：《生态生产力解析》，载《林业经济问题》2006 年第 1 期。

③ 文启胜：《论生态经济生产力》，载《生态经济》1996 年第 2 期。

括人和自然，是对生产力“双主体”的认可。这种生态生产力类型体现在一些研究成果中，如“所谓生态生产力则是指人类在社会生产过程中综合自然生态系统和人的劳动能力所产生的客观能力和力量。”①“现代生产力是生态生产力与物质生产力统一体。”②“生态经济生产力”被认为“是在现代经济社会生产中人们开发、利用自然资源，保持、协调自然环境，创造良好生态环境，生产生态财富和经济财富的现实力量的总和，是多种自然生产力与经济生产力共同构成的生产力系统”。③

(二)类型Ⅱ简评

马克思在《资本论》中对生产力的评述是：“生产力当然始终是有用的具体的劳动的生产力，它事实上只决定有目的的生产活动在一定时间内的效率。”④可见，在政治经济学中，生产和生产能力应是一个人域的概念，是人的劳动活动，是人与动物的区别。那种对生产力过于“广义”的理解，是缺少科学性的，往往成为宣传用语，而无法真正融入马克思主义理论体系之中。对于“双主体”，我们是不赞同的。这正如环境法学界讨论的“‘自然’能否成为法律关系的主体”一样，我们认为“不是不可以，但是没必要”。将“自然”作为生产力的主体、作为法律关系的主体的做法，是对“社会科学”的颠覆。这种“颠覆”在理念升华、理论价值性指导上是有重要意义的，但是在实际制度应用上却无必要，强行为之会引起不必要的混乱和“革命成本”。究其根本原因，人与自然关系恶化的背后是没有处理好人与人之间的关系。没有必要逆传统而动，让“自然”成为“主体”。狗不成为“原告”就无法保护狗的福利了吗？理念、理论和实践还是有区别的，强行“制度革命”，实践成本太高。除笔者外，也有一些学者对生产力概念讨论的“泛滥”及“双主体”提出反对意见，如《生产力泛化之困惑》一文作者说：“强调在生态平衡中发展生产力是正确的，但以其为尺度来衡量生产力，或者主张在劳动生产力之外还存在一个‘绿色生产力’，那就另当别论了。”⑤

三、类型Ⅲ：单主体“社会生产力与自然生产力之和”的定义

(一)类型Ⅲ简介

这种类型同样认为“生态生产力是社会生产力和自然生产力之和”，但是生产

---

① 于海量：《人与自然和谐：生态生产力发展的着力点》，载《南京财经大学学报》2006 年第 3 期。

② 徐文军等：《论现代生产力的三个向度》，载《生态经济》2006 年第 1 期。

③ 李晓光：《生态经济生产力论与山区半山区农业经济的可持续发展》，载《农业科技管理》2005 年第 3 期。

④ [德]马克思、恩格斯：《马克思恩格斯全集》(第 23 卷)，人民出版社 1972 年版，第 59 页。

⑤ 周少岐：《生产力泛化之困惑》，载《岭南学刊》2006 年第 4 期。

力主体只有“人”。这种生态生产力类型体现在一些研究成果中，如“所谓‘生态生产力’就是人类在生态系统维系自身（包括整个生物界）续存发展的基础上，经过适应、吸纳和加工，对人类特有生产生活所发挥的支托、参与及规导的能力，体现生态的‘软硬件’功能，包含生态系统固有自然功能和人类行为作用下扩展的功能。”①这种观点认为，生态生产力就是同时包括自然生产力与社会生产力，是两者的统一。生态生产力的前提是人类保护自然，尊重自然规律，在此基础上对自然加以利用，从而实现人类与自然之间物质与能量的互相转换。这种转换具有人类与自然的和谐与统一，并能够实现人类的整体进步和可持续性的发展。

（二）类型Ⅲ简评

如前所述（“类型Ⅱ简评”），本文并不赞成以“双主体”来界定和分析生态生产力。但是，也有难能可贵的个别学者同样在对生产力概念类型化研究的基础上表示赞同“双主体”。这种观点认为，“生产力绿色化”角度定义生态生产力实际上属于主流观点，并已经得到许多学者认同；但双主体“社会生产力和自然生产力之和”的定义更应当得到支持。因为这种类型的实质就是自然生产力，其主体是自然生态系统，没有必要再换一种提法。从“生产力绿色化”角度定义生态生产力的实质是体现了现代的生态理念，也是社会生产力生态化的必然取向。这种类型的主体仍然是人类本身，它忽略了自然生态系统也具有生产力的事实，避免了陷入“半边生产力”的误区。可见，该观点作者弃类型Ⅳ的原因是“其主体仍然是人类本身，抛弃了自然生态系统本身也具有生产力的事实”；赞同类型Ⅱ的原因是其“承认人类社会和自然生态系统都具有生产力的事实”，实是赞同“双主体”。“类型Ⅱ简评”中介绍了生态生产力“双主体”的反对观点，在本“类型Ⅲ简评”中介绍了赞同观点。这类分歧的存在是合理的，因为其理由均有一定的道理，或者说理论解说中的类型Ⅱ、类型Ⅲ各有理论缺陷，让对方无法接受。对于“双主体”观念“分歧”的主要解决方法是将自然力分为“自然生产力”和“自然生态力”。自然生产力主要指可以运用到生产领域中的自然力，而除此之外的部分可以归入自然生态力。纯自然生态力不为人掌控，不纳入生产力，其名称也叫“生态力”而非“生产力”。这种精细化的类型化，有助于理论概念的条分缕析和互洽，有助于理论的体系化、纵深化发展。

四、类型Ⅳ：从“生产力绿色化”角度定义生态生产力

（一）类型Ⅳ简介

类型Ⅳ所界定的生态生产力，是指“传统意义上的生产力”的“绿色化”。狭隘

① 杨承训、承谕：《生态生产力规律与新增长点的培育》，载《中共天津市委党校学报》2011年第6期。

地认为，由于传统生产力不包括自然生产力，因此绿色化的对象也不包括“自然生产力”，或认为实质上是以自然生产力对狭义的社会生产力加以绿化。类型Ⅳ中的“生产力”也可以理解为“通常意义上的生产力”，各种类型的生产力都有绿色化之必要。这种生态生产力类型体现在一些研究成果中，如“生态生产力的定义可以表述为：为了实现人的持续生存与发展，人类在兼顾生态平衡和推行可持续发展的前提下，以生态文明为发展方向，在和谐统一中实现人与自然之间的物质转换，最终达到人与自然和谐发展的能力。”①“生态生产力是指人类同自然和谐协调、共生共荣、共同发展的能力，是以生态文明为取向的生产力发展方向，是生态文明观关于生产力的理论与实践。”②

（二）类型Ⅳ简评

这种泛泛而论的所谓从“生产力绿色化”角度定义生态生产力，其关键是对哪种类型的“生产力”进行绿色化。正确地理解“类型Ⅳ”，有必要对“具体劳动生产力”和“一般社会生产力”，加以鉴别。马克思说：“生产力当然始终是有用的具体的劳动的生产力，它事实上只决定有目的的生产活动在一定时间内的效率。”③这种生产力是“具体劳动生产力”，是历史唯物主义中与“生产关系”相对应的概念。按此观点，一种力，它只有切实融入现实中的生产加工流程，即实现与人的劳动相连接，才能够成为现实的生产力。而对于通常所言的科学知识，只能将其归属于一种“一般社会生产力”。这种“一般社会生产力”与已经结合具体劳动的生产力不同，两者是相互对应的概念。于人类劳动结合的生产力可以在现实生产过程中加以实际应用，并可以转化为劳动者的实践经验与技能。而“一般社会生产力”则不同，它仅是一种可能的生产力，与实际劳动成效相比具有间接性。如果不加区分地讨论，则会造成理论或实践中不必要的混乱。

第三节　生态生产力的法制建设意义

一、生态恢复时代要求对“传统生产力”内涵适度回归

对“生态生产力”开展精细的类型化研究，有助于理论概念的条分缕析和互洽，有助于理论的体系化、纵深化发展。这种情况下，我们是不是可以全盘否定传

① 周杨：《论生态生产力与科学发展观的契合》，载《黑龙江社会科学》2013年第1期。

② 廖福霖：《生态生产力发展研究》，载《南平师专学报》2003年第10期。

③ ［德］马克思、恩格斯：《马克思恩格斯全集》（第23卷），人民出版社1972年版，第59页。

统生产力概念中的“征服和改造自然”呢?

2013 年 11 月 12 日中国共产党第十八届中央委员会第三次会议通过的《中共中央关于全面深化改革若干重大问题的决定》在第十四部分“加快生态文明制度建设”中指出,要“完善环境治理和生态修复制度”“推行环境污染第三方治理”。生态恢复和建设在我国并非新鲜事物,之所以近年来愈来愈受到重视,其原因至少有二:(1)生态恶化已经严重影响了人民生活与健康;(2)按照环境库兹涅兹曲线理论,我国的人均 GDP 已经越过了曲线的“拐点”,我国在整体上已经或正在进入环境质量改善期。这就需要限制或禁止人类对生态的过度干扰,使遭受破坏或本身脆弱的生态系统能够实现生态系统上的恢复。这种恢复需要人工等外力的参与,在人类的积极作用下完成生态的恢复和重建。显然,这种生态恢复和重建是对“环境恶化、生态破坏”的反动。广义的区域性污染治理,就是生态恢复和生态重建;狭义的污染治理也是为生态恢复和重建做了“添砖加瓦”工作(单独治理、恢复了某环境要素)。从一定意义上讲,环境恢复和生态重建是一定程度上的“改造和征服自然”。生态重建,“征服”的意味更加浓重一些。“征服自然”是对“畏惧自然”“中国百年积弱”的反动,在特定历史时期和特定背景下有其积极意义。一时的“盲动”(如不尊重自然规律地向湖泊大地要农田等)无法阻止其向科学理性的回归。具有科学理性的人,无疑会将“征服”把握在“尊重自然规律”之内,“征服”所具有的“激励性”和自然所具有的“规律性”是可以和谐并存的。生产力概念一定程度上应当向传统生产力概念回归,环境恶化、生态破坏的反动就是环境恢复和生态重建,是一定程度上的“改造和征服自然”。

总之,在生态恢复时代需要更精细化地梳理生态生产力概念的不同理论类型及相关概念。这有助于理论概念的条分缕析和互洽,有助于理论的体系化、纵深化发展;为此,需要对“传统生产力概念”中的“征服自然、改造自然”进行扬弃(而不是全盘否定),甚而适度回归,这有利于减少理论创新成本。这是生态恢复法制乃至生态文明法治建设的一项基础性理论研究工作,也是马克思主义政治经济学指导我国生态文明建设的重要理论基础。

二、生态生产力是“两型社会”发展的核心动力源

(一)“两型社会”建设的基础经济形式——生物经济

生物经济是用生物科学和工程技术转化生物物质和能量资源的物质生产方式,是以生物资源和产品,生物企业和产业的生产、交换、消费、分配为主导更新替

代传统经济性质和内容的经济形态。[①] 早在2004年,陈竺院士谈到生物经济将10倍于信息经济。[②] 生物经济可以体现在四大方面,即所谓"4B":(1)生物技术(BT: Biotechnology);(2)生物技术产业(BI: Biotechnology Industry);(3)生物经济(BE: Bio-economic);(4)生物安全(BS: Biosafety)。前述统称为"4B"。张其佐教授认为,从全球化经济的供给与需求来分析,生物产业和基因产业有可能成为未来第六次产业革命中与延长人类生命周期最密切相关的产业。生物经济具有良好的生态效益、经济效益和社会效益的统一性。"4B"有关产业的发展日新月异。生物自然力、生物技术作为生态恢复产业中的核心生产力要素,已经成为人们关注和研究的热点、重点问题,其法制建设的现实需要日益凸显。

(二)新经济形式发展的核心动力是生态生产力

低碳经济、生物经济、生态增量经济等属于当下的几种新经济形式,就这些新经济形式而言,促进其发展的主要方法有:(1)生物质能源的利用;(2)发挥森林碳汇功能;(3)发展低碳自然农业;(4)生物工业技术的工业作用;(5)促进生态修复产业发展;(6)搞好生态环境、生产环境和生活环境的一体化建设产业;(7)抓好静脉产业发展。这种生产过程的前端、中端、后端的"齐抓共管"是生态经济社会发展的重要形式。新经济形式的特征是更多地利用了生物物品、生物功效,即生物自然力。正是这种对生物自然力的大力运用,促使社会生产力向生态化转变,实现了自然生产力与社会生产力的结合,即形成了所谓"生态生产力"。可见,新经济形式发展的核心动力是生态生产力。

三、生态恢复产业等新经济形式依赖生态生产力的发展

生态恢复产业对于经济的推进和发展具有重要意义。这种新经济形式有赖于生态生产力的发展与完善,而发展生态生产力的过程也是公益和私益进行博弈与平衡的过程。若要有效地促进生态生产力的发展,必须依靠法律规范实现相关利益的分配与平衡,从而顺利推进生态恢复产业的发展。"生物自然力"是生态生产力要素中最终起根本性、革命性作用的要素。加强法制建设,保护生物多样性、生态系统的多样性,具有重要的实践意义。

生态生产力具有依赖自然过程性强、正外部性高、"产品"具有较强的公共物品性等特点。生态生产力理论是"两型社会"中开展资源节约、环境友好理论和方法研究的重要理论起点和制高点,也是生态恢复法制建设的关键理论依据和理论

---

① 张伟力、徐永胜:《生物经济引领中国经济现代化》,载《生产力研究》2008年第20期。

② 陈竺:《生物经济将十倍于信息经济》,载《经济日报》2004年7月19日。

手段。深入分析讨论马克思主义生态生产力理论,以其为理论源泉和指导,促进自然生产力不断向社会生产力的转化,协调好社会生产力和自然生产力的关系,完善生态生产力理论,必将有力促进生态恢复法制建设理论与实践健康、科学、高效地发展与落实。

第Ⅲ篇

创新视角下的生态恢复产业法制及法律责任研究

第十一章　“三生一体”下的生态恢复产业法制

所谓“三生一体”，即生态环境、生产环境、生活环境的一体，从一体化的角度思考和构建环境法制和环境法学。从本研究成果来讲，也要探讨“三生一体”思路下的生态恢复产业法制建设问题。“三生一体”是经济建设、政治建设、文化建设、社会建设、生态文明建设“五位一体”以及“城乡一体化”的理论、实践的研究点和操作点，是一个较为重要，甚而能够引起一定争议和讨论热度的研究话题。从当前的环境法制研究来看，研究成果的专业愈分愈细、水平日益提高，但是将生态、生产、生活研究进行一体化研究的成果相对较少。需要在更广阔的视野下开展生态恢复及其产业化的工作和研究。

第一节　“三生一体”的必然性

钱易院士认为：“生态工业园区是包含若干工业企业，也包含农业、居民区等的一个区域系统。”①现实也表明，我国的生态工业园区，特别是广义的循环经济区，通常不是封闭的纯工业生产区域，而是生产、生活的“混合型区域”。有学者在《环境保护与循环经济》中认为：“现有法律主要关注工业领域，但配套措施很不完善，对农业和第三产业涉及较少，尚未对产业结构调整提出的新要求作出回应。”②这显然是对“三生一体”法制的呼唤。

一、从“生态、生产、生活”环境概念及其联系探讨

通常认为生态与环境是有区别的，生态是指生物之间以及生物与自然之间的物质、能量、信息共同构成的具有强烈内在关系的区域性状态和整体。环境通常是指以人类为中心的自然环境和社会环境。在提倡生态文明建设的时代，“生态”二字有泛用之势。这种情况恰恰表明人们对生态的重视，表明“生态”以及“生态化”

---

① 张化冰：《破解中国经济发展瓶颈的良方——钱易院士谈资源再生产业的属性与社会责任》，载《资源再生》2015 年第 10 期。

② 羡瑛楠、李云燕：《我国循环经济法律体系现状与完善立法建议》，载《环境保护与循环经济》2013 年第 3 期。

是一个适用性非常强的科学概念和科学方法。

按照当代马克思主义“三种生产理论”，生产既包括环境生产，也包括物质生产和人口生产。生产创造了财富，也创造了人类生产、生活环境。狭义的生产仅指创造物质财富的过程。

生活富有丰富的内涵，但是我们在这里不能做诗意的解释，只能是科学、生态化的解说。广义的生活是指人类从事的各种活动，其目的是为了发展和繁衍。这些活动可以是休闲、出国旅游等日常生活，也可以是劳动、生产、工作等职业生活，以及教育、科研、社交等社会生活。“生活”作为工作、职业生活而言，通常是包含“生产”的。

我国《宪法》第26条第1款规定：“国家保护和改善生活环境和生态环境，防治污染和其他公害。”其中并列提到了“生态环境”和“生活环境”。在宪法这种以人为本的语境下，采用了“环境”而不是“生态”一词，是可以理解的。宪法中的生态环境应当主要是指自然环境，生活环境则应是狭义的生活环境和生产环境之和。这也说明宪法条款的这种表述方式，将生产环境蕴含在了生活环境之中。三种“环境”是互相联系、相互包含、密不可分的。

二、从污染物的来源看“三生一体”的必然性

从图11－1“人类环境中污染物的主要来源”可以看到生产环境、生活环境和

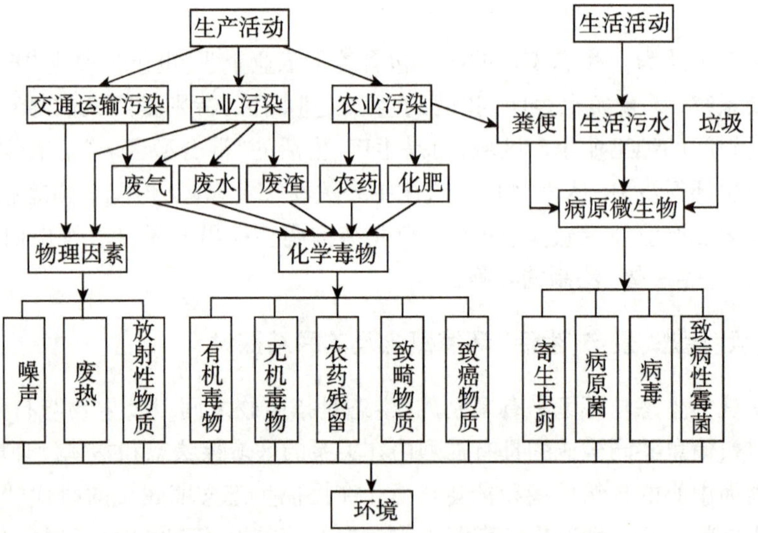

图11－1　人类环境中污染物的主要来源①

① 韩明汉、金涌：《绿色工程原理与应用》，清华大学出版社2005年版，第74页。

生态环境三者之间密不可分的关系。污染环境的行为,就是人类将生产和生活活动中产生的所谓废弃物排放到生态环境当中去,超越了生态环境的自然环境容量,其中的有害物质对人类自身、人类的财产(可以包括被污染环境自身)造成损害的行为。对污染物来源的详细分析和细致梳理,有利于提高生态恢复行为的针对性、精准性,也有利于构建科学合理的生态恢复产业法制体系。

三、从《广义建筑学》看“三生一体”的必然性

“三生一体”这一问题走入笔者的研究领域并成为思考的重点问题之一,一是缘于笔者对环境法制发展趋势的认识,二是缘于拜读著名建筑学家、城乡规划学家、人居环境科学的创建者吴良镛院士的《广义建设学》。① 吴良镛院士不仅在建筑学方面构筑了一个广义的建筑学,而且对建筑及其环境也构筑了一个广义的概念。构建的“三生一体”的广义的环境法学,和广义的、所谓“三生一体”的环境概念,都给了笔者很大的启发和勇气。吴良镛院士构建了如图11－2所示的《广义建筑学》理论框架,进行这一构建的基础就是对“建筑”本身作了广义的理解(所谓

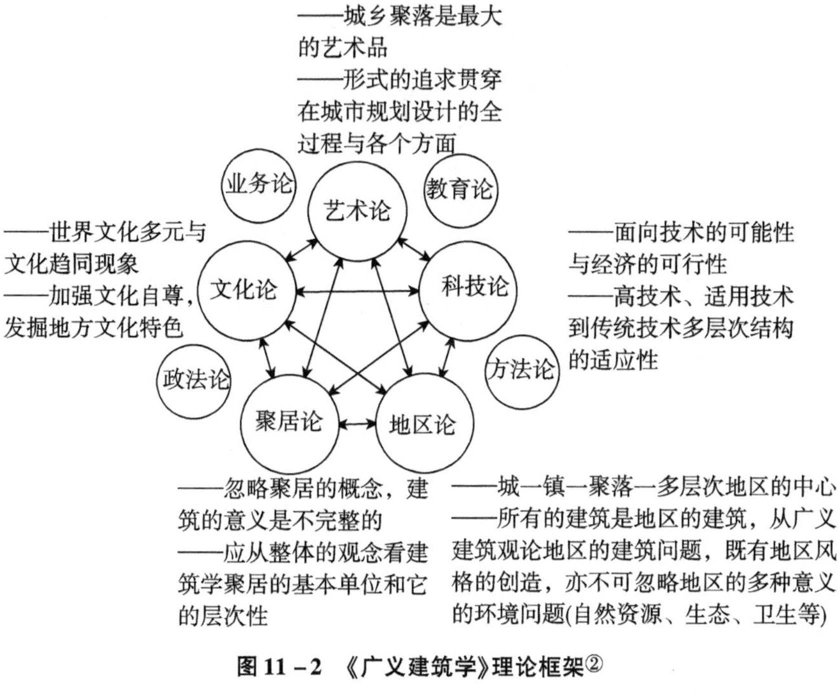

图11－2 《广义建筑学》理论框架②

---

① 吴良镛:《广义建筑学》,清华大学出版社2011年版,第1～203页。

② 同上书,第7页。

"聚居论"的突破,[①]即对建筑的理解从房子走向聚居),这一广义的理解也为本文所构建"三生一体"的"环境"概念提供了很好的理论认知支撑。吴良镛院士认为:"人们已经看到,人类的居住环境是包括社会环境、自然环境和人工环境(建筑物内部和外部)的整体。""从微观环境到宏观环境,即从个体建筑到建筑群,以至城镇、城镇群,从小庭园到大的风景区的规划设计,都是属于广义环境设计的范畴。"[②]吴良镛院士的观点正是"三生一体"思维的体现,是"三生一体"的重要理论论据。

从人类居住史来看,从原始的树巢、洞穴到现代的村镇和城市,我们所看到的并非单个建筑,而是逐渐形成的聚居群落。这种聚居群落与环境互相穿插渗透,有着密不可分的关系。吴良镛院士认为:"构筑物之间组合的内部空间,以及它的外围经过改造的自然环境,从广义上来说都属于建筑的范畴。"[③]这种对建筑的广义理解,无疑在我们以村镇、城市为依托的生活环境、生产环境和生态环境之间建立起了紧密联系。图 11-3 表明了以人为中心的生活环境、生产环境和外围生态环境的联系。

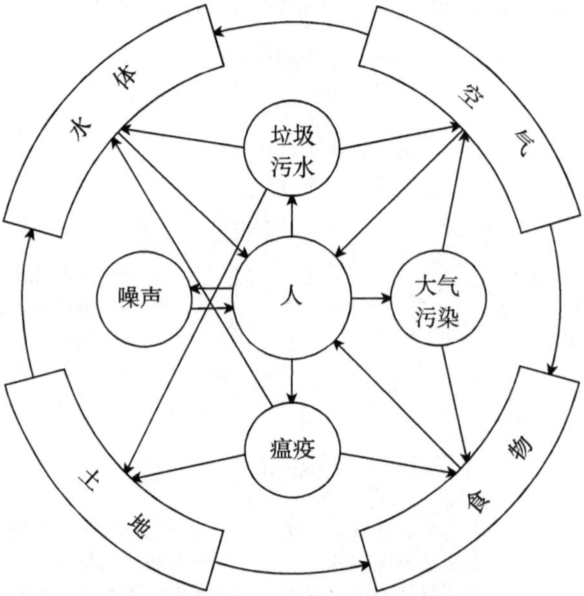

图 11-3　人与自然环境的相互关系[④]

① 吴良镛:《广义建筑学》,清华大学出版社 2011 年版,第 5 页。
② 同上书,第 32 页。
③ 同上书,第 35 页。
④ 同上书,第 55 页。

鉴于人及其居住环境与自然环境之间的密切关系，吴良镛院士认为：“我们必须认识到，在今天的世界上，一切建筑活动都对自然环境和聚落环境产生着深远的影响。因此，建筑活动和建筑设计必须依据聚落和环境为前提。”①建筑活动和建筑设计的这两个“必须”，也论证了我们在法治活动和法制建设中必须开展“三生一体”下的环境法制建设研究。

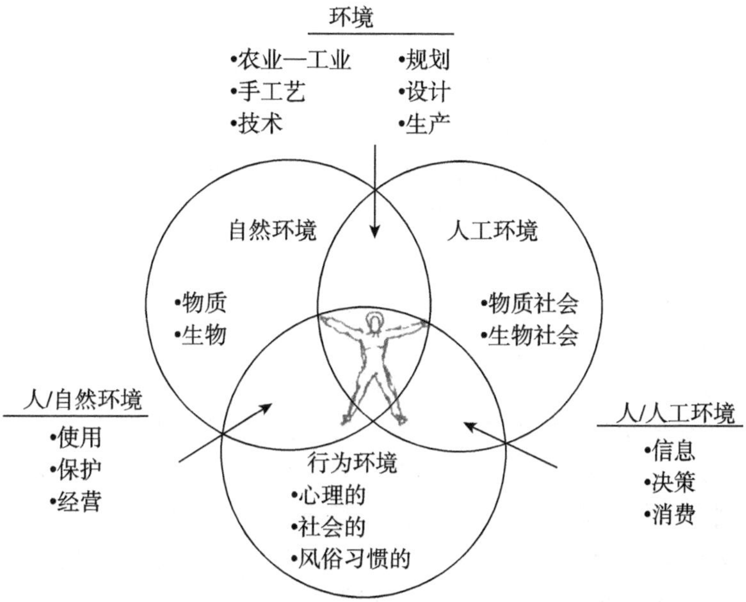

图 11－4 自然环境——人工环境——(人的)行为环境关系②

鉴于图 11－4 的认识，吴良镛院士认为：“建筑师要研究人、了解人，但它的重点是研究人与环境的关系，目的在于努力切实地解决不同人们的多方面生活、生产活动的需要。”③“建筑的创造、城市的建设，仍然需要在物质的生产、建筑材料的采集、产品的运输、财货的流通等，最大限度地利用自然之力，避免或减轻自然灾害，以及因城镇建设所加给自然的‘灾害’。”④“在工作方法上，有不少建筑师首先从本城市与周围地区逐次展开的地理圈分析研究起，认识大自然、环境、地理地质、气候条件，如果要做深入的研究，必然还涉及历史情况和未来的时间因素，认识地区的人文条件、建筑文化等。这些因素总是曲折的若明若暗里表现在建筑与城市的结构与形态中。”⑤

① 吴良镛：《广义建筑学》，清华大学出版社 2011 年版，第 44 页。
② 同上书，第 181 页。
③ 同上。
④ 同上书，第 182 页。
⑤ 同上。

从图11－4来看，自然环境实际上就是我们常说的大自然。人工环境则包括我们的生活环境和生产环境。从建筑来看，民用建筑通常是用于居住、教育、医疗等，是生活环境的主要轮廓；工业建筑则通常是用于工业生产，是生产环境的主要轮廓。也就是说，建筑构成了我们生活环境和工业生产环境的主要轮廓。当然，我们的生产环境还有农业、渔业、林业、牧业、矿业等环境。该图中的行为环境应当是指的社会环境。其实社会环境当然就包括法制环境。

四、从《环境健康学》看“生活”与“生态”的关系

环境健康学既涉及生活环境与健康，也涉及生产环境与健康。也就是说，环境健康学涉及生活环境、生产环境与自然环境三者与人类健康的关系，正是“三生一体”的视角。从清洁生产促进法到循环经济促进法，大家对生产环境与生态以及健康的关系认识比较多，并能够马上联想到相关立法。在法学界，对生活环境与法制的关系，以及环境法学界对生活环境与法制的关系，至少在教材和有关专著中体现、关注较少，甚而可以说是忽视。在此，我们重点从环境健康学的角度，探讨生活环境与生态环境的关系以及和法制的关系。

据《环境健康学》介绍，早在两千多年前，人们就已认识到环境与人体健康的关系。《左传》说：“土薄水浅，其恶易觏……土厚水深，居之不疫。”这阐述了住宅与健康之间有关联关系。进入19世纪后，环境卫生学开始出现，德国医学家首次提出肠伤寒和霍乱等传染病的流行与空气、水以及食物等生活环境有关。近几十年来，随着环境科学的蓬勃发展，在此背景下环境卫生学的研究内容从强调“卫生”逐渐转变为强调以人为本的“健康”，环境健康学应运而生。

环境健康学研究的内容多、范围广，根据侧重点不同，主要有以下几大方面：(1)分别从大气、水体、土壤、饮水卫生、住宅及室内环境、公共场所卫生、人居环境、家用化学物品、个人用品等角度研究其与健康的关系和影响；(2)环境质量评价和健康危险度评价；(3)环境卫生监督与卫生管理；(4)灾害卫生；(5)全球环境变化与健康。[①]

20世纪50年代初期，我国开始设立卫生学专业，环境卫生学开始建立并作为预防医学的一门独立学科。进入20世纪50年代中期，环境卫生工作配合大规模城市建设、工业建设开展了预防性卫生监督，颁布了《工业企业设计暂行卫生标准》《自来水水质暂行标准》《污水灌溉农田卫生管理试行办法》等。20世纪70年代，我国颁布了《工业“三废”排放试行标准》；在农村开展了“两管五改”（管“粪便和饮用水源”，改良“水井、环境、厕所、畜圈、炉灶”）。20世纪80年代，随着全球污染的迅速加剧和

---

① 参见郭新彪：《环境健康学》，北京大学医学出版社2006年版，第1～2页。

环境卫生监测技术的提高,传统的环境卫生学逐渐转向更为广义的环境与健康关系的研究;卫生部颁布《全国环境卫生监测站暂行工作条例》,建立环境卫生监测站,颁布修订了一系列环境卫生标准。20世纪90年代后,我国广泛开展了室内空气污染研究,制定室内空气污染物系列卫生标准;饮水卫生工作进一步深入,制定涉水产品卫生标准;环境与健康领域的国际交流合作也得到了广泛开展。①

五、“生态设计”蕴含了“生产”与“生态”的关系

认可生态设计蕴含生态恢复意义,有利于理解生产、生活与生态的一体化。

单个产品通常是不具有生态意义的。但是,当大量的产品废弃后放置于环境中处置,则会产生了重大的生态影响。当大量的产品被再利用、再循环时,也会产生重要的生态意义,这种物质流的逆向流动也具有生态恢复意蕴。“生产”是人类与自然沟通、交流的重要渠道。少向自然界排放,减少污染;少向自然界索取,减少生态破坏,大力提倡产品的再循环、再利用,发展再生资源产业,就是保护和改善环境。

从产品生产过程来看,产品生产前端的原料获取、资源投入与生态密切相关;产品生产中段的清洁生产与环境密切相关;产品生命周期末端的废弃产品的处置

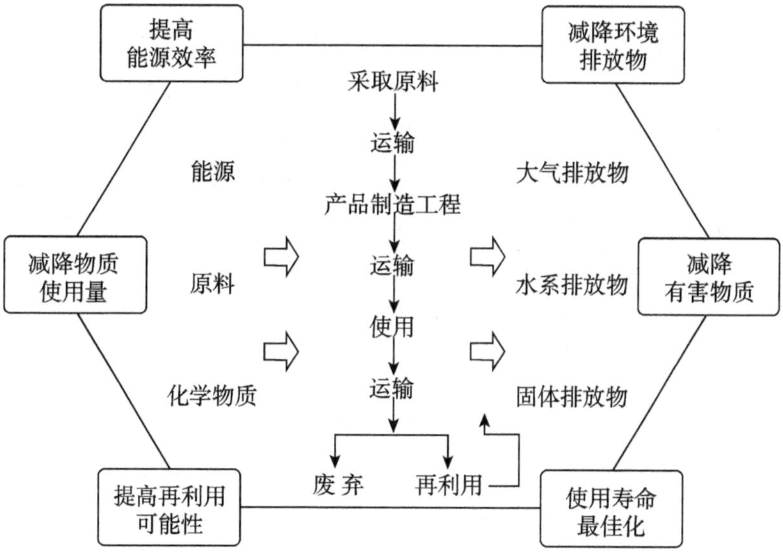

图11－5　生态设计战略②

① 参见郭新彪:《环境健康学》,北京大学医学出版社2006年版,第2~3页。

② 金钟范:《韩国亲环境产业发展政策》,上海财经大学出版社2012年版,第53~54页。

也与环境密切相关。生态恢复似乎是一个污染治理末端的问题,其实从预防为主原则来看,从产品源头生态设计开始就已经意味着该产品对生态及生态恢复工作的价值所在。图 11－5 就体现了很好的“生态设计战略”:减降有害物质,提高再利用可能性,提高能源效率,减降物资使用量,减降环境排放物,实现使用寿命最佳化。

六、“法益”的“三生一体”解析

陈文在其著作《21 世纪生态保护立法趋向研究》中讨论“生态保护之公法救济与私法救济的互相救济”时对“法益”做了解析。陈文认为:“法益基于受益主体不同可分为公共利益、私人利益和公私混合利益;基于受益内容不同可分为满足人类基本生存和生存需要的‘生存利益’、提供生产资料满足人类生产所需的‘生产性利益’及提供一定的容纳、分解、净化废弃物的空间,满足生物栖息所需的‘生态利益’。”[①]生存利益、生产性利益、生态利益,分别对应着生活环境、生产环境和生态环境。这种“三分法”正是从法益的角度对“三生一体”的一体性解释和“三分”的正当性论证。

七、《环境保护法》中的“三生一体”

我国新《环境保护法》中有许多规定直接或间接地表达了“三生一体”的理念,在此仅举一例。如《环境保护法》第 29 条第 2 款规定:“各级人民政府对具有代表性的各种类型的自然生态系统区域,珍稀、濒危的野生动植物自然分布区域,重要的水源涵养区域,具有重大科学文化价值的地质构造、著名溶洞和化石分布区、冰川、火山、温泉等自然遗迹,以及人文遗迹、古树名木,应当采取措施予以保护,严禁破坏。”这些保护客体显然包括了生活环境、生产环境和生态环境。《环境保护法》中的许多规定分别对涉及生活环境、生产环境、生态环境的保护对象做出了规定,统揽全局显然是“三生一体”的。

八、《生态规划(2013—2020)》中的“三生一体”

2014 年 2 月 8 日,国家发展改革委等 12 部委局联合发布了《生态规划(2013—2020)》。《生态规划(2013—2020)》“指导思想”指出要“统筹兼顾生态、生产和生活,着力发挥生态系统自我修复能力,促进生态系统良性循环”,其中明确提出了的统筹兼顾生态、生产和生活”显然是我们所重点突出论述的“三生一体”。

---

① 陈文:《21 世纪生态保护立法趋向研究》,黑龙江大学出版社 2015 年版,第 2 页。

九、《“十三五”环保规划》中的“三生一体”

2016 年 11 月 24 日，国务院印发了《“十三五”环保规划》。《“十三五”环保规划》“基本原则”中认为：要“生态优先，统筹生产、生活、生态空间管理，划定并严守生态保护红线，维护国家生态安全。”这也是“三生一体”的直接表述。

第二节 生态恢复法制的“三生一体化”

《环境保护法》第 35 条规定：“城乡建设应当结合当地自然环境的特点，保护植被、水域和自然景观，加强城市园林、绿地和风景名胜区的建设与管理。”这类具体体现城乡一体、“三生一体”的法条还有一些，不一一列举，而是从法学研究的角度探讨传统环境法重视不足或未纳入传统环境法学体系的内容。

一、吴良镛院士《广义建筑学》的启示

在本章第一节中，运用吴良镛院士《广义建筑学》中的观点论证了“三生一体”的必然性。在《广义建筑学》中，吴院士还说：“随着世界范围的政治、经济、社会的变化和建筑事业对国家发展、社会进步的重大作用愈被认识，愈可以预见建筑学和建筑事业，无论在数量上、规模上、发展速度上，以及内容和方法上，都将发生深刻的变化。”“正因如此，对我们面临的许多问题需要有全面的分析与整体的思考。”① “三生一体”纲领性概念的提出，正是“全面的分析与整体的思考”体现和手段之一。

效仿吴院士在书中的论述方式，我们也可以说：为什么要提出“三生一体”这一命题，进而整合环境法制提出“广义环境法学”？并不是认为当前的环境法学已经过时，而是面对环保事业在数量、规模、速度上的迅速发展，以及内容、方法上的深刻变化，我们需要“更为全面和整体性的环境法制建设”。随着世界范围的政治、经济、社会的变化和环保事业的发展对国家发展、社会进步的重大作用越被认识，“三生一体化”环境法制建设的重要性和迫切性日益凸显。

当进行这种一体化法制建设思考时，我们不禁想起了前面所述的三种生产理论。在该理论中环境生产是基础，人口生产更多的是与生活环境有关，物质生产更多的是与生产环境有关。三种生产理论与吴良镛院士《广义建筑学》中的观点是相互吻合的。他们都表明了不能单纯地追求良好的生活环境或生产环境，而是必

① 吴良镛：《广义建筑学》，清华大学出版社 2011 年版，第 182 页。

须以基础的自然环境为核心。好的自然环境我们要保持、保护;不好的自然环境,我们就要想办法依据生态规律进行恢复。这就要求在进行生态恢复法制建设时,我们必须要进行通盘考虑、统一部署、统一规划,追求生活环境法、生产环境法与生态环境法的内在和谐统一。

农业生产中的污染土壤的恢复,通常是农业生产环境的改良。对城市环境而言,通常既包括生活环境,也包括工业生产环境。当然,现在通常把工业生产放在城郊或专门的工业生态园区。但工业生产所遗留的有害"棕地",通常也是生态修复的重要领域,废弃矿区更是生态恢复的核心地带。之所以要进行恢复,是因为要将这些土地用于生产、生活有关的事宜。可见,在生态恢复领域当中,"三生一体"更是必不可少、理所当然的。之所以当前的环境法制难以适应生态恢复的需要,也恰恰是因为过去忽视了"三生一体",在环境法制整体建设中,缺少这种整体性、战略性眼光。

二、"生产"中的生态恢复产业法制

(一)从"废物处理的不同层次"思考

生态恢复的途径、方法可以包括消除污染源、阻断污染途径。工业污染物对生态环境造成的损害是不言而喻的。因此,生态恢复工作中应当包括对工业污染物的处置。要恢复因工业过程排放废物对环境和人类健康产生不良影响的"生态",最好的办法就是从源头上防止废弃物的产生,阻断其流向生态环境的途径。当污染源无法消除,途径阻断不力时,再考虑对废弃物的处置和排放,乃至修复被污染了的环境。在《绿色工程原理与应用》①一书中,作者对废物处理的不同层次做了详细的分解,对如何处理好工业污染,进而达到生态恢复的目的是非常有帮助的。这种产业内部层次的划分和梳理,对搞好生态恢复产业立法也是非常有益的。"3R原则"中减量化、再利用和再循环的顺序是不能颠倒的,应当将"减量化"放在首位,其道理是一样的。

参考《绿色工程原理与应用》一书,将废弃物处理方式按优劣顺序做如下排列:(1)源头减少;(2)过程内循环,通过工艺过程内部的循环来实现废物的减少;(3)现场内循环,是指某工业过程产生的废物通过厂区内的另一工业过程加以利用;(4)现场外循环,将"废物"作为商品出售给厂区外其他用户使用;(5)废物处理属于末端治理方式;(6)安全处置,对副产物或废物进行安全处置,以免对人体和

① 韩明汉、金涌:《绿色工程原理与应用》,清华大学出版社2005年版,第189~192页。

环境产生不良影响;(7)直接排放到环境。[①]

在工业生产过程中,首先要考虑的是进行绿色设计,力争在源头上就减少废弃物的产生,也就是所谓的减量化。过程内循环、现场内循环、现场外循环,尽管可以减少或消除排放的废弃物,但构造这种循环过程本身的环节也可能增加新的废物产生和排放。对工业过程来讲,对废弃物进行安全处置或处理后排放或直接排放,已经属末端处理。但是对生态系统来讲,这只是污染物刚刚到来,是污染、破坏、损害过程的开始。所以,我们通常所讲的环境污染治理,是指排污口之前的治理;通常所讲狭义的生态恢复,是指排污口以后的工作,对因环境污染或生态破坏造成损害的生态系统的恢复。

总之,“将废物处理方法分为上述不同层次,使我们在选择和改进工艺以及制定有关污染防治的法律、规章和奖惩办法时有了明确的依据”。[②]

(二)循环经济促进法和清洁生产促进法

“三生一体”下探讨生产过程与生态恢复的关系及其相关的产业法制,必然涉及《循环经济促进法》《清洁生产促进法》这两部法律。

《循环经济促进法》第 2 条规定:“本法所称循环经济,是指在生产、流通和消费等过程中进行的减量化、再利用、资源化活动的总称。本法所称减量化,是指在生产、流通和消费等过程中减少资源消耗和废物产生。”其中明确指出要涉及“生产、流通和消费过程”,显然不仅仅是狭义的生产,而是“三生一体”。再如《清洁生产促进》第 2 条规定:“本法所称清洁生产,是指不断采取改进设计、使用清洁的能源和原料、采用先进的工艺技术与设备、改善管理、综合利用等措施,从源头削减污染,提高资源利用效率,减少或者避免生产、服务和产品使用过程中污染物的产生和排放,以减轻或者消除对人类健康和环境的危害。”其中也明确提出“生产、服务和产品使用过程中的……”显属“三生一体”。

此外,这两部法律的立法目的中都提及了“保护和改善环境”,其直接涉及的领域是绿色制造、绿色生产以及整个经济生活领域。这主要属于“生产”,但却延伸至了“生活”。尽管这两部法律与生态恢复法制有着密切的关系,但是在本书中却不可深入探讨,否则会造成重点偏离且体量太大。在此仅提取、重温基本原理性、体系性知识,有助于对“三生一体”必然性和可行性的理解,助力生态恢复产业法制体系建设。

清洁生产、循环经济的基本原理之一是产品和服务的生命周期理论,见图 11 -6。

---

① 韩明汉、金涌:《绿色工程原理与应用》,清华大学出版社 2005 年版,第 189 ~ 192 页。

② 同上书,第 192 页。

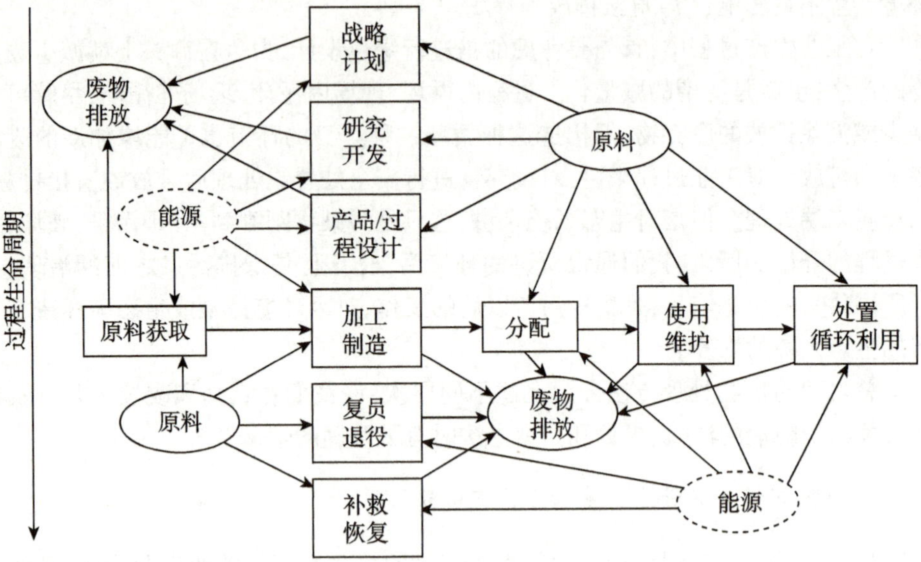

图 11－6　产品生命周期(水平方向)和生产过程生命周期(垂直方向)①

仅从清洁生产的角度考虑产品生产过程的物耗、能耗和污染防治成本是不够的,还要从产品生产的原料获取、制造加工、分配使用和处置、循环的角度考虑生态文明建设问题。仅从单一产品的生产过程、使用过程考虑生态文明问题,依然有缺陷。还要从企业内部之间、社会不同区域企业之间的循环经济构建来考虑生态文明问题。这就要求构建绿色工厂、生态工业园区、循环经济社会以及资源节约型、环境友好型社会。

在工业园区、循环经济社会构建的重要基础理论工具和手段是“产业共生”,其学科称为产业生态学。在生态学上,共生是指不同的生物之间能够互益、共同生活在一个生态系统或区域景观中。产业共生,是指在一定区域内的不同产业实体间进行物质、能量的互益性链接或交换,共同提高生产效率,降低污染物的产生,甚至达到零排放。

上述讨论可见,《生产环境法》是一个比较庞大的环境法律子部门。

(三)提倡发展“功能经济”“服务经济”

这里所讲的功能经济、服务经济并不是传统的第三产业,而是指传统的产品经济向服务型经济的转变,即以销售产品为主转为销售服务为主。例如,有些企业只

---

① 韩明汉、金涌:《绿色工程原理与应用》,清华大学出版社 2005 年版,第 239 页。

销售家用饮水机正常使用的时间段，而不销售饮水机本身，饮水机的更换、维修等全由企业负责。这种功能经济、服务经济的好处在于方便零部件的循环、重复利用，方便于产品的集中换代和废弃处置。

（四）工业遗产和农业遗产保护的生态恢复意义

工业遗产，是在工业发展过程中留存的物质遗产和文化遗产的总和，如生产场所、生产设备、工人生活遗址等。工业景观所形成的城市特色对于提升城市文化品位，改变“千城一面”具有重要意义。

农业遗产，是农业发展过程中留存的物质遗产和文化遗产的总和，如农业生产场所、工具设施以及生产经验记录、总结等。我们可以利用口述史、多媒体技术等方式将农业生产技术全面地记录下来、传承下去。这对保持农业生产模式的多样性，丰富农村生产文化环境都具有重要意义。

从一定意义上来讲，特别是工农业生产场地、设施的保护和恢复，具有与生态恢复同样的价值意义。与此类工作相关的政策法律必将与生态恢复产业法制产生更为密切的联系，并影响生态恢复产业法制的构建。

三、“生活”中的生态恢复产业法制

（一）从《城市规划法》到《城乡规划法》

1.《城乡规划法》的出台

2008年1月1日，我国《城乡规划法》施行，原《城市规划法》同时废止。《城乡规划法》最突出特点是将“实行城乡一体化”写入了规划法。《城乡规划法》第1条规定的立法目的是：“为了加强城乡规划管理，协调城乡空间布局，改善人居环境，促进城乡经济社会全面协调可持续发展，制定本法。”意在统筹城乡发展，促进形成城乡经济社会一体化发展新格局。《城乡规划法》将过去的实体空间规划提升到以人为本的“改善人居环境”方面。改善人居环境的重要地位得以在《城乡规划法》中确立。改善人居环境的工作是由城乡规划管理部门来做，是非常本质的改变，意味着人居环境建设是政府责任。《城乡规划法》将自然与历史文化遗产保护作为城市总体规划、镇总体规划的强制性内容，并提出了保持地方特色、民族特色和传统风貌等要求。这种“城乡一体化”的变化，印证了“三生一体”的必要性、可行性，是“三生一体”法制化的体现。

2.城乡生态化建设

关于城市环境卫生、垃圾处理、城市垃圾围城问题研究、建筑垃圾处置、垃圾填埋、农村卫厕改造、生态住宅、生态乡村建设、生态城市建设、生态省建设、清洁生产

示范城市、美丽乡村建设、美丽中国建设等名目繁多的研究和研究成果，都与城乡生态化建设有关。

所谓生态化是将生态学的理念、原则、方法运用到人类生产生活当中去，形成优良生态状况的一个过程。“城乡生态化本质上是经济社会的‘生态重建’、‘生态重构’过程，及对现有城乡物质环境进行有机更新，对社会价值观、道德伦理观、经济模式、生活方式以及政策体制进行重新定位，从而对整个城乡系统的经济结构、社会结构、文化结构、空间结构等进行改造、创新和重构，涉及城乡时空横向与纵向、物质与精神的各系统层次。”[①]这种城乡生态化的理论认识和建设实践，既是对“三生一体化”必要性的论证，也对生态恢复产业法制建设有着重要启发和借鉴价值。

（二）从“新型环境产生的健康问题”看“三生一体”法制建设

据《环境健康学》介绍，随着生活水平的提高，我们周围接触的化学物质也越来越多。同时，人们对室内环境的要求也越来越高，住宅功能由生活起居场所延伸为学习工作、文体娱乐和家庭办公等多功能的场所，建筑物更加密闭，室内装饰也越来越豪华。从节能方面考虑，现代办公场所也多采用密闭的结构，室内新风量不足和空气交换率低等原因导致室内污染物浓度增加。这使得在建筑物内的人群中出现疲乏、头痛、恶心、胸闷、呼吸困难等所谓“不良建筑物综合征”（Sick Building Syndrome，SBS）。这种综合征的发生除与室内空气质量有关外，还与许多其他因素有着密切关系（见表11－1）。人们至今无法解释这些化学性、物理性、生物性、心理性和社会性因素是通过何种方式相互作用而在某些易感个体诱发这些症状的。近年来，还有一种称作多种化学物质过敏症（Multiple Chemical Sensitivities，MCS）的征候群也受到了广泛的关注。这类症状的出现与有无明确的环境暴露有关。[②]这些病症我们称为“新型环境产生的健康问题”。

我们必须高度重视生活环境与健康的关系。人类数千年形成的生活方式和选择的生活自然环境，是有其内在道理的、天人合一的，甚而可以说是自然选择的结果。因此，我们在选择创新生活方式、生活环境、生活资料时，要尽可能地尊重自然、尊重人的自然生物属性。在进行与人类生活、生产密切相关的生态环境构建或生态环境恢复时，这类“新型环境产生的健康问题”理应引起人们的重视并落实到实践和法制当中。

---

① 李中元等：《山西城乡生态化建设研究》，山西经济出版社2013年版，第3～4页。

② 郭新彪：《环境健康学》，北京大学医学出版社2006年版，第22～23页。

表 11－1 与不良建筑物综合征有关的因素①

分类	因　素
建筑物方面	污染物：VOC、甲醛、气味、有机尘、无机尘、微生物、其他 室内换气不足 室内干燥 室温高 噪声
个体方面	过敏体质 偏头痛病史 生理周期 心理素质
社会环境因素	工作、学习压力 工作单调 工作节奏快 心情不好

（三）从“室内环境、人居环境与大自然环境”看“三生一体”法制建设

室内环境是由屋顶、墙壁、门窗等构建的小环境，是人类对自然干预后形成的次生、优化环境。建筑法以及建筑标准和相应的室内环境标准，对其都有规范。

随着人类社会的发展，人类由散居发展为聚居，由构筑简单的室内环境发展为住宅、街道和共创公共设施构建的、多功能的城镇和村镇。

“人居环境是人类接触最密切最近身的外环境，也是室内环境和大自然环境所不可缺少的中间环节。”“人居环境是人类创建的次生环境，其根本目的是使环境质量更优于自然环境。但人类社会的发展使人类聚居地的功能不再局限于生活，而是包含了人类社会的文化、教育、科技、生产、经济等多种功能。在不断发展物质财富和精神财富的同时，也会产生多种不利因素，从而使人居环境的质量受到干扰，出现了多种有害人类健康的因素。”②这段论述很好地表达和支持了“三生一体”的观点。

“人居环境包含了满足人类生存的多种条件的生态环境以及社会人的人文环境。创建健康的人居环境需有规划、城建、卫生、环保、气象、水文、地质、人文景观等多个部门运用多种学科的专业知识综合完成。”③这段论述很好地启示我们，要

① 郭新彪：《环境健康学》，北京大学医学出版社 2006 年版，第 22 页。
② 同上书，第 342～343 页。
③ 同上书，第 343 页。

建设、保持、维护、恢复优良的“生活环境”，需要诸学科、诸部门以及相关部门法制的协同作用。这也启示我们“生活环境法”是一个比较庞大的环境法律子部门。

(四)“老街区、老城区、古村落保护”的人居环境恢复意义

老街区、老城区、古村落的保护，是当前开展得如火如荼的一项工作。但争论和诟病也比较多，很重要的原因就是缺乏相关的标准、规范和法制，当然有时也是因为当代文物保护理念的缺失或不足。此外，在旧城区改造和新城区建设中，也会遇到局部街区的保护，以及文物、古树名木的保护问题。加快旧城改造，是改善人居环境，提高城镇化水平，提升城市品位，增强区域竞争力的重要途径。如果我们把对旧的古村落保护、老街区保护、文物保护单位的保护，也视为人居环境的生态恢复。那么，与此类工作相关的政策法律必将与生态恢复产业法制产生更为密切的联系，并影响生态恢复产业法制的构建。

第十二章　“正负外部性协调”的生态恢复产业法制

生态恢复主要有两种表现形式：一种是通过消极的限制或禁止方式实现恢复，另一种是通过积极的人为参与方式实现恢复。借鉴经济学中的外部性理论，从正、负外部性的视角分析，“消极的限制或禁止”是“负向”行为向“正向”行为的回流，“积极的人为参与”是一种“纯正向”的行为。对于生态系统而言，无论哪种恢复方式都具有“正向”的积极意义。生态恢复产业法制要实现协调发展，需要对两种生态恢复法制都予以关注和重视。在借鉴外部性理论时，我们要改变以往外部性理论应用中的偏差和不足，既要充分利用负外部性理论，也要充分挖掘正外部性理论的价值；既要抑制“负外部性”，实现生态恢复中“负向”向“正向回流”，又要加强生态恢复法制的“纯正向构建”，实现“负向回流”和“正向构建”的协调发展。

第一节　外部性理论应用之增强

一、外部性理论应用之不足

本部分内容主要参见本章作者论文。[①] 外部性原本是经济学中的重要概念和理论，但在我国环境法律制度的建设过程中，其发挥了重要指导意义。我国环境法借鉴外部性理论创立了“污染者负担”“损害担责”“排污收费”“排污权交易”等法律原则和制度，但我国在应用外部性理论的过程中也存在诸多问题。

第一，重视负外部性理论的价值，忽视正外部性理论的贡献。外部性理论指导环境法发展的初级阶段，恰恰是我国各种污染问题（表现为各种“负外部性”现象）最为凸显的阶段。因此，外部性理论从一开始便肩负着解决企业排污、森林滥伐等各种“负外部性”问题的重担，这导致我国的环境法律制度主要是减少各种损害、限制资源的使用和消费，环境法体现出对负外部性理论的偏爱而忽视了正外部性理论的价值。长期以来，环境治理的经验告诉我们，环境问题的解决需要两条路

---

① 张百灵：《外部性理论的环境法应用：前提、反思与展望》，载《华中科技大学学报》（社会科学版）2015年第2期。

径：一是减少对环境资源的消费和使用，减少各种环境利益的损害；二是加强生态恢复和生态产品供给，增强生态利益的添加。但是，由于长期忽视正外部性理论的价值，我国在生态恢复和生态产品供给方面的法律制度非常缺乏。

第二，重视减少企业负外部性，忽视消弭政府负外部性。企业在生产过程中，不可避免存在排放废水、废气等行为，这是我国早期环境问题产生的重要原因。因此，我国环境法制建设初期便通过“污染者负担”法律原则和“排污收费”法律制度减少企业的负外部性。而对于政府行为产生的负外部性，我们一直没有给予充分的关注。对于政府，我们一直赋予其环境资源“管理者”的角色，各种法律制度更多是赋予其权力。但政府在履行职责的过程中，可能存在关注地方经济发展、忽视地方环境保护的偏爱，其制定的经济发展政策导致了企业恶意排污、资源过度开发、无序开发等严重的负外部性行为，这成为我国环境问题恶化的另一重要原因。但对于政府行为产生的负外部性，我国环境法律制度却一直忽视且缺乏相应规制。2014年新《环境保护法》修订颁布，该法被称为“史上最严”的环保法。其中，很多条款是规范和约束政府环境行为。但是，通过仔细分析我们发现，“该法对政府而言多数还是号召性的条款，对政府和有关部门没有约束力”。①

经济学领域的外部性可以归纳为九种类型，②不同类型的外部性都可以给予环境法各种启发，尤其是其中的正外部性理论，更是对我国生态恢复法制建设具有重要的指导意义。

二、“正外部性”与环境法制的“正向构建”

正外部性（positive externality）又称为正外部经济（positive external economies）或正外部效应（positive external effects），是与负外部性相对而言的，正外部性即马歇尔提到的“外部经济”。简言之，“正外部性是指某个经济行为主体的活动使他人或社会受益，而受益者又无须花费代价”。③ 经济学主要是从成本、收益的角度对外部性进行定义的。从环境法学视角对外部性进行界定需要运用法学术语和语言。笔者认为，从语义学的角度分析，外部性概念中的“成本”“收益”和环境法中的“权利”“义务”“损害”“利益”等概念存在逻辑上的勾连，把经济学中的“成本”“收益”转化为法学语言便是“损害”“利益”。因此，从环境法制角度分析，正外部

---

① 孙佑海：《新〈环境保护法〉：怎么看？怎么办？》，载《环境保护》2014年第10期。

② 分别是：正外部性与负外部性，生产外部性和消费外部性，代内外部性和代际外部性，物质外部性与制度外部性，公共外部性和私人外部性，帕累托相关外部性和帕累托不相关外部性，可预期外部性（稳定外部性）与不可预期外部性（不稳地外部性），简单外部性（单项外部性）与复杂外部性（交互外部性），竞争条件下的外部性与垄断条件下的外部性。

③ 厉以宁：《西方经济学》（第二版），高等教育出版社2005年版，第238页。

性是指无偿分担他人环境损害或者造成环境利益外溢的现象。我国环境法制的健康发展需要在重视负外部性理论的同时加强外部性理论的应用,积极加强环境法制建设的“正向构建”,实现环境法“抑制损害”和“增强利益”功能的平衡。所谓环境法的“正向构建”就是“以促进正外部性行为为主的环境法制建设方式”,[①]它和传统的“污染者负担”“排污收费”等利益限制型法律规范存在重要区别。环境法的“正向构建”主要是通过一系列正激励措施“创造”更多环境利益,实现环境利益外溢的内部化。

第二节 生态恢复产业法制的“正向构建”

近年来著名生态工程学家密茨(Mitsch)提出,生态恢复的基本原则应当是“以自然为母,以时间为父”。这种观点的核心是以“人工干预”为辅,以“自然演替”为主。例如,在盐沼湿地恢复应在尽量少的人工干预条件下实施,主要依靠生态系统自设计、自组织,在长时间尺度条件下自然演替到接近原初的状态。[②]

我国地域辽阔,生态状态复杂多样,这一现实情况决定了生态恢复难以在全国形成统一的模式,必须从当地实际出发,针对不同类型的生态问题和区域,制定各自适宜的生态恢复目标与模式。这就要求我们在生态恢复法制建设过程中,对两种具有“正向”意义的行为都要予以关注,既要促进“负向”行为向“正向”回流,又要鼓励“纯正向”的行为。

一、美国生态恢复产业法制“正向构建”的新发展

美国是世界上最早进行生态恢复研究与实践的国家之一,其进行生态恢复的范围非常广泛。早期美国生态恢复的领域主要包括污染土壤、矿区恢复、农业用地恢复和濒危物种恢复等,相关立法也主要围绕这些领域展开。2010 年,美国墨西哥湾漏油事故发生后,墨西哥湾的生态系统严重受损,当地旅游业和其他经济活动遭到重创,美国开始采取积极措施恢复墨西哥湾的生态环境,美国生态恢复领域扩展到海洋领域,生态恢复立法也更加丰富。从美国生态恢复的措施和制度来看,其既有促进“负向”行为向“正向”行为回流的相关实践和立法,又有“纯正向”的生态恢复措施和立法,两者都体现出浓厚的“正向性”。

---

① 刘国涛:《和谐社会之环境立法——生物自然力法制构建与农业实践》,知识产权出版社 2012 年版,第 75 页。

② 陈雪初等:《欧美国家盐沼湿地生态恢复的基本观点、技术手段与工程实践进展》,载《海洋环境科学》2016 年第 3 期。

(一)"负向"中"正向回流"的相关生态恢复立法

美国历来重视自然保育和自然恢复的作用。1903 年,西奥多·罗斯福在访问大峡谷时就明确了"要让伟大的自然奇景保留原貌,人类根本无法改善它"的认识。[①] 美国立法体现出对自然保全和维护的理念,《国家环境政策法》确立了"维护历史、文化和自然等方面的重要国家遗产"的立法目的,《国家公园基本法》也明确了"在保护风景资源、自然和历史资源、野生动物资源,并能够在保证子孙后代不受影响地欣赏上述资源的前提下,提供当代人欣赏上述资源的机会"的立法目的。在面对开发和保护矛盾时采取保护优先态度,限制人类的开发行为,为自然的自我恢复提供充足的空间。

在"濒临灭绝物种"(endangered species)和"受威胁物种"(threatened species)保护方面,美国立法也体现出抑制负外部性行为、促进物种自我恢复的理念。1973 年美国国会通过了《濒危物种法》,1978 年该法修订时引入了重要栖息地(critical habitat)制度。通过在特定条件下设立重要栖息地,保护了濒危和受威胁物种所依赖的生态系统和环境,为大量的生物提供了生存和延续的自然条件。

(二)"纯正向"的生态恢复措施和立法

除限制人类开发行为、依靠自然力量进行生态恢复外,美国更是积极发挥国家和社会力量,增强人类行为对生态系统恢复的作用。

在土壤修复方面,美国 1980 年通过了以危险物质废弃场地治理与修复为导向的《综合环境污染响应、赔偿和责任认定法案》(又称为《超级基金法》),还建立了名为"超级基金"的信托基金。从开始立法至今,为了适应社会现实问题,《超级基金法》不断修正和发展。1995 年至 2009 年,《超级基金法》通过四项新的修正案,加快了工厂搬迁后遗留的受污染土壤("棕色地块")的修复和再开发。通过不断修正法律,美国建立了"棕色地块"治理恢复基金,建立了严格的环境责任追究机制和污染场地应急反应、修复机制。2010 年至今,美国 2009 年《恢复与再投资法》授权美国环保局将 6 亿美元投入场地修复,加速正在进行的清理和新进的工程项目。[②] 这对恢复历史遗留的工业污染土壤发挥了重大作用。

在海洋生态恢复方面,美国的《清洁水法》(1972 年)、《河口和清洁水法》(2000 年)都有所涉及。经过实践和发展,美国修复方式从 20 世纪 90 年代前以单

---

① 王连勇等:《创建统一的中华国家公园体系——美国历史经验的启示》,载《地理研究》2014 年第 12 期。

② 贾峰等编著:《美国超级基金法研究——历史遗留污染问题的美国解决之道》,中国环境出版社 2015 年版,第 26 ~ 31 页。

个项目形式进行海洋生态恢复，转变至90年代后特定物种或单个生态系统或小尺度生态恢复工程逐渐向大工程的生态恢复项目转变。[①] 墨西哥湾漏油事故发生后，在社会各界的共同努力下，2012年6月29日国会通过了旨在恢复墨西哥湾地区生态系统的《墨西哥湾恢复法》。此后，奥巴马总统签署该法案。《墨西哥湾恢复法》主要包括以下三个方面的内容：一是建立墨西哥湾恢复信托基金；二是明确“墨西哥湾区域生态系统恢复委员会”的地位；三是建立墨西哥湾生态系统恢复科学观测项目和卓越研究中心项目。[②] 通过制定该法案，美国在海洋生态恢复过程中，建立了完备的资金保障体系、设置了专门的管理机关、注重发挥社会公众的力量、规定了严格的生态恢复项目建设标准，这都给我们诸多启示和借鉴。

二、日本生态恢复产业法制的“正向构建”

（一）“负向”中“正向回流”的相关生态恢复立法

日本很早就形成了“自然环境保全”的理念并进行了大量立法。“保全”是对开发利用行为的限制和对自然恢复能力的尊重和运用。日本在自然环境保全方面形成了较为完整的法律体系，其中1972年通过的《自然环境保全法》具有自然环境保全基本法和实施法的性质，它明确了自然环境保全的基本观念，明确了国家、地方公共团体、企业和国民的责任，确立了关于自然环境保全的综合审议体制，还规定了自然的价值及其着眼地域（原生自然环境保全地域、自然环境保全地域、都道府县自然环境保全地域）以及为保全自然环境而采取的行为控制措施。[③] 此外还通过了《都市绿地保全法》（1973年）、《生产绿地法》（1974年）、《自然公园法》（1957年）、《关于鸟兽保护及狩猎的法律》（1963年制定、1978年修订）、《关于控制特殊鸟类的转让等的法律》（1972年）等法律针对都市绿地保全、自然公园保全野生鸟兽保护进行了分别立法。

（二）“纯正向”的生态恢复措施和立法

日本国土狭窄，耕地面积小，通过制定法律、设立专项基金，日本对受污染土壤进行了积极治理。对于农业用地的保护和恢复，《农用地土壤污染防止法律》规定了调查监测制度、特定区域保护制度以及管制制度。为了调整工业用地土壤污染的整治，日本于2002年又制定了《土壤污染对策法》。该法规定了污染土地调查、

---

① 马英杰、于晓华：《美国〈墨西哥湾恢复法〉特点及其对我国海洋生态修复的启示》，载《中国海洋大学学报》（社会科学版）2016年第2期。

② 同上。

③ 汪劲：《日本环境法概论》，武汉大学出版社1994年版，第152页。

信息披露以及整治行政令等制度。为了有效解决治理资金的问题,日本逐渐推动土壤修复环保产业的发展。2006 年 2 月,日本政策投资银行、"绿色地球"专业土壤治污公司等 6 家机构共同出资设立了日本首个污染土壤再生专项基金,用于收购和治理大都市圈内被有害物质污染的工业用地。

三、我国生态恢复"正向构建"中的重要制度

2016 年 12 月 5 日,国务院印发了《"十三五"环保规划》,专门规定了"加大保护力度,强化生态修复"一章,涉及"维护国家生态安全""管护重点生态区域""保护重要生态系统""提升生态系统功能""修复生态退化地区""扩大生态产品供给"等内容。从上述内容中可以看出,我国生态恢复产业法制也需要从"负向回流"和"纯正向"构建两个方面加以完善,在生态安全维护、国家公园建设、湿地保护、森林资源保护、海洋资源保护、水土保持、石漠化防治、矿区保护、土壤污染防治等领域中,"负向"中"正向回流"和"纯正向"的生态恢复措施和立法都需要增强。通过建设"两屏三带"国家生态安全屏障、对沙化土地实行封禁保护、实施森林管护和培育政策、实施湿地保护工程、划定"自然保护区""天然林保护区"等方式维护土地、湿地和森林等区域的天然修复能力。同时,又通过大力培育混交林、推进退化林修复、加强防沙治沙、开展病危险尾矿库和"头顶库"专项整治等方式积极修复遭到破坏的生态系统。

在我国生态保护与恢复产业法制的具体构建中,坚持综合生态系统管理的立法理念,确立可持续发展、环境有价有偿、正向激励与利益增进、政府积极引导与市场有效调节、生态社会本位等法律原则,还需要着重构建以下法律制度。

(一)环境生产产业化促进制度

环境生产是指在自然力和人力共同作用下环境对其自然结构和状态的维持和改善,包括消纳污染与产生资源等内容。① 环境生产是自然力量和人类力量的结合,它具有自然性和社会性的统一。承认环境生产的自然性是为了尊重自然界的生态规律和自然的内在价值,承认环境生产的社会性是使人们放弃对自然界肆无忌惮的索取,树立起保护自然、回馈自然的意识。从本质上分析,环境生产是一种积极对环境进行投入的行为,是在保护环境的基础上提出的更高层次的要求。环境生产要求人们在向自然索取的同时要对自然进行回馈,使经济社会发展给大自然的压力不超过甚至远远小于大自然的自我调节能力,达到向自然的索取与对自然的回馈相平衡的目标。

---

① 赵运林、傅晓华:《论可持续发展中的循环经济》,载《中国人口·资源与环境》2002 年第 5 期。

环境生产的主体包括自然主体和社会主体。(1)自然主体。环境生产首先是自然界的演化过程，自然界通过物质循环和能量循环不断为人类提供必要的生存条件和生产资源，人类的生存和发展离不开自然界本身的持续生产。(2)社会主体。环境生产具有自然性的同时更具有社会性。人类对环境资源的需求与日俱增，要使自然界持续为人类提供自然资源、消纳污染物，单靠自然的力量是不够的。因此，需要人类在向自然索取的同时积极回馈自然，在尊重和维护自然环境再生能力的基础上通过调节自身活动积极防治污染、更新自然资源、恢复生态系统，以实现自然界对于不断增长的物质资料生产和人口生产的持续支持。由于我们长期对自然的无序索取导致大自然满目疮痍。环境生产旨在恢复受损的自然系统，这需要更加重视环境生产的社会性，更加注重环境生产中人类力量的应用。具体而言，环境生产的主体包括：国家、政府、企业、社会组织以及个人。

在环境生产中，应该突破以往政府作为环境生产主体的唯一性，充分利用市场机制，发挥各种企业、组织在环境生产中的作用，并促使他们逐渐形成规模化、专业化的生产。一般而言，构成产业有三个方面的规定性：一是产业构成的规模规定性；二是产业构成的职业化规定性；三是产业构成的社会功能规定性。综合以上规定性的单元集合体才可称之为这样那样的产业。[①] 因此，环境生产要达到产业化的标准，需要包括以下三个方面的要求：(1)从事环境生产的企业需要达到一定的规模。单个的、分散的企业生产无法形成产业，环境生产的产业化需要从事环境生产的企业在数量上和产出量上达到一定的规模。(2)社会中应该具有大量的从事环境资源再生产的专门化和职业化人员。环境生产需要在了解和尊重自然生态规律的基础上进行，具有较高的技术要求。为了保证环境生产不损害环境资源和生态系统并促使它们得到更新和恢复，需要一批具有相关知识和技术的专门化和职业化生产人员。(3)环境生产应该成为社会经济活动的必要组成部分，承担着不可或缺的社会功能。无论是物质生产还是人类自身的生产，传统生产都是在消耗和利用已有环境资源的基础上进行，造成了人与自然关系的紧张和恶化；而环境生产是旨在保护、维护、更新、修复环境资源的活动，通过对生态环境的持续改善以及保证对自然的可持续利用，有效的改善和协调了人与自然的关系。

环境资源具有公共物品的属性，在环境资源的生产和供给中容易出现各种“搭便车”现象，导致人们生产环境资源的积极性不高。为了更大程度上保证环境生产活动的正常开展和顺利进行，克服自发性环境生产的不足，有必要通过适当的政府干预，在法律措施上对环境生产给予特别的鼓励和扶持，这便是环境生产的促进制度。对环境生产产业化的促进，需要通过各种资金支持、科技支持、信息支持等法

① 戴伯勋、沈宏达主编：《现代产业经济学》，经济管理出版社 2001 年版，第 52 页。

律制度实现。

(二)正向生态补偿制度

1. 正外部性补偿:生态补偿的应然之意

目前国内环境法学界对于生态补偿的含义还存在多种认识,按照补偿对象的不同,可以分为对人的补偿和对自然的补偿。如果以正负外部性理论的角度进行划分,生态补偿可以分为两种:体现外部不经济性内部化的生态环境的施害者向政府或受害者承担的补偿责任,体现外部经济性内部化的生态受益者向生态建设者和保护者承担的补偿责任。[①] 李爱年教授以经济学中的双向补偿为基础,将生态补偿分为"增益性"补偿和"抑损性"补偿两类。[②] "抑损性"补偿是对负外部的内部化性,我国环境法确立的"污染者负担""损害担责"法律原则和"排污收费"法律制度便是体现。"增益性"补偿则是正外部性内部化的体现,由于"负外部性内部化说,容易与生态损害赔偿混淆,与已有的环境污染、生态破坏损害赔偿混淆",因此,"生态补偿最为常用的含义应当是正外部性内部化说。"[③]也就是本书探讨的正向生态补偿制度。

正向生态补偿"是指为了激励生态环境建设和保护行为,由相关受益主体对特定生态环境建设者和保护者付出的成本或作出的牺牲予以补偿的法律行为。"[④]从已有相关法律法规来看,我国的生态补偿制度还存在着概念不清、补偿主体不明确、补偿标准模糊、补偿方式单一等问题。笔者将从这几个问题入手,探讨我国生态补偿法律制度的构建。

2. 正向生态补偿制度的构建

从补偿行为的发出者和接受者来看,可以分为补偿主体和补偿对象。一般而言,补偿主体主要包括政府(国家)和社会上生态利益获得者。(1)政府(国家)。随着风险社会的到来和服务型政府理念的提出,承担环境责任、提供环境公共服务更是成为社会对政府的期望和要求。但政府运用单纯的命令手段已不能满足环境保护的需要,当社会主体通过自己的付出或牺牲对环境公共利益的维护和实现做出贡献时,国家应当对其进行补偿,即"通过调整生态利益受益者和保护者之间的关系,平衡环境保护中生态公益和个人牺牲的私益的生态补偿也就具有了产生的必要性。"[⑤](2)生态利益获得者。这类主体主要包括法人、社会组织、区域集团等

① 韩卫平:《生态补偿概念的法学界定》,载《甘肃政法学院学报》2016 年第 2 期。
② 李爱年:《生态效益补偿法律制度研究》,中国法制出版社 2008 年版,第 49 页。
③ 刘国涛:《生态补偿概念和性质》,载《山东师范大学学报》(人文社会科学版)2010 年第 5 期。
④ 韩卫平:《生态补偿概念的法学界定》,载《甘肃政法学院学报》2016 年第 2 期。
⑤ 陈晓勤:《生态补偿法律制度研究》,中国政法大学法学院 2010 年硕士学位论文,第 13 页。

等。对于确定是政府补偿还是生态利益获得者,一般遵循如下原则,“受益范围广阔、交易主体众多的情况下,一般由政府出资提供;而在收益主体明确、交易主体较少、界定产权容易的情况下,则可以通过市场来交换”,①即由生态利益获得者补偿。

生态补偿的对象是指接受补偿的个人和组织。可以分为两类:一类是在生态保护和改善中做出贡献者。完全由政府进行生态修复并不现实。因此,很多社会公众参与到生态养护和恢复行动中,为生态利益的增进付出了大量的财力物力人力。基于法律的公平正义原则,也为了激励更多的人参与到生态保护中,应该对这些贡献者予以补偿。另一类是生态保护和改善活动中的利益受损者。一般而言,他们主要是机会成本的损失以及其他不直接表现为收益形式的损失。例如,为保持下游的水流清洁、避免水土流失,上游丧失的各种发展机会和放弃的资源开发行为等。

生态补偿标准的确立并非明确一个具体的数额,而主要是确定受补偿的范围,目前,主要有两种确立的方式:核算和协商。核算主要适用于涉及区域广阔、受偿主体众多的生态补偿。核算的标准一般可从两个角度进行:一是以受益者或受益地区得到的生态价值来确定补偿标准;二是以受偿主体丧失的利益,如财产收益、机会成本等来确定,然后再根据不同地区的资源环境条件等因素制定出有差别的区域补偿标准。② 对于前者,由于生态价值的确定和量化本身存在种种困难,因此在实践中较少应用;对于后者,一般根据市场价格确定。例如,对于财产权受限的生态补偿,以与受偿地区同样经济水平地区的相关收益为确定标准。

协商的方法常常运用于针对生态保护而签订的行政合同中,双方可以就接受补偿的意愿和支付补偿的意愿进行协商平衡,通过讨价还价的形式达成补偿。值得注意的是,协商应当有程序的保障。③

生态补偿的方式应该具有多样性,主要有以下四种:(1)资金补偿。这是应用最广、最为常见的一种补偿方式,其具有直接、快速的优点。实践中主要有补偿金、赠款、税收优惠、贷款优惠、补贴、财政转移支付、贴息和加速折旧等。但受限于经济发展水平,许多地方的补偿资金往往难以到位,在坚持中央财政为主的同时应该积极拓宽筹集资金的渠道。例如,通过征收生态税、发行福利彩票等方式筹集资金。(2)政策补偿。“即中央政府对省级政府、省级政府对市级政府的权力和机会补偿。受补偿者在授权的权限内,利用制订政策的优先权和优惠待遇制定一系列

---

① [英]伊凡·邦德:《态补偿机制:市场与政府的作用》,李小云等译,社会科学文献出版社 2007 年版,第 17 页。

② 史玉成:《生态补偿的理论蕴涵与制度安排》,载《法学家》2008 年第 4 期。

③ 陈晓勤:《生态补偿法律制度研究》,中国政法大学法学院 2010 年硕士学位论文,第 33 页。

创新性的政策,促进发展并筹集资金。"[1]这种方式具有重要的意义,尤其是在经济水平较低、资金来源较少的地区,其更具有重要价值。(3)实物补偿。它是对生态保护主体给予一定的实物支持,促进生态保护的实施。例如,当前实施的退耕还林还草工程中的粮食补偿就属于实物补偿。此外,还可以通过种子、农业机械、劳力、土地等方式进行补偿。这种补偿方式对于解决受补偿者的生产要素和生活要素,改善其生活状况、增强其生产能力具有重要意义。(4)智力补偿。主要是指补偿主体开展智力服务,提供无偿技术咨询和指导等。在实践中,主要体现为宣传科技知识、指导农作物生产、培训技术人才和管理人才等,它对于受偿地区发展能力的提高具有重要意义。任何一种补偿方式都有其利弊,应该结合受偿地区的社会状况、综合运用。

(三)完善生态恢复的法律激励机制

我国环境法已经初步确立了激励机制;但目前的激励机制属于初步发展阶段,最主要的激励方式是经济激励。例如,我国环境法确立了排污交易制度以及与环境有关的税收制度。

从目前激励机制的应用领域分析,主要是运用于抑制负外部性行为,对生态恢复等各种正外部性行为的鼓励不够充分。应该按照市场经济的规律和要求,完善环境法的经济激励机制,发挥其对生态环境养护者、恢复者的激励功能。例如,建立和完善我国的环境税收制度,对于各种清洁生产、生态改善等具有正外部性的行为给予"减征或者免征"税收的优惠;设立生态恢复专项资金,激励企业和社会公众参与到环境养护和生态恢复中;对于各种环保产品、绿色产品给予价格补贴或优惠,建立政府绿色采购制度等。此外,对生态养护者、恢复者的激励方式应该具有多样性。例如,还可以包括权利授予、精神奖励、信息技术支持等方式,这需要得到环境法的支持。

---

① 杜群:《生态补偿的法律关系及其发展现状和问题》,载《现代法学》2005年第3期。

第十三章　法律责任与生态恢复产业法制

第一节　法律责任与产业发展

一、法律责任中的生态恢复

改革开放以来,为了适应社会发展的需要,我国不断加强立法工作。按照中国法学会编写的《中国法治建设年度报告(2010)》中的提法,截至2010年年底,一个以宪法为核心,以法律为主干,涵盖多个法律部门,包括多个层次法律规范,结构严密、内部和谐的中国特色社会主义法律体系已经形成。在环境保护和资源节约方面,我国将环境保护和资源节约确立为基本国策,不断健全相关法律规范和制度。

我国制定了包括《环境保护法》《水污染防治法》《大气污染防治法》《固体废物污染环境防治法》在内的9部环境保护方面的法律,以及包括《土地管理法》《矿产资源法》《森林法》《草原法》《水法》在内的17部资源节约和保护方面的法律。以前述规范性法律文件为基础,我国建立了环境影响评价、"三同时"、排污许可、排污申报登记、排污收费、总量控制和限期治理等制度,以及自然资源的权属、规划、许可、有偿使用等方面的法律制度。

(一)生态恢复法律责任的演进及现状

为了更好地保护生态环境,上述规范性法律文件及相关制度针对环境污染及生态破坏行为设定了多种形式的法律责任,这其中就包括生态恢复法律责任。近年来,海南、云南、福建、江苏等地的法院竞相开展"绿色司法"活动,责令违反环境相关法律规范的行为人以货币赔偿、承担劳务、净化水质、"补种复绿"等方式恢复生态,有研究者将前述责任方式统称为"生态恢复法律责任"。①

---

① 参见徐本鑫:《生态恢复法律责任的设定与实现问题思考——从福建南平生态破坏案说起》,载《环境保护》2016年第9期。

1. 生态恢复法律责任的演进

在我国,生态恢复法律责任的萌芽时期可以追溯到20世纪八九十年代。以《土地管理法》《矿产资源法》《水土保持法》《土地复垦规定》等为代表的一系列环境与资源保护方面的规范性法律文件的施行为标志,我国开始将生态恢复法律责任纳入法制化的轨道。①

我国1986年颁布的《土地管理法》第18条规定:“采矿、取地后能够复垦的土地,用地单位或者个人应当负责复垦,恢复利用。”这是我国在立法中首次对广义的生态恢复法律责任做出明确规定。1988年国务院颁布的《土地复垦规定》对土地复垦的适用范围、原则、标准、经费以及法律责任等问题进行了规定。该行政法规第4条规定:“土地复垦,实行‘谁破坏、谁复垦’的原则。”第13条规定:“在生产建设过程中破坏的土地,可以由企业和个人自行复垦,也可以由其他有条件的单位和个人承包复垦。”在我国,这是最早对生态恢复责任的具体承担方式做出详细规定的规范性法律文件。

这一时期的各类环境立法均未明确使用“生态恢复”这一概念。不过,无论是土地复垦,还是矿区生态治理均属广义的生态恢复范畴。因此,总体而言,这一时期的生态恢复法律责任的相关立法仍处于探索阶段。虽然在这一阶段生态恢复责任及其立法要求尚未获得立法和实务部门的足够重视,但是对受损的各类自然资源及其依附于的生态环境的保护在客观上促成了生态恢复法律责任的实际履行。此外,散见于立法中的可以概括为生态恢复法律责任的相关规范,对生态恢复工作在实践层面的展开也产生了一定的影响。这为下一阶段的生态恢复法律责任的进一步充实和完善创造了条件。

1992年联合国环境与发展大会通过了《21世纪议程》,该议程明确提出了“可持续发展”的理念,并对实现途径做了阐述。此外,《21世纪议程》中还有对脆弱生态环境系统采取生态措施进行管理、维护的内容。这属于广义的生态恢复范畴。②受此次会议影响,我国开始了新一轮的环境立法高潮,在相关环境立法中均贯彻了促进可持续发展的内容,这一做法使可持续发展理念成为我国环境立法和环境保护的指导思想。

为实施可持续发展战略,以“退耕还林”“退牧还草”“退耕还水”等为代表的各

① 参见韩思:《生态恢复性环境法律责任研究》,载中国知网:http://kns. cnki. net/KCMS/detail/detail. aspx?dbcode = CMFD&dbname = CMFD201502&filename = 1015587329. nh&v = MjI3NjdTN0RoMVQzcVRyV00xRnJDVVJMMmVaZVptRnkzZ1U3cktWRjI2Rzdhd0dkTE9wcEViUElSOGVYMUx1eFk = ,最后访问日期:2016年6月23日。

② 参见徐志群:《我国生态修复立法研究》,载中国知网:http://kns. cnki. net/KCMS/detail/detail. aspx?dbcode = CMFD&dbname = CMFD201602&filename = 1015439259. nh&v = MTk3OTFtRnkzaFU3dktWRjI2RzdlN0Y5UEpwcEViUElSOGVYMUx1eFlTN0RoMVQzcVRyV00xRnJDVVJMMmVaZVo = ,最后访问日期:2016年4月2日。

种形式的生态恢复工作稳步推进,实践的发展也推动了相应立法工作的开展。此时,以“小流域生态环境恢复的产权改革制度”“森林生态效益补偿基金制度”等为代表的生态恢复方面的法律制度逐渐确立。

2000 年国务院发布的《全国生态环境保护纲要》提出了我国生态环境保护的近期目标和远期目标。其中,近期目标为:到 2010 年,基本遏制生态环境破坏趋势;远期目标为:到 2030 年,全面遏制生态环境恶化的趋势,部分重要生态系统得到重建与恢复。到 2050 年,力争全国生态环境得到全面改善。《全国生态环境保护纲要》为我国的生态恢复立法确定了目标,指明了方向。

2. 生态恢复法律责任的现状

进入 21 世纪以来,恢复生态学研究进一步深化,生态恢复的相关技术进一步发展。这推动了生态恢复工作在实践层面的开展。不过,这一时期,尽管以“矿区生态环境恢复保证金制度”为代表的生态恢复法律制度逐步建立和完善;但与我国目前实践中大规模的生态环境恢复工作相比,生态环境恢复的相关立法,尤其是与生态恢复法律责任相关的立法还极为缺乏并且不够完善。这主要体现为如下两个方面:

其一,环境保护基本法对生态恢复法律责任的规定较为笼统,且适用范围较为狭窄。与我国 1989 年《环境保护法》相比,2014 年修订之后的《环境保护法》对环保的一些基本制度进行了规定。例如,环境经济政策、环境标准、环境规划、环境影响评价、环境监测、排污许可、排污收费、总量控制、生态补偿、按日计罚以及环境公益诉讼等。但对于生态恢复法律责任问题,《环境保护法》中只有两个条文有所涉及。其中一个条文是第 30 条,内容为:“开发利用自然资源,应当合理开发,保护生物多样性,保障生态安全,依法制定有关生态保护和恢复治理方案并予以实施。”另一个条文是第 61 条,内容为:“建设单位未依法提交建设项目环境影响评价文件或者环境影响评价文件未经批准,擅自开工建设的,由负有环境保护监督管理职责的部门责令停止建设,处以罚款,并可以责令恢复原状。”

其二,环境保护相关司法解释对生态恢复法律责任的规定存在较多的问题,有待进一步完善。《最高人民法院关于审理环境民事公益诉讼案件适用法律若干问题的解释》(以下简称《环境民事公益诉讼解释》)就生态修复责任的承担以及生态环境修复费用等问题做了较为具体的规定,使生态修复法律责任的追究有了程序法上的参照。但其也存在两方面较为严重的问题:其中的一个问题是,将生态修复法律责任的承担方式归结为民法上的“恢复原状”;另一个问题是,将环境污染治理“费用”等同于生态修复费用并因而减缩了生态修复的成本。

（二）生态恢复法律责任的问题及完善

在我国，对生态恢复法律责任作出较为具体规定的法律文件，最有代表性的是《环境民事公益诉讼解释》。下面我们就以该规范性法律文件为样本，针对我国当下在生态恢复法律责任领域存在的问题进行分析，并以此为基点，提出具体的完善建议。

1. 生态恢复法律责任存在的问题

就构建生态恢复制度而言，《环境民事公益诉讼解释》所做出的努力是值得肯定的。不过，该解释也存在两个方面的不足：一是对基本概念的认知偏差；二是对指导思想的理解偏差。前述不足导致了制度对实践的偏离，从而难以很好地解决环境相关问题。

（1）对基本概念的认知偏差

《环境民事公益诉讼解释》第15条至第20条简单地将生态修复责任的实现方式等同于恢复原状是不恰当的。

最高人民法院的司法解释是最高人民法院就审判工作中法律的具体应用问题所进行的解释。① “法律的具体应用”中的“法律”一词对最高人民法院的司法解释构成三点限制，即司法解释不能违背法律目的、不能违背法律原则、不能违背法律规则。② “法律的具体应用”中的“具体应用”一词则对最高人民法院的司法解释构成两点限制：其一，司法解释不能创设法律原则。法律原则不够具体，创设法律原则将会违背最高人民法院司法解释制度设置的初衷。其二，司法解释不能创设法律概念；否则，司法解释会逐渐背离法律而以自己的一套概念及其构成的规则体系运行。③

然而，《环境民事公益诉讼解释》却将生态修复责任的实现方式等同于恢复原状。这一做法缩小了生态修复责任的外延，与此相关的数个条文因此构成了对法律规则的违背。法律解释应当以被解释的法律为依据，此即法律解释所需遵循的“合法律性”规则。“合法律性”要求解释遵循语词规则，即如果法律用语属日常用语，应当按照日常含义解释之；如果法律用语属专业用语，则应当按照技术含义解释之。④

---

① 刘晓宏：《最高人民法院司法解释权力、程序、文件研究》，载中国知网：http://kreader.cnki.net/Kreader/CatalogViewPage.aspx?dbCode=cdmd&filename=1012358654.nh&tablename=CDFD1214&compose=&first=1&uid=，最后访问日期：2017年9月10日。

② 同上。

③ 同上。

④ 周永坤：《法理学——全球视野》，法律出版社2000年版，第390页。

“生态修复”一词并非我国的本土概念，而是从西方现代恢复生态学中借鉴而来的。从全国各地生态修复实践来看，典型做法大体有如下五种：封山禁牧、舍饲养畜；退耕还林（草）、以粮代赈；综合治理、以小促大；调整结构、持续发展；生态移民、保护环境。上述做法经常配套采用、相辅相成。① 其中前三项属于自然生态环境的修复；后两项属于社会修复，目的是修复社会经济的可持续发展的能力。

基于上述实践，我们认为，生态修复有两方面的意涵：其一，在自然修复方面，生态修复意指通过人工措施促进生态系统实现自我恢复，或通过实施生态修复工程促使生态系统实现重新平衡；其二，在社会修复方面，生态修复意指通过对生态修复权利与义务的合理划分以及对生态修复责任的合理设定，来实现环境公平以及社会经济的可持续发展。就此而言，生态修复与民事责任中的恢复原状是完全不同的概念，前者比后者的内涵要丰富得多。

（2）对指导思想的理解偏差

《环境民事公益诉讼解释》低估了生态修复的成本，这容易带来执行难问题。按照该解释第 20 条的规定，判令被告给付的“生态环境修复费用”可能会是一笔数额至巨的款项，普通当事人无法负担，因而判决也将难以执行。生态修复费用由其成本决定，这一成本包括自然和社会双重成本。

其一，生态系统的整体修复包括自然和社会双重修复。如果采取“治标不治本”的方式，只会形成“污染——治理——再污染”的恶性循环。例如，针对采煤塌陷区，如果仅判令被告支付浅生态学意义上的使生态环境恢复原状的费用，而不从根本上实现该地区经济发展的转型，那么煤炭开发带来的生态危机将持续下去。若如此，恢复原状的治理过程必将会失去其意义。②

其二，从环境科学的角度来看，生态修复应包括自然修复与社会修复双重内涵。由于生态系统与人类社会是相互作用的，因而生态修复应当兼顾社会与自然两方面。③ 目前，国外生态修复领域比较先进的做法是：实行自然生态系统修复与人工生态系统建设双管齐下。④

---

① 袁学红：《构建我国环境公益诉讼生态修复机制实证研究——以昆明中院的实践为视角》，载《法律适用》2016 年第 2 期。

② 徐民华、刘希刚：《马克思主义生态思想研究》，中国社会科学出版社 2012 年版，第 3～4 页。

③ 郝玉芬：《山区型采煤废弃地生态修复及其生态服务研究》，载中国知网：http://kns. cnki. net/KCMS/detail/detail. aspx？ dbcode = CDFD&dbname = CDFD0911&filename = 1011184728. nh&v = MTcyMzJwNUViUElSOGVYMUx1eFlTN0RoMVQzcVRyV00xRnJDVVJMMmVaZVptRnl6a1Vidk9WRjI2SDdLd0d0Yk8 =，最后访问日期：2016 年 6 月 30 日。

④ 参见刘峰：《黄河三角洲湿地水生态系统污染、退化与湿地修复的初步研究》，载中国知网：http://kns. cnki. net/KCMS/detail/detail. aspx？ dbcode = CDFD&dbname = CDFDLAST2016&filename = 1015716144. nh&v = MjUxMjVMMmVaZVptRnl6a1Y3M0tWRjI2RzdTNUdORElxNUViUElSOGVYMUx1eFlTN0RoMVQzcVRyV00xRnJDVVI =，最后访问日期：2017 年 3 月 9 日。

其三，从法学研究的成果来看，环境治理过程应当包括社会修复过程。例如，日本的环境再生理论认为，公害被害对象的范围不应局限于各个受害人，而应包括地域再生以及人类生活等。①

综上所述，由于生态修复费用包含自然与社会双重成本。实践中的生态修复费用将会是一笔数额至巨的款项，普通当事人根本无法负担。《环境民事公益诉讼解释》规定的判令被告承担"生态环境修复费用"，在实践中可能会陷入执行不能的困境。

2. 生态恢复法律责任的完善建议

《环境民事公益诉讼解释》因其存在对基本概念的认知偏差和对指导思想的理解偏差，从而导致其在制度设计方面难以切合实践，因而也就无法从根本上解决环境问题。矫正概念与思维偏差，才能更好地使制度服务于实践，朝着正确的方向发展。

(1)对概念认知的矫正

社会修复是生态修复不可或缺的组成部分，《环境民事公益诉讼解释》使用"生态修复"一词将直接影响解释的实际执行。比较而言，"环境修复"一词更符合该司法解释的制定目的。原因在于：其一，"生态修复"的内涵较为复杂性并具有不确定性，不合适作为环境侵权责任的承担方式；其二，从当前的司法实践来看，很多法院已有典型的环境修复判例。例如，2014 年，江苏高级人民法院在其审理的"天价环保公益诉讼"一案中，判决被告承担数额巨大的环境修复费用。② 这一案件认定的修复对象是受污染的环境，不涉及社会修复问题。

值得一提的是，最高人民法院于 2015 年 6 月 1 日发布的法释〔2015〕12 号《关于审理环境侵权责任纠纷案件适用法律若干问题的解释》(以下简称《环境侵权责任解释》)中使用了"环境修复"这一概念。这表明司法解释的起草人员已经意识到了生态与环境这两个词语的差异。不过，《环境侵权责任解释》仍未将"环境修复"与"恢复原状"区分开来。

(2)对思维误区的矫正

涉及生态问题的环境问题根源于社会问题。社会问题的解决途径有很多种，司法手段乃至法律手段仅仅是手段之一，并且或许还不是最为重要的手段。因此，是否应当将生态修复问题纳入司法救济范围，是很值得深入进行探讨的。

从法律实践来看，针对环境权益受到损害的问题，司法手段所能够起到的填补

① 杨佳欢：《环境侵权民事责任研究》，载中国知网：http://kns. cnki. net/KCMS/detail/detail. aspx? dbcode = CMFD&dbname = CMFD201601&filename = 1016044940. nh&v = MDYzOTJUM3FUcldNMUZyQ1VSTDJlWmVabUZ5emtWYjNOVkYyNkdMTzhHdGpJcjVFYlBJUjhlWDFMdXhZUzdEaDE = ，最后访问日期：2017 年 8 月 8 日。

② 丁国锋、马超：《"天价环保公益诉讼案"终审宣判》，载《法制日报》2014 年 12 月 31 日，第 8 版。

损害的救济作用也是较为有限的。环境诉讼中当事人经常要面临"举证难""赔偿金额低""执行难"等问题。

在环境保护方面,行政途径具有先天优势。较之司法途径而言,行政救济具有更为便捷、更为直接、更为高效等特点。① 在环境保护实践中,存在诉讼案件和非讼案件数量严重失衡的现象。诉讼案件的数量偏少,这说明行政机关是环境保护工作的主力。就此,有研究者指出,在环境保护的制度设计中,应当将行政救济作为首选途径,司法救济作为最后手段。②

二、法律责任与生态恢复产业发展

如前文所述,生态恢复产业主要包括四大部分,它们分别是产业结构、产业组织、产业布局和产业技术。生态恢复法律责任对产业结构、产业组织、产业布局以及产业技术的发展均将产生深远影响。

(一)生态恢复法律责任对生态恢复产业发展的影响概述

生态恢复法律责任对产业结构的影响主要体现为,生态恢复法律责任能引起政府对生态产业的扶持和企业对生态产业的重视,并促使生态耗损型产业的淘汰,从而使产业结构整体规划符合生态环保的要求,使产业资源配置符合资源最优利用的要求。

生态恢复法律责任对产业组织的影响主要体现为:对规模经济的生态化引导,形成完整的体现生态要求的产业链条或产业规模,规范企业的理性竞争,让不符合生态要求或资源浪费型企业在市场化竞争中自然淘汰。

生态恢复法律责任对产业布局的影响主要体现为:在生态整体性理念要求下合理布局区域内和区域间的产业,对投资生态的产业区域给予市场化的补偿,最终形成市场内的产业布局在生态、经济和社会维度的合理化。

生态恢复法律责任对产业技术的影响主要体现为:给予生态技术和环保技术研发、应用、推广的政策、资金和制度性优惠,推动技术的市场化,针对生态产业的特点设置风险分担等。

(二)生态恢复法律责任对生态恢复产业发展的影响实例

我国是现存荒漠化面积最大、危害程度最严重、受危害人口最多的国家之一。2007 年,在"中国治理荒漠化上海高峰论坛"上,中国治理荒漠化基金会公布了两

① 浙江省温州市中级人民法院课题组:《环境司法的困境、成因与出路》,载《法律适用》2014 年第 6 期。

② 曲冬梅:《检察机关提起环境公益诉讼体现司法担当》,载《检察日报》2015 年 2 月 25 日,第 3 版。

个数据:在我国,每年因荒漠化危害造成的直接经济损失达540亿元,间接经济损失达2889亿元。荒漠化造成了土壤细粒物质和有机质的流失,可利用土地面积的减少以及环境的恶化。我国政府对此给予了高度的关注,但效果并不能令人满意,仍然出现"绿化不如沙化快""局部治理,整体恶化"等现象。

中国科学院植物所首席研究员蒋高明分析说,产生这种现象的原因有三个:其一,重建设、轻保护。长期以来,我国对环境保护投入不足,重视不够,环境治理明显滞后,一些地方以牺牲环境为代价换取经济效益。其二,试图利用大面积造林的方法,阻挡沙漠扩大和沙尘暴。而植树造林的成活率是25%,保存率仅为13%。其三,忽视自然的自我修复能力。一些地方盲目向荒原、沙漠进军,如建立沙漠公园、高山滑冰场、跑马场、高尔夫球场等。

在探索解决荒漠化问题的过程中,中国治理荒漠化基金会提出了一个新思路,即通过产业化的途径治理荒漠化,以产业带动达到生态恢复,并建立合理的约束机制与激励机制,充分调动荒漠化地区监管和治理的主动性与积极性。

对于违法盲目建立沙漠公园、高山滑冰场、跑马场、高尔夫球场等项目的个人和企业,行政机关会要求其承担生态恢复法律责任。承担生态恢复法律责任的具体形式为发展沙产业,实施沙生植物种植,建设塑料大棚,生产反季节瓜果、蔬菜等。这些措施既使违法者承担了相应的法律责任,又恢复了生态、美化了环境。同时,还吸收了当地大量劳动力,解决了就业问题。

环境保护部于2016年10月发布了《全国生态保护"十三五"规划纲要》。该纲要针对生态恢复问题有如下规划:其一,科学开展生态退化区恢复与治理,继续实施防沙治沙和水土流失综合治理;其二,恢复生物多样性受破坏的区域,开展生物多样性保护与减贫示范,促进西部生物多样性丰富地区传统产业转型升级和脱贫;其三,加强交通设施建成后的生态恢复和运营期的管理。期待在该纲要的指导下,有关生态恢复的法律规范能够及时得以确立;期待包括生态恢复法律责任在内的生态恢复的法律规范能对产业结构、产业组织、产业布局以及产业技术的发展产生良好的引导作用。

第二节　实际案例中的生态恢复责任

在我国法律实施领域,与生态恢复法律责任承担问题相关的案例数量大、涉及面广。下面,我们仅选取几个有代表性的刑事案例、民事案例和行政案例,对这一状况做一简单呈现。并在此基础上,针对我国生态恢复法律责任制度的完善提出建议。

一、刑事案例

判决被告人承担生态修复责任最为典型的刑事案例当属福建省地方法院的一系列案例。在“中国裁判文书网”上,就2014年1月1日至2016年12月5日近三年来的刑事案件,以“生态恢复”为关键词进行全文检索,共找到173个案件,其省份分布情况见表13-1。

由表13-1可见,近三年来,福建省法院审理“生态恢复”类刑事案件的数量在全国范围内遥遥领先。这与福建省法院近年来实施的“创新完善具有福建法院特色的生态司法保护工作体系”活动密切相关。①

表13-1　“生态恢复”类刑事案件(2014—2016年)省份分布情况

省　　份	案件数(件)
山西省	3
内蒙古自治区	1
浙江省	1
安徽省	2
福建省	155
江西省	1
河南省	1
海南省	1
贵州省	3
陕西省	4
新疆维吾尔自治区	1

在三十多年探索实践的基础上,福建省法院注重调研论证和司法创新,建立、健全了修复性司法机制,将对林业林权的保护拓展为对生态环境的保护,从对毁林排污行为的惩治拓展到对青山绿水的修复,实现了从侧重惩罚犯罪到侧重修复生态的转变,形成了符合省情、可全国推广的生态司法保护“福建样本”。2008年至2015年8年,福建省法院审理毁林案件适用补种复绿573件,涉及663人,发出“补植令”“抚育令”“管护令”等共287份,责令涉林刑事被告人补种、管护林木面积达7万余亩。

① 马新岚:《构建生态司法保护“福建样本”》,载《人民法院报》2015年11月6日,第8版。

二、民事案例

判决被告承担生态修复责任最为典型的民事案例当属北京市朝阳区自然之友环境研究所、福建省绿家园环境友好中心诉谢某、倪某、郑某、李某一案。

2015年1月,福建“绿家园”和北京“自然之友”依据新修改的《环境保护法》向南平市中级人民法院提起诉讼。针对被破坏的近30亩林地,南平市中院于2015年10月29日判令涉案的四名被告在5个月时间内对林地功能进行恢复,要求其在林地上补种林木并进行管护抚育,管护抚育期限为3年。若四名被告不能按期对林地植被进行恢复,则其需共同赔偿生态修复费用110万余元,以此用于涉案受损林地的生态环境修复。除此之外,南平市中院还判令四名被告共同赔偿127万元生态服务功能损失费用,用于原地或异地生态修复。原告为诉讼支出的包括评估费在内的合理费用16万余元由被告偿付。被告谢某、倪某、郑某等三人不服南平市中院的一审判决,于2015年11月10日上诉至福建省高级人民法院。福建高级人民法院于2015年12月18日作出二审判决:驳回上诉,维持原判。

三、行政案例

在我国现阶段,相对于司法领域而言,行政执法领域更为经常地适用生态修复责任。这方面的案例数量很多。现仅就河北省2013年环境污染重点案件中行政相对人承担的生态修复行政责任做一简要考察。

2013年6月24日,河北省环保厅及省监察厅决定,对八起重点环境污染案件实施省级联合挂牌督办。① 相关案件中行政相对人承担的行政责任见表13-2。

表13-2 河北省2013年环境污染重点案件行政责任状况

<table>
<tr><th>案由</th><th>存在问题</th><th colspan="2">行政责任</th></tr>
<tr><td>土法炼铝、废旧塑料加工严重污染环境案</td><td>新乐市16家熔铝、烧铝摊点和985家废旧塑料加工摊点非法生产、严重污染环境</td><td>关闭污染严重的排污企业;取缔生产工艺落后、不符合规划的生产厂点</td><td rowspan="2">对可能受到污染的土壤、地表水、地下水进行检测;对受到污染的区域进行环境污染损害评估及修复</td></tr>
<tr><td>石灰窑、镀锌厂、废旧轮胎回收违法排污、严重污染环境案</td><td>遵化市6家石灰窑、玉田县4家镀锌厂和310家废旧轮胎加工作坊违法生产、违法排污,严重污染环境</td><td>取缔、关停非法生产企业(摊点)</td></tr>
</table>

① 张洁:《省环保厅监察厅联合挂牌督办8起环境污染重点案件》,载《燕赵都市报》:http://yanzhao.yzdsb.com.cn/system/2013/06/25/012917532.shtml,最后访问日期:2016年3月21日。

续表

案由	存在问题	行政责任	
电料厂、热镀厂等20多家企业环境污染案	河间市电料厂、热镀厂存在生产废水渗坑排放、擅自建设热镀生产工序等问题,严重污染环境。当地20余家电镀厂存在环境污染隐患	关停、取缔非法电镀企业;停产整改并处罚违法排污企业	
焦化、化工公司环境污染案	邢台市两家焦化、化工企业检查井废水外溢、超标排放污水,严重污染周围环境	限期整改,依法处罚	制定整体治理方案,对受到污染区域进行环境污染损害评估并限期修复
矿山、砖窑环境污染案	廊坊皇庄镇多家古建筑砖窑非法生产、三河市东部山区多家矿山开采企业违规生产,严重污染环境	矿山企业停产治理;关停、取缔非法砖窑企业	对受到污染区域进行环境污染损害评估并修复;恢复地貌
"引滦入津"河道环境污染案	遵化市生活垃圾、选矿尾砂污染河道,大黑汀、潘家口水库网箱养鱼使水体富营养化加剧,致引滦入津的水质受到严重污染	取缔非法网箱养鱼	清理选矿尾砂和生活垃圾
纸业公司、造纸厂环境污染案	保定市两家纸业企业分别存在回水管破损、生产车间废水渗漏导致污水直排的问题	限期整改,依法处罚	
煤厂、矿山、钢铁厂、采石场污染环境案	张家口宣化区几十家煤炭销售点、宣化县4家石料厂、白庙村钢铁厂、怀来土木煤炭市场、赤城县4家铁矿开采等企业,环保设施缺失,生产设备简陋,相关部门监管不力,造成粉尘污染严重	整顿污染企业;关停非法生产企业;淘汰设备简陋企业;处罚违法生产企业,限期整改	

由表13-2可见,对于绝大多数环境污染行政案件,行政相对人均需承担相应的生态修复法律责任。从责任承担方式可以看出,执法部门针对环境保护行政违法行为坚持了"惩防并举、预防为主"的方针,确保了良好的执法效果。

四、生态恢复责任制度的完善

生态恢复法律责任的落脚点,是通过有效的制度供给保障生态恢复法律责任的实现。完善如下六项相关措施可以促进生态恢复法律责任的实现。

其一,明确责任主体。对于环境污染责任,当代各国的环境立法普遍采取"污染者负担"原则。这一原则对于污染治理责任在实践中的落实意义重大,因为其可以使环境污染的成本内部化。[①]《环境保护法》应当将环境修复责任规定为政府以及造成环境破坏和(或)污染的企业的一项法律责任。具体而言,企业的生产、经营等活动致使生态环境受损时,按照污染者负担原则,企业应当承担环境修复责任;特定区域环境恶化,威胁或危害公众财产、健康、生命等利益时,负有环境保护职责的当地政府或政府部门应当承担环境修复责任,改善环境质量。前述两类主体承担责任的一般原则为:企业主要对其行为产生的不良后果负责;在责任主体无从确定、灭失或丧失责任能力等情形下,则由政府承担环境修复责任。

其二,确立修复规划。在我国,受到污染的环境区域面积大、数量多,受制于现阶段的技术条件和经济条件,短期内进行全面修复是不现实的。为此,为了保证环境修复工作的顺利进行,应当制定科学可行的环境修复规划以确定修复的对象及要求。目前亟须制定的是土壤修复规划和环境修复规划。土壤修复规划属于宏观法律规制,是对土壤修复工作从总体上所作的长期安排。这一规划要求对各区域受污染地块进行排查,列出修复清单,并对修复工作进行宏观性的总体部署。环境修复规划,应当针对各类需要修复的环境,分别制定突发事件应急修复规划及短、中、长期规划;针对不同类型、不同期限的修复工作设定不同的目标及纲领。[②]

其三,明确修复措施。环境修复不应当仅被视作一项法律责任,为了最大限度地避免和减轻损害后果,环境修复工作应当尽量前移,在开发建设过程中及早地开展,逐渐形成在开发的同时进行修复,在建设的同时进行修复的经济建设与生态保护同时进行的模式。为此,应当将环境管理制度与环境修复责任结合起来。例如,可以考虑将包括生态损害评估和环境修复措施在内的环境影响评估内容写入环境影响评价报告书;可以将持证人承担恢复环境的承诺作为颁发环境许可证的条件;可以将环境修复作为限期治理责任的承担方式等。

其四,建立修复机制。环境修复活动关系到很多主体的利益,为此,应当建立相应渠道,确保各个利益相关方均可参与到修复活动中来。具体而言,应当建立健全信息获取制度和意见表达机制等。通过合理的实体法和程序法设置,明确相关主体参与环境修复的法定权利,扩大政府的信息披露范围,以提高决策的科学性,实现环境民主。修复受损环境,应当积极动员和广泛吸引全社会主体的参与。企业是修复主体;政府则应当发挥主导作用,鼓励公众参与修复计划的制订、监督修复计划的实施,鼓励与环境修复相关的物质支持、科学研究和技术开发等。

其五,建立保障机制。在有些情况下,单个行为主体难以承受高昂的生态恢复

---

① 参见贾峰等编著:《美国超级基金法研究:历史遗留污染问题的美国解决之道》,中国环境出版社 2015 年版,第 2 页。

② 参见李挚萍:《环境修复法律制度探析》,载《法学评论》2013 年第 2 期。

费用,而对责任主体不明的受损生态进行修复又具有非常现实的紧迫性。针对前述情况,有必要建立社会化的责任实现机制。换言之,应将国家、社会纳入生态恢复责任的承担主体范围之中。结合国内外的实践经验,我们认为,生态恢复基金制度具有一定的推广价值。该制度是一项由政府以征收生态赔偿款、环境税费等方式筹集基金并建立相应的管理规范,在满足法定条件的情况下用该基金恢复受损生态的制度。①

其六,革新责任追究机制。环境修复既是一项法律责任,也是一项管理制度。为了实现环境修复工作的要求,我国法律责任体系可以考虑进行如下三个方面的革新:首先,扩大赔偿范围。将赔偿范围从传统的损失扩大为生态损害。具体而言,应当将评估成本、环境服务价值的暂时丧失以及环境修复成本纳入损害赔偿范围,并对前述成本的确定方法做出具有可操作性的规定。其次,明确追偿机制。个人、组织或政府代替责任主体履行环境修复责任的,其有权向责任主体追偿相关修复成本。造成环境损害的责任主体,其赔偿责任应当包括环境修复的成本以及相关合理费用。最后,延长诉讼时效。基于环境修复责任的特殊性,为了更为便利地追究污染者的环境修复责任,可以考虑延长环境侵权的诉讼时效,从而避免将以往形成的环境损害简单地归结为历史遗留问题,致使相关主体逃避环境治理责任。

① 参见李挚萍:《环境修复法律制度探析》,载《法学评论》2013年第2期。

第Ⅳ篇

传统产业政策法视角下的生态恢复产业法制研究

第十四章　产业结构调整法中的生态恢复产业法制

从本章开始我们对生态恢复产业法制进行具体的探讨和制度构建。在生态恢复产业法制建设领域，根据制度的属性和体系性的划分，我们将生态恢复产业法制体系分为两大部分：一部分是生态恢复产业核心法制体系，包括生态恢复产业结构调整法、生态恢复产业组织法、生态恢复产业技术法和生态恢复产业布局法；另一部分是生态恢复产业外围法制体系，主要是产业核心法之外与生态恢复产业发展密切相关，起到辅助、引导、保障等作用的法律制度体系。该领域的法制体系构建对生态恢复产业制度的正常运行和作用发挥具有重要意义，因此是整体生态恢复产业法制必不可少的组成部分。①

生态恢复产业核心法制体系构建是指在产业法制基本框架之下进行的针对性制度体系建设，它的要求是在产业法制基本原则、基本思路的指导下创新产业法具体理论和制度，真正体现生态恢复产业发展的需求和制度规范的特点，实现生态恢复产业的法制化规范和在此基础上的快速健康发展。在产业核心法制建设领域，产业结构调整法制具有非常重要的地位，②这种重要地位的确立源于产业结构调整法在整个产业法制中的重要性和产业结构调整法在推进产业结构升级，实现经济战略性调整方面的基础性作用。当前，我们正在大力推进供给侧结构性改革，其中的产业供给结构、质量就是其中非常关键的环节。顺利推进供给侧结构性改革需要立法和具体制度的保障，改革过程中面临的现实问题也为新时期产业结构调整法制建设提供了机遇和挑战。在生态恢复产业法制体系中，生态恢复产业结构调整法或者说是产业结构调整法中的生态恢复产业法制也就具有非常重要的地位。该环节的产业结构调整和优化供给对整体产业结构的优化和再造具有基础性和战略性的意义。对于生态恢复这一全新领域的产业法制建设而言，有必要首先对该领域产业法制的基本问题进行研究，以此廓清未来制度建设的方向和思路；然后对该领域产业法制建设中涉及的主要法律制度进行完善和构建。

---

① 我国《九十年代国家产业政策纲要》指出，产业政策包括产业结构政策、产业组织政策、产业技术政策和产业布局政策，以及其他对产业发展有重大影响的政策和法规。这里的其他政策和法规主要就是这些辅助、引导和保障性的制度规范。

② 有些学者还将产业结构调整（节）法定位于宏观调控基本法，足见其重要性和基础性地位。参见吕忠梅：《产业结构调节法再探》，载《法商研究》1996 年第 6 期。

第一节　生态恢复产业结构调整法制建设概述

一、产业结构调整法的规范特点

立足于国内外产业结构调整政策和法律的规范领域与规范内容，结合我国未来在产业结构战略性调整方面的任务和要求，我们认为，所谓产业结构调整法主要就是规范产业之间以及产业内部的构成比例、相互联系以及资源配置关系的制度体系。全面理解产业结构调整法，应当注意把握以下几点：

第一，产业结构调整法规范的内容主要是不同产业之间以及同一产业内部的三种关系，即构成比例、相互联系和资源配置。产业构成比例指的是不同产业或者同种产业内部各组份在数量和质量上的占比结构；产业相互联系指的是不同产业或者同种产业内部各组份在一定的占比结构状态下所形成的组合方式、组合样态等的相互关系；产业资源配置指的是不同产业或者同种产业内部各组份在占比结构和相互联系动态结构中所达到的资源配置优劣状况。产业构成比例、产业相互联系和产业资源配置从三个方面涵盖了产业结构调整法律关系，这种类型化的调整对象划分也有助于全方位理解和把握产业结构调整法制构成和规范内容。

第二，产业结构调整法以产业结构的优化升级为直接调整目标。当然，产业结构是否达到优化升级的状态还应当有法律意义上的参照标准，那就是优化升级所能产生的符合特定产业立法目的的效能。① 对于具体领域的产业结构调整法而言，产业结构的优化升级不仅指该特定产业内部组成的合理性和相应的效能，也指将该特定产业置于整体产业经济中所表现出的合理性以及相应的效能。理解产业结构调整法的目标还应当将其放在特定的经济社会发展背景之下考虑。对于当前这样一种现实，即产业经济乃至整体经济发展的资源环境约束不断加剧，环境资源状况直接影响甚至决定着经济能否持续发展。作为引领产业整体发展方向的产业结构调整法，自然应当充分关注到产业发展与环境保护的关系，力争通过法律的规范、引导、保障等作用实现产业经济发展与环境资源保护的相互融合和相互促进。

第三，产业结构调整法是对产业结构整体进行调整的法律和政策性规范，它的

---

① 比如判定环保产业结构是否达到优化升级的状态就是看特定的环保产业组织样态是否能够满足保护和改善生态环境质量以及推动产业经济持续健康发展的需要。“产业结构合理性的本质是指它的功能性，或称之为‘聚合质量’。所谓产业结构的聚合质量是指产业结构系统的资源转换能力。这是判断产业结构是否合理的关键所在……对于环境产业结构系统来说，这种转换能力体现为环境产业改善环境质量的整体能力，我们将这种整体能力称为环境产业的聚合质量。”参见徐波：《中国环境产业发展模式研究》，科学出版社 2010 年版，第 165 页。

调整对象是产业结构关系。相对于产业法中的产业组织法，产业结构调整法的调整领域属于宏观性的、战略性的，调整手段也具有相应的规划性、引导性的特点，规范形式也多以政策性、纲领性的文件形式呈现。在承认产业结构调整法这一特点的基础上，应当特别注意对该领域的规范进行制度意义上的理解和认知。虽然产业结构调整法不如也无法像其他制度那样“具体”、具有“可操作性”，但这并不意味着产业结构调整法就不应当遵循法规范性的基本要求。它的“具体”和“可操作性”是以产业结构为参照而显示出来的特点，对于调整产业结构关系而言，产业结构调整法是“具体”“明确”且具有“可操作性”的。

二、产业结构调整法中的生态恢复产业法制

生态恢复的产业化是未来的重要趋势，是确保生态恢复持续、稳定发展的战略性举措。当前，在涉及该领域的产业化发展进程中，“第三方治理”模式为官方政策所力推并在实践中逐渐发展起来的。2014 年出台的《国务院办公厅关于推进环境污染第三方治理的意见》对“第三方治理”模式进行了界定。① 可见，支付费用委托第三方进行专业治理的“第三方治理”模式当然契合产业化的应有之义。对此，上述意见进一步指出，第三方治理是推进环保设施建设和运营专业化、产业化的重要途径，是促进环境服务业发展的有效措施。同时应当看到，就我国目前的情况而言，生态恢复作为一项产业还处于初级阶段，产业所处的市场条件还不够健全，产业发展模式和制度模式尚有待探索、稳定和成熟。与此同时，与其他产业的确立和发展历程不同的是，生态恢复产业化实现的过程中会面临很多新的具有挑战性的问题。比较显著的是生态恢复产业的外部性很强，很多社会收益和成本都很难反映出来，产业的确立与运作在没有外力约束的条件下缺乏内在的自我形成与发展机制。为此，尤为需要有宏观层面上的制度和政策予以引导、规划和推动落实。②

从这个意义上讲，产业结构调整法对于生态恢复产业法制建设而言具有非常重要的意义。产业结构调整法是以产业结构关系为直接调整对象的，以产业结构调整法的视角进行生态恢复产业法制建设，能够将生态恢复产业置于整体产业发展之中进行政策和制度的设计，从而以政策和制度的形式推动作为整体的生态恢复产业的确立与发展。产业结构调整法的该项作用是其他产业立法所难以替代的。同时，产业结构调整法的这种整体性视野，还有助于实现生态恢复产业与其他

---

① 《国务院办公厅关于推进环境污染第三方治理的意见》规定：环境污染第三方治理（以下简称第三方治理）是排污者通过缴纳或按合同约定支付费用，委托环境服务公司进行污染治理的新模式。

② 《“十三五”国家战略性新兴产业发展规划》中着重指出了我国战略性新兴产业发展中存在的突出问题，其中包括“新兴产业监管方式创新和法规体系建设相对滞后”。未来对战略性新兴产业的法律和政策引导必将摆在更加突出的位置。

产业形态的协同发展。在这种协同式发展的过程中,生态恢复产业的基础也会得到夯实。

对于生态恢复产业自身的调整,产业结构调整法的意义在于以系统的生态恢复产业链建设为依据,合理规划生态恢复产业的内部结构关系和未来的发展方向。这对于初创时期的生态恢复产业而言尤为重要。从产业链的角度,生态恢复产业体系应当具有完备性,而不能缺少产业发展的必要环节。在产业体系完备性的基础上,应当注意通过投资结构、组织结构、运行结构等全方位的优化来实现生态恢复产业内部的结构合理化。由于产业结构需要随着经济社会的发展而发展,产业结构调整法也就需要引导并推进产业结构的高级化。为此,应当着眼于产业结构在生态、经济和社会三大领域的融合,依法确认传统经济结构创新形式,并以法律的手段予以保障和鼓励。现有政策文件对这一点已经有所涉及。作为国民经济主体的制造业,担负着振兴国家经济、导引整体经济发展方向的重要任务。制造业的绿色化发展方向对整体产业结构的优化具有示范和引导作用。国务院印发的《中国制造2025》将“绿色发展、结构优化”作为重要指导思想,释放了对传统经济结构绿色化调整的重大政策信号。同时,无论是生态恢复产业与其他产业关系意义上的产业结构调整,还是生态恢复产业内部关系意义上的产业结构调整,都体现出该领域规范的“战略性”和“宏观性”。这是理解和认知生态恢复产业结构调整法制建设首先应当明确的一点。另外,这里的“宏观性”和“战略性”只是产业结构调整法制的调整特点和表现特点,归结到底不过是在法制基本特点要求之下的特殊表现形式。因此应当具有法制的基本特点和规范方式的要求,尤其注意避免制度的“含糊性”和“空泛化”等现象。这是正确认识和适用产业结构调整法应当注意的问题。

产业结构调整法体现在生态恢复产业法制建设上的作用或者说发挥作用的领域主要是在规划产业发展、调控产业结构、促进结构合理化方面。具体到生态恢复产业法制建设领域,就是对生态恢复产业进行一个整体性的规划,包括产业整体发展的目标和方向,产业整体发展的支持条件,产业各组分的构成样态和关系规划等。为保障并推进生态恢复产业化的实现并以产业化发展的形式及时应对环境、经济和社会对生态恢复的需求,应当有生态恢复产业保护和扶植方面的制度规范,包括战略性产业或主导产业的选择和确认制度、战略性产业或主导产业的政策支持和倾斜制度、战略性产业或主导产业体系化发展制度和重点领域以及环节优先与跨越式发展制度等。在生态恢复产业制度体系建设领域,关联产业的调整和退出制度也是非常重要的制度,它为生态恢复产业的发展提供了制度条件和制度支撑。该类制度的规范方向主要集中于衰退产业的及时退出和保障制度以及衰退产业生态融入和生态转型制度。对生态恢复产业的健康发展而言,产业结构合理化制度是必不可少的，主要包括生态恢复产业结构优化制度以及相关的支持制度。

第二节　生态恢复产业结构调整法具体制度设计

产业结构调整是促进生态恢复产业发展的重要手段。为此，应当在已有政策制度的基础上，全面梳理生态恢复产业发展对于产业结构调整的需求，构建和完善符合生态恢复产业发展特点的产业结构调整基本法律制度。

一、生态恢复整体产业规划制度

（一）生态恢复整体产业规划制度现状

从我国目前的政策和立法情况来看，尚缺少一个专门的生态恢复整体产业规划。对于初创时期的生态恢复产业，整体产业规划的缺失导致已有的市场主体进退受限，而潜在的市场主体则迟疑徘徊，直接制约了生态恢复产业体系的确立和顺利向前发展。包括生态恢复产业在内的战略性新兴产业，它们的成长与壮大需要政府的扶持和培育；而各种政策和措施必须以规划为起点和统领，才能形成统一的有机体系，促进产业的“超常规”发展。① 因此，生态恢复整体产业规划制度的建立对于整个生态恢复产业制度建设都具有先导性和基础性的意义。

党的十八届五中全会提出了“创新、协调、绿色、开放、共享”五大发展理念，为包括生态恢复产业在内的各行业的发展指明了方向。党的十九大报告专门列出一部分，其中对生态恢复和恢复产业进行了非常全面的论述，对我国生态恢复产业法制建设具有十分重要的指导意义。我国现行涉及生态恢复整体产业规划和发展的政策、法律首先是文件层次最高的《十三五规划纲要》。《十三五规划纲要》作为指引十三五时期经济和社会发展的总体规划，明确提出要发展绿色环保产业，采取培育服务主体，推广节能环保产品，支持技术装备和服务模式创新，完善政策机制，促进环保节能产业发展壮大。此外，专门性规划主要有《全国生态保护“十三五”规划纲要》《国务院关于加快培育和发展战略性新兴产业的决定》《“十三五”国家战略性新兴产业发展规划》《“十三五”节能环保产业发展规划》《关于环保系统进一步推动环保产业发展的指导意见》等。这些政策和立法是从战略性新兴产业和环保产业整体角度进行的规划，对作为新兴产业和环保产业重要代表的生态恢复产业具有方向性和宏观性的指导作用。上述这些规定为生态恢复整体产业规划制度

---

① 参见刘向宁：《我国太阳能产业规划的法律分析》，载《中国青年政治学院学报》2011 年第 5 期。

的建立提供了基本的制度基础和参照。但是,这些规定因规范领域和政策属性等原因,就生态恢复整体产业层面而言仍然存在规定分散、体系性不强、法制化程度不高、缺乏针对性等问题。

(二)生态恢复整体产业规划的原则与目标

生态恢复整体产业结构规划制度是法律所规定的关于产业结构整体规划工作的原则、程序、权利、义务和法律责任等规范。整体产业结构规划是直接影响到国民经济和社会发展整体的事业,科学地规划产业结构有利于经济的持续发展和国家整体产业素质及产业综合竞争能力的提高。它是牵涉国民经济各部门、各环节的综合性工作,规划涉及的内容复杂、范围广泛。因此,必须通过法律规范规划工作的程序,明确各主体的权利义务,并规定相应的法律责任以保证规划的实施。

这里的生态恢复整体产业规划主要是产业结构意义上的整体规划制度。在进行具体的制度构建时,我们首先应当明确的是生态恢复整体产业规划的原则。生态恢复整体产业规划除了应遵循经济法和产业结构调整法的基本原则外,还必须有自己的独特原则来指导具体的规划活动。概括起来,这些独特的原则应当包括以下几个方面。

第一,效率原则。要求在产业结构整体规划制度的制定和实施过程中,必须遵守效率,以最小的法治资源的代价实现最优的优化产业结构的经济目的,节省大量的经济资源和法治资源,实现整个社会的可持续发展。它要求从中长期的经济发展出发,充分体现资源的合理配置和产业结构高级化的指导思想,使整体产业结构规划具有经济效益性,以维护社会经济发展的整体利益,使之更符合经济运行成本的要求。

第二,市场自由为主和政府适度干预相结合原则。制定产业结构规划制度干预市场经济时必须以市场自由为导向,使市场机制在产业结构的优化中起到基础性作用。它要求产业结构规划应当成为在充分利用市场机制的前提下弥补市场机制不足的重要手段。制定产业结构规划并不是为了排斥市场机制的作用,而是对市场机制进行补充。这里要说明的是,政府宏观调控对产业结构优化的重要作用是现实存在的。利用规划这种战略性手段,可以弥合政府干预与市场调整之间的紧张关系。环境产业规划这种带有较强环境规制色彩的调整手段直接或者间接对当前中国整个产业结构的高级化产生拉动作用。[①]

---

① 参见王双燕等:《外商直接投资、环境规制与产业结构高级化》,载《首都经济贸易大学学报》2016 年第 1 期。

生态恢复整体产业规划要求整体产业结构规划的范围确定、内容明确。产业结构规划牵涉国民经济各部门、各环节。因此,必须通过法律规范规划工作的程序明确各主体的权利义务,并规定相应的法律责任以保证规划的实施。在生态恢复整体产业规划下,应根据国民经济发展的要求确立基本结构和重点发展方向;区别生态恢复产业,采取不同措施。在生态恢复产业内部,应确立战略产业或重点产业,采取保护、扶持手段促进其发展;对于衰退产业,应采取调整、援助措施,使其能顺利过渡;而对于一般产业,则应采取增强活力的措施。只有这样,才能使新兴产业迅速发展,使传统的但又富有生机的产业力量不断增强,使衰退产业的劳动力和资金不断向其他产业转移,最终使整个产业结构不断优化。

(三)生态恢复整体产业规划制度完善建议

在生态恢复整体产业规划制度完善方面,从建立生态恢复整体产业规划法制体系的角度:

首先,要制定统领生态恢复整体产业发展的《生态恢复整体产业规划法》,以作为调整生态恢复整体产业的总体性、全面性产业结构法律规范,规定生态恢复整体产业发展的方向、目标、原则、基本制度以及保障措施。

其次,从生态恢复整体产业发展的制度引导和保障方面,制定关于生态恢复整体产业规划的具体制度和保障措施。通过制度性引导和扶持措施,从产业定位、产业体系、产业布局和市场培育、优先发展政策等方面促进生态恢复产业的规模化和发展壮大。作为整体产业规划的制度设计,还要注意产业之间的互动融合,注意产业结构生态化调整对生态恢复产业发展的支持、促进。①

二、生态恢复产业保护和扶植制度

(一)生态恢复产业保护、扶植制度现状

考察我国现行有关的政策和立法,从产业法制的角度对生态恢复产业进行保护和扶植性的规定集中分布在几部新兴和战略性产业规划或决定之中。《国务院关于加快培育和发展战略性新兴产业的决定》第三部分“立足国情,努力实现重点领域快速健康发展”中首先列明了节能环保产业,这是对包括生态恢复产业在内的环保产业的支持和重点发展规定。《“十三五”国家战略性新兴产业发展规划》在第五大部分用较大的篇幅提出加快发展先进环保产业的重点领域和对应举措。围

---

① 产业结构调整会对生态保护施加重要影响,产业结构的生态化调整对包括生态恢复产业经济在内的可持续的经济增长具有至关重要的作用。参见吕明元、陈维宣:《产业结构生态化:演进机理与路径》,载《人文杂志》2015年第4期。

绕水、大气、土壤污染防治,提出集中突破工业废水、雾霾、土壤农药残留、水体及土壤重金属污染等一批关键治理技术,加快形成成套装备、核心零部件及配套材料生产能力。污染治理、恢复关键技术的突破是生态恢复产业发展的基础。规划中还专门提出要发展环境修复服务,推广合同环境服务,促进环保服务整体解决方案推广应用。开展环境污染第三方治理试点和环境综合治理托管服务试点,在城镇污水垃圾处理、工业园区污染集中处理等重点领域深入探索第三方治理模式。这些都是较为具体、可操作的政策性规定。《"十二五"节能环保产业发展规划》时期曾以专门规划的形式对包括生态保护与恢复在内的环保产业规定了支持和重点发展的政策措施。《"十三五"节能环保产业发展规划》对环境污染第三方治理进行了专门集中性的规定,提出要坚持市场化的运作模式,根据污染治理具体领域和需求的不同采取多样化的运营机制。规划中除了我们熟知的 PPP 模式,还提出了 EPC + C(工程总承包 + 系统托管运营)、PMC(项目管理承包)等较为新颖的运作机制。针对治理效果评价这一重点,规划还提出要明确绩效考核指标体系等措施。在对战略性新兴产业的资金支持方面,财政部、国家发展改革委印发了《战略性新兴产业发展专项资金管理暂行办法》,对战略性新兴产业的资金支持范围、资金支持方式等做出了明确的规定。国家发展改革委关于印发《关于鼓励和引导民营企业发展战略性新兴产业的实施意见的通知》则从清除阻碍战略性产业发展的体制机制障碍、强化战略性新兴产业发展力量的角度提出了相应的措施。以上几部规划和决定均是针对新兴和战略性产业的规定,无论是从形式上还是内容上都带有保护、支持和扶植的倾向,表明了国家重点发展该类产业的意图。除此之外,值得一提的是,我们国家曾经制定过《九十年代国家产业政策纲要》(以下简称《九十年代纲要》)。《九十年代纲要》在第三大部分专门提出了积极振兴支柱产业的命题,并规定了具体的保护性和扶植性措施。虽然《九十年代纲要》中的支柱产业与我们这里的新兴和战略性产业并不等同,但是规范的领域、内容和力度却值得学习和借鉴。

以上这些政策和立法已经释放出了明确的信号,那就是将生态恢复产业作为新兴和战略性产业予以支持和重点发展。同时,这些政策和立法中已有的保护和扶植性措施也为生态恢复产业保护和扶植制度建设提供了框架性依据。当然,不足也是现实存在的,主要是:(1)保护和扶植内容以政策性规定为主,缺乏法制手段的保障;(2)保护和扶植措施主要是框架性的规定,缺乏细化的制度支撑,操作性不强;(3)已有保护和扶植措施缺乏适应生态恢复产业发展和市场需求的针对性。

(二)生态恢复产业保护、扶植制度的目标与手段

对生态恢复产业进行保护、扶植,进而促进其快速、重点发展来源于对生态恢

复产业的主导性、新兴性和战略性地位作用的判断。这种判断的得出既来自于生态恢复产业自身的主导性、新兴性和战略性的特点，也来自于我国当前经济社会和环境保护现状对生态恢复产业的迫切需求。① 对于如何确定生态恢复产业领域的保护和扶植制度、措施则涉及对生态恢复产业发展现状和发展规律的判断。就发展现状而言，我国生态恢复产业还处在初级阶段，虽然生态恢复的市场巨大，但是产业发展状况难以回应现实的需求，也无法发挥产业的经济发展和环境恢复双重带动作用。尤其是因市场机制在正外部性、运营风险和技术资金等领域的"无力"，使保护和扶植制定在这些领域的介入和作用发挥有了直接根据和目标。

综合这些分析和判断，生态恢复产业保护和扶植制度的目标就应当是破解单纯市场条件造成的生态恢复产业弱势，逐步增强生态恢复产业在市场机制中的竞争力和相应的带动经济发展和环境保护的能力。为实现制度规范的目标，需要有相应的调整手段。对生态恢复产业的发展而言，这些保护和扶植性手段既包括适用于所有主导产业的一般手段，也包括适用于生态恢复产业的特殊手段。归纳来讲，主要包括资金和技术支持手段、产业公共服务手段、市场机制扶持手段、目标和标准引导手段几大类。对于生态恢复产业保护和扶植手段，可以从两大方面理解和说明：一是保护和扶植手段是为了避免生态恢复产业在现有市场条件下的"弱势"，通过倾向性保护和扶持，促进生态恢复产业确立和发展起来，从而及时回应生态文明建设和经济社会发展的需求；二是保护和扶植手段应当在市场和产业发展基本规律的限定之下发挥作用，不能过分依赖"外力干预"，毕竟生态恢复产业的持续稳定发展从长远来看还是要靠市场化运作加以实现。因此，在生态恢复产业保护和扶植手段中，体现产业化运营和市场化运作的手段就显得非常必要。为此，应当注重通过目标和标准体系②为生态恢复产业创造得以存在和发展的市场，同时借助于对恢复后生态资源价值与利益的制度化确认来确保保护和扶植手段在市场机制作用下的作用实现。

（三）生态恢复产业保护、扶植制度完善建议

在生态恢复产业保护和扶植制度完善方面，主要建议有：(1)以法律的形式依

---

① 主导产业选择基准有：需求收入弹性基准、生产率上升基准、关联度基准、过密环境基准和丰富劳动内容基准、就业功能基准和技术密集度基准。此外，在选择主导产业时，还必须结合各国在一定时间上的经济发展条件和环境。参见李孟刚主编：《产业经济学》（第二版），高等教育出版社2012年版，第136～138页。

② 目标和标准体系对生态恢复提出了预期要求，从而为恢复产业创造了确定的市场。正如学者总结的："环保产业一直是一个政策法规引导性的产业，世界上环保产业发展较快的工业化国家一般都有严格的环境法律和环境标准，通过贯彻法规、标准，把环保产业推向更高的水平。"参见高广阔、张永庆：《环境产业经济学》，上海财经大学出版社2010年版，第3页。

法确立生态恢复产业的主导、新兴、战略产业地位,从系统产业立法的角度建立扶持主导、新兴、战略产业的支持制度体系,明确保护和扶植的具体手段、目标以及法律责任。(2)加快制定重点领域生态恢复与治理的目标制度和责任制度,建立重点领域生态恢复前置制度,发挥制度的关联、带动功能,倒逼产生生态恢复的现实需求。逐步建立以第三方治理为发展方向的恢复治理模式,实现污染破坏主体和治理恢复主体的适当分离。(3)建立生态恢复市场支撑制度。依法确认生态环境的资源性和功能性价值,明确改善环境所产生的利益归属。建立生态恢复利益保护制度和生态恢复产品交易制度,明确交易的条件、交易的规则和交易的保障。(4)建立生态恢复领域的政府采购制度。结合目标责任制度和生态补偿制度,建立生态恢复领域的政府采购制度,明确采购的依据、标准、程序、各方权利义务以及法律责任等,带动和引领生态恢复产业发展。(5)构建生态恢复产业倾斜保护制度。促进国家生态恢复投入的制度化,建立生态恢复技术攻关和应用制度体系,建立生态恢复产业示范制度,设立生态恢复产业发展基金,建立生态恢复产业投资风险分担制度,加强生态恢复配套设施建设,实现财政、税收、金融、信贷、技术等领域政策的法制化和相应制度的体系化与精细化。

三、生态恢复产业相关调整和退出制度

(一)生态恢复产业相关调整、退出制度现状

衰退产业的调整、退出、援助制度是产业结构调整法中非常重要的组成部分,它通过稳妥的制度措施调整、清退阻碍产业结构优化和产业健康发展的产业样态,实现产业整体的良性有序发展。在生态恢复产业领域,我们将衰退产业的调整、退出、援助制度称为生态恢复产业相关调整、退出制度。这样界定的原因是就当前生态恢复产业情况而言,并不存在衰退和退出的问题。这里的衰退和退出主要指向那些严重污染和破坏环境的产业类型,通过科学的调整、退出制度措施,为生态恢复产业提供目标市场,带动生态恢复产业的发展。因此,生态恢复产业相关调整、退出制度就应当是与生态恢复产业发展密切相关的环境污染和破坏型产业调整和退出制度,该制度自然应当成为产业结构调整法意义上的生态恢复产业法制的有机组成部分。

我国现行政策和立法对涉及生态恢复产业相关调整、退出内容的规定主要有:一是整体性的产业结构调整规定,其中主要是对于严重污染和破坏环境的产业类型、不利于环境保护和生态恢复的产业类型实行限制或淘汰的制度。国务院发布的《促进产业结构调整暂行规定》第 15 条规定,不利于环境保护和生态系统的恢复的产业属于限制类产业,应当对其进行敦促改造。第 16 条规定,严重污染环境或

严重破坏生态环境的产业属于淘汰类产业。既然属于淘汰类,那必然会面临着退出的问题。国家发展改革委关于修改《产业结构调整指导目录(2011 年版)有关条款的决定》中将污染破坏环境的小煤矿和超过生态承载力的林产品采集等划定为淘汰类产业样态,适用淘汰退出制度。从更加一般化的角度,《国务院关于当前产业政策要点的决定》和《九十年代纲要》针对衰退产业的援助和调整进行了原则性的规定。二是有针对性的产业调整、退出性制度规定。如关于污染企业搬迁后污染场地的治理和开发再利用的《关于切实做好企业搬迁过程中环境污染防治工作的通知》《关于保障工业企业场地再开发利用环境安全的通知》《关于加强工业企业关停、搬迁及原址场地再开发利用过程中污染防治工作的通知》;地方性立法如北京市制定的《北京市推进污染扰民企业搬迁加快产业结构调整实施办法》等。为确保相关产业调整、退出的顺利进行,以衰退产业的援助和职工安置为调整内容的地方性政策和立法有北京市制定的《关于对污染扰民企业搬迁实行优惠政策的通知》、河北省制定的《关于做好产业结构调整涉及企业职工安置分流和再就业工作的指导意见》等。

整体性的产业结构调整政策和立法为严重污染和破坏环境产业的退出奠定了政策性和制度性的基础,为生态恢复产业相关调整、退出制度的建立提供了重要依据。同时,以衰退产业援助和职工安置为规范内容的地方性立法具有较强的针对性,为下一步具体领域的制度建设提供了较好的范本。从产业结构调整对生态恢复产业的健康发展而言,现有制度体系还存在一些问题:(1)污染和破坏环境产业的调整、退出是生态环境保护的现实需要,也是我国市场经济持续健康发展的必然趋势。对该领域的社会关系应当以规范化、体系化的制度形式予以调整,而不是简单的宣示性制度所能胜任的。(2)现行污染企业关停、搬迁后的环境污染防治和产业结构调整的政策、立法基本没有从生态恢复产业发展需求的角度进行规定,对生态恢复产业发展仅具有间接作用。(3)对环境污染、破坏产业援助和退出后责任之间的关系规定不明晰,不利于实现衰退型产业的顺利退出、转型和退出后恢复产业和其他相关产业的顺利接手。(4)我国已经制定了《全国主体功能区规划》。但我国现有政策和立法中尚缺乏主体功能区规划与产业结构调整和生态恢复产业发展之间的衔接和配合性制度措施,不利于发挥制度的体系性作用。

(二)生态恢复产业相关调整、退出的制度与手段

生态恢复产业相关调整、退出制度的规范目的在于加快阻碍生态文明建设和经济社会发展的衰退型产业的调整和退出,规范并稳定衰退产业的调整、退出活动,推进生态恢复产业的跟进式发展和生态恢复相关产业体系结构的优化。

在规范目标的指导下,我们应当坚持一定的原则与标准进行衰退产业的调整

和退出活动。

一是以环境污染、破坏程度与经济社会发展需要的综合衡量为依据，合理确定衰退产业的认定标准，在进行衰退产业的调整时应当坚持衰退产业法定退出和调整转型的分类管理。

二是这里的衰退产业调整、退出与传统产业的调整、退出具有不同的特点和要求，前者直接以生态环境的约束为限定条件，调整、退出的目的也是实现对生态环境的恢复和保护。因此在进行产业的调整和退出时应当将生态保护放到更加重要的位置，对超过或接近生态承载阈值的应当坚决进行调整。

三是将衰退产业的调整、退出与生态恢复产业的进入、发展置于一体化的产业结构调整之中，树立不同产业调整活动之间的衔接和配合。

四是坚持以可持续发展观指导下的成本收益分析方法进行衰退产业的调整和退出活动。衰退产业的调整、退出是为了加快消除阻碍经济社会发展的产业结构形态，实现产业结构的优化和资源在产业间的合理配置。为实现衰退产业的顺利调整和退出，避免对经济社会造成大的波动，产业援助政策和制度也是产业调整、退出制度体系中非常重要的一环。在所有这些活动中，成本收益分析方法是一种基本的标准参照，它有利于合理确定衰退产业的调整和退出政策。对于生态恢复产业相关调整、退出制度而言，成本收益分析方法同样是一种非常基本的分析方法。与传统产业调整、退出的成本收益分析有所差异的是，这里的衰退产业调整、退出活动应当将排除在传统成本收益分析之外的环境成本和价值纳入分析框架，从而促进相应制度建构的全面性和科学性。

在生态恢复产业相关调整、退出关系调整领域，基本的制度类型与调整手段包括：相关衰退产业的强制退出与调整制度（手段），相关衰退产业调整、退出的经济援助制度（手段），相关衰退产业调整、退出的技术援助制度（手段），相关衰退产业调整、退出的劳动力援助制度（手段），相关衰退产业退出前的责任承担制度（手段），相关衰退产业调整、退出与生态恢复产业发展衔接制度（手段）。

（三）生态恢复产业相关调整、退出制度完善建议

在生态恢复产业相关调整、退出制度完善方面，主要建议有：(1)在综合性的产业结构调整政策或立法中明确规定国家对衰退产业实行的是强制调整、退出与援助的制度。作为宣示性条文的落实手段，有必要以制度的形式对衰退产业进行界定和分类，并对每类衰退产业的调整方案与援助手段进行规定，从而弥补现有综合性产业结构调整政策和立法在衰退产业制度体系建设方面的不足。(2)出台重点领域衰退产业的调整、退出计划，制定归属部门限期完成的时间表，明确相应部门和相关人员在衰退产业调整和退出过程中的任务和职责，推进重点污染产业的

有序调整和依法退出。(3)制定体系化的衰退产业援助措施,参考国外制定衰退产业调整基金,①用于支持促进衰退产业的调整和转型,并保障其常态化和机制化;对衰退产业退出并积极转型的,给予财政补贴、税收优惠和技术支持等方面的援助政策;建立衰退产业劳动力分流、再就业制度和失业人员保险救济制度。(4)完善衰退产业恢复治理责任体系,明确规定环境污染或破坏类衰退产业对生态恢复的首要责任,逐步建立衰退产业调整与生态恢复治理整体规划制度和衰退产业环境税、污染税征收制度,实现产业关联和产业体系意义上的制度衔接和制度执行。(5)以产业法制统领衰退产业调整和生态恢复产业发展关系。以《全国主体功能区规划》和已有的产业结构调整综合法(政策)为基本依据,以生态环境的限禁性规定和环境污染产业的调整方向为主要抓手,建立调整、退出活动对恢复产业发展需求制度和恢复产业发展对调整、退出活动的支撑制度,形成生态恢复产业发展与相关产业调整、退出的衔接制度体系。

四、生态恢复产业结构合理化制度

(一)生态恢复产业结构合理化制度现状

考察我国现行的政策和立法体系,还难以发现专门针对生态恢复产业结构合理化和优化问题进行规定的制度设计。这一现象的产生与我国生态恢复的发展阶段有很大的关系。就现实情况而言,产业需求和产业运作意义上的生态恢复活动近些年才在实践中发展起来。因此,生态恢复活动的产业化本身还处于一个尚需不断推进的阶段。从这个角度讲,促进生态恢复产业结构合理化、优化甚至高级化就成为产业化实现基础上进一步追求的目标,而规范恢复产业结构合理化关系制度短板的出现正是这种现实状况的一般结果。但是,值得我们注意的是,制度的作用并不局限于对既定事实的确认和规范,它还具有引导、塑造社会行为的功能。对法律制度引导和塑造功能的要求在生态恢复产业发展领域体现得尤为明显。一方面,生态恢复及其产业化发展的必然性毋庸置疑,生态恢复产业的现实发展速度也非常之快,产业化形成与产业化发展之间的时间距离已经极大限度地压缩,对生态恢复的产业化引导与产业结构合理化的调整应当一体化考虑。另一方面,现有生态恢复产业的发展情况并不尽如人意,产业化发展还面临着种种问题。这些问题的产生在很大程度上是由于恢复产业的结构不合理和结构不协调造成的,所以促进恢复产业结构的合理化本身就应当是恢复产业化发展不可分割的组成部分。促

---

① 意大利政府为调整西北工业区的产业结构,于 1977 年 7 月 12 日通过 675 号法律,建立了“工业设备更新和结构调整基金”,扶助老工业区的传统产业结构调整。参见李孟刚主编:《产业经济学》(第二版),高等教育出版社 2012 年版,第 253 ~ 254 页。

进生态恢复产业结构合理化的制度设计也应当在生态恢复产业法制建设之初就被提上日程。

除去在生态恢复产业结构合理化专项制度规定方面的缺失,我国现有政策和立法中存在一些涉及产业结构合理化的规定,主要有:综合性的产业结构调整和产业结构合理化的立法,如国务院《促进产业结构调整的暂行规定》第1条规定:为全面落实科学发展观,加强和改善宏观调控,引导社会投资,促进产业结构优化升级,根据国家有关法律、行政法规,制定本规定。第2条则规定了产业结构调整的目标:推进产业结构优化升级,促进一、二、三产业健康协调发展,逐步形成农业为基础、高新技术产业为先导、基础产业和制造业为支撑、服务业全面发展的产业格局,坚持节约发展、清洁发展、安全发展,实现可持续发展。该条规定为产业结构合理化或优化指明了方向和制度规范的主要领域,概括起来包括产业结构优化升级、不同产业的协调、产业发展格局以及产业发展导向几个方面。第3条规定了产业结构调整的原则,包括坚持市场调节和政府引导相结合、以自主创新提升产业技术水平、坚持走新型工业化道路、促进产业协调健康发展。除了走新型工业化道路,其他几项原则应当成为促进生态恢复产业结构合理化的基本原则。作为节能环保产业发展的基础性规划,《"十三五"节能环保产业发展规划》在开篇提出规划制定的方向性指引,即加快将节能环保产业培育成我国国民经济的支柱产业。这是站在国家产业结构的整体角度提出的结构合理化和高级化的举措。该规划对"十二五"期间环保产业存在的问题进行了列举,比如自主创新能力不足、缺乏基础性的技术创新、环保产业与传统产业融合不够等。这些都说明了我国现有的环保产业结构是存在一定问题的,结构还不尽合理,还缺乏具有原始创新能力的产业形态,产业间的关系还不够融洽等。这也就为下一步环保产业的结构合理化和优化升级提供了努力的方向。该规划的第四部分提出了服务模式的创新,强调新业态的培育;第五部分提出要推动市场主体形成良性互动,协同发展的关系。这对生态恢复产业在内的环保产业结构调整和优化升级具有十分重要的指引作用。对作为战略性新兴产业的生态恢复产业的规范,《"十三五"国家战略性新兴产业发展规划》在开篇也提到了产业结构优化的问题,就是要把战略性新兴产业摆到经济社会发展更加突出的位置,构建现代化的新兴产业体系。该规划第一大部分多次提到产业发展的新模式、新业态,强调产业链和创新链协同发展。对于生态恢复产业这一新兴且尚在探索发展阶段的产业形态而言,更加需要新的思维和新的发展模式,更加需要将创新与产业紧密结合起来,实现在产业化思维下的长远发展。在发展目标上,该规划提出到2020年,产业规模持续壮大,产业结构进一步优化,形成产业新体系。在加快发展先进环保产业部分,该规划特别提出了要提升环境综合服务能力。对于生态恢复产业,就是要从产业结构整体的角度,加强规划中所说的供需信息平台建设、招投标平台建设、恢复性服务推广应用平台建设等，对重点领域的产业发展倾注更多的人力、物力、财力，实现“重点突破、体系性发展”的良好局面。在国家政策和立法之外，地方性法律文件如北京市工商局《关于进一步支持产业优化升级加强业态调整促进经济发展方式转变工作意见》对北京市的产业优化升级和产业业态调整提出了许多具体的措施。产业结构合理化和优化是一项系统工程，不仅需要产业结构调整方面的制度规定，还需要有其他相关法律制度的保障。比如税法在促进产业结构优化调整、知识产权法在推进产业优化升级相关方面的规定。

现有立法在生态恢复产业结构合理化规定方面存在的主要问题是：(1)缺乏面向生态恢复产业结构合理化的针对性制度措施。这是生态恢复产业结构调整法制中的短板问题，直接影响着生态恢复产业的健康有序发展。(2)已有关于产业结构合理化方面的规定对产业内部的结构调整关注度不足，相关规定略显空洞，操作性不强，从产业需求和产业供给的关系角度规定产业结构调整的制度设计还比较薄弱。(3)生态恢复产业在发展过程中遇到的突出结构性问题有待立法上的回应和制度上的破解。

(二)产业结构合理化的内涵与恢复产业结构合理化的制度指向

产业结构合理化是在产业发展目标的量化下达到的产业结构构成样态的合理性以及在此基础上的产业整体质量的提升。产业结构合理化具有一定的参考指标或者说具体内容。有的学者认为，产业结构合理化包括五个方面的协调，即各产业的素质协调、产业间的相对地位协调、产业之间关联方式的协调、产业部门增长速度分布的协调和产业阶段交替的协调。[①] 有的学者认为，判断产业结构是否合理可以从以下几方面入手：产业之间的产业素质是否协调、产业之间的联系方式是否协调、产业之间的相对地位是否协调、从供给是否与需求相适应来判断产业之间是否处于协调状态。[②] 还有学者认为，合理的产业结构应当满足以下要求：能满足有效需求并与需求结构相适应，具有较为显著的结构效益；资源配置合理并得到有效利用，各产业间能相互补充配套、协调发展，能吸收先进技术，有利于技术进步，在保证技术进步的前提下吸收较多的就业人数，有利于保护自然资源和生态平衡。[③] 综合已有研究，结合当前产业结构升级和经济结构调整的现实要求，我们认为，产业结构合理化的内容或者说判断标准应当包括几个主要方面，即各产业在数量和

---

① 高广阔、张永庆：《环境产业经济学》，上海财经大学出版社 2010 年版，第 130 页。

② 李孟刚主编：《产业经济学》(第二版)，高等教育出版社 2012 年版，第 131～132 页。

③ 杨公朴等主编：《产业经济学教程》(第三版)，上海财经大学出版社 2008 年版，第 205 页。

质量上的合理,各产业在地位和发展导向上的合理,产业之间的要素组合和关联方式的合理,[①]产业整体的资源配置状况、有效供给状态和对经济发展的影响。其中,前三个方面是从产业结构内部关系的角度进行的分析,后一个方面则是从产业结构与外部经济的关系角度进行的分析,它们共同构成了产业结构合理化的主要内容。

产业结构合理化的内容构成为生态恢复产业结构合理化制度建设奠定了制度内容的基础。相比于产业结构合理化的内容构成,生态恢复产业结构合理化的着眼点在于生态恢复产业内部的结构合理化,是更加细致和相对"微观"的产业结构领域。这是生态恢复产业结构合理化制度建设的指向之一。生态恢复产业结构合理化制度建设的立足点在于对生态恢复产业结构和产业发展情况的考察和判断。就我国生态恢复产业发展实际情况而言,因产业结构缺失、不合理导致的问题正在显著制约着产业的健康和长足发展。这些问题集中起来表现在:以资金融通投入、工程设计建设、修复技术咨询、修复人员培训为内容的恢复咨询产业处于生态恢复产业薄弱环节;生态恢复的技术研发、推广和应用各类产业形态之间缺乏有效衔接和配合;[②]生态恢复具体产业领域发展不均衡,制约了生态恢复产业整体的发展;生态恢复产业趋同化的"小而全"现象比较突出,产业的有效供给结构存在问题,竞争无序化现实存在;生态恢复产业投资结构和融资结构及组成体系等方面存在问题。以法律的手段规制并完善生态恢复产业发展过程中存在的结构性问题,促进产业结构的合理化最终实现生态恢复产业的健康有序发展是恢复产业结构合理化制度建设应有的面向。

(三)生态恢复产业结构合理化制度完善建议

在生态恢复产业结构合理化制度完善方面,主要建议有:

1. 在已有的产业结构调整综合性政策和立法中充实产业结构合理化与高级化的内容规定,或者参照韩国的做法专门制定类似于《产业结构高级化促进法》的专门法律,将生态恢复产业作为一个独立的产业形态规定于产业结构合理化与高级化的内容部分,以路线图或者发展规划的方式规定生态恢复产业领域结构合理化的基本思路和保障措施。

2. 以环境服务业发展规划和《关于环保系统进一步推动环保产业发展的指导

① 应当更多地从互动融合和动态调整的角度去认识产业结构合理化的问题,这一点被传统产业结构分析所分解、忽视。参见贺俊、吕铁:《从产业结构到现代产业体系:继承、批判与拓展》,载《中国人民大学学报》2015年第2期。

② 参见廖羿:《鼎实环境与中科院产学研合作对接,致力土壤修复技术研发》,载国际在线网站:http://gb.cri.cn/44571/2014/11/18/7872s4769948.htm,最后访问日期:2017年5月6日。

意见》为基础，建立适于生态恢复产业高级化的服务业发展制度。通过投资、市场准入、金融、税收等方面的引导性制度促进生态恢复服务业发展，逐步建立体系完善、功能良好的生态恢复服务产业体系。

3. 以技术实用化和产业化为出发点，搭建生态恢复领域产、学、研综合研究应用平台。建立生态恢复关键技术科研攻关专项基金制度，鼓励恢复技术创新和技术升级。逐步清除不利于技术市场化和产业化的体制机制，建立以技术实践性和市场化为导向的生态恢复技术研究体系。创新技术创造、孵化和运用机制，实现技术与产业的深度融合。

4. 制定生态恢复重点产业领域的专项规划，促进重点领域生态恢复产业的发展。当前，应当重点制定土壤、水体、城市“棕地”等领域的恢复产业发展规划，完善产业发展规划配套措施，强化产业发展规划与相关领域政策和立法的有效衔接，促进生态恢复各产业形态的协调发展。

5. 完善生态恢复产业体系，建立现代产业体系制度。依法确立生态恢复产业发展目标，规定生态恢复产业阶段性发展任务和动态调整机制，依法鼓励生态恢复产业集聚和产业融合，促进优势互补型产业结构的形成。

6. 依法规范政府投资行为，发挥政府投资引导和示范作用。[①] 形成有利于社会民间投资恢复产业的制度和机制，建立风险投资制度，化解投资顾虑与风险，推动资金流向产业急需环节。完善产业融资制度和机制，清除阻碍恢复产业发展的投资融资限制，注重通过投资融资结构的完善推动产业结构的合理化。

---

① 有学者提出，生态产业结构调整包括自然生态产业结构调整和制度生态产业结构调整。后者则重点在于规制政府的行为，调整公共利益和个人利益的关系。参见周明勇：《新型城镇化进程中生态产业结构调整制度研究——兼论 PPP 融资模式下的产业政策法治化》，载《现代管理科学》2016 年第 4 期。

第十五章　产业组织法中的生态恢复产业法制

第一节　生态恢复产业组织法制建设概述

一、产业组织法的主要内容

产业组织法协调的社会关系为："在某一特定产业内部，作为市场主体的企业或企业集团在进行各种经济行为、开展合作以及竞争过程中，发生的社会关系。产业组织法的立法目的在于充分发挥市场机制对产业发展的调节作用，通过对市场结构的合理构建，经济行为的规制，提高市场资源的配置效率。"①因此，产业组织法能够纠正企业之间的不正当竞争关系，加强市场主体的专业化合作；与此同时，防止资金高度集中以及大型企业对市场的垄断，从而从根本上维护和促进产业的发展。具体又可分为：企业合并法、企业集团法、反垄断法、中小企业法等内容。其主要内容包括五个方面：

一是对产业组织的结构进行合理配置。我国产业组织的政策目标是根据规模经济的大小或者产业发展的需要，构建合理并具有发展潜力的市场主体结构。如果产业规模显著，适合数量较少的大型企业或者企业集团成为主要力量的市场结构；如果产业规模不显著，则需要更为灵活的市场结构，通常是不同规模的企业同时并存，企业数量较多，但缺乏主导企业。

二是对同一产业内的市场主体制定竞争规则。通过对竞争规则的制定，引导企业间的合理竞争，依法鼓励竞争、限制垄断，从而保障产业和行业的良性发展。这意味着应该处理好竞争和垄断两方面的内容。高度集中的垄断和无序的竞争都将对产业发展造成严重损害。因此对于通过不正当或者不合理竞争取得市场垄断地位的，应该进行预防并严厉处罚。与此同时，立足产业健康发展的根本目标，在不同阶段引导企业实现产业规模化生产经营，合理竞争，防止出现市场垄断。

三是合理控制同一产业内的企业规模，引导企业间的协作共赢。引导市场主体遵守竞争规则、合理竞争，在条件适合的情况下，调控产业内部市场主体的经济

---

① 赵立新：《论产业法的地位》，载《江汉大学学报》（人文科学版）2004年第6期。

规模，控制企业数量，确保实现规模经济。尤其对于新兴产业，产业链中的不同规模的企业具有不同优势。能够实现互利合作的，应当鼓励不同规模的企业建立联合关系，设立企业联合体，加强企业的经济和科研实力，从而大幅度提升产业在国内、国际不同层面的核心竞争力。

四是扶植和培育产业组织。产业组织法能够加强市场主体的孵化和培育。一方面，产业组织法通过制定和实施产业保护和鼓励发展的政策，培育具有明显发展潜力的新兴产业，从而为新兴产业的发展创造良好的外部发展环境，防止或者减少国际竞争的冲击。主要的原因在于新兴产业尚在萌芽阶段，在经济规模、技术实力等方面刚刚起步，对市场的竞争力薄弱，必须进行适度保护才能存活并逐步取得比较优势。另一方面，产业组织法特别重视中小企业的保护力度，尤其是对科技型中小企业进行政策鼓励和资金及其他方面的扶植。

五是促进和规范行业协会的发展。“行业协会是指介于政府、企业之间，生产者与经营者之间，并为其服务、咨询、沟通、监督、公正、自律、协调的社会中介组织，是在同一行业、企业内自愿参加并参与民主管理的非营利性自律组织。”[①]行业协会是行业进行自我管理、自我服务的民间组织，不属于国家机关的序列，是管理部门与市场主体进行联系和沟通的管道。它的作用首先是在政府与企业之间进行沟通和协调。行业协会承担的正是“国家(政府)与企业(成员)之间的联结和沟通作用，它使私营部门与公共部门之间达致有效联系。行业协会发挥沟通作用，降低了政府管理成本，提高市场配置效率，推动市场有序竞争，维护社会稳定运行的作用。”[②]其次，行业协会通过制定规章制度对本行业的发展进行自治，即进行行业的管理、对行业内的成员进行监督和为行业内的成员提供服务。“因此行业组织能够对行业的发展提供保护和支持，同时协调产业内部的关系，加强产业的国际竞争力。同时，行业协会通过制定行业章程等共同遵守的规则，维护产业和市场主体的合法利益，规范企业之间进行合理竞争，并为企业提供风险提示、资金来源等信息服务以及其他支持，并且对产业发展遇到的问题进行调查分析，提供解决问题的思路。与此同时，作为社会管理的重要主体，作为产业组织，参与社会公共领域的管理和建设。”[③]

因此，行业协会是产业发展过程中，维护市场主体的合法利益的重要形式。行业协会站在产业发展的高度，强调本产业的共同利益和发展的共同前景，对一个产业中不同的企业之间的矛盾进行协调，将松散的企业团结在一起。行业协会有两

---

① 应松年、薛刚凌：《行政组织法研究》，法律出版社 2002 年版，第 246 页。

② Andrew A. Procassini, Competirors in Allianee, *Quorum Books*, 1995, pp. 297 - 298.

③ 应松年、薛刚凌：《行政组织法研究》，法律出版社 2002 年版，第 257 页。

种模式:一种模式是将行业协会作为市场经济主体的一部分规定在综合性法律中,不单独制定行业协会及其行为规则的法律。例如,证券业协会就被规定在《证券法》中。另一种模式是对涉及影响面广、具有全局性的行业协会,制定专门的法律法规。

二、产业组织法的规范特点

(一)产业组织法律规范的政策性

在法学科学的语境中,法律和政策有着截然不同的特征,两者的主要区别体现在以下五个方面:第一,法律和政策的制定机关不同。法律的制定主体是由享有立法权的有权机关,这些有权机关获得立法权必须依据《立法法》的明确规定或者得到立法机关的专门授权;而政策的制定主体则缺乏法律上的明确界定,呈现出多元化和多层次性。第二,两者在制定程序上的严格程度不同。制定法律须遵守法定程序,通常非常严格。而制定政策则没有严格的程序规定。第三,两者的表现形式不同。法律必须符合特定的形式要求,而政策则没有。第四,法律和政策的灵活性不同。法律强调稳定性;而政策调整的社会关系变动性很大,更强调灵活性。第五,两者的法律效力不同。法律具有强制执行的效力,而政策则通常不具备强制性。

从中国产业组织法的产生和发展的历史来看,得益于市场经济政策的制定和实施,是对前期经济产业组织政策的总结和提升。在现代市场经济条件下,"所谓的产业政策,是与市场调节相对应的概念,政府的经济主管部门如果要对市场资源进行宏观调控,产业政策是能够发挥重要作用、不可或缺的政策工具"。① 美国学者查默斯约翰逊认为:"产业政策是一个国家为了本国经济和产业发展、提升国际竞争力的需要,而采取的产业政策体系,主要内容是根据产业发展的现状,进行鼓励或者进行限制产业活动。产业政策与货币政策、财政政策共同构成经济政策的三角结构,并充当其他两个政策的重要补充。"②因此,从产业政策的功能和定位来看,它通常是在市场机制失灵的情况下,政府出手干预产业发展,人为调控不同产业之间、特定产业内部的资源分配情况,从而提高本国经济长远发展的潜力。③

首先,对产业组织政策进行归纳构成了产业组织法的重要内容。"产业组织政

---

① Mario Cimoli, Giovanni Dosi and Joseph E. Stiglitz, Industrial Policy and Development: The Political Economy of Capabilities Accumulation (The Initiative for Policy Dialogue Series), *Oxford University Press*, November, 2009, pp. 336 – 377.

② 约翰逊:《产业政策争论》,美国当代研究所 1984 年版,第 18 页。

③ Kotaro Suzumura, Industrial Policy in Developing Market Economies, *Oxford*: *Clarendon Press*, 1995, pp. 253 – 296.

策的定义就是:一国政府能够利用的公共政策之一,手段是干预产业组织的结构和行为以及内部关系,从而为产业发展创造更为理想的发展环境。”①在影响国家产业结构、行业组织内部组织关系等方面,产业组织政策对于市场机制的补充和资源的合理配置的作用就更为重要。“产业组织政策主要包括三个方面的内容:第一,敏锐的发掘新兴和战略产业,并进行培育;同时调节市场资源,加速淘汰没落产业。第二,产业组织政策调整特定产业内的市场主体的内部关系,引导进行合理竞争与广泛合作。第三,产业组织政策能够通过鼓励和引导政策,为市场主体提供信息交流、信息扩散的平台和途径,同时运用减免税收、贴息等手段,为市场主体进行科技研发注入更多的活力,从而减少产业之间和产业内部的技术发展不均衡。”②依法制定的产业组织政策颁布和实施,对产业组织进行调整和规范,经过民主程序并且上升到法律形态。

其次,现代产业的发展需要对产业组织进行深层次调整,产业组织法的政策化适应了这种变化。现代经济结构和产业组织日益复杂化和迅猛发展,专业性日益增强,对法律制定和实施的灵活性提出了更高的要求。立法机关则倾向于制定政策性条款,从而为产业发展和管理调整留有更多的灵活空间和余地。有一些产业组织法甚至直接引用政策体系或者政策的具体内容。同时,立法机关授权进行产业管理的行政机关制定下位法或者制定政策,保障行政机关能够采用自由裁量权来规制产业组织的发展。

(二)产业组织法体现了强制性和授益性规范并存的优势

根据学者们的界定,产业组织法则体现出强制性(惩罚性)规范和授益性规范并存的特性。目前的产业组织法主要有:一类为强制性规范,规范促进竞争、限制垄断的竞争促进法律规范,如反垄断法、反托拉斯法和反不正当竞争行为的法律,它着眼于防范并惩罚非公平竞争行为、维持正常的市场秩序。另一类为鼓励产业发展的法律规范。这类法律规范主要以引导和鼓励的法律规范为主,目的是赋予产业组织主体某种权益,或者免除某项义务。这两类产业组织法虽然立法取向不同,但它们在法理上是相容共存的。

产业组织法中大量的引导或者激励的授益性规范,正契合了目前产业法领域中促进类立法的趋势。在传统的立法领域,法律往往是强制的代名词,背后是以国家的强制力作后盾,在法律规范中则体现为惩罚性或者强制性条款;促进类立法则有很大区别,“激励性立法较少采取强制性手段,而是采取激励或者奖励政策,提高

① 姜昕、杨临宏:《产业政策法》,中国社会科学出版社2008年版,第18页。

② 马春文、张东辉主编:《发展经济学》(第三版),高等教育出版社2010年版,第271页。

产业组织主体的积极性。即使有少量的惩罚性手段,主要也是体现为预期经济利益的损失。"①

三、产业组织法领域的生态恢复产业法制建设

生态恢复产业组织法是调整生态恢复产业内企业的组织形态和企业关系的法。一般包括生态恢复产业组织的政策目标,生态恢复企业的竞争规则,规定生态恢复企业的规模合理化,生态恢复产业组织的保护和生态恢复行业协会等内容。

目前生态恢复产业组织法的主要依据分为两个层次:一是法律法规层次。生态恢复产业方面的法律规范散见于新修改的《环境保护法》《大气污染防治法》《固体废物污染环境防治法》《清洁生产促进法》等法律法规以及《矿产资源保护法》《土地管理法》等;第二层次是生态恢复产业组织法的规范性文件。主要包括《国民经济和社会发展"十三五"规划》《国家环境保护标准"十三五"发展规划》《全国主体功能区规划》《全国生态功能区规划》等。总体而言,我国生态恢复产业组织法是产业组织法的崭新领域,尚处于发展初期,法律规范比较分散,缺乏成熟而完整的法制结构。尤其是生态恢复和生态恢复产业组织发展的规范依据割裂的情况非常明显。这种情况导致生态恢复与产业组织之间的有机联系被打破,难以运用生态恢复的理念和制度对产业组织进行规范和调整。两者的割裂主要体现在:一是生态恢复产业组织法和生态恢复的立法理念有很大差别。生态恢复主要是进行"被动防御性立法"。"被动防御性立法"即主要是针对未来可能产生或者已经产生的生态环境问题进行被动的防御,而非进行主动干预。生态恢复产业组织法则强调对企业和行业进行主动引导和鼓励,是典型的主动性立法。二是两者之间缺乏互动和有机联系。生态恢复主要目的在于对受到破坏的生态环境,进行生态结构和功能的恢复。"直接影响生态补偿最终能否真正落实和有效实施,包括制度背景例如生态系统服务提供者的财产使用权、透明度、附加目标、商业和技术支持等,以及事后的监督与评估。"②其中生态恢复的标准制定、生态恢复技术的推进、生态恢复评价制度等都会影响相应产业组织的发展。而更为严格的污染物排放标准和清洁生产评价指标将会促进新能源产业、传统农业的转型升级,加快资源再生利用行业的产业化等。但是在生态恢复的立法和实施过程中缺乏对相关产业发展的考虑。

---

① 董玉明:《中国经济法学导论》,光明日报出版社 2011 年版,第 150~225 页。

② 张晏:《国外生态补偿机制设计中的关键要素及启示》,载《中国人口资源与环境》2016 年第 10 期。

第二节　生态恢复产业组织法具体制度设计

国家对环境破坏和资源浪费的重视、大量环保法律法规的颁布以及对环保产业的引导和扶植，为我国生态恢复产业提供了发展机遇。生态环保领域的许多重大政策陆续出台。《环境保护法》进行了修订，并严格实施。《水十条》和《大气十条》等相继发布。行政主管部门对环保和生态恢复领域的加强监管酝酿着产业发展的良好机遇。与此同时，社会资本对环保产业的投资也在不断增加。据测算"十三五"期间总投资额将超过17万亿元。

在这种背景下，我国的生态恢复产业将会迎来迅猛增长的良好机遇，同时生态恢复产业组织的新格局也将初步奠定。正如学者们总结的，政府对于生态恢复产业组织的发展发挥着关键作用。"政府也有助于促进可持续发展的能力……更为积极的是，政府可能会鼓励各机构鼓励个人行为的改变，并鼓励解决当地环境问题的政策改变。"①政府承担着构建和实施生态恢复制度的重要责任。"生态恢复的最终目的是保护生态系统和改善环境，对生态保护区的合理发展进行保障。为了实现这一目标，国家的义务在于建立完善的生态恢复制度。这包括鼓励社会参与保护生态环境，并对做出突出贡献的进行奖励；同时对于生态环境受到破坏，发展受限的区域进行补偿。"②生态恢复产业的健康发展，需要政府加强顶层设计和规范标准方面的引导；同时尊重企业的主体地位，充分发挥市场配置资源的决定性作用，培育和壮大企业市场主体。"环境治理体现尊重生态系统的自然规律，并在自然规律的基础上进行环境生态管理的综合实力。内容不仅包括行政机关对环境科学的认知水平，对环境问题和环境污染损害的预判，生态环境整治措施的决定和实施能力，还包括了引导生态环境相关学科和技术研发的发展，对生态环境标准的审查和制定，以及对生态环保产业的发展以及出现生态环境事件进行紧急应对等方面。"③

因此，政府在生态恢复方面的责任主要是制定生态恢复产业组织的法律、生态恢复和环保标准等标准规范，设计并提供国家对生态恢复产业组织的整体规划和具体政策，构建并进一步完善生态恢复产业组织的各项制度。生态恢复产业组织

---

① Tomas M. Koontz, Collaboration for Sustainability, A Framework for Analyzing Government Impacts in Collaborative Environmental Management, *Sustainability: Science, Practice, & Policy*, 2001, p. 15.

② 马永喜、王娟丽、王晋：《基于生态环境产权界定的流域生态补偿标准研究》，载《自然资源学报》2017年第8期。

③ 肖建华、游高端：《地方政府环境治理能力刍议》，载《天津行政学院学报》2011年第5期。

法的完善需要进一步完善具体制度:完善生态恢复企业协作与联合制度、生态恢复产业均衡与中小企业制度、生态恢复企业准入与行为规范制度等。这些基本制度的建立可以提升生态恢复产业的规模效应,促进生态恢复产业的合理布局和健康发展具有重要意义。

一、生态恢复企业协作与联合制度

(一)生态恢复企业和生态恢复行业的界定和特点

根据亚当·斯密的经典论著,在市场这个"看不见的手"的指引下,将尽最大的可能追逐经济利益,并认为企业的逐利行为具有合理性和正当性。"尽管受市场这一看不见的手的引导,企业所追求的根本是经济利益。但是在获取经济利益的同时,同时反而更有效地对社会利益实现了促进功能。"①企业在谋取经济利益的同时,也关注对社会责任的承担。同时,"生态恢复实质上体现了市场主体与生态环境资源之间的交换关系。生态恢复作为社会认同的价值,被不同的社会关系强化,并被社会的主流观点所接纳"。② 因此,企业本身作为社会生态建设和环境治理的有机组成部分,承担着生态恢复责任。

如果从比较狭窄的含义上定义生态恢复企业,则其范围主要包括对生态环境污染和破坏进行预防和治理的企业,包括污染水体的净化处理、废弃物的处理、工业流程的脱硫脱硝、农业面源的污染防治、资源再生利用、土壤修复和环境监测以及进行环保技术研发等污染控制、生态保护和防范环境风险的咨询设计、科研开发、生产运营、工程建设以及投资等经营单位。但更广意义上的生态恢复企业的范围不仅涵盖了狭义的生态恢复企业,同时扩展到传统行业(如钢铁产业、建筑材料、电力行业等)为了防止生态污染进行的产业升级、环保改造等领域。本章的生态恢复企业是指狭义的专门进行生态修复的投资、科研开发、生产运营、服务等内容的企业。

(二)生态恢复企业协作与联合制度

1. 生态恢复产业处于产业发展的初期阶段

在经济领域中,"企业之间的联合、兼并以及各种形式的合作关系,主要是为了实现规模经济"。③ 生态恢复产业领域的企业之间的协作与联合,是生态恢复产业

---

① [英]亚当·斯密:《国民财富的性质和原因的研究》,郭大力、王亚南译,商务印书馆 1997 年版,第 27 页。

② Sommerville, M. M., J. P. G. Jones and E. J. Milner-Gulland, A Revised Conceptual Framework for Payments for Environmental Services, *Ecology and Society*, 2009, pp. 34 - 47.

③ 参见毛林根:《产业经济学》,上海人民出版社 1997 年版;简新华:《产业经济学》,武汉大学出版社 2002 年版。

能否实现规模经济的重要途径。生态恢复产业规模经济的实现途径,主要是通过行业内部经济行为主体之间的联合与合作,通过他们之间的优势互补以及扩大生产和资金规模,从而节约生态恢复企业的运营成本,并同时快速提高经济效益。生态恢复产业覆盖整个自然生态和人工生态领域,内容非常广泛,包括对自然生态如海岸带、湿地、林地、沙漠化等生态环境的修复以及人工生态如废弃矿山、道路和水利工程的生态修复和治理等。与其他产业相比,生态恢复属于朝阳行业和新兴产业,在生态环境建设领域行业起步较晚。生态恢复产业的发展具有显著的优势:其一,投资门槛较低,而经济利益见效快;其二,属于国家重点扶持和引导的产业,具备良好的法律政策环境和相对宽松的税务审核等行政监管;其三,生态恢复行业的持续盈利能力较强,能够保持获得长期利润。长期盈利能力来自于客户分布比较集中和稳定,尤其是矿山、电力、煤炭等大型企业。该类企业面临着严格的环境监管,因此有意愿和能力为生态修复工程付出较高的溢价。这就给生态恢复产业带来了持续而且丰厚的利润。

生态恢复产业是新兴产业,尽管市场潜力巨大,但企业的整体技术实力不强、行业竞争无序、政府监管缺失等问题较为突出。

第一,与发达国家比较,我国生态恢复产业存在许多差距,其中技术差距最为明显。生态恢复企业的整体实力较弱,缺乏核心竞争力。生态恢复产业目前被普遍认为属于高科技产业领域;但我国生态恢复产业在新产品和新技术的研发和应用方面比较落后。真正掌握先进的恢复技术并且恢复技术达到工程化或产业化阶段的恢复企业少。从全球生态恢复产业的发展来看,生态恢复的理论探讨和技术研究从20世纪70年代后期就已经开始起步。尤其是美国、德国和日本,借助强有力的科技创新,机械装备制造以及严格的环保和能效政策法规,成为全球生态科技强国。美国的脱硫、脱氮技术,以及长期开展污染土壤的修复计划,不仅投入巨额资金对土壤修复的技术难题进行攻关,并积极实施土壤修复工程,在此基础上积累了成熟的污染土壤的修复技术以及丰富的施工经验。日本在处理城市的废弃物、减少工业扬尘等方面的技术处于国际领先地位。而德国则凭借先进的水净化处理设备牢牢占领着水污染治理领域的领先地位。所以,从国际的视角可以看出,生态恢复产业的技术发展日益专业化、高度深入化,尤其是新型材料、生物工程等多学科交叉而催生的新技术和新工艺不断出现。同时在生态恢复领域的产品高度集成化和标准化,应用普及程度迅速提高。而我国生态修复产业起步较晚,缺乏核心的关键技术,部分关键设备依靠进口,导致企业竞争力不强。尤其是对处于价值链高端的环保设备制造和环保技术研究,仍落后于发达国家。

第二,我国生态恢复产业的产业组织结构亟待调整,行业规模效益不明显,产业集中度不高。生态恢复服务业比重偏低,全方位服务体系尚未建立,难以形成跨行业、跨区域的产业体系。随着生态恢复的市场需求和要求的提升，设备制造产业化、工程建设承包产业化、投资产业化、运营服务业逐步递进。

第三，生态恢复产业的行政监管不到位。发展生态恢复产业，重要的是靠政府在建立和完善市场经济体制过程中强生态保护的行政职能，加强宏观调控，用科学的政策实施有效引导。生态恢复产业所覆盖的范围较广，隶属管理部门多，目前缺少的是政策支持和宏观调控，使环保产业的发展十分艰难。生态恢复产业的相关政策机制不完善，财税优惠政策激励力度有限，缺乏引导性；法律法规不健全，缺乏执行力。作为新兴产业，需要大量的资金投入，但生态恢复企业的融资面临很多困难。国家监管部门和行业协会等应尽快根据我国生态恢复产业的发展现状，制定各阶段的发展战略规划，并完善生态恢复相关领域的政策法规、建立行业标准，逐渐减少监管空白，建立长效监管机制。“除此以外，生态恢复产业市场不规范，缺乏公平的竞争环境，地方保护主义、低价低质恶性竞争现象比较严重。”①

2. 生态恢复企业协作与联合制度的优势

生态恢复企业之间的协作与联合制度对于实现生态恢复产业的规模经济，促进产业的良性发展具有重要价值。我国目前的生态恢复产业尚不具备规模经济，行业内的市场主体规模和发展方向比较类似，相互之间的竞争非常激烈。而作为独立的经济主体，生态恢复产业的经济主体都是独立法人，在产权归属、经验方式和盈利需求上都是相同的。而市场作为调整市场资源的手段，会引导资金、人员等市场资源流向具有最高边际产出的区域。生态恢复内部的企业主体如果预期获得更多的利润，必须通过产业内部的整合来实现。产业内部的整合有两种主要方式：一种方式是不同市场主体之间展开竞争，进行资金、经营等多方面实力的抗衡，实力占上风的企业将会在竞争中取得优势地位，从而合并或者兼并其他企业。而市场就会将更多的市场资源调配到优势企业，企业的规模和盈利则会迅速扩大。这种情况下，该产业的规模经济就得以实现。这种产业内部进行竞争、兼并的方式，优势在于能够提升企业的竞争能力，实现优胜劣汰；但缺点在于容易导致产业内部的内耗，损伤产业的长期发展。生态恢复产业这样的新兴产业实现规模经济还有另一种方式是市场主体可以在不损害独立性的前提下，建立企业之间的联合体。这种联合体并不会淘汰或者损害企业的利益，反而往往会通过订立协议的形式实现企业之间的协作共赢。不同规模以及具备不同竞争优势的企业可以进行战略联盟，在某些特定领域进行合作，从而实现对风险的分担和利益的共享。美国乔治·华盛顿大学的 Charles Hill 教授认为，“企业之间进行战略联盟，并不是完全消灭竞

---

① 彭丽娟：《生态保护补偿：基于文本分析的法律概念界定》，载《甘肃政法学院学报》2016 年第 4 期。

争,而是在市场的竞争者之间订立合作协议"。[①] 经济学家张维迎对该问题也持同样观点,"所谓的企业战略联盟,是市场主体之间的一致契约关系。这种契约关系时间持续较长,而且稳定,通常是不同的市场主体为了在技术的研究开发、产品的生产销售、企业的运营等方面进行合作而达成的"。[②] 生态恢复企业协作与联合制度,不同于一体化的企业联合体,各个生态恢复企业仍是独立的、具备法人资格的经营实体之间的平等关系,需要企业间建立信赖以及对市场资源的开放态度和实现不同企业的优势互补,是一种较为动态的组织形式。生态恢复企业运用市场机制集聚创新资源,形成行业协作与联合机制,形成产业核心竞争力,突破技术创新和产业发展的瓶颈,从而提升我国生态恢复产业的整体水平。

企业协作与联合制度对生态恢复产业有着积极的推动作用,主要表现在三个方面:

第一,有利于提高生态恢复产业的经济效益,实现生态恢复产业领域的资源优化。生态恢复企业协作与联合制度的实施注重合作和联合形式的选择以及灵活的治理形式,结构相对稳定,经济目标导向明确。而战略联盟通过相互竞争与合作产生的技术和产品创新,为消费者提供更多的消费者剩余。生态恢复企业协作与联合制度在治理结构上形式更为灵活,可以采取契约式、股权式等多种模式。不同层次和规模的企业,可以将其异质性资源进行整合孕育,资本和技术适度"集聚",对现有资源重组而产生创新效益,并取得更多的潜在利润和拓展产品市场。

第二,它有助于减少生态恢复产业内部市场主体之间的不正当竞争,促进生态恢复产业结构的完善。我国的生态恢复产业刚刚起步,面临着来自国内外的竞争压力。尤其是随着国内外生态恢复市场高度国际化和高速发展,如果仍然采用传统意义上的竞争手段,将会产生内部消耗,生态恢复企业难以取得竞争优势。同时,环保标准和环保监管的日益加强,将倒逼生态恢复产业的加速升级。这对于生态恢复企业的经营方式、技术创新、经营策略、服务水平都提出了更严格的要求。在这种环境下,生态恢复企业只有与其他企业合作,通过取长补短、优势互补,才能满足市场日益变化和产业升级的需求,否则将陷入孤立和被动竞争的状态之中。在生态恢复产业内部,在保持企业独立的前提下,不同领域、类型、供应关系、销售关系、技术实力甚至是竞争对手,都可以通过企业联盟或者合作以团体的力量参与市场竞争。生态恢复企业协作与联合,能够实现优势互补,共同拓展生态恢复的市场,实现技术、信息共享,从而具备市场竞争的更大优势。

---

① [美]迈克尔·波特:《竞争优势》,陈小悦译,华夏出版社1997年版,第56页。

② 张维迎:《谁妨碍了企业联盟》,载《中国经贸导刊》2001年第3期。

3. 生态恢复企业协作与联合的路径选择

目前，生态恢复企业协作与联合的路径主要有两种方式：股权式联盟和契约式联盟。一种方式是股权式联盟。股权式联盟是生态恢复企业在管理机制和产生利润等领域的深入合作，主要模式是企业通过订立合作契约，将合作双方的权利义务进行明确规定，相互持股或者互相投资，任何一方违反合作协议的规定，必须承担违约责任。有合作协议的明确规定和法律责任的保障，这种联盟不仅牢固长久而且权责明确，常见的如合资企业与相互持股。生态恢复企业可以通过持有其他企业的股份，从而通过合作协议，拓展新的技术领域以及利用合作方的当地资源开发市场份额。另一种方式被称为契约式联盟，与股权式联盟相比，这种合作模式比较松散。所谓的契约式联盟是生态恢复企业合作双方在某一个领域或某几个领域通过协议方式而进行的合作。生态恢复企业作为合作方，不会持有对方股权，仅仅在双方具有共同利益的局部领域进行合作。契约式联盟可以演进为股权式联盟。这需要生态恢复企业的合作方在协助过程中，不断增加彼此互信。契约式联盟的形式非常灵活多样，比较常见的包括：技术研发的合作协议、生产营销的合作协议、教育培训的合作协议等。目前我国生态恢复企业之间的协作与联合的主要形式是契约式联盟。这种战略联盟通常采用共同建立产业研发基金，共同突破生态恢复产业的技术重点和难点；采取建立协同研究平台，根据上下游、产学研共同投入、分工合作的模式，协作进行技术研发与成果的市场转化并共享转化成果；不同生态区域建设不同类型的生态恢复技术创新示范基地，供其他企业学习借鉴；生态恢复类企业联合进行重大项目的整体协同运作；以及建立生态恢复企业孵化中心，推动新企业的发展。中国生态恢复企业必须作出相应调整，推进企业协作与联合，提高竞争力；否则中国生态恢复产业将会出现置于国际资金控制之下的局势。

二、生态恢复产业均衡与产业集群制度

（一）生态恢复产业均衡发展的必要性

截至目前，已经出台的和生态恢复产业产业相关的“十三五”规划包括：《国家环境保护“十三五”规划基本思路》《国家环境保护“十三五”科技发展规划纲要》《“十三五”生态环境保护规划》，以及正在完善的《“十三五”节能减排综合工作方案》等文件。同时，《关于培育环境治理和生态保护市场主体的意见》中提出：“2020 年环保产业产值超过 2.8 万亿元，年均增长 15% 以上；培育 50 家以上产值过百亿的环保企业，打造一批技术领先、管理精细、综合服务能力强、品牌影响力大

的国际化的环保公司等主要目标。"[①]与此同时，该意见为解决生态恢复产业等环保产业的发展瓶颈和融资困难，提出大力推行特许经营 PPP 模式等亮点性内容。这些规划和意见的内容对生态恢复产业和环保产业的发展规划了路径，整合了产业发展目标，从而为生态恢复产业等环保产业的发展奠定了制度基础。我国生态恢复产业具有显著特点，具体包括：

一是我国的生态恢复产业中占据主导地位的往往是规模较大的国有企业。这是我国生态恢复产业与发达国家的显著区别。这与国际生态恢复产业的组织结构有很大不同，发达国家中生态恢复大型企业多为兼营企业或者私营的跨国集团，中小型企业多附属于研究或技术开发机构，专业化的特点明显。这些规模较大的国有企业是如何取得生态恢复领域优势地位的？这与我国生态恢复产业的起步和发展的历史密不可分。随着国家对环境保护和生态修复的日益重视，国有企业受益于敏锐的政策嗅觉，首先在工业环节中提升环保品质，并积极参与环境保护和生态修复的产业分工和标准制定，从而在生态恢复产业领域取得先机。而国有企业的技术实力比较雄厚，对生态恢复领域的专业技术人才的吸引力更强，从而占据技术优势。我国生态恢复产业受国家政策的影响比较大，而国有企业在生态恢复产业优惠政策的积极争取方面具备先天优势。

二是生态恢复产业领域中小型企业数量占优势，但是技术实力与大企业，特别是国企无法相比。尽管生态恢复行业组织中，小型企业数量多，但是大多为乡镇企业，企业组织结构落后。生态恢复产业领域中小型企业生产经验水平较低，对于技术研发缺乏长远眼光和长期投入。由于市场化程度不高、市场秩序混乱等原因，规模小的企业经营效益反而好于规模大的企业。

三是生态恢复产业的行业垄断已经开始显现，对产业组织的均衡发展非常不利。生态恢复产业的聚集程度较高，产业差异化发展明显。大型国有企业凭借技术实力和先天优势，非常容易形成市场、资金、技术等方面的垄断。更何况"除了市场准入壁垒以外，国有企业具有的优势地位在融资等方面更容易。"[②]同时，行业垄断现象的出现还与地区壁垒紧密相连。目前，我国各地都在加强生态文明建设，往往选择当地或者存在密切联系的生态恢复企业。

---

① 参见国家发展改革委、环境保护部联合颁布的《关于培育环境治理和生态保护市场主体的意见》第三项关于市场供给能力增强和市场主体逐步壮大两部分的内容。

② 倪鹏途、陆铭：《市场准入与"大众创业"：基于微观数据的经验研究》，载《世界经济》2016 年第 4 期。

(二)生态恢复的产业集群制度

1. 生态恢复产业集群对产业均衡发展的作用

我国生态恢复产业的差异化发展和国有企业优势主导、中小企业数量众多等特点,凸显出产业集中度较低和过度竞争的情况,这制约了生态恢复产业的均衡发展。其导致后果是:一方面,中小企业尽管数量众多,但无法在市场竞争中取得优势,企业会在短时间内谋取更多的利润,进而恶意压低价格或者采取其他不正当竞争手段。另一方面,缺乏规模和技术优势企业则难以提升整个生态恢复产业的集中度,无法实现生态恢复产业的规模经济。培育生态恢复的产业集群的发展是解决生态恢复产业均衡发展的有力途径之一。美国经济学家波特认为,所谓的产业集群通常用来解释某一产业领域内,能够互相通联并且优势互补,而且在地理位置上比较接近的市场主体。[①] 生态恢复的产业集群制度的建立,对于生态恢复产业的均衡发展,具有明显的促进作用:第一,有利于发挥生态恢复产业内部不同规模企业的比较优势。第二,生态恢复的中小企业能够降低中间产品的成本。第三,生态恢复的主导企业可以把某些低层次的产品和服务进行剥离,从而提高管理效率。而分散、规模较小的企业则可以承接部分的生产或者服务,从而形成专业分工而又合作的生态恢复产业链条,提升了生态恢复产业领域的生产服务水平,提高效率。第四,生态恢复的产业集群制度的建立有利于消除行业的垄断和促进良性竞争。

2. 生态恢复产业集群的两种方式

生态恢复的产业集群制度有两种形式:一种是以建立生态恢复的关键企业为主导,规模较小企业进行分包的产业集群。这种产业集群形式适用于园林绿化等已经出现主导企业的生态恢复产业领域,既可以实现生态恢复产品生产和经营、服务的规模,同时防止低水平的恶意竞争。这种产业集群通常需要产业基础比较完备、实力雄厚。这样的产业组织将会促进生态恢复产业集群的数量增多和类型的多样化。生态恢复的产业集群,借助政策的利好,将会影响国家和社会资本的投入、劳动力的供给、技术和信息等生产要素的供给。对生态恢复的产业组织结构和区域结构而言具有积极的促进效应,消除生态恢复产业的二元结构,缩小地区发展差距,提高资源利用效率,推动产业健康平衡发展。这些关键企业具备较强创新能力,能够适应生态恢复产业发展的新需求,会推动产业结构的向前演进。产业集群的形成需要针对生态恢复产业发展的现状,提前孵化并提供资金、技术以及法律政

---

① [美]迈克尔·波特:《竞争论》,中信出版社2003年版,第210~216页。他详细阐述了中小企业的特点和作用:"某一特定产业的中小企业和机构大量聚集于某一特定地区,形成了一个稳定、持续的竞争优势集合体。中小企业集群发展是一种世界性的经济现象。生态恢复产业的中小企业并不是离散地、相互孤立地发展的,而是相互依赖、相互簇拥紧密抱团,构成一个个专业特色鲜明的中小企业集群。"

策,并在产业集群雏形初现后,按需提供服务。国家可以针对性的实施“生态修复产业技术创新计划”。另一种集群形式则是以中小企业为主。受国家生态恢复产业利好政策的影响,中小企业资金和经营规模较小,所以在生产和经营上拥有非常大的灵活性,因此对市场的变化具备高度适应性。美国生态恢复产业的主力军也是中小企业。尽管国际性大型企业的产值占据半壁江山,但中小型企业依旧凭借独特的适用性、灵活性的优势,为产业的发展持续注入活力。因此,生态恢复产业中中小企业集群的形成,对于产业的发展不可或缺,特别是加强众多的小微、中小企业互助合作,共同利用彼此资源,克服先天不利因素,从而持续提升营运能力,进而提升竞争优势。建立中小企业产业集群,是维持中小企业独立性与自主性的经营特性,改善经营能力和竞争条件的合作模式。

目前我国生态恢复行业中小企业合作组织主要是资讯和信息的交流互通,还没有展开实质性合作,如进行共同的技术研发、市场开拓等。以日本为例,目前日本登记在册的中小企业有三百多万家,共成立中小企业的合作组织有四万多个,这对于提升中小企业竞争力,发挥了非常重要的作用。因此,对于已经有大量中小企业存在的生态恢复产业而言,建议环境保护部和其他主管部门,建立生态恢复产业中小企业的专门扶植体系,加强中小企业互助合作组织的设立,通过规章或者规范性文件的形式实现法治化。

三、生态恢复企业准入制度

(一)生态恢复企业准入制度的内涵

针对市场单一的调节手段带来的无序竞争等情况,亚当·斯密等经济学家认为政府应当根据实际情况,“运用必要的行政手段进行市场干预,扮演着对微观经济进行必要调控的重要角色,这对于市场的健康发展非常必要”。[①] 根据学者们的定义,对于进行市场的经济主体进行条件限制,就是市场准入制度(market entry certification system)。[②] 根据这一定义,进行经济管理的行政管理部门对于特定的市场领域、市场主体要从事该领域的生产以及各种经营行为,必须符合法律法规规定的必要条件才能申请进入,同时一旦进入该领域必须遵守行政机关制定的相关制度规章和法律规范。根据市场领域的不同,我国的市场准入制度通常有三种类型:

一般市场准入、特殊市场准入和外资市场准入三种类型。特殊市场准入通常

① 何雷、韩兆柱:《基于交易成本分析的行政审批制度改革研究》,载《行政论坛》2017 年第 1 期。

② 鲁钊阳:《论我国互联网金融市场准入法律制度的完善》,载《现代经济探讨》2017 年第 2 期。

指的是行业和领域需要进行专业化管理的特殊领域,如食品药品以及金融业就属于特殊市场准入。而生态恢复企业准入制度则属于一般市场准入制度的范畴。根据《中共中央关于全面深化改革若干重大问题的决定》重申建立市场准入制度的重要意义:“建立公平开放透明的市场规则。在市场管理上,必须实行统一的市场准入制度,在实施负面清单基础上,各类市场主体可依法平等进入清单之外领域”,并“推进工商注册制度便利化”。“负面清单”管理会使得市场准入的管理更加简洁,确定负面清单目录时会比正面清单的确定更加严谨和严格,除负面清单以外的领域和行业都可以开放各类企业进入,从而平等对待民营、国有和外资等不同类型的企业,也不需要企业等待政府开放该领域。其中包括对外商投资和私营企业实行负面清单的管理模式,也将有利于企业市场准入的公平尺度,实现对各类企业管理政策的规范统一。

(二)我国生态恢复企业准入制度存在的问题和完善的途径

市场准入制度对于规范我国生态恢复产业的发展发挥着重要作用。但是总体来看市场准入制度亟待完善,主要原因有:

第一,我国生态恢复企业市场准入门槛较低,行政管理体系尚未有效建立,质量监管缺失。生态恢复产业属于新兴产业,起步较晚,并未形成生态恢复的设备生产、科研、投资、运营服务等完整而系统的产业链,生态恢复产业的理论研究和行政管理也处于探索阶段。因此,生态恢复产业不同产业链条上的企业往往分散在不同的工业行业中,缺乏统一的行政管理主体以及系统的市场准入制度,也就导致生态恢复产业的入门标准较低,不具备生态恢复生产和运营条件的低劣公司得以存在。由于生态恢复产业的企业分散,行政监管体系需要进一步进行整合,导致生态恢复产业的调节手段主要依赖市场。我国的市场机制尚未充分发挥作用,加之行政监管体系的缺失,某些生态恢复企业进行不规范的市场行为就难以得到及时有效的制止和纠正。长此以往,生态恢复产业出现了比较明显的市场无序竞争以及地方保护主义的情况,这对于生态恢复产业的健康持续发展非常不利。例如,根据目前各部门的职能划分,质监部门主要对应监管生态恢复产品的质量,但对于使用需要现场的生态修复产品和设备却没有监管权;与此同时,环境保护的行政管理机关可以对生态恢复产品和设施的运行情况和运行效果进行监督,但是对于生态恢复设备的产品质量却无权监管。所以,生态恢复产品和设施质量的行政监管体系是割裂的,并未有效整合。因此,生态恢复产业长期以来没有确定的行政管理机关,当然无法进行有效的行政管理。

第二,生态恢复企业缺乏科学完善的标准体系,严重制约着生态恢复产业技术水平的提升。由于生态恢复产业的行政管理部门不统一和严重割裂,因此在产品和技术的标准管理领域往往出现多个行业标准同时存在，技术标准重复或者冲突的现象。同时，生态恢复产业的某些技术数据直接照搬国外，缺乏对我国生态恢复产业技术发展水平的实地考察和实验研究，这就导致生态修复行业的技术标准水平较低。我国生态恢复产业难以统一实施高水平的产业、技术和服务标准，会导致生态恢复领域的准入条件降低、低水平重复建设和低质产品的充斥。从长远来看，生态恢复企业标准体系的完善将推动高科技产品和新技术的出现，提升生态恢复企业的科技创新，并带动整个行业的产品技术升级。

为规范市场秩序，提升生态恢复企业的健康发展，应当采取下列措施：首先，制定并实施生态恢复企业准入制度，提高市场准入标准，建立公开、平等、规范的企业准入制度。这包括生态恢复工程咨询、污染治理设施的运营资质管理以及检测机构资质认可制度。① 同时，优化市场准入的审批管理程序，完善生态恢复领域外资准入和经营的法律法规体系，积极探索外商投资审批管理体制改革。简化生态恢复产业的工商注册制度。这是商事登记制度改革与完善的集中体现。为此，一是削减生态恢复企业资质认定项目，如对注册资本、营业场所分布等降低要求，有利于激发创业和发展的动机，体现了对企业市场准入标准的放宽；二是由先证后照改为先照后证。其次，改革生态恢复产业的行政管理体制，统一监管主体，逐步完善生态恢复产业的监管手段；对生态恢复产业的生产、产品、经营和服务的相关行业标准进行系统整理，减少并进一步取消不同标准交叉存在的情况，在条件具备的情况下，制定并颁布生态恢复领域的国家标准。

---

①　付金存、龚军姣：《政府与社会资本合作视域下城市公用事业市场准入规制政策研究》，载《中央财经大学学报》2016 年第 4 期。

第十六章　产业技术法中的生态恢复产业法制

第一节　生态恢复产业技术法制建设概述

一、产业技术法的规范特点

科学技术是第一生产力。技术只有实现了产业化，才能产生巨大的经济效益和社会效益，成为推动社会进步的强大动力。技术产业化就是基于以盈利为价值取向，通过研发、应用、扩散、营销、售后服务而不断形成产业链的过程，是技术转化成商品或产业技术的过程，即技术创新成果的商品化、市场化的过程。[①] 产业技术法是调整国民经济各产业的技术研究、开发、应用、引进，促进高新技术产业的发展，提高整个产业技术水平的法律规范的总称。它是保障产业技术有效发展，促进资源向技术开发领域投入并实现应用、推广的主要法律制度。[②] 产业技术法属于产业法中的一个分支，是宏观经济法的一个构成部分。改革开放以来的很长时期，我国主要运用产业技术政策来推动产业技术的进步，政府通过对产业的技术开发和结构选择等进行预测、决策、规划、协调、监督和服务，以引导科技成果的创新及产业化应用。产业技术领域整体的法律化程度不高，很多产业技术政策并没有纳入到法律的调整范围中来，缺乏具有稳定性和权威性的法律支撑。1993 年通过、2007 年修订的《科学技术进步法》是我国目前产业技术领域的基本法，是我国推动产业技术创新与发展的重要法律保障。产业技术法是由法律、法规、地方性规章等构成的综合性法律体系，具有以下主要特征：

（一）宏观性和阶段性

产业技术法作为宏观经济法的一部分，调整的是国民经济运行中具有全局性影响的社会关系，具有宏观性和总体性的特征。其核心目的是通过法治的手段促进产业技术的创新，推动产业组织的规范化、产业布局与产业结构的合理化。特定

① 万长松：《对科学技术化与技术产业化的哲学思考》，载《东北大学学报》（社会科学版）2007 年第 4 期。

② 漆多俊主编：《宏观调控法研究》，中国方正出版社 2002 年版，第 145 页。

时期、特定的经济、社会发展阶段,需要制定与此相适应的产业技术法律规范与政策。一旦目标实现,产业发展周期完成,该时期的产业技术立法和政策的历史使命也就完成了。因此,产业技术法的内容和具体的规定具有较大的变动性,需要根据不同时期、不同的国际经济、政治和社会形势做出调整。

(二)主体的不对等性和综合性

产业技术法的主体一方是享有宏观经济调控权的宏观经济管理部门,拥有国家授予的广泛的行政权力,强大的调控力量和手段,与被调控方之间在权利和义务上具有不对等性。调控主体处于主导的地位,受调控方主要是承担与接受。产业技术法的内容体系也没有形成定论。有的学者认为产业技术法体系包括科学技术进步法、产业技术创新法、落后技术淘汰法、产业技术保护法、信息技术促进法、技术引进法等;[①]也有学者认为现有的产业技术法的体系包括科学技术进步法这一基本法以及由此衍生的产业技术引进法律制度、产业技术创新法律制度、产业技术保护法律制度。[②] 由此可见,产业技术法法律体系包含的内容具有综合性和广泛性,即包括宏观层面即国家有关产业技术进步、产业技术创新、产业技术保护等方面的立法与配套政策(如《农业技术推广法》《促进科技成果转化法》等),也包括中观层面即涉及地方性产业布局和产业技术具体领域的地方性法规、规章、条例(如各地出台的《技术市场管理条例》和《技术引进合同管理条例》等),同时还包括微观层面即企业自主创新的相关立法。此外,产业技术法的实施手段也具有综合性,需要动用财政、金融、税收、直接规制和行政指导等多种方式进行调整。

二、产业技术领域的生态恢复产业法制建设

生态恢复产业被视为高科技产业之一,科技创新是生态恢复产业发展的根本动力和决定性因素。资源的节约、污染的防治和生态的保护都离不开产业科技的引领和支撑。在减少污染和能源消耗的同时达到预期的经济增长,主要的方法就是在各领域实行技术的改革。如再利用技术、减量化技术等。产业技术是把"双刃剑",在很长的历史时期里,技术的创新与应用过度追求单一的经济目标,产生了资源枯竭、环境污染、生态失衡等一系列社会问题。同时,提高经济发展的技术含量也是实现经济、社会可持续发展,发展生态恢复产业的重要途径。恢复和重建平衡的生态系统更离不开现代科技的支持。政府等宏观经济调控部门有责任通过颁布

---

① 孟庆瑜等编著:《我国经济法的理论实践与创新》,中国人民公安大学出版社 2006 年版,第 195 页。

② 何燕林:《产业技术法律制度研究》,载《福建师专学报》2000 年第 5 期。

法律规范、制定政策等手段为企业绿色科技进步创造条件，对产业技术实施有效的社会控制，减少或消除技术产生的消极影响，最大限度地发挥技术对于生态系统的恢复和改善及可持续发展的推动作用。

（一）生态恢复产业技术的发展战略和重点领域

产业技术领域的生态恢复涉及社会整个产业体系，覆盖第一、第二、第三产业以及材料、能源、信息等新兴产业，是在产品结构、企业结构、行业结构、产业结构等微观、中观和宏观层面的全面实践，而不仅仅是以研发污染防治、治理技术为主的产业技术结构。[①] 生态恢复型的产业技术法制应当是在上述微观、中观和宏观层面的全面的法律制度安排。我国在《国家中长期科学和技术发展规划纲要（2006—2020 年）》（以下简称《科技纲要（2006—2020）》）中渗透着生态恢复型产业技术的发展战略，并提出了生态恢复产业技术发展的重点领域和优先发展的主题。一是在水资源、矿产资源等能源领域开发清洁生产集成技术，废弃物的减量化、资源化处理和无害化利用，发展循环经济的共性技术研究，促进能源结构的优化。二是在水环境、大气环境、典型生态功能退化区的综合治理方面开展技术集成与示范，促进环保产业的发展。三是对农业、制造业、交通运输业等重点行业和城镇化发展中的重点城市注重开发高效、节能、环保资源利用技术和循环经济的共性技术，为建设资源节约型和环境友好型社会提供科技支持。

（二）产业技术领域的生态恢复产业法制建设

生态恢复的产业技术以受损自然生态及其恢复机制为理论依据而逐步展开，经历了生态退化问题形成机制研究、退化过程监测方法研究、治理与修复技术研究等阶段。[②] 生态恢复型的产业技术最大的特征在于其公共物品的属性，人们利用技术开发自然资源的能动性远远大于开发并应用生态恢复技术的能动性。技术的研发面临着投资大、开发周期长和风险高的困难，单纯依赖市场激励机制下的企业供给的可能性不大，迫切需要立法机构和行业监管部门做出法律制度安排，以平衡生态恢复产业技术领域中的权利义务关系，牵引和整合各方的力量达到最佳的生态价值和经济价值的统一。弗里曼对国家创新体系的定义为：“公私部门的机构组成的网络，他们的活动和相互作用促成、引进、修改和扩散了各种技术。”[③]生态恢复产业技术法制的安排是各个因素相互促进、共同作用的结果。政府是生态恢复

① 王曦、赵绘宇：《论技术创新生态化的法律制度安排》，载《当代法学》2004 年第 9 期。

② 甄霖等：《生态技术评价方法及全球生态治理技术研究》，载《生态学报》2016 年第 22 期。

③ 王曦、赵绘宇：《论技术创新生态化的法律制度安排》，载《当代法学》2004 年第 9 期。

产业技术领域的制度安排者和核心推动力，企业、科研机构是创新生态恢复的产业技术的原创者和实践者，公众是生态恢复产业技术的利害关系人和最终受益者。生态恢复型产业技术领域的法律制度的设计主要取决于政府激励、企业激励、市场激励和产权激励因素四个要素。

第二节　我国生态恢复产业技术法制的问题与完善

目前我国生态恢复产业发展水平较低，不同产业控制污染的力度不够，废物资源化水平不高，能源利用率相对较低。能够支撑生态恢复产业的科学技术水平同发达国家相比存在较大的差距，没有建立起有效的激励机制和合理的费用机制。规范生态恢复产业技术的法律制度框架尚未形成。

一、生态恢复产业技术研发与创新法律制度

（一）在促进科技进步的法制中贯彻生态恢复的理念

生态修复产业技术的发展是循环经济形成和发展的基础，《环境保护法》是生态恢复产业技术研发与创新的指导性立法。该法第7条明确规定："国家支持环境保护科学技术研究、开发和应用，鼓励环境保护产业发展，提高环境保护科学技术水平。"现有的科技进步相关立法如《科学技术进步法》《促进科技成果转化法》侧重于激励科学技术的开发和利用，对科技可能造成的自然环境的危害没有足够的重视。《循环经济促进法》《清洁生产促进法》虽然规定了鼓励、支持、促进循环经济、清洁生产的科学技术的研究、开发和推广，强调了坚持科学发展观，引导科学研究改造传统产业、发展高新技术产业，但未将产业技术发展中生态恢复理念的贯彻提高到基本原则的地位给予强调。现有的科技立法应当在方向上明确生态安全原则，突出生态安全保护的优先地位，控制科技发展对生态环境造成的污染与破坏。在生态技术的推广上，控制科技发展中经济至上的目的性，考虑技术的环境效益，严格生态标准，实现科学技术的经济效益和环境效益的统一。设立前期论证程序，充分评估科学技术的负面影响，审慎选择以防止科学技术所带来的风险。[①]

① 王干、万志前：《论促进生态技术发展的法律制度安排》，载《华中科技大学学报》2006年第6期。

(二)完善政府的行为组织法律制度

生态恢复产业技术的研发与创新需要协同制度的激励以加快制度的研发、创新和转化过程。激励型的环境规制要比命令型的环境规制对产业技术创新绩效的影响更为显著。政府需要在宏观调控的过程中明确政府与市场的关系,市场在技术的研发、路线的选择和创新要素的配置方面起到导向和基础的配置作用。政府的激励机制主要是在不扭曲资源配置的前提下达到环境恢复的目的,克服“市场失灵”。

1. 激励生态修复产业技术创新的财税、金融政策

企业是生态恢复产业创新的主体,生态恢复型产业技术的研发投入高、周期长、风险高。各国政府为了激励企业开展技术创新,增加用于创新的科技研发投入,均会制定一系列激励企业技术创新的财税、金融公共政策,并加强税收、金融政策的法制化建设。我国目前的财税激励政策主要包括财政补贴与投入、减税、信贷和设立专项资金等。根据《科技纲要(2006—2020)》及实施《科技纲要(2006—2020)》的若干配套政策,政府主导的科技投入主要适用于满足社会公共需要的基础研究、社会公益研究和前沿技术创新研究,重点解决国家、行业和区域经济社会发展中的重大问题。税收政策上实行税前抵扣,将企业购置的设备已征税款纳入增值税抵扣范围、加大企业研究开发投入的税前扣除,对先进科研仪器和设备的购买需求给予必要税收扶持政策。对于高新技术企业、企业化转制科研机构、投资于中小高新技术企业的创业风险投资企业、科技中介服务机构实行税收优惠政策。运用政策性金融、商业性金融支持自主创新,对科技成果转化项目给予信贷优惠,完善知识产权信用担保制度,鼓励保险公司为科技创新提供风险保障、创新产品和服务,实行激励自主创新的政府采购制度。

2. 生态修复产业技术研发的合作与资助制度

我国生态恢复产业技术的研发能力不足,企业的科研能力薄弱,技术开发力量主要集中在科研院所、大专院校,科技成果的转化率不高。按照《关于深化中央财政科技计划(专项、基金等)管理改革的方案》,到2017年,改革形成五大类科技计划布局体系,围绕产业技术的创新链条设置国家自然科技基金、国家科技重大专项、国家重点研发计划、技术创新引导专项基金、基地和人才专项。科技部会同相关主管部门,制定了2017年度国家重点研发计划“典型脆弱生态恢复与保护研究”重点专项。创新生态环保行业企业、研究型大学和科研机构在战略层面的产学研结合机制,致力于突破生态修复技术创新和产业发展的技术“瓶颈”。

生态修复产业技术研究属于社会公益研究,是国家财政投入支持的重点领域,应当依据《科学技术进步法》保障科技经费的增长幅度明显高于财政性收入的增

长幅度。政府通过制定法律规范,明确政府参与环境技术创新的范围、方式和程序,通过增强财政直接投入、税收优惠等多种财政激励政策,调动全社会科技资源配置的能力。强调企业科技投入的主体地位,对生态修复型产业技术类的基础研究和社会公益类科研机构加大资助的力度。

二、生态恢复产业技术认证与推广制度

(一)生态修复产业技术的评估与认证制度

将生态修复技术分门别类,并在此基础上建立相应的评估筛选制度,不仅可以规范生态修复的技术评价,而且可以引导先进、成熟的生态修复技术的推广和应用。以场地污染的修复技术为例,英国环境局为引导场地修复技术的应用制定了本国受污染场地风险评估及修复技术的详细筛选流程。我国在此领域尚未建立起成熟的修复技术评估与筛选流程。生态技术领域缺乏实施效果评价,缺乏科学合理的指标体系和方法模型对生态技术给予评价、优选和推荐。环境保护部 2009 年出台了《国家环境保护技术评价与示范管理办法》,要求按照规定的程序、方法,对生态修复等环境保护技术的水平、可靠性、环境和经济效益以及风险等进行评估、验证、论证、评审,并对污染防治新技术、新工艺,以及资源综合利用率高、污染物产生量少的清洁生产技术、工艺开展工程应用示范活动。我国环境修复技术体系尚未建立,技术评估和认证的缺乏严重影响了技术研发的方向和先进技术的应用。中国科学院 2012 年的一份研究报告显示,我国已经在 2009 年超过美国成为世界上发表土壤修复领域论文最多的国家,但是这些研究成果很少运用或推广在实际的修复项目之中。国内从国外也引进了一些环境修复技术,但是其是否普遍适合我国国情尚无从定论。自从我国农田污染被披露以来,农业部全国农业技术推广服务中心接到大量电话,声称有技术修复被各种重金属污染的耕地,但是国内尚无专业渠道来评估这些技术。中国环境修复产业联盟和污染场地修复科技创新联盟(以下简称联盟)决定启动环境修复技术评估认证、技术名录建立,以及技术规范、导则或指南编制工作。①

(二)生态恢复先进适用技术的研究与推广

生态恢复产业技术是面向环境的技术,或称环境无害化技术和环境友好技术,主要包括环境无害化技术和促进生态恢复的重点技术。前者主要包括污染治理的

---

① 《环境修复技术认证、技术名录建立和技术规范编制工作启动》,载中国环境修复网:http://www.hjxf.net/2014/0920/12444.html,最后访问日期:2017 年 5 月 26 日。

末端技术、废物利用技术和清洁生产技术，后者主要包括生态农业技术、能源高效利用和节约技术、绿色制造技术、新能源和可再生能源利用技术以及提高资源效率和综合利用的技术。[①] 目前，我国环境恢复产业技术支撑薄弱的局面日益凸显。2006 年原国家环境保护总局组出台了《关于增强环境科技创新能力的若干意见》，确立了科技兴环保战略，开展了环境科技创新工程、环境标准体系建设工程、环境技术管理体系建设工程。《国家环境保护"十二五"科技发展规划》明确了生态恢复产业技术发展的重点领域和主要任务。每年通过《国家先进污染防治技术示范名录》和《国家鼓励发展的环境保护技术目录》的公布，加快环保先进技术的示范、应用和推广。2015 年 4 月《水十条》发布后，有关部门提出了 288 项科技需求来支撑其全面的实施。科技部发布《节水治污水生态修复先进适用技术指导目录》，包括焦化、有色金属等典型行业全过程污染控制关键技术，饮用水安全保障关键技术等，从科技上支撑水污染的防治。应当按照《清洁生产促进法》的要求，向社会提供有关清洁生产方法和技术、可再生利用的废物供求等方面的信息和服务，运用惩罚性的手段引导、鼓励开发者应用生态恢复技术。

三、生态恢复产业技术保障制度

(一)生态恢复产业技术发展的资金保障制度

我国《循环经济促进法》第 7 条规定："国家鼓励和支持开展循环经济科学技术的研究、开发和推广。"国务院和省、自治区、直辖市人民政府及其有关部门应当安排财政性资金支持循环经济重大科技攻关项目的自主创新研究、应用示范和产业化发展。企业承担生态修复的社会责任，不仅是享受资源开发带来的经济效益，而是要共担生态修复的风险。政府应建立生态环境与自然资源成本内部化的价格机制，建立自然资源的有偿使用制度，实行排污即收费，超标排污加重处罚的制度。鼓励社会和个人参与生态修复的投资，鼓励通过建立生态修复基金，融取社会和政府财政资金，为生态修复产业技术的研究、推广、应用提供经济基础。[②] 如美国加利福尼亚"清洁能源基金"是地方政府掌管的公益基金，其设立目的即是为清洁技术早期阶段的公司提供种子基金。[③] 支持企业加大对于生态恢复基础创新的投入，特别是扶持大中型企业建立生态恢复科技研发中心。同时，设置生态修复技术的公共采购制度，为企业降低生态修复技术研发与创新上的不确定性，保证稳定性

---

① 张宏武、时临云：《技术创新与产业生态化研究》，经济管理出版社 2009 年版，第 38 页。

② 吴鹏：《论论采煤塌陷区生态修复法律制度的完善——以淮南市采煤塌陷区为例》，载《资源科学》2013 年第 2 期。

③ 曲国明、王巧霞，《国外环保投资基金经验及其对我国的启示》，载《金融发展研究》2010 年第 5 期。

高的生态修复技术需求市场的存在。

（二）生态恢复产业技术应用试验区——生态科技园

生态恢复产业要按照自然生态系统的循环模式构造产业生态系统，把作为物质生产过程主要内容的产业活动纳入生态系统的循环中，把产业活动对自然资源的消耗和对环境的影响置于生态系统物质能量的总交换中，促进产业活动与生态系统的良性循环，产业与自然环境的和谐发展。① 生态科技园是在一个适度的规模区域内，由政府管理部门创办，把经济活动重构组织成“低开采、高利用、低排放”的循环利用模式，使得经济系统的运行融入自然生态系统的物质循环中。② 生态科技园区中应成立管理资源再生体系的再生投资公司，成为有力的组织者和协调者，并建立生态化的综合评价体系。③ 例如，各地成立的农业生态科技园、林业生态科技园、水土保持生态科技园和渔业生态科技园等，园区内实现生态恢复的同时，也为生态化技术的设计与研发、生产和技术创新提供了实验场所。

（三）建立生态恢复技术专利加快审查制度

生态恢复需要依靠技术手段，伴随着对生态恢复技术研发的投入和相应激励政策的实施。该类技术的专利申请必然出现较快的增长。加快对其创新成果的知识产权保护，有助于帮助、促进生态恢复产业技术的创新、传播和利用。美、英、日、韩等国自20世纪80年代以来相继建立了针对绿色技术的专利加快审查制度。对此，应在完善生态恢复技术认定标准的基础上，建立生态恢复技术信息系统，通过试点的方式对生态恢复技术适用专利申请加快审查，实行程序加快审查和优先审查，激发生态恢复技术发明人的创造热情。④ 实施《科技纲要（2006—2020）》的若干配套政策也提出了专利加快审查制度的构建设想。

---

① 张宏武、时临云：《技术创新与产业生态化研究》，经济管理出版社2009年版，第17页。

② 王曦、赵绘宇：《论技术创新生态化的法律制度安排》，载《当代法学》2004年第9期。

③ 张宏武、时临云：《技术创新与产业生态化研究》，经济管理出版社2009年版，第25页。

④ 程晓枫、唐素琴：《发达国家绿色技术专利申请加快审查制度的比较和启示》，载《科技与法律》2012年第3期。

第十七章　产业布局法中的生态恢复产业法制

第一节　生态恢复产业布局法制建设概述

一、产业布局法的规范特点

如前文所述生态恢复产业法制的体系主要是在产业法基本框架的基础上进行构建的，主要涉及调整产业结构的法律、调整产业组织的法律、调整产业技术的法律和调整产业空间布局的法律四个大的部分。随着区域经济的发展，产业布局法也为越来越多的学者关注和研究。赵立新认为："产业布局法调整的是国家经济各产业在空间构造中的关系，其主旨在于实现产业与地区资源禀赋的有机结合。实现国民经济合理的区域分工，发挥地区比较优势，以及协调地区经济发展水平差异等。"[①]陈历幸等认为调整产业布局的法律，是指国内的重要的产业布局的空间分布进行调整和引导所依据的法律规范的总称。[②] 杨莎莎等结合目前我国产业布局政策在法律上的诉求，认为产业布局法就是国家根据现有的国情国力和产业状况，国内的重要的产业布局的空间分布进行调整和引导所依据的法律规范的总称。[③]

立足于国内外产业布局政策和法律的规范领域与规范内容，结合我国未来在产业布局方面的任务和要求，我们认为，所谓产业布局法主要就是引导和调整产业空间布局之法。具体而言，产业布局法是调整国家、区域和产业功能区等产业在空间上的分布以及为此采取的措施的相关法律法规的总称。全面理解产业布局法，应当注意把握以下几点：

第一，调整产业布局的法律即产业布局法。重要产业部门的动态分布在一个国家或地区的地域上的体现，一个国家或地区各个产业部分发展变化的规律体现即产业布局。[④] 简而言之，空间上产业的分布就是产业布局。产业布局可以从静态和动态两种意义上去理解。产业布局在静态意义上可以理解为产业在空间上和

---

① 赵立新：《论产业法的地位》，载《江汉大学学报》（人文科学版）2004 年第 3 期。

② 陈历幸、徐澜渡：《产业布局法若干基本问题研究》，载《南京社会科学》2009 年第 11 期。

③ 杨莎莎、阳瑾瑜：《我国产业布局的法律保障机制研究》，载《社会科学家》2014 年第 11 期。

④ 苏东水主编：《产业经济学》（第 3 版），高等教育出版社 2010 年版，第 256 页。

地域上的分布。产业布局在动态意义上可以理解为各个部门、要素或者环节之间为争取获得最优选择或位置的配置过程及其各因素发生变化时的再配置过程。

第二,产业布局法以产业布局合理化为直接调整目标。调整产业布局配置或更新配置在法律上的体现即为产业布局法。产业布局法以产业布局和结构的合理化为目标,旨在实现一国或区域内重要产业间的合理布局和分配,在实现一国经济协调发展的同时,保证社会效益和经济安全。产业布局的合理化区别于产业结构的合理化,二者实际上是从纵向和横向角度对产业空间分布的不同视角的理解。市场经济条件下,国家调控产业布局的方式已不同于计划经济时代;但产业布局问题仍是我国经济亟待解决的重要问题,仅有产业结构调整方面的法律已经不能够满足需要,还需要专门调整产业布局的法规。产业布局法在市场经济之下,仍应以市场作为调整各产业布局的基础性手段,用以影响和规范政府对产业布局要素的法制化规制,促进产业布局的合理化。合理的产业布局以因地制宜为原则,全面考虑不同区域的自然、经济、社会因素等,利用地区优势因素,充分发挥各个特色地区的优势产业,逐渐带动周边地区的上下游产业的发展,形成产业集群效应,提高产业间的互助性和互促性,加强产业关联的协调性,进而促进产业结构的优化。只有实现合理的产业布局,才能促进生态效益、经济效益和社会效益的集体实现。

理解产业布局法的目标还应当将其放在特定的经济社会发展背景之下考虑。党的十八大报告明确指出,生态文明建设应该被放在重要和突出地位,在经济、政治、文化、社会等建设的各个方面融进生态文明建设,实现社会经济的健康永续发展;并且首次单篇对生态文明重点论述,未来生态文明建设的目标即为“美丽中国”,生态文明已被放在总体布局的高度。生态文明和生态平衡在当代中国更应成为产业布局法考虑的重点之一,关注产业布局与环境保护,优先和促进环境友好型产业的发展,保护和修复生态环境,是产业布局中首先考虑到的因素。唯有此,经济、社会方得与自然协调发展。

第三,产业布局法是对产业布局的整体进行调整的法律和政策性规范,它的调整对象是产业布局关系。产业布局法是实现区域经济协调发展之法,产业布局法是产业政策法的重要内容,我国经济法中有关宏观调控的内容也包含在产业布局法之中。由于我国产业布局在不同地区间差异较大,完全依靠市场调节机制已经不能实现资源有效配置,经济在区域之间不平衡的发展日趋严重,因而需要产业布局法来规范和调整政府履行宏观调控职能。产业布局法一样具有政策性的特征,我国产业布局调整的历程中,凸显政策性导向。1978 年以前,我国的产业布局强调平衡发展的布局政策导向;1980—1990 年,我国的产业布局强调效率优先的布局政策导向;1991—2000 年,我国的产业布局强调效率优先、兼顾公平的布局政策导向;2000 年以来,我国的产业布局强调效率与公平兼顾的布局政策导向。产业政策区域化和区域政策产业化是全国性的产业布局主要要求内容之一，这些政策性的导向也必将影响我国产业布局法。

二、产业布局法领域的生态恢复产业法制建设

（一）产业布局法与生态恢复产业目的的一致性

目前，我国生态环境风险较大，产业结构不够优化，产业布局也不尽合理。由于我国仍是生产和消费化学品的大国，毒害污染物种类和数量日益增加，环境风险逐渐凸显成为区域性风险、结构性风险和布局性风险，频发、突发环境污染事件影响范围日渐扩大。

生态恢复的目标是将退化生态系统恢复到历史轨迹的某一状态，生态恢复标准大多数情况下是综合考量生态、经济、技术和社会等因素的权衡性标准。生态恢复的产业化意味着将生态恢复活动纳入产业化运作，实现生态恢复与产业化的有机结合与相互促进，也将是个体利益最大化基础上的公共利益的维护和实现。

产业布局法的"主要目标是实现产业在不同区域的合理配置，以确保各地区经济均衡发展。"①合理的产业布局应该以可持续发展为原则，节约资源、保护环境，不仅要适度利用不可再生资源，合理利用可再生资源，发展相关生态产业，降低产业对资源的依赖度，促使统一实现我国产业布局的经济效益、社会效益和生态环境效益。从这个意义上讲，产业布局法对于生态恢复产业法制建设而言具有非常重要的意义。产业布局法是以产业布局法的视角进行生态恢复产业法制建设，能够将生态恢复产业置于整体产业布局之中进行政策和制度的设计，从而以政策和制度的形式推动作为整体的生态恢复产业的确立与发展。

在实践中，许多地方和行业把追求经济效益作为第一和最为重要的实现目标，而忽视生态环境效益和社会效益，甚至出现了破坏生态环境的现象。产业布局法要统一实现我国产业布局的经济效益、社会效益和生态环境效益，因此必须依靠法律手段约束和保障产业布局的合理化。构建和完善我国的产业布局法，就是为了实现产业在不同区域间的合理分配，确保各地区间经济的协调发展，它关系到我国经济发展与经济安全、生态环境与社会和谐的良性发展，有利于空间经济效益和公平相统一的目标的实现。产业布局法的全局性视角能够统筹兼顾、协调发展，也有助于产业布局中的生态恢复产业与其他产业协调发展，实现国家整体利益的优化。在各种产业的协调发展之中，生态恢复产业也能得到发展和提升。

---

① 宾雪花：《改革开放30年中国产业政策法研究述评》，载《河北法学》2010年第8期。

(二)生态恢复产业法制建设在产业布局法中的体现

目前,有些地方不顾所在地区的资源支撑能力,过度开发利用自然资源,环境污染问题日渐严重,生态环境严重恶化。持续性、经常性生态环境的恶化也是地区间产业布局不合理的主要诱因之一。因此,在产业布局法中,强调从不同产业的合理布局,要积极倡导和优先发展生态恢复产业,实现生态环境保护与经济的循环发展。产业布局法对于生态恢复产业的重要意义在于在产业布局之中要根据产业发展与区域经济协调发展的原则,从源头上实现不同产业间的合理布局,确定生态恢复产业的法律地位。

产业布局法在生态恢复产业法制建设中的作用主要体现在规划产业布局、促进产业布局合理化方面。区域经济发展的核心要素之一是合理的布局产业。规划产业布局,就是要根据各个地方的具体发展条件,建立合理的产业体系,明确规范生态恢复产业的法律地位,使得各个产业能够形成和具备可持续健康发展的能力。只有这样,便可在保护生态环境的同时实现经济和社会的发展,集聚环境友好型产业,并促进产业规模效应的实现。合理化的产业布局在于实现合理化的地区分工协作和合理化的资源地区配置利用。随着经济社会的发展,产业布局也要不断优化和调整,引导产业布局的合理化也是产业布局法核心目标之一,在引导产业布局合理化的过程中,实现生态恢复产业的发展,并以法律的手段予以保障和鼓励。究其本质而言,产业布局合理化的实现过程,也即合理地区产业分工的形成过程。产业布局合理化能够达到区域资源的有效配置,实现产业的集聚经济效应。产业布局合理化要求遵循协调发展的原则和可持续发展的原则,寻求各产业空间组织的最佳形式和一般规律,促进生态恢复性产业的发展,使产业结构优化,以求合理利用区域资源,增强区域产业的竞争力,利用比较优势,实现各产业间持续协调发展。

从内容上看,具体到生态恢复产业法制建设领域,产业布局法首先要确认生态恢复产业地位、发展的目标和方向,生态恢复性产业与其他产业的关系和布局,对生态恢复性产业的支持条件、措施和退出机制等。为保障并推进生态恢复产业化的实现,还应当有生态恢复产业保护和扶植方面的制度规范。

第二节　生态恢复产业布局法具体制度设计

依据全国自然地理特点,依据生态服务功能在国家和区域间需求的实现,我国划分了九个全国生态保护与建设的区域。九个生态保护与建设的区域致力于服务于主体功能区建设,按照《全国主体功能区规划》的要求,以生态保护为前提,构建生态安全格局,并使之科学合理化、规范化、合规化。产业布局法的理论基础是建立在产业布局理论基础之上的,主要有“工业区位理论”“累计因果论”“核心与边缘区理论”“产品生命周期理论与雁行产业发展论”“区域管理理论”。这些现代产业理论或多或少影响到产业布局法的原则形成和制度设计,进而影响生态恢复产业布局法具体制度设计。

一、生态恢复产业布局规划制度

(一)生态恢复产业布局规划制度的政策和立法现状

产业布局规划在一定的空间范围内考察产业发展,并通过基地、园区、轴、带等空间手段引导产业发展。在编制和实施产业布局规划的过程中,政府应该通过对土地与配套设施做出的空间统筹与安排,引导产业布局。

近年来,我国编制了不同层面、不同类型的产业布局规划。例如,已经编制完成的《“十二五”节能环保产业发展规划》(2012 年)、《全国沿海港口布局规划》(2006 年)、《长江三角洲地区产业与布局规划研究》(2006 年)、《珠江三角洲产业布局一体化规划(2009—2020 年)》、《贵阳市产业布局规划(2013—2020 年)》,《北京工业布局调整规划》(2000 年)、《江苏省生态文明建设规划》(2013—2022 年)、深圳市产业空间布局规划(2011—2020 年)、《济南市产业空间布局规划(2014—2020 年)》、《深圳市现代物流业发展策略研究与空间规划》(2005 年)、《深圳市商业网点规划(2006—2010 年)》(2006 年),等等。从产业布局规划编制的层次看,既有区域层面的产业拓展规划,也有一个城市,甚至某一城市所辖区、县范围内的产业空间引导规划。从产业布局规划的类型看,即包括农业、工业布局规划,也包括商业、物流业等服务业的布局规划。无论政策上,还是立法上,我国尚缺少一个专门的生态恢复产业布局规划。

上述这些产业布局规划为生态恢复产业布局规划制度的建立提供了基本的制度基础和参照。但是,这些规划从生态恢复产业层面上而言仍然存在规定分散、体系性不强、法制化程度不高、缺乏针对性等问题。这无疑需要沿着产业布局规划方向建立和完善生态恢复产业规划制度体系。

(二)生态恢复产业布局规划的内容与生态恢复产业布局规划的目标

生态恢复产业布局规划包括国家生态恢复产业布局规划和区域生态恢复产业布局规划。需要对生态恢复产业的布局规划予以明确的内容包括如何对生态恢复产业布局进行决策,而这一决策的作出又包括决策的主体、决策程序、决策的实施和决策失误应该承担的责任等方面。国家层面的生态恢复产业布局首先是划分生态恢复产业布局规划决策权限制度，对于各级权力机关、各级行政机关在该布局规划中的决策权限进行划分。地方层面的生态恢复产业布局，就应该对地方范围的各级部门之间就决策权限进行划分。其次，要明确生态恢复产业布局规划的制定程序，充分给予和设置相关利益群体表达意见的程序和方式，提高公众和专家的参与度。再次，在生态恢复产业布局中，还应该明确相关的调控措施，如财政、金融等手段，并进一步明确该类调控措施实施的条件和程序。最后，明确生态恢复产业布局规划的相关法律责任，包括决策责任和执行责任。区域生态恢复产业布局规划除了上述内容以外，还要明确在生态恢复产业布局规划的制定和执行过程中的跨行政区域的协调机制，即区域间生态恢复产业布局如何协议、如何分工协作、如何实现利益共享。在进行具体的制度构建时，我们首先应当明确的是生态恢复整体产业规划的原则和目标。

第一，生态恢复产业布局规划应当以产业的整体发展为指向，体现规划的综合引领和导向作用。生态恢复产业布局规划是将生态恢复作为一项产业进行的明确部署和安排，规划通过引导和保障的手段谋划生态恢复产业的发展，意在实现规划的综合引领和导向作用。这是生态恢复产业作为一项专门性和整体性规划确立所欲直接达成的目标。

第二，生态恢复产业布局规划应当符合科学性的要求，规划应当以制度化的形式确立，以此确保规划实质性作用的发挥。生态恢复产业布局规划的科学性是以生态恢复自身特点及其产业化要求为判定依据的，规划的科学性是实现对生态恢复产业正确导向的基础。为推动生态恢复产业的尽快确立和有序发展，规划的形式不能拘泥于内容空泛和手段乏力的方针政策，而应当重点以建立规划法律制度体系为依归。

第三，生态恢复产业布局规划的内容应当聚焦于建设生态恢复完备的产业体系，引导生态恢复产业的专业化发展方向，促进生态恢复产业的集聚和优势互补，实现生态恢复产业布局的合理和优化。建设完备的产业体系，标准是产业体系的完整和完善；引导产业专业化发展方向，就是重点推进第三方专业治理模式；促进产业集聚和优势互补，是为了优化资源配置，以生态恢复和产业发展双向互动为核心目标。

（三）生态恢复产业布局规划法制完善建议

在生态恢复产业布局规划法制完善方面，主要建议有：

（1）制定统领生态恢复整体产业发展的《生态恢复产业布局规划法》，规定生态恢复整体产业发展的方向、目标、原则、基本制度以及保障措施。以《生态恢复产业布局规划法》为依据，制定生态恢复产业的发展规划，规定重点领域产业发展的方向目标、具体措施和支持政策等。此外,在涉及新兴产业相关政策和立法中,应当增加和完善生态恢复产业规划的内容,以实现生态恢复产业相关政策的衔接。这是从建立生态恢复产业布局规划法制体系的角度提出的建议。

(2)以产业布局合理和产业良性运行为着眼点,建立生态恢复产业布局规划与体系发展制度,通过制度性引导和扶持措施,促进生态恢复产业布局的合理性和可持续性。

(3)建立生态恢复产业布局规划与相关规划的衔接与协调机制,制定衔接与协调的具体手段和措施,规定各项规划冲突的解决原则和方式,确保生态恢复产业布局规划制度的科学和顺畅。

(4)明确生态恢复细分市场,规定生态恢复市场制度和市场机制,依法推进生态恢复产业的市场转化,为生态恢复产业的快速健康发展提供制度基础和制度空间。

(5)明确生态恢复产业的专业化发展方向,制定产业集聚和产业融合的引导和支持制度,为生态恢复产业的规模化提供政策和法律支撑,促进其发展壮大。

第(2)到第(5)项是关于生态恢复产业布局规划的具体制度建议。这些制度从结构规划的意义上对生态恢复产业的发展提供了制度上的引导和保障。

二、生态恢复产业区域协调制度

(一)生态恢复产业区域协调政策和立法现状

新中国成立以来,我国的区域经济发展战略历经三个不同发展阶段:区域经济的均衡发展、区域经济的非均衡发展、区域经济的协调发展①。考察我国现行有关的政策和立法,从协调发展的角度对生态恢复产业进行区域协调的规定集中分布在政策或规划之中。《中华人民共和国国民经济与社会发展第十二个五年规划纲要》提出,充分发挥不同地区比较优势,合理流动各个生产要素,区域合作进一步深化,区域发展形成良性互动,在重大技术突破和重大发展需求的基础上,实现新兴产业与新兴科技高度融合,把战略性新兴产业培育发展成为先导性、支柱性产业。《国务院关于中西部地区承接产业转移的指导意见》(国发〔2010〕28 号)进一步指出,以市场为资源配置的导向性手段,以当事人意思自治为前提,围绕结构调整的主线,创新体制和机制,集中和优化产业布局,进一步推进区域合作,促进区域间各生产要素的流动,良性互动东、中、西部各产业要素的流动,构建合理分工、鲜明特

① 李辉山:《均衡与非均衡的战略演进——试论新中国区域经济发展战略的演变》,载《开发研究》2004 年第 2 期。

色、互补优势的合理化的产业体系。保护环境和治理污染保持同步，促进生态建设，提高产业对经济发展的承载能力，促进循环经济的发展。2005年7月25日，第二届泛珠三角区域合作与发展论坛与经贸洽谈会在成都召开，各方代表讨论通过了《泛珠三角区域合作发展规划纲要（2006—2020年）》。该纲要指出在市场经济环境下，由市场作为资源配置和引领资本流动的基础性手段和措施，实现各个区域内的产业转移与承接，优化区域产业格局。此外，在推动产业区域协调方面，我国还先后通过了《国务院关于进一步推进西部大开发的若干意见》《国务院关于进一步实施东北地区等老工业基地振兴战略的若干意见》《国务院关于大力实施促进中部地区崛起战略的若干意见》《广东省实施珠江三角洲地区改革发展规划纲要保障条例》等政策文件，发布全国主体功能区规划、赣闽粤原中央苏区振兴发展规划、全国集中连片特困地区区域发展与扶贫攻坚规划等区域发展规划文件。我国《全国生态保护与建设规划（2013—2020年）》作为生态保护与建设的行动纲领，注重生态保护，对区划布局进行了调整。该规划不仅与《中华人民共和国国民经济和社会发展第十二个五年规划纲要》衔接，还与《全国主体功能区规划》相一致。

由于我国没有相关的产业规划法，总体上比较零散。这些政策和立法虽然为生态恢复产业区域协调提供了框架性依据，但是往往只能起到指导或引导的作用，缺乏法律的约束，也存在一定的不足。生态恢复产业区域协调以政策性规定为主，缺乏法律制度的支撑和保障，可操作性不强，远远不能满足生态恢复产业协调的需要。

（二）生态恢复产业区域协调的内容与生态恢复产业区域协调的目标

生态恢复产业区域协调要打破条款分割，建立区域性经济联网，加强区域经济合作和区域内外的协调交流，协调区域整体发展，形成区域内部和区域之间的合理的产业结构，形成区域间产业协调发展的机制，逐步增强生态恢复产业竞争力。

为实现上述目标，必须将生态恢复产业发展中区域利益平衡作为最基本的原则贯穿到生态恢复产业区域协调之中，根据不同区域的发展状况合理配置和优化各个资源要素，实现利益的最大化。此外，国家在促进生态恢复产业区域协调发展过程中，除了给予资金、技术和政策扶植外，还应当尽可能调动市场主体的积极性和培植欠发达地区的造血能力，同时要保证中央政府对生态恢复产业区域协调的主导权。同时，为了发挥地方政府、社会各个参与主体的主动性，可以给予一定的权利。

国家在推进生态恢复产业区域协调发展中通常采用产业政策、财政政策、税收政策和金融政策等经济手段。生态恢复产业区域协调中，推进国家协调经济发展的调节手段由经济调节手段向法律手段过渡，以法律形式固定上述手段和措施。

虽然经济手段发挥作用明显,在生态恢复产业协调发展中尤其必要,但是上述手段和措施应该以市场作为资源配置手段和方式为前提。从长远来看,生态恢复产业的协调发展还是要依靠生态恢复产业自身的发展动力。

(三)生态恢复产业区域协调法制完善建议

在生态恢复产业区域协调法制完善方面,主要建议有:(1)明确生态恢复产业协调发展的法律地位,平衡和保障区域发展中各方主体的合法权利,规范区域发展权利的合法行使。弥补市场失灵的缺陷,并使之法律化和规范化,为协调发展提供法律依据。(2)以法律的形式依法确立生态恢复产业区域协调的原则和制度,明确生态恢复产业区域协调的措施、目标以及法律责任。(3)加强生态恢复产业区域协调立法,完善生态恢复产业区域协调发展的法律制定程序。完善的法律制定程序对于保障生态恢复产业区域协调发展取得良好效果具有非常重要的作用和意义。(4)建立健全生态恢复产业区域协调发展相关的市场制度,中央政府要采取规范财政转移、财政金融积极扶持等多项优惠政策措施,加大产业援助、技术援助等援助的力度,鼓励相关市场主体进入生态恢复产业,并协调区域间生态恢复产业的发展。

三、生态恢复产业补偿制度

(一)生态恢复产业补偿政策和立法现状

生态恢复产业区域补偿是生态补偿的一种重要方式。我国目前没有专门关于生态补偿的法律,生态补偿的相关规定散见于我国的一些法律法规和政策之中。《森林法》《水土保持法》《防沙治沙法》《水污染防治法》《退耕还林条例》等相关法律法规均提出了建立生态补偿机制的要求。①

《国务院关于落实科学发展观　加强环境保护的决定》(国发〔2015〕39 号)这一文件中明确提出了“要完善生态补偿政策,尽快建立生态补偿机制”,并将“加快建立生态环境补偿机制”列为 2007 年政府工作总体部署中。随后,有部分省、自治区、直辖市和其他城市试点生态补偿,并出台相关文件。其中 2005 年《浙江省人民政府关于进一步完善生态补偿机制的若干意见》中确立了生态补偿机制的基本原则、生态补偿的主要途径和措施,并在钱塘江流域、杭州市开展了生态补偿试点。福建省在闽江流域开展了上下游生态保护补偿标准的研究与实践。2007 年《江苏省环境资源区域补偿办法(试行)》综合整治太湖流域水环境,环境资源区域补偿

---

① 参见欧阳志云等:《建立我国生态补偿机制的思路与措施》,载《生态学报》2013 年第 3 期。

制度的试点开始推行。

2016年，国务院办公厅出台了《关于健全生态保护补偿机制的意见》（国办发〔2016〕31号）。该文件提出探索多元化生态保护补偿机制的构建，明确补偿范围和补偿标准，建设多元化多方式的补偿机制，建立健全生态保护补偿制度体系。

依据"直接受益者付费"，因为在不同产业之间，生态恢复产业为其他产业提供了生态产品并使之受益，则受益产业要对生态供给部门进行补偿。生态恢复产业是一种正外部性的产业，如果不能提供有效的补偿，生态恢复产业的推进将难以进行和维持。我国法律法规中规定的和各地实践的生态补偿主要体现在：退耕还林的生态补偿、天然林保护的生态补偿、矿区植被恢复的生态补偿，其他方面的补偿包括生态恢复产业补偿的研究和实践较少。我国现行法律法规中，尚没有专门的产业补偿制度，部分地方颁布实施的产业补偿还处在地方性试用阶段，立法支持存在欠缺。

（二）生态恢复产业补偿的内容与生态恢复产业区域补偿的目标

生态恢复产业补偿是对促进环境保护和建设的生态恢复产业的一种利益驱动和激励。国家通过提供资金、技术、税收、政府采购等方式，鼓励生态恢复产业的发展，从而起到保护环境的目的。生态恢复产业区域补偿往往是事前的补偿，国家采取积极的财政金融等政策对采用生产环境友好型新技术、新产品、新能源、节约型生产方式的企业因此可能招致的损失或者竞争力欠缺而承受的牺牲给予的一定的补偿，以引导生态恢复产业的发展。①

由于环境资源的价格不能正确反映市场供求关系，单就生态恢复产业的营利模式来看，从事生态恢复产业是不经济的；而且生态恢复产业往往需要比较高的资金和技术条件，市场准入门槛较高，因此需要政府在相关的财政、金融等方面予以扶持和激励。生态恢复产业补偿的补偿方式可以是对生态恢复产业的环境友好型产品进行补偿，可以是生态恢复产业生产过程或者产业本身给予补偿。欧阳志云认为："生态系统服务功能应该成为建立生态恢复产业补偿机制的科学基础。"②生态恢复产业补偿机制是为了解决生态恢复产业的外部性的问题，目的在于将该外部性予以内部化。生态恢复产业补偿的制度化，其目的在于提高生态恢复产业从业者的积极性，实现区域间环境利益与经济利益的均衡。生态恢复产业补偿机制首先需要在法律规范层面予以明确，建立健全多元化的补偿资金来源渠道。规范和制度化生态恢复产业补偿机制时，还要明确得到补偿后生态恢复产业的责任，统

---

① 孔令英：《产业生态补偿研究》，载《科技经济市场》2012年第8期。

② 欧阳志云等：《建立我国生态补偿机制的思路与措施》，载《生态学报》2013年第3期。

一权利义务和责任。

(三)生态恢复产业补偿法制完善建议

(1)建立全国统一的规范性立法,改变地方立法的现状,推动补偿制度的规范化,为制度的实施确定法律保障。立法中需要明确补偿原则、补偿产业、补偿范围、补偿对象、补偿标准、权利义务、考核评估、责任追究等相关内容。(2)建立有效生态恢复产业区域补偿制度,明确该制度实施的相关政府部门的职责、参与主体的权利义务和责任;并将产业补偿纳入地方政府的政绩考核。(3)制定科学的补偿标准和有效的监测机制。补偿标准要求科学合理,实现产业区域补偿的目的,维护生态恢复产业发展的积极性。有效的监测机制,才能保证补偿的时效性。(4)建立多种形式的生态恢复业补偿途径。在纵向方面,中央政府和地方政府加大对生态恢复业的资金扶持力度,完善落实政府对生态恢复产业的财政、金融、税收支持和政府采购方面的导向性倾斜措施。在横向层面,鼓励受益产业与生态恢复产业间通过资金补偿、产业转移、共建园区等建立横向补偿关系。在市场方面,发挥市场机制在资源配置方面的优势,使生态恢复产业能够通过市场交易获得收益。(5)建立补偿资金的划拨、分配和使用等制度。解决好补偿资金的营运管理,包括补偿资金的来源、转移支付的渠道、资金的使用和管理等主要内容,使生态恢复业区域补偿能够真正落到实处。

第V篇

具体生态恢复领域中的生态恢复产业法制研究

第十八章　荒漠化治理中生态恢复产业法制

荒漠化是一个生态环境问题，受荒漠化影响的地区在世界范围内广泛存在。全球范围荒漠化形势依然严峻，严重威胁到人类的生存和发展。我国的荒漠化面积也很大、分布很广，尤其是我国的中西北地区也产生了诸多的危害。《"十三五"环保规划》明确指出，推进荒漠化石漠化治理。加快实施全国防沙治沙规划，开展固沙治沙，加大对主要风沙源区、风沙口、沙尘路径区、沙化扩展活跃区等的治理力度。荒漠化治理有利于因地制宜地进行产业结构的调整，保护土地资源、改善当地的生态环境和促进生态和经济的可持续发展。目前，在我国，局部地区荒漠化土地得到了一定程度治理，但整体上荒漠化仍在加速扩展，荒漠化治理形势严峻。

第一节　荒漠化及相关概念

国际上和国内对荒漠化的概念界定不一，这在科研、生产、研究和日常生活的使用中造成了一定的混乱。为了便于论述荒漠化治理中生态恢复产业法制，有必要对上述名词加以界定和区分。

一、荒漠化

（一）国际上关于荒漠化概念的争论

法国学者 A. 奥波维尔（A. Aubreville）在 1949 年研究非洲热带和亚热带森林的稀树草原化时，首次在其文章中使用这一词汇——荒漠化（desertification）。[①] 该学者把热带森林演变成荒漠景观的过程称为"荒漠化"，并将其定义为"在人为造成土壤侵蚀而破坏土地的情况下，使生产性土地最终变成荒漠的过程"。[②]

法国另一学者 H. N. 李·阿若（H. N. Le Houerou）在 1959 年提出了沙质荒漠化（desertization）一词，认为荒漠化是典型的荒漠景观和荒漠地貌向干旱区四周

① 马世威、高永：《荒漠化与沙漠化概念的争议及学术意义》，载《内蒙古林学院学报》1998 年第 1 期。

② 包庆德、富岳华：《中外学界荒漠化概念与类型研究述评》，载《内蒙古财经学院学报》2008 年第 5 期。

的扩展，特意用来强调由于人为活动因素导致沙漠边缘干旱、半干旱地区产生了“新的沙漠”。20世纪六七十年代，人们开始逐渐使用荒漠化和沙漠化，但对其概念及词的含义就有着若干不同的解释。[①] 1970年卡萨斯(Kassas)首次在题为“撒哈拉周围地区荒漠化的逆转潜力”的出版物中使用了“荒漠化”一词。在1972年斯德哥尔摩召开的关于人类环境问题的会议上使用了“desertification”。它表示的是以土地退化为特征。因为“desertization”意味着干旱、半干旱土地上类似荒漠(沙漠)环境条件的扩展，它强调了自然因素为基础、加上人类活动导致的土地退化。

1974年A.拉普(A. Rapp)认为荒漠化的发生是由于严重的长期干旱以及人类过度地在干旱土地上进行植被及土壤开发利用所致，以“在干旱和半干旱或年平均降雨量在600mm以下的半湿润地区，由于人类影响或气候变化，沙漠条件的扩展过程”来定义desertization。因此他们选定“desertification”，原因是“desertification”强调的是人为因素造成干旱所导致的土地退化。这样，在国际范围内，存在两个术语：自然荒漠化(desertization)和人为荒漠化(desertification)。A.拉普(1979)在继续研究中，称两个术语定义都是“荒漠条件扩伸到荒漠以外的地区”。1972年，国际地理联合会成立了一个关于干旱土地以及干旱土地周围的荒漠化工作小组，其目的是想建立一个统一的荒漠化标准，一些学术机构倾向于使用“desertification”。1977年内罗毕荒漠化会议之后，统一用“desertification”这一术语。但1977年，李·阿若仍用“desertization”，并解释为“在干旱地带，典型荒漠景观和沙漠地形又扩展到曾经存在这些景观和地形的地区的过程”。1984年李·阿若继续使用沙漠化概念，并强调沙漠化是“过去没有发生和出现类似于沙漠地表形态和景观的地区，目前已出现了沙漠化现象，并不断扩展和蔓延”。

国际上对荒漠化的概念争论，主要表现在荒漠化分布的范围、形成的时间尺度、发生的原因、造成的后果、景观变化、发展趋势、可否逆转等方面，并对此进行了相同、相似乃至相反的论述。每一个定义都反映出荒漠化是一种环境退化过程，即是一种从有利或占优势条件的状况到优势较小的转变，并主要就植被情况、地表形态、水分的可利用性、土壤、大气现象等进行了特别的描述。在定义中论述的其他内容还有沙漠景观的特征朝着原非沙漠景观的地区移动、入侵、扩展、加剧、蔓延，最后导致性质上的彻底改观。“荒漠化是包括气候变化和人类活动在内的种种因素造成的干旱、半干旱和干旱亚湿润地区的土地退化”。这一定义得到广泛的认可。[②]

从1977年到1994年，联合国相关机构对荒漠化概念的界定前后也不一致。

---

① 马世威、高永：《荒漠化与沙漠化概念的争议及学术意义》，载《内蒙古林学院学报》1998年第1期。

② 包庆德、富岳华：《中外学界荒漠化概念与类型研究述评》，载《内蒙古财经学院学报》2008年第5期。

1977 年联合国荒漠化会议将其定义为:"荒漠化是土地生物潜力的下降或破坏,并最终导致类似荒漠景观条件的出现。"1984 年联合国环境规划署将其定义为:"土地的生物潜能衰减或者土地的生物潜能遭到破坏,以致出现类似荒漠景观即是荒漠化。"1983 年,蒂恩(Dregne)认为"荒漠化是指由于人为因素和自然因素,导致干、半旱区或半湿润地区贫瘠化的生态系统。"后来他将定义修正为:"荒漠化是陆地生态系统在人为影响下的一种退化,这种退化可以通过以下指征来测定:目的种生产力下降而非目的种的生物量增加、生物多样性减少、土地退化加速、人类生存受到胁迫。"Y. J. 阿麦德(Y. J. Abmad)和卡萨斯认为:"荒漠化是干旱的表征,是使人类活动引起的土地承载力的超载现象。"1990 年,联合国环境规划署举办的"全球荒漠化现状与方法评估"会议上,将荒漠化解释为"干旱、半干旱和具有干旱的半湿润地区土地退化,是人为活动的结果"。

(二)国内学者对荒漠化概念的界定

国内学者对荒漠化概念也有不同界定。张绪良称"土地退化亦称土地荒漠化,是指人类不合理的经济活动与脆弱的生态环境相互作用造成的土地生产力下降直至土地资源丧失,地表呈现类似荒漠化景观的土地资源衰退演变过程";[①]朱震达称"荒漠化的实质是土地退化,土地生产力下降,土地资源丧失和地表类似荒漠景观的出现"。[②] 大多同意联合国有关组织所给出的"荒漠化是指包括气候变异和人类活动在内的种种因素造成的干旱、半干旱和亚湿润干旱区的土地退化"[③]的定义。我国的大部分学者认同土地荒漠化包含于土地退化之中。

联合国有关组织对荒漠化概念的界定,影响了我国大部分学者。结合中国实际情况可将荒漠化定义为:土地生产力下降或资源丧失,以致地表出现类似荒漠景观过程的土地退化,这一过程是由于人类经济活动和自然因素互动造成的。正如朱震达先生所说:"土地荒漠化是由于人为不合理的经济活动,破坏脆弱生态平衡,使原非荒漠地区出现类似荒漠景观,导致土地生产力破坏的土地退化过程。"[④]

(三)荒漠化概念的界定

荒漠化这一概念具有代表性的有如下 6 种:

第一种强调荒漠化与荒漠的区别。"荒漠化是指典型的沙漠景观和地形扩展

① 张绪良:《中国西部地区土地退化的现状及对策》,载《青岛大学师范学院学报》2000 年第 2 期。

② 朱震达:《中国土地荒漠化的概念、成因与防治》,载《第四纪研究》1998 年第 2 期。

③ 中华人民共和国林业部防治沙漠化办公室主编:《联合国关于发生严重干旱和/或荒漠化的国家特别是在非洲防治荒漠化的公约》,中国林业出版社 1994 年版,第 156 页。

④ 包庆德、富岳华:《中外学界荒漠化概念与类型研究述评》,载《内蒙古财经学院学报》2008 年第 5 期。

到近代并非沙漠的地区,荒漠化这个词曾经——现在仍然——被许多作者用来描述植被多样性及其形态的退化过程,这里也包括半湿润和湿润森林在内,而它们不论是在自然方面还是在生态方面都与沙漠毫无关系。"①

第二种强调人类对土地的滥用。"荒漠化是由于人类活动的影响使得干旱、半干旱和一些半湿润生态环境日趋恶化。人类滥用土地导致荒漠化的产生。"②

第三种强调生态与经济政治的综合效应。"所谓荒漠化,就是使生产力降低,土地肥力下降和使其变成更加容易遭受侵蚀的植被、土壤以及水的一系列退化性生态变化,是生态、经济与政治的一系列压力的最后结果。"③

第四种强调来自于人类的过度经济活动。"产生荒漠化的原因,特别是近几十年这种过程越来越快,与其说是由于气候变化,毋宁说是由于社会压力与脆弱生态系统之间相互作用所造成土地利用的过度压力,如过度放牧、耕作(农牧交错地带)边沿土地、过度灌溉及排水不良等超过了生态系统的弹性而造成灾害,结果就是荒漠化。"④

第五种强调荒漠化的自然因素和地质时期的经常现象。"天然沙漠广泛分布地球表面,其范围在第四纪受到影响,并显示出扩张的趋势,这就是从前的草地、大草原、干草原及冲积平原荒漠化的自然进程。"⑤

第六种强调是人类经济活动产生的影响。"土地生物潜力的减少、破坏,导致了类似荒漠的生态环境,就是说在一段时期内,因支撑人口增长的需要,增加了生产量,并且为了人类的多种目的,追求更多的陆地的动物和植物产量。结果表现在广大的区域内生态系统的退化,进而减少和破坏了陆地的生物生产潜力。"⑥

《联合国防治荒漠化公约》对荒漠化的定义得到广泛认可,该公约对荒漠化相关的概念和内容给予明确的规定。同时,该公约明确指出,"荒漠化是全球范围问题",要考虑区域条件的差异。这说明对荒漠化的认识还要结合本国(本地区)的实际情况。⑦ 在公约秘书处编写的简要说明中又着重指出,荒漠化问题主要是人为原因造成的,而不是逐渐扩张的沙漠所造成。

---

① Le Houerou,"Science Power and Desertizition",Meeting on de-sertification,Dept. Geogr. Univ Cambridge,22 – 28 Sept. 1975. 26.

② Garduno M A,Technology and Desertification,UNCOD De-sertification:Its Causes and Consequences,Nairobi Perga-mon Press,1977.

③ Mohammed El-Kassas,"Arid and Semi-arid Lands :Problems and Prospects",Agro-Ecosystems,1977,3:186.

④ Tolba K. UNEP,Desertification Control,The Semi-annually Bulletin on Plaus and Activities,1978,1(2).

⑤ Kovda V A,Land Aridization and Drought Control,Westuiew Press,1980.

⑥ UNEP,"Status of Desertification and Implementation of the United Nations Plan of Action to Combat Desertification",Draft Re-port,UNEP,Nairobi,Kenya,1991.

⑦ 中国荒漠化(土地退化)防治研究课题组:《中国荒漠化(土地退化)防治研究》,中国环境科学出版社 1998 年版,第 278 页。

在可能发生土地荒漠化的地域范围内，荒漠化根据土地退化的原因的不同，分为三种类型：风蚀荒漠化、水蚀荒漠化和土地盐渍化。(1)风蚀荒漠化，也称沙质荒漠化或沙漠化，指人类不合理经济活动，叠加以空气动力为主的自然营力所造成的土地退化过程，干旱多风和沙源丰富的沙质地表是产生风蚀沙漠化的条件和物质基础。特别是干旱、大风在时间上同步的情况下，人为活动造成植被的破坏，为沙漠化的发生提供了可能，如在我国北方半干旱农牧交错区、草原区和旱作农业区、干旱区绿洲外围和部分绿洲区、青藏高原风沙区等。(2)水蚀荒漠化，指人类不合理经济活动，叠加以降水和重力作用为自然营力的土地退化。在我国主要分布在半干旱、半湿润区的以水蚀为主要方式的土地退化地区，如黄土高原地区。(3)土壤盐渍化，是在干旱、半干旱条件下由于不合理灌溉和管理措施不当产生的可溶性盐类在地表的累积而造成的土地退化过程。如我国塔里木盆地的山前绿洲、河套平原、银川平原、华北平原和东北平原西部的部分地区。①

联合国防治荒漠化公约中的定义被我国政府采纳，认为“在干旱、半干旱以及亚湿润干旱区发生的土地退化称为荒漠化，这种荒漠化是由于气候和人为因素造成的”。②

二、沙漠化

(一)国际上关于沙漠化概念的争论

李·阿若在1959年，提出沙质荒漠化或沙漠化一词，沙漠化是指由于人为因素在干旱半干旱地区产生的“新的沙漠”。说法语的科学家们建议用沙漠化，因为它意味着干旱、半干旱土地上类似荒漠(沙漠)环境条件的扩展，强调自然因素为基础加上人类活动导致的土地退化。A. 拉普及同事们则认为，荒漠化的发生是由于严重的长期干旱以及人类过度地在干旱土地上进行植被及土壤开发利用所致。因此他们主张用“荒漠化”一词，因为，它强调的是人为因素造成干旱所导致的土地退化。这样便在国际上存在自然荒漠化(desertization)以及人为荒漠化(deserfificafion)两个极为重要的学术术语。A. 拉普在1979年的研究中称这两个术语定义都是“荒漠条件扩伸到荒漠以外的地区”。1977年，李·阿若仍用沙漠化概念并解释为“在年平均降水量100～200mm，边界降水量为50～300mm的干旱地带，典型荒漠景观和沙漠地形对扩展到曾经存在这些景观和地形的地区的过程”。1984年，李·阿若继续使用沙漠化概念。并强调沙漠化是指在类似的气候

① 王涛、朱震达：《我国沙漠化研究的若干问题——沙漠化的概念及内涵》，载《中国沙漠》2003年第3期。

② 董玉祥：《“荒漠化”与“沙漠化”》，载《科技术语研究》2000年第4期。

条件下，过去没有发生和出现类似于沙漠地表形态和景观的地区，目前已出现沙漠化现象，并不断扩展和蔓延。德列格尼认为由于人类活动和自然因素的共同影响，导致干旱区、半干旱区等地区生态系统的贫瘠，即为沙漠化。这一定义包括草原变为沙漠、稀树草原变为草原和森林变为稀树草原等退化过程，可作为该类地区生态退化的一般定义，其内容远远超出了沙漠化的内涵。毫艾鲁先生认为沙漠化就是典型的沙漠景观和地貌向不久前还没有产生沙漠景观和地貌的那些地区的扩展。这一定义着重强调的是沙漠景观的推移及其对相邻景观的影响，而忽视生态系统自身的退化过程，其内涵可能也过于狭窄了。罗札诺夫和佐恩先生认为："沙漠化是干旱土地的土壤和植被向着干旱化和生物生产力衰退的方向发生不可逆变化的自然或人为过程，在极端情况下，这种过程可导致生产潜力的完全破坏，并使土地变为沙漠。"联合国环境规划署执行主席穆斯塔法托尔巴博士，对沙漠化解释是"干旱、半干旱及亚湿润地区生态退化的一个过程，土地生产能力完全丧失或大幅度降低，停止生长适口牧草，旱地农业歉收，由于盐渍化和其他类型的土地退化而弃耕水浇地"。这些定义虽然对沙漠化的发生地区、变化方向和最终结果等方面作了限定，但并未指出沙漠化过程的起点，而且仅强调了生态系统中某些要素的退化过程。因此，其给出的概念内涵还是不够明确，更谈不上完整。①

（二）国内学者对沙漠化概念的界定

长期以来，由于国内翻译的传统习惯，在我国"desertification"翻译成"沙漠化"，在1977年以后，我国学者开始广泛使用该词。这就造成沙漠化和荒漠化概念内涵的混淆，关于沙漠化的定义国内也有许多不同的争论。朱震达等认为："由于人为过度的经济活动，在脆弱的生态系统下，使原非沙漠的地区，出现了类似沙漠景观变化过程即为沙漠化"；②后于1989年提出"沙漠化是沙质荒漠化的简称"，"沙漠过程是风沙活动引起土地生产力降低的环境退化过程，所影响的土地称为沙漠化土地"；③1999年认为，人为因素和环境因素相互作用，造成土地生产力下降，以致地表出现类似沙漠景观。这一土地退化过程谓之沙漠化。④ 朱震达等的上述定义重在对于"景观"描述，没有界定荒漠化的时空尺度，较荒漠化概念比较单一狭窄；但范围比较具体，指证相对明确，便于实用操作，治理措施具有针对性。因此，易为沙区广大群众所接受，也比较切合我国的实际情况。杨根生等于1986年提出沙漠化是"在具有沙物质分布的干旱、半干旱及部分半湿润地区，不同时间尺

① 包庆德、富岳华：《中外学界荒漠化概念与类型研究述评》，载《内蒙古财经学院学报》2008年第5期。
② 朱震达、刘恕：《中国北方地区的沙漠化过程及其治理区划》，中国林业出版社1981年版，第189页。
③ 朱震达：《中国沙漠化研究的进展》，载《中国沙漠》1989年第1期。
④ 朱俊凤等：《中国沙漠化防治》，中国林业出版社1999年版，第201页。

度下,以风为动力,参与其他条件作用的一系列气候地貌过程"。[①] 之后,董光荣于1988年建议将其定义为"原非沙漠地区出现以风沙活动为主要标志的类似沙漠景观的环境变化过程"。[②] 与联合国的荒漠化的定义有关,2000年董玉祥认为:"沙漠化是在干旱、半干旱和亚湿润干旱地区由于气候变化与人类活动等因素作用下,所产生的一种以风沙活动为主要标志的土地退化过程。"[③]

(三)沙漠化概念的界定

结合我国情况,李祥余和李帅等先生综合了上述定义,将沙漠化定义为:"由于自然因素或人为因素的影响,在干旱、半干旱以及部分半湿润地区的地表条件下,生态系统平衡被破坏,以风沙活动为标志,形成风蚀等的土地退化过程,出现沙漠化景观的环境变化,也即为沙漠化。"[④]我国签署《联合国防治荒漠化公约》后,用"荒漠化"代替"沙漠化"一词。

根据《联合国防治荒漠化公约》对荒漠化的定义,可以将沙漠化定义为:由于气候变化和人类活动等因素,在干旱、半干旱和亚湿润干旱区域内产生的土地退化过程,这种土地退化过程以风沙活动为主要标志。[⑤]

(四)沙漠化与石漠化的区别

荒漠化和沙漠化包含着不同内容。就内容而言,荒漠化比沙漠化广泛,沙漠化是荒漠化一个部分。荒漠化包括水蚀荒漠化、、土壤盐渍化等,而沙漠化一般是指风蚀荒漠化。而沙漠化在中国仅指风蚀造成的土地退化或环境变化过程。在全部"荒漠化"土地中,绝大部分应该退化成"荒地",连片形成"荒漠"。在我国,退化成沙漠、戈壁、盐碱地的是少数。在北方我们看到的是大片荒漠,如内蒙古以及甘肃一些地区。造成沙漠必须有外力的搬运作用,而造成荒漠不一定有外力搬运。荒漠化土地是大量存在的一种立地形态。一般情况下不构成灾害,可以说是一种潜在的灾害。[⑥]

---

① 杨根生等:《有关沙漠化几个问题的探讨》,载《干旱区研究》1986年第4期。
② 董光荣等:《关于"荒漠化"与"沙漠化"的概念》,载《干旱区地理》1988年第1期。
③ 董玉祥:《"荒漠化"与"沙漠化"》,载《科技术语研究》2000年第4期。
④ 李祥余等:《沙漠化问题研究综述》,载《干旱气象》2005年第4期。
⑤ 董玉祥:《"荒漠化"与"沙漠化"》,载《科技术语研究》2000年第4期。
⑥ 包庆德、富岳华:《中外学界荒漠化概念与类型研究述评》,载《内蒙古财经学院学报》2008年第5期。

表18-1　荒漠化与沙漠化的区别

	荒漠化	沙漠化
时间	人类历史时期	人类历史时期
空间	干旱、半干旱及亚湿润干旱区	干旱、半干旱及亚湿润干旱区
实质	使用土地、一种营力、数种营力结合导致特定地域各类土地的生物下降、经济生产力、复杂性丧失	时空等条件限制土地退化和环境变化过程,该过程以风沙活动为主要标志
成因	气候变化,人类活动	气候变化,人类活动
内容	风蚀沙漠化,水蚀沙漠化,土地盐渍化等	土地风蚀,风沙流,流沙堆积,沙丘活化与前移
后果	土地生产潜力衰退、土地生物生产量减少、生物多样性减少、土地资源丧失等	土地生产潜力衰退、土地生产力下降、可利用土地资源丧失
沙漠化——风蚀荒漠化仅是荒漠化的主要内容或类型之一,又称沙质荒漠化		

三、石漠化

我国学者针对我国南方地区的喀斯特地貌现状提出了石漠化的概念。1991年,袁道先最早提出了石漠化的概念。袁道先认为石漠化是"在热带、亚热带湿润季风气候下,喀斯特地区的植被或者土壤裸露变为岩石喀斯特景观的过程"。[①] 这一概念影响较大,已经被学术界广泛地接受。

此外,一些学者从不同的角度也对石漠化的概念进行定义。如屠玉麟等认为,石漠化是指"由于受到人类活动的干扰破坏,产生的基岩大面积裸露和土壤严重侵蚀,以致土地生产力下降,导致喀斯特岩溶地区的土地退化"。[②] 王世杰认为"受制于人类的社会经济活动的不当影响,亚热带脆弱喀斯特岩溶环境,产生了基岩大面积出露、土壤严重侵蚀,以致土地生产力降低和类似荒漠景观土地退化"。[③] 另外,还有人学者"石漠化是作为一个概念,不仅仅指我国南方湿润地区,还应涵盖豫南、鄂北、桂北、皖西、黔西等"。[④] 苏维词认为是"受喀斯特作用和人为因素的不当影响,喀斯特山区的基岩大面积裸露、地表土层流失殆尽,呈现类似荒漠化的过程,这

① 袁道先:《中国岩溶学》,地质出版社1994年版,第211页。

② 屠玉麟:《贵州土地石漠化现状及成因分析》,贵州人民出版社1996年版,第162页。

③ 王世杰:《喀斯特石漠化——中国西南最严重的生态地质环境问题》,载《矿物岩石地球化学通报》2003年第2期。

④ 王世杰:《喀斯特石漠化概念演绎及其科学内涵的探讨》,载《中国岩溶》2002年第2期。

也是土地退化在喀斯特山区的表现”。[①] 夏卫生则认为，石漠化专指喀斯特岩溶地区，是指“由于自然因素导致的土壤流失，致使土壤母质裸露的现象。实质上属于荒漠化的大范围范畴”。[②]

综上，我国不同学者对喀斯特岩溶石漠化定义给予了不同的阐述与见解，对石漠化的界定主要体现在发生区域主要为南方。因此，石漠化是指我国南方的喀斯特地区，人类不合理的经济社会活动造成土壤流失、植被减少、基岩大面积的裸露，导致土地退化的过程加快。[③]

第二节　荒漠化治理中的生态恢复产业法制

一、荒漠化的原因

我国深受荒漠化的危害。出现荒漠化的成因多种多样，一般可以分为自然因素和人为因素。纯粹自然因素导致的荒漠化过程是自然而然发生的，较为缓慢；而人类各种不当的社会经济活动是荒漠化的主因，加速了荒漠化。[④]

（一）自然因素

自然因素主要包括异常的气候条件如干旱，造成风蚀加快、植被退化，由此导致荒漠化。在我国，干旱、半干旱等地区跟同纬度地区比较，属于降水量最少、蒸发量最大、生态较为脆弱的地带。[⑤] 近百年来，随着干旱气候的加剧，沙漠化面积在我国不断扩大，发展也极为迅速。[⑥] 我国华北地区、西北地区的沙尘暴便是荒漠化的表现，也加剧了荒漠化的进程。

（二）人为因素

人类各种不当的社会经济活动是荒漠化发生和发展的重要因素。人类既是荒漠化的成因，也是荒漠化的受害者。导致荒漠化最直接成因是人类不当社会经济活动，其主要包括：（1）放牧过度导致植被退化；（2）垦殖过度导致土地衰竭；（3）森林过度砍伐导致水土流失或者植被破坏；（4）灌溉不当导致土壤板结和盐渍化；

---

① 夏卫生等：《南方坡地石漠化现状及防治的初步研究》，载《水土保持通报》2001 年第 4 期。
② 苏维词：《贵州喀斯特山区石漠化及其生态经济治理模式》，载《中国岩溶》2002 年第 1 期。
③ 苏醒等：《我国西南地区石漠化治理研究综述》，载《贵州师范大学学报》（社会科学版）2014 年第 2 期。
④ 谭艳：《浅谈我国土地荒漠化成因及治理措施》，载《黑龙江科技信息》2009 年第 22 期。
⑤ 于淑萍：《土地荒漠化的成因、危害及防治对策》，载《环境科学与管理》2006 年第 2 期。
⑥ 吴正等：《风沙地貌与治沙工程学》，科学出版社 2003 年版，第 167 页。

(5)用水过量和利用不合理导致污染等。导致我国西北地区的荒漠化的主要任务成因为放牧过度、砍伐过度、农垦过度。① 另外,人口数量过快增长,人民开始开垦丘陵山区陡坡地,也严重破坏了植被,加速了荒漠化的形成过程。

二、荒漠化治理中的生态恢复产业现状与问题

(一)美国和以色列荒漠化治理的进程及实践

在美国,荒漠化防治的主要策略为"以防为主,恢复为辅""保护与开发并举,确保荒漠生态系统资源的可持续利用"。成功的经验有:(1)重视生态原理的应用;(2)确立和执行严厉的土地政策和合理放牧法规;(3)加大联邦财政投入,促进荒漠地区的经济发展,开发畜牧优良品种,推广围栏放牧,建设灌溉设施和引水工程;(4)强调高新技术的开发和应用;(5)动员各级政府、民间团体和土地经营者共同参与;(6)采用防治荒漠化和保护土地经营者利益一起抓的"双赢措施"。以色列依靠高新技术,走科技与生产相结合之路,采用高科技、高投入战略。以色列通过稀树草原化、内盖夫行动计划、土壤结皮固沙、径流集水、节水灌溉、太阳能利用和温室生产等技术和措施来治理开发荒漠化土地。②

(二)我国荒漠化治理的政策和措施

1. 我国荒漠化治理的政策演变

随着社会经济的发展,我国荒漠化治理政策也在不断发生变化。(1)1949年到1978年荒漠化治理的起步阶段。1949年以后,我国主要开始起步的是荒漠化的研究工作,也陆续在一些地方开展了荒漠化治理的试点。但是由于"文化大革命"等因素,一度停滞了治沙工作。另外随着人口的大幅度增加,我国实施了"以粮为纲"政策,全国范围出现大规模开荒运动。大规模开荒引发严重的土地退化,造成了林地草场面积锐减、流沙蔓延,致使我国荒漠化问题在20世纪70年代末严重恶化。(2)重点治理阶段(1978—2000年)。改革开放以后,国家提高了对荒漠化问题重视程度,采取了一些政策措施,以期改变荒漠化继续加剧的势态。这期间着重采取了一些重点工程措施,如"三北"防护林工程。《全国防沙治沙工程规划(1991—2000年)》更是将荒漠化治理纳入国民经济发展计划,防沙治沙工作正式作为一个独立的专项工程开始启动。之后又于1994年、1995年先后实施了生态县试点工程及黄河中游保护林建设工程。1994年,我国签署

① 谭艳:《浅谈我国土地荒漠化成因及治理措施》,载《黑龙江科技信息》2009年第22期。
② 卢琦等:《21世纪荒漠化研究与治理方略》,载《中国农业科技导报》2000年第1期。

加入《联合国防治荒漠化公约》,制定履约行动等。(3)全面治理阶段(从2001年至今)。2001年至今,国家层面又相继实施了包括京津风沙源治理工程和天保工程在内的六大生态工程。①

2. 我国荒漠化治理的政策措施

我国也相继出台了荒漠化治理的政策措施。(1)遏制荒漠化,植树种草。落实国家"退耕还林、还草和以粮代赈"政策,在沙漠附近植树种草,封山、封荒,禁止滥砍滥伐。根据不同的土地类型植树种草,宜草则草、宜灌则灌、宜乔则乔,使草、灌、乔有机结合,构建绿色生态屏障。(2)防止草原退化,限制过度放牧。减少和降低牲畜对草原的破坏,需要进一步提高草原生态系统的生产力。种植牧草在裸露沙地以及退化天然草原地区。建立人工饲草饲料基地,建立草原生产体系,实行集约化生产,进一步优化草原初级生态系统。(3)加强水土保持,推广节水措施。采用新的灌溉方式,推广各种节水措施,搞节水农业、节水牧业,调整种植结构,提高水的利用效率。② (4)开发沙区风能、光能、热能,减少沙区人们对薪柴资源的依赖。③

(三)我国荒漠化治理的现状和问题

1. 我国荒漠化治理的现状

(1)制定了荒漠化治理的规划和计划。自1978年以来,陆续启动了以保护和改善生态环境、防治土地荒漠化为主要目标的全国防沙治沙工程,"三北"(东北地区、华北地区、西北地区)防护林体系建设工程。2001年,国家将林业生态工程系统整合为六大重点林业工程,如天然林保护、退耕还林、京津风沙源防沙治沙等;在草原地区,国家实施了"八大工程",如封育围栏、划区轮牧、人工种草、建设草原节水灌溉配套设施等措施;国家对水土流失治理进行了重点布局,在有风沙危害的铁路沿线进行防风固河和绿化带建设,如新疆千里绿色长廊工程、甘肃青藏线西宁——格尔木治理沙害工程等;对包括荒漠化问题在内的生态环境问题进行了系统治理。(2)制定了一系列荒漠化治理的法律和政策。国家已经制定了二十余部与生态环境相关的法律以及一系列环保法规和标准,基本形成了由环保专门法律与相关法律相结合的环保法律法规体系。其中,2001年我国通过了《防沙治沙法》,这是我国荒漠化治理的专门法律。我国荒漠化治理政策主要包括工程治理政策、税费优惠政策、科技支撑政策、荒山荒沙地承包使

① 郭婷、周建华:《中国荒漠化防治政策沿革及问题对策研究》,载《内蒙古农业大学学报》(社会科学版)2010年第4期。

② 谭艳:《浅谈我国土地荒漠化成因及治理措施》,载《黑龙江科技信息》2009年第22期。

③ 彭津琴等:《遏制土壤盐碱化、荒漠化的必要性及技术进展》,载《天津农业科学》2008年第4期。

用政策等。具体说来,工程治理政策主要是指由国家林业行政主管部门会同有关部门编制的工程规划。这些规划经国务院批准后,由地方各级政府组织实施,并由国家统一安排投资或补助。税费优惠政策主要有:农业银行、人民银行、林业部、财政部联合发出了《关于发放治沙贴息贷款有关问题的联合通知》;划入自然保护区和沙化土地封禁保护区的合理经济补偿政策。科技支持政策是指国家在重点工程建设中安排一定比例的资金用于工程建设的科技研究、技术推广与实验的政策。荒山荒沙地承包使用政策是指对于集体所有的沙化土地,坚持家庭承包、长期使用的政策等。(3)建立起了荒漠化治理的组织体系和运行机制。国务院林业行政主管部门,林业、农业、土地、环境保护等行政主管部门,县级以上地方人民政府,分工配合,构建了荒漠化治理的组织和运行机制。中国荒漠化防治任务较大的14个省(自治区)也成立了防治荒漠化协调小组或领导小组,从中央到地方形成了有机的防治荒漠化管理系统,有力地推进了中国防治荒漠化工作有组织、有计划、有步骤地开展。我国荒漠化治理机制主要包括投资机制、监理机制、招投标制、报账制、检查验收制、监测机制、信息化管理、档案管理等一系列管理与运行机制。我国荒漠化治理实行以国家投入为主、社会投入为辅的投资机制。凡经国务院批准实施的国家重点治理工程项目,国家在中央预算范围内安排建设资金,统筹考虑,实行建设标准全额或差额补助。①

2. 我国荒漠化治理中存在的问题

"三北"工程是我国荒漠化早期防治工作的体现,到20世纪末,发展为全国范围内的防沙治沙工程,并且进一步深化。但是在荒漠化治理中仍存在以下问题:(1)国家及地方财政投资是各项防沙治沙工程建设资金的主要来源,资金来源单一。企业、行业等民间投资所占比例少,资金不能有效循环利用,国家荒漠化治理的财政资金压力大。(2)不同的荒漠化治理工程的规划范围和内容存有重合之处,工程实施过程中重复投资。重复投资既会造成资金浪费,也容易产生权利寻租现象。(3)虽然荒漠化治理工程的补助标准逐渐提高,但总体上补助标准偏低。(4)荒漠化治理工程均把目标指向土地退化,缺少优良草原防护性政策。②

三、荒漠化治理中的生态恢复产业发展的措施

荒漠是最脆弱的陆地生态系统。治理荒漠化,应同时对风沙源区和沙尘路径

① 王丛虎、白建华:《我国荒漠化治理中的问题及对策建议》,载《天津行政学院学报》2005年第4期。

② 郭婷、周建华:《中国荒漠化防治政策沿革及问题对策研究》,载《内蒙古农业大学学报》(社会科学版)2010年第4期。

区进行同步治理。造林种草、设置沙障、保护性耕作、北方防沙带沙化土地治理、发展沙产业都是有效的荒漠化治理的措施。

（一）荒漠化防治中的生态治理产业

退化生态系统的恢复是一个漫长的系统工程，涉及环境、经济、社会诸多因素。人类活动不仅涉及生态问题，而且也是一个经济问题，生态与经济的协调发展就成为生态经济研究的主题。生态经济学是生态学和经济学相互渗透和有机结合而形成的一门研究自然经济复合生态系统结构和运行规律的学科，据此根据不同的情况确立以价值为基础的恢复目标，制定技术路线和生态恢复工程技术，开展对恢复结果的预测和评价。①

发展荒漠化治理产业，发展与当地资源相适应的一批治沙产业，使其自身的经济目标与生态建设目标统一起来，农民作为荒漠化治理的中坚力量也能由此脱贫致富。力争在进行沙漠治理时要优先选择同时能够增加农民收入的项目，在组织农民增加收入时，更应该优先选择同时能够治理荒漠、改善生态环境的项目。为实施国家生态环境建设规划，大规模的生态建设工程正在全国各地，尤其是在生态环境恶化的地区展开。这些项目的实施必将给这些地区发展生态治理产业带来千载难逢的商机，也会使治沙产业成为荒漠化地区经济发展的一个重要的新增长点。同时，治沙产业要顺应国家实行农业结构的战略性调整的趋势，从根本上改变原来粗放的发展方式，建立治理产业体系。②

（二）荒漠化治理中的生态恢复产业发展的措施

1. 应深化投资改革，构建多元化治理开发主体

荒漠化治理兼具公益性与私益性。基于公益性，荒漠化治理依赖国家投资；基于私益性，需要引导市场主体参与投资。国家投资毕竟有限，因此需要国家制定财政优惠和税收优惠政策，吸引社会投资主体参与投资，使民间资金成为荒漠化治理中重要的资金来源，这是我国发展市场经济的方向所在。为鼓励社会力量积极投入荒漠化防治，1991 年，国务院和国家税务总局也出台了一些优惠政策，促进社资金投入荒漠化治理。但总体来看，我国相关的配套政策并不完善，个别政策之间也存有不协调。荒漠化治理是一项系统工程，因此要制定多方位、多层次的荒漠化治理的政策。不仅需要通过政策性引导来吸纳社会各阶层参与，同时也需要积极争取国外企业和世界银行、亚洲开发银行等国际金融机构的

---

① 郭云义等：《荒漠化防治中恢复生态的研究与展望》，载《内蒙古林业调查设计》2010 年第 4 期。

② 韩东娥：《荒漠化治理的路径创新与政策建议》，载《经济问题》2003 年第 1 期。

无偿和有偿援助，并积极寻求其他慈善和非营利机构进行投资或者以其他方式参与我国的荒漠化治理。①

2. 制定优惠政策，吸引社会力量投资荒漠化治理

荒漠化治理的公益性属性，决定了只有得到政府的特殊支持和补贴，企业或个人才有投资治理积极性。(1)资金上支持。由于荒漠化治理与开发投资大，除工程建设投资以外，还要加大对企业或个人经济资助的力度和规模。(2)贷款上优惠。根据产业开发的内容不同实行不同的还贷期限，如投资周期长的林果产业还贷期限可以适当延长。必要的情况下，还应实行低息和贴息，简化贷款手续，放宽贷款条件。(3)税收上优惠。对投资荒漠化治理的企业或公司要尽可能免减税赋。

3. 建立荒漠化土地及治理成果的合理流转机制

明晰生态资源产权，荒漠化治理才能形成良性循环。允许荒漠化土地及其治理成果合理流转，是实现荒漠化治理机制创新的根本，也能调动社会群体参与治理的主动性和积极性。推进荒漠化治理，应该允许通过承包、股份制等多种形式构建荒漠化土地及治理成果的合理流转机制。

4. 建立生态效益补偿制度，保护治理者的积极性

尽快建立生态效益补偿制度，补偿荒漠化治理经营者的付出，调节荒漠化治理经营者与社会受益者间的利益补偿关系。荒漠化治理的受益者应该缴纳一定比例的补偿金。收取的补偿金专款专用，仍然用于荒漠化防治，不得挪用。

5. 加大资金扶持力度，补充优质土地荒漠化防护政策

增强参与荒漠化治理工程建设积极性，提高工程的补助标准。荒漠化治理、开发投资大，除工程建设投资和贴息贷款外，中央对荒漠化治理的资金支持主要来自转移支付。对于生态区位重要地区，经国务院批准实施的国家级防沙治沙重点工程所需的资金，主要由中央财政支付。中央各相关部门统一使用筹集资金，加大治理和开发的力度和规模。为保护沙区植被，在沙区种植薪炭林以及开发利用太阳能、风能、沼气等能源的企业，国家给予适当补助。②

---

① 王丛虎、白建华：《我国荒漠化治理中的问题及对策建议》，载《天津行政学院学报》2005年第4期。

② 郭婷、周建华：《中国荒漠化防治政策沿革及问题对策研究》，载《内蒙古农业大学学报》（社会科学版）2010年第4期。

第三节 石漠化治理中的生态恢复产业法制

一、石漠化的形成原因

关于石漠化的成因，一直是学术界石漠化研究的基本问题和重点，也是综合治理石漠化的基本出发点。一般认为土地石漠化是由自然、生态和地质环境作为外因引发的，而超载的人口压力和落后的生产方式成为诱因与主导因素。罗桂湘认为："降雨、日照、蒸发等气象因素所引起水蚀、酸蚀、风化作用是广西石漠化形成的重要原因和促进因素，气象因子与石漠化形成关系密切"；①解天、②李水明③等同样认为山多坡陡、降雨量集中强度大、植被覆盖较少、土壤侵蚀严重等自然因素以及人口快速增长带来的土地和森林资源压力导致的刀耕火种、滥垦乱伐等人为因素是广西形成石漠化的主要原因；而尹国平④从广西目前的现实情况分析则认为，62.4%的石漠化面积是人为因素造成的，广西石漠化的主要原因以及影响石漠化治理进度和成效的关键因素是人为因素；唐秀玲等⑤则认为人口政策、财政体制、经济发展模式更是形成广西石漠化原因的深层次因素。⑥

目前，国内基于积累大量研究成果，认为造成石漠化的原因包括自然因素和人为因素，即脆弱的生态地质环境是石漠化形成的前提和直接动力，而强烈的、不合理的人为活动是石漠化形成的主导驱动力。此观点已被学术界普遍认可，并达成一致的共识。⑦

（一）自然因素

岩溶地区的碳酸盐岩是石漠化形成的物质前提条件。地势陡峭、气候和雨水为石漠化的形成提供了自然天气条件。目前，喀斯特石漠化形成的自然因素有地质因子、地形地貌因子、气候因子、岩溶因子、水文地质因子、植被环境因子、土壤、坡度等。在雨量大的岩溶地区，石漠化程度严重。⑧ 西南岩溶地区碳酸岩盐堆积

---

① 罗桂湘：《广西石漠化及其气候因素初探》，载《气象研究与应用》2007年第28期。
② 解天：《从广西土地石漠化成因谈防治对策》，载《中国国土资源经济》2007年第6期。
③ 李水明等：《广西石漠化的成因分析和发展趋势预测》，载《广西科学院学报》2006年第3期。
④ 尹国平：《广西石漠化形成的主要原因及治理对策》，载《广西林业》2008年第6期。
⑤ 唐秀玲等：《广西石山区土地石漠化的成因及防治对策》，载《资源开发与市场》2003年第3期。
⑥ 申文辉：《广西石漠化综合治理研究进展及展望》，载《广西林业科学》2014年第4期。
⑦ 苏醒等：《我国西南地区石漠化治理研究综述》，载《贵州师范大学学报》（社会科学版）2014年第2期。
⑧ 严宁珍：《新构造运动对西南地区石漠化形成的影响》，载《西南师范大学学报》（自然科学版）2010年第3期。

厚度大，表层结构简单，由于涵养水源能力弱，易形成“地表缺水、地下水丰富”的格局，从而导致植被生长缓慢，群落顺向演替慢、难，逆向演替易，群落的自我调控能力弱。一旦植被遭受破坏，植被就会不断退化，从而加剧降雨在时空分布上的不均匀，水土就会变得不稳定，土被也会变得不连续，进而在一定程度上促使石漠化的不断演化与加剧。① 此外，岩溶地区独特的水文地质条件也为土地石漠化的形成提供了充分的条件。②

（二）人为因素

石漠化形成的主要原因来自于人为因素。在岩溶地区，人口数量多、密度大，经济不富裕，各种不正当的土地开发活动，均成为导致土地石漠化的主要原因。加剧石漠化程度的人为活动主要表现为乱砍滥伐森林、陡坡开荒、乱开滥采、乱丢废土、毁林烧山整地、过度放牧垦殖、伐薪烧炭、耕作方式不合理等。③ 乱砍滥伐、滥垦滥耕、铲草皮、挖树根、烧秸秆等也严重地破坏生态环境，稀少的土地裸露，暴雨季节的冲刷、流失又加剧石漠化的演替和斑状、星状土壤的水土流失，加速土地石漠化进程；不合理的资源开发利用方式也会加速岩溶石漠化的形成。此外，人口压力及其所引起的人地矛盾超出环境的承载能力，加剧西南岩溶地区的贫困，最终形成“环境脆弱——贫困——掠夺资源——环境恶化——贫困加剧”恶性循环“贫困陷阱”。④

二、石漠化治理中的生态恢复产业现状与问题

我国政府陆续采取了一系列的石漠化治理的措施，也取得了一定的成效，当然也存在一定的问题。

（一）石漠化的治理模式

自从20世纪80年代以来，国家非常重视岩溶区的石漠化治理，纷纷开展了许多治理项目，如封山育林工程、退耕还林工程、防护林工程、长江防护林带工程等。我国石漠化治理取得了一定的成果，也总结出一些治理模式。⑤ 比如，顶坛模式，

---

① 范一林等：《我国岩溶地区石漠化研究综述》，载《节能环保和谐发展——2007中国科协年会论文集（三）》2007年。

② 李林生等：《我国西南岩溶地区土地石漠化及对策》，载《国土开发与整治》2002年第3期。

③ 刘家仁等：《石漠化问题若干思考》，载《贵州地质》2009年第4期。

④ 张殿发等：《土地石漠化的生态地质环境背景及其驱动机制——以贵州省喀斯特山区为例》，载《农业生态环境》2002年第1期。

⑤ 苏醒等：《我国西南地区石漠化治理研究综述》，载《贵州师范大学学报》（社会科学版）2014年第2期。

坪上模式,晴隆模式,庭院经济模式,以沼气为纽带的农村能源建设模式,生态经济治理模式,混合农、林、牧经营模式,立体生态农业模式,植树造林和封山育林模式,小流域综合治理模式,农村循环经济生态产业发展模式,复合型立体生态农业模式,生态工程技术治理模式,喀斯特山地生态产业发展模式等。另外,西南岩溶地区石漠化的治理应该根据不同的地形地貌类型有针对性地采取不同的治理模式。如以岩溶峰丛洼地区为代表的"湖南龙山县洛塔乡模式",以岩溶峰丛山区为代表的"贵州罗甸县大关村模式",以干旱峰林平原区为代表的"广西来宾小平阳模式",以溶蚀丘陵区为代表的"退耕还林、还草治理模式",以喀斯特峡谷石漠化区为代表的"生态农业治理模式——者楼模式、顶坛模式",以中高海拔喀斯特山地丘陵石漠化区为代表的"种草养畜、生态畜牧业发展模式",以中海拔、低山丘坡、荒山丘坡石漠化区为代表的"金银花、茶叶经济作物治理模式",以岩溶槽谷区为代表的"小流域石漠化工程治理模式"。同时,西南石漠化地区石漠化的治理应依据石漠化的强度,并针对其特点采取具体的开发治理措施。"喀斯特石山半石山属轻度到中度破坏的,可以采用封山育林育草措施;喀斯特石山半石山属中度到严重破坏的,应采取人工造林措施;喀斯特石山半石山农地应采取退耕还林措施;喀斯特石山半石山森林植被应严格禁止各种人为活动,采取保护措施"①强度石漠化区应遵循"实树则树、实草则草、实荒则荒"的原则,采取封山育林、环境移民、建设多功能的国家公园或自然保护区等措施治理石漠化;中度石漠化应遵循"适地适用"原则,实施以改土、配水节水、配肥为主的低产田改造工程、"沃土"工程、坡改梯工程、退耕还林还草工程、水利水保工程,大力推行立体农业、农牧渔结合型等生态农业模式。② 潜在石漠化地区应采取封山育林与保护区建设、社区建设相结合的治理模式。

(二)石漠化治理中存在的问题

引起石漠化最根本的原因是人类不合理活动对环境的干扰。这些活动首先涉及生活需求、经济收入、人口因素(数量、密度、素质)、生活条件等。在石漠化治理中,发展生态恢复产业,增加就业渠道,转移农村部分剩余劳动力;提高石漠化地区农民素质和对人与环境和谐相处的认识,让他们掌握生产技能,增加经济收入,提高生活水平,树立生态、社会和经济三者统一的发展观,积极响应党中央西部大开发退耕还林还草的政策和党的"十七大"关于"加强水利、林业、草原建设,加强荒漠化、石漠化治理,促进生态修复"的方针,利用喀斯特地区丰富的水热资源,充分

---

① 宋宗水:《三库区及长江上游地区林业生态建设问题的研究》,载《生态经济通讯》1998 年第 4 期。

② 杨再美等:《贵州喀斯特石漠化土地的植被恢复技术研究》,载《贵州林业科技》2004 年第 3 期。

发挥草及其草产业的优势,在喀斯特地区大力开展种植优良牧草、林草结合、草畜结合,发展草食畜牧业、绿色食品业和生态旅游业等,是治理喀斯特石漠化十分有效的途径,对改善喀斯特地区生态环境、提高人民生活水平、稳固农村产业结构、实现社会经济的可持续发展具有极其重要的意义。

我国政府不断增加岩溶地区石漠化治理的资金投入力度,开展生态建设与生态恢复的石漠化治理项目,改善岩溶地区的生态环境。但是我国在石漠化治理的过程中,也出现一些问题。(1)我国石漠化地区范围广,石漠化程度严重,需要大量的资金投入。而建设资金投入严重不足,成为石漠化治理中最大的难题。(2)石漠化地区生态环境恶劣,岩溶石漠化地区尤其如此,石漠化治理工程的难度较大。(3)我国目前石漠化治理工程,一般规模小,工程实施范围也比较分散,整体效果较差。不同石漠化治理工程之间配合不够,治理措施单一化,产业开发与生态治理不匹配,工程实施综合效果不理想,工程进展也比较缓慢。① (4)石漠化地区一般属于贫困地区,毁林开垦严重,人地矛盾突出。旧石漠化难治理,新石漠化易形成。②

三、石漠化治理中的生态恢复产业发展的措施

生态文明建设以科技为先导,以人与环境和谐发展为目标,以解决"三农"经济为归宿。石漠化治理应以解决"三农"问题为根本,以经济建设为中心,提高当地人民生活水平,解决人地矛盾,实现产业化生态建设,即石漠化治理必须紧紧围绕发展绿色、区域经济、规模经济、生态经济为出发点。培养一大批新型的生态经济产业农民工人,形成不同类别的区域绿色生态经济支柱产业,促使生态区人口、资源和环境相互协调共进。③

石漠化的治理坚持统一规划、全面治理、先急后缓、分期实施、重点突破的原则。对轻度石漠化和尚未石漠化但潜在危险较大的土地采取预防措施;对严重石漠化的土地实施整治措施;对现存的环境良好地区和已治理的石漠化地区采取保护措施,因地制宜,科学治理。不同地质生态背景的石漠化地区和不同石漠化程度地区,要因地制宜,科学地吸收各国各地经验。在石漠化治理过程中,培植石漠化治理的生态恢复产业。④

---

① 蔡会德等:《广西石漠化治理现状及其分区施策》,载《广西师范学院学报》(自然科学版)2011 年第 3 期。

② 冯汉华、熊育久:《广东岩溶地区石漠化现状及其综合治理措施探讨》,载《中南林业调查规划》2011 年第 1 期。

③ 苏迪:《贵州喀斯特石漠化治理与生态文明建设》,载《安徽农业科学》2012 年第 32 期。

④ 李生等:《喀斯特地区石漠化生态治理与可持续发展》,载《江西农业大学学报》2006 年第 3 期。

（一）制定石漠化治理的规划体系

国家应把石漠化防治纳入国家生态建设框架，编制专门石漠化防治工程规划。以小流域治理为单元，以修复生态、控制水土流失为主线，坚持依法治理、生态优先、分类治理原则，建立健全石漠化治理规划体系。石漠化治理规划体系应该具体包括石漠化治理的总体规划、系列专项规划等若干子规划。[①]

石漠化治理作为一项系统工程，必须从治理水土流失和解决农民群众生产生活问题入手实施综合治理。[②] 搞好石漠化防治工作，依据科学发展观，以科技为先导，以法律为保障，采取以恢复森林植被为主、林草结合的生物措施，辅以工程措施、生态移民、扶贫开发和科技支撑措施等；将经济发展与生态建设结合，遏制石漠化的扩展，促进经济和社会可持续发展。[③] 坚持以防为主、防治并重、生态建设与产业开发相结合的原则，做好石漠化综合治理规划，制订相应的政策和措施，建立健全由各级政府负责、全民参与的治理机制，尽快实施治理。

（二）建立和完善生态补偿机制，制定和完善岩溶地区产业发展优惠政策

建立和完善石漠化岩溶地区生态效益补偿制度，明确生态破坏企业的生态环境责任和义务。制定优惠政策，鼓励各地引进资金、人才和技术，共同参与岩溶地区生态文明建设。建立岩溶石漠化治理的金融支持机制。[④] 石漠化地区多为贫困地区，因此设立专项资金，要加大财政资金投入，完善资金投入长效机制。在加大国家财政资金投入的同时，制定财政、税收优惠政策，鼓励社会资金参与石漠化治理和投资石漠化相关生态恢复产业。

（三）大力发展石漠化防治产业

应以生态经济学为指导推进石漠化治理，凸显产业化石漠化治理。在石漠化的治理过程中，把调整产业机构、协调生态恢复产业的布局，发展生态特色产业，培育和形成生态产业链。[⑤]

鼓励区域内的产业创新，实现产业多样化，使区域内的生态资源高效利用。鼓励发展传统文化产业、手工艺、高效特色农业、生态产业。技术创新是解除区域内

---

① 甘海燕、胡宝清：《石漠化治理存在问题及对策——以广西为例》，载《学术论坛》2016 年第 5 期。

② 张殿发等：《贵州省喀什特地区土地石漠化的内动力作用机制》，载《水土保持通报》2001 年第 4 期。

③ 欧阳昶、邓德明：《湖南岩溶地区石漠化综合治理探讨》，载《湖南林业科技》2007 年第 1 期。

④ 吕大明等：《我国西南地区石漠化生态综合治理典型模式研究》，载《贵州省生态文明建设学术研讨会论文集》2008 年。

⑤ 潘红丽等：《石漠化治理研究进展》，载《四川林业科技》2012 年第 3 期。

粗放经营、浪费生态资源生产生活方式依赖的根本性措施。有效利用土地,在发展产业的同时又保护生态,使得人类经济活动与植被生态系统和谐共存,是石漠化区域产业发展的根本方针。一方面索取与破坏植被的现象要不断减少,另一方面又要使区域经济得到发展,这就要使植被恢复、保持能够带来经济价值。这些植被保护活动本身的价值在于为其他区域的经济发展保持清洁的水源,为其他地区居民提供绿色食品与医药等,具有较强的外部性。因此绿色产业是这些区域着重要强调发展的产业,既有利于这些区域旅游、生态文化产业的发展,也有利于产业多样化与高效化,还有利于整个社会生态的良性循环。目前,在林权确立以后,实行林地的立体开发,在保护森林植被的同时,积极开展林下经济,积极开展绿色旅游与文化产业,是一个非常有远见的选择。但是,这些产业的发展还需要相关的金融与技术政策。经营权与使用权分离状况下的产权界限等方面的政策与制度,需要积极探讨。[①]

① 胡江华:《生态系统动态模型与石漠化治理》,载《生态经济》2013 年第 1 期。

第十九章　退化草场和森林生态恢复产业法制

第一节　退化草地生态恢复产业法制

目前,我国大部分可利用天然草原存在不同程度地退化,而且这种退化趋势还在日趋严重。草原过度放牧和乱采滥挖现象依然存在,导致草原生态环境不断恶化,不仅影响草原畜牧业发展,还会影响到国家生态安全。采取措施,遏制草原生态退化,以实现草原生态良性循环,实现经济、社会和生态环境的统一发展。

一、草地退化及其原因

在外来干扰下,草地生态系统背离正常的逆向演替,以致出现生产力下降、质量下降、生物学性状恶化、土壤理化性状以及动物产出品的下降,这种现象谓之草地退化。草地生态系统发展演化的过程中受到自然和人为因素的干扰导致我国草地生态系统退化。草地退化主要由气候、鼠害、放牧等等诸多因素造成,而过度放牧是最主要的因素。①

引起草地退化的自然原因主要有气候原因、地质灾害、病虫害等。导致草地生态系统退化的人为原因主要有过度放牧、过度开垦、搂草、挖药材等。人们对草原这一生态系统可持续承载力认识欠缺,缺乏与草原生态系统和社会发展相协调的放牧体制,家畜数量的过高发展等不合理放牧是导致草原退化的首要原因;导致草原退化和沙化最重要原因为盲目开垦。严重的人口压力加之单纯对经济发展的追求,草场长期过度利用甚至是掠夺式的利用,从草地生态系统不断输出大量的物质,而对草地生态系统的物质能量输入不足以补偿,造成草地生态系统入不敷出,打破了草地生态系统的平衡,使草地生产力不断下降。

二、退化草地生态恢复产业的现状与问题

目前退化草地生态系统重建和恢复所采取的措施主要是草地封育,补播,建立

---

① 武高林、杜国祯:《草地生态系统退化和生态恢复及可持续发展》,载《中国草学会青年工作委员会学术研讨会中国草业发展论坛论文集》2007 年。

人工、半人工草地,减轻草地放牧,鼠虫害及毒杂草防除,建立自然保护区以及进行综合治理。恢复草地生态系统主要采取改进现存的退化草地和建立新的草地、半人工草地两种方法。恢复草地生态系统的过程中,主要采取的政策和制度有草畜平衡制度、休牧禁牧制度、生态移民制度等。

(一)草畜平衡制度

2005年,农业部通过的《草畜平衡管理办法》。该办法指出我国对草原实行草畜平衡制度,认为:"草畜平衡,是指为保持草原生态系统良性循环,在一定时间内,草原使用者或承包经营者通过草原和其他途径获取的可利用饲草饲料总量与其饲养的牲畜所需的饲草饲料量保持动态平衡。"

草畜平衡制度的实施效果并不尽如人意,草原的牲畜超载和草原退化现象依然比较严重。尽管从长期来看,草畜平衡与牧民生计之间不存在矛盾,但在现实中,推行草畜平衡制度在短期内会对牧民的生活产生负面影响。① 在草畜平衡制度的实施过程中,存在"以畜定草"和"以草定畜"的争论。② 另外在草畜平衡的执行过程中数量上的超载判断过于机械化,容易出现简单化操作的情形,草地的承载力受时空影响大,很难用当年的草原承载力判断当年牲畜是否超载,而且单纯数值上的判断不足以解读草畜平衡这复杂的制度。③

(二)休牧禁牧制度

2002年9月16日,国务院发布《国务院关于加强草原保护与建设的若干意见》(国发〔2002〕19号)提出推行划区轮牧、休牧和禁牧制度。禁牧休牧作为保护和培育生态植被的一种主要方式,虽然取得了比较好的生态效益,也出现了一定的问题。牧区的基础设施建设和技术服务还不能满足禁牧休牧实施的需要。实施禁牧休牧与农牧民增收之间矛盾依然严峻,偷牧现象普遍。虽然已有禁牧休牧的专职执法队伍,但是法律法规不健全、监管体制不完善,导致禁牧休牧中执法与监管不力。

(三)生态移民制度

近几年来,生态移民政策在内蒙古中西部地区广泛推行。生态移民遵循一个共同的原则,就是在禁牧、休牧时期草场需要围封,禁止放牧。政府把牧民转移安

---

① 李青丰:《草畜平衡管理:理想与现实的冲突》,载《内蒙古草业》2005年第2期。

② 杨理、杨持:《草地资源退化与生态系统管理》,载《内蒙古大学学报》(自然科学版)2004年第2期。

③ 李艳波、李文军:《草畜平衡制度为何难以实现"草畜平衡"》,载《中国农业大学学报》(社会科学版)2012年第2期。

置到其他地区安置,鼓励第二产业和第三产业的发展。在以上各项政策中,生态移民政策,政府投资力度最大。

在草地生态移民制度实施过程中,牧民对生态移民政策响应的积极性程度不高,地方政府对于移民后的配套设施的建设滞后。由于生态移民后建设和补偿不足,移民后后续产业政府扶持力度不够,牧民移民对移民政策实施的满意程度低。牧民变相使用草场现象仍然存在,草场的生态压力没有得到有效缓解。

三、退化草地生态恢复产业的发展

(一)保护和治理草原生态系统

我国面积最大陆地生态系统是草原。加强草原保护和合理利用,保护和治理草原生态,在草原推进禁牧、休牧、轮牧,保证草畜平衡实现加强对退化草原的生态治理。目前我国开展的草原生态保护和治理的生态工程主要包括:(1)退牧还草,恢复草原生态,恢复生物多样性。(2)进行开展人工种草、围栏以及草地改良,促进南方草地保护和建设。(3)采取围栏封育、休牧舍饲、草产业基地等措施,对沙化草原进行治理。(4)在防灾减灾方面,首先是草原防火和防治病虫鼠害防治;其次在容易发生灾害的牧区、半牧区,加强建设,提高防灾和减灾能力。(5)建设游牧民房屋、建设牲畜棚圈、建设饲草基地和青稞基地等基础设施,促使游牧民定居。(6)加强对科尔沁草地、甘孜高寒草地等重点地区,草地保护建设。

(二)退化草地生态恢复产业发展的措施

虽然我国推行的对于退化草地的生态治理政策取得了一定的成效,但是草地生态系统恢复的治理还处于初步阶段,退化草地生态恢复产业发展尤其如此。发展退化草地有关的生态恢复产业,摒弃传统粗放的经营方式,根据不同区域和条件,使用多种策略和资源,保护和利用草场资源,发展草原畜牧业和草业,开辟退化草场生态恢复新产业,调整退化草地有关的产业结构。在保证经济发展的同时,促进人民生活水平的不断提高,使农牧民从单纯地依靠畜牧业解决生计变为多途径地发展经济,减轻对草地生态系统的依赖,整体恢复和改善草地生态系统。我国应从以下几个方面推动退化草地生态恢复产业发展。

1. 完善草原家庭承包经营制度

根据2002年《关于加强草原保护和建设的若干意见》,国务院对草原的权属、利用、保护和建设的责、权、利作出了明确的规定。但是如何保证草原管理体制顺畅、管理机构健全,落实草原法制政策仍是草地生态系统恢复的重要保证。我国现行《草原法》第13条第1款规定:"集体所有的草原或者依法确定给集体经济组织使用的国家所有的草原,可以由本集体经济组织内的家庭或者联户承包经营。"

自20世纪80年代以来,我国在草原牧区推行的草原经营制度是以家庭承包制为核心。草地家庭承包明晰草地产权,解决公用草地无序化放牧带来的草地退化问题,避免草地利用的"公地悲剧"和"放牧边界"的问题。① 该制度的推行,使牧民获得长期稳定的对草原的承包经营权,提高了农牧民的积极性,也促进了草原畜牧业及牧区的积极发展。但是由于草原情况的复杂性和多样性,该制度在具体执行过程中,产生了一些负面效果。②

草原联户经营模式是近年来牧民在草地家庭承包制基础上的创新与完善。在草原家庭承包制度的基础上,以血缘或地缘为纽带,多个牧户自愿将所承包的草场进行联合经营,实现生态草原的保护和牧民收入增加的双重目标。③ 这种承包方式有利于实现草地资源的优化配置。这种承包方式取得了比家庭单户承包更高的经济效益和生态效益,成为更多牧民的选择。该种承包模式能够促进草原畜牧业转变生产经营方式,促进规模经济效益的取得,为饲草专业化经营,促进草原畜牧业集约化经营和专业化经营。

推进草地联户承包,应该坚持草地家庭承包制度,确保草地产权制度的稳定性。国家要明确草地承包的原则、目标和具体措施,科学界定草原的属性,完善草原家庭承包管理制度,稳定有序流转草地承包经营权,为草地经营者提供资金支持和金融服务。在推进联户承包的过程中,积极培育和扶持牧民合作经济组织的发展,走"合作经济组织+联户"等产业发展之路,④发展草产业、饲料加工业、畜牧业并使之产业化,实现经济、社会和生态效益的统一。健全产业发展支撑体系,对生态治理、草地改良、人工种草以及草原监测、科研推广生态恢复产业等要加大国家投入力度和资金金融的扶持力度,并使之法制化。

2. 大力发展生态畜牧业

生态畜牧业是以畜禽养殖为中心,同时配置其他相关生态恢复产业,形成配套系统工程体系,有机平衡资源的开发和生态平衡。以生态文明为指导,生态畜牧产业作为战略性新兴产业具备资源消耗低、带动系数大、就业机会多、综合效益好等特征。随着大农业领域的深入发展,生态畜牧业已经逐渐成为战略性新兴产业。将生态种植农业、生态畜牧业和生态化农产品加工业有机结合在一起,用生态文明

---

① 王天雁、哈斯巴根:《民族地区草地家庭承包经营法律制度之检讨》,载《北方民族大学学报》(哲学社会科学版)2012年第3期。

② 田艳丽等:《完善草原家庭承包经营制度——对联户经营模式的思考》,载《乡镇经济》2009年第4期。

③ 同上。

④ 同上。

贯穿生态畜牧业产业链的始终,形成完善的生态恢复产业。生态畜牧业会带动产业链上游种植业发展方式转变,能传导农畜产品加工业向低碳绿色方式转变,会促进消费方式向绿色低碳转变。

结合各地特色,发展生态畜牧业,在草原生态恢复中推进产业化经营。把游牧民定居和发展草原生态畜牧业等相结合,转变传统畜牧业经营方式,推进规模化经营、产业化发展,形成新的生态畜牧业生产新机制。

3. 大力发展生态草产业

草地生态系统的退化主要由于过大的放牧压力造成。建立稳定的草产业基地,提供优质饲草饲料,缓解天然草地的承载压力。保证草地生态系统的经济效益和生态效益的持续发展。推进饲草产业发展,以草促牧。发展草畜一体化,用生态畜牧业带动草产业发展,以草产业进而带动生态畜牧业增长,使得饲草产业、生态畜牧业等相关生态恢复产业共同发展。结合当地特色,积极推进生态草业的创新,探索不同的有效的生态草业发展模式,积极构建草业科技服务平台。建立健全草原生态保护标准,完善草原生态补偿的机制和激励约束机制。

4. 大力发展生态沙产业

1984 年,钱学森首次提出沙产业的概念。目前没有关于沙产业的准确科学的表述。一般认为,沙产业是指利用荒漠、沙地开发经济,实现荒漠和沙地循环的经济运行活动。沙产业可以是利用现代科学技术,形成固化太阳能等生态环保资源以发展战略型、创新型新兴产业。

在我国国家国民经济和社会发展规划中写进沙产业,明确沙产业的地位,研究制定发展沙产业的专项规划,明确优先发展沙产业领域、重点发展沙产业的地区,以及重大示范项目的建设工作。建设沙产业示范化生产基地,推进沙产业的试点和规范化。在财政、金融、税收等方面进行政策倾斜,引导多资金投入沙产业开发和建设。

第二节　退化森林生态恢复产业法制

我国人均森林面积比较少,大概仅到世界平均水平 1/5。我国森林构成中各个林分结构不尽合理,造林环境差,造林难度大。在局部地区,还大量存在乱垦滥占林地问题和森林的粗放型经营问题,森林生态系统退化严重。事实上,在我国,除在东北、天山山脉、西南等地还仅存有少数的原始森林外,其余森林分布地区基本都属于退化森林生态系统的类型。

一、退化森林生态恢复

由于森林管理的目的不同,对森林退化的认识也不尽相同。森林恢复学者则更关注森林退化的过程,强调森林生态系统结构和功能的退化。刘国华等认为"森林退化是指由于人类活动的干扰(如滥砍滥伐、开垦及不合理经营等)或自然因素(如火灾、虫害及大面积塌方等),使原生森林系统遭到破坏,从而使发生逆于其演替方向发展的过程"。①

森林生态系统退化主要表现包括:森林面积减少、林分结构单一、林地土壤质量变差、初级生产力降低、生物多样性减少、生态服务功能下降等。在我国,森林生态系统的已经日渐退化,趋势还在不断加剧。因此,恢复我国退化森林生态系统、保护现存的原始森林生态系统,是改善森林生态系统的关键所在。

二、退化森林生态恢复产业的现状与问题

目前退化森林生态系统重建和恢复所采取的措施主要是封山育林、林分改造、人工造林、抚育间伐。当前,人们对林业资源的索取与林业建设投入不平衡,对林业产业的投入更多侧重为经济利益,生态效益取得较为缓慢。林业发展迅速,但在利用林业产业结合生态文明建设上还存在一些问题。林业栽培的树种集中在少数几个品种,大规模的人工造林,破坏了蕴藏丰富多样性资源的天然林,天然森林被砍伐破坏或片段地改造成人工林,森林生物的多样性进一步下降。林产工业发展落后,单产规模小,产品结构单一,产业聚集尚未形成,林业传统产业结构不合理。森林生态旅游有待进一步开发。

在退化森林生态系统恢复中,主要采取的政策和制度有生态补偿制度、天然林保护制度、退耕还林制度等。

(一)生态补偿制度

森林的生态补偿工作起步较早,国家为此投入比较多的资金支持,成效较为明显。1992年,国务院在《关于1992年经济体制改革要点的通知》中提出"实行森林资源有偿使用,建立林价制度,建立森林生态效益补偿制度";1993年,国务院《关于进一步加强造林绿化工作的通知》中提出"实行征收生态效益补偿费的制度";1993年国家环保局发布的《关于确定国家环保局生态环境补偿费试点的通知》(2002年废止);我国现行《森林法》第8条规定:"国家设立森林生态效益补偿基金,用于提供生态效益的防护林和特种用途林的森林资源、林木的营造、抚育、保护

① 刘国华等:《中国生态退化的主要类型、特征及分布》,载《生态学报》2000年第1期。

和管理。"2001—2004 年为森林生态效益补助资金试点阶段;2004 年我国正式在国家层面成立森林生态效益补偿基金,并出台了《中央森林生态效益补偿基金管理办法》。该办法规定了森林生态补偿标准的确定、补偿基金的发放及其程序。但是在森林生态补偿运行的过程中,仍存在一些明显问题:生态补偿的概念不明确、内涵不清楚、补偿覆盖面不全面、补偿标准总体偏低,补偿资金来源单一,等等。另外,在森林生态补偿机制的建立过程中,利益相关者的参与度不够以及缺乏长效的补偿机制等。由于缺乏统一的归口管理,造成管理上的混乱,原有的生态补偿方面的法规与条例不能再适应形势发展的要求。

(二)天然林保护制度

我国森林资源的重要部分是天然林。在维持生态平衡和保护生物多样性上,天然林作用功不可没,且不可替代。我国已经开始实施天然林保护工程,目的在于遏制森林生态环境恶化,保护森林的生物多样性。

我国林区的产业项目不仅存在重复布局的问题,而且产业结构存在雷同,规模不大,新技术和新生产方式占比较少,所有制以国有为主。调整林区产业结构和产业布局,发展森林生态恢复产业已经成为重中之重。天然林保护工程的资金投入量不够,林区基础设施不完善,工作生活条件依然艰苦,天然林管护站点均处在交通不便的地方,通讯设施不齐备。这些问题给森林管护工作造成了极大的困难。政策不明确,影响社会投资林业的积极性。天然林全面禁止采伐后,今后很长一段时间内都面临商品林采伐限额量少的问题,农户和造林业主很难从木材采伐上获得经济收入,这将导致影响生态保护和造林积极性。由于天然林保护工程主要禁止砍伐,因此短时间内,将影响当地的财政收入,乃至于降低当地人们的生活水平。因此在实施天然林保护工程的同时,必须要帮助当地人们寻找新的经济增长点,增加当地群众的收入,提高生活水平。这也应该作为天然林保护工程的核心重要内容之一。

(三)退耕还林制度

为保护和改善生态环境,对于容易造成水土流失的坡耕地停止耕种,按照实际情况植树造林。退耕还林工程建设包括坡耕地、退耕还林和宜林荒山荒地造林。我国根据退耕还林的面积大小对实施退耕还林工程的地域给予一定的财政和粮食补贴。2002 年 1 月 10 日,国务院西部开发办公室召开退耕还林工作电视电话会议,确定全面启动退耕还林工程。2002 年 4 月,《国务院关于进一步完善退耕还林政策措施的若干意见》。2002 年,国务院通过《退耕还林条例》,标志着退耕还林从此步入了法制化管理轨道。

退耕还林工程比较复杂，牵扯面极广、实施过程中政策性强、国家层面对实施退耕还林标准要求较高，因而实施过程中出现了一些问题。(1)退耕还林要落实到每一家、每一户，实施难度大，有时效果不理想。(2)该工程涉及面广，牵一发而动全身，工程要求规格高，设计环节和层面众多，工程期限较长，容易出现问题。且在多个环节财政投入不足。(3)虽然已有法规明确规定退耕还林中相关违规违法行为的法律责任，但是对退耕户的复耕行为缺乏强制性措施的约束。虽对擅自复耕有行政处罚，由于缺少量化标准，定性定量上不易掌握。

三、退化森林生态恢复产业的发展

林业产业是生态、经济与社会三大效益兼收并蓄的复合产业群体，其优越性充分体现在森林的生物多样性、多种功能与多向利用上。

(一)保护和培育森林生态系统

在发展森林产业时，要充分发挥森林生物基因库的作用，保护天然林；依靠科技进步，开拓新的产业发展领域；改变单一纯林的经营方案，营造混交林，合理规划、科学经营；同时，加快实施生物能源等项目的生态恢复产业的产业化。

保护森林，保护和培育森林生态系统，持续推进天然林保护工程，持续推进国家级公益林管护。在我国国有重点林区调减木材产量，加强森林防火防灾、推进建设森林有害生物防治体系。植树造林，对重点地区的坡耕地实施退耕还林。强化森林经营，加快林木良种化进程。森林生态系统保护和培育重点工程主要包括：(1)加强天然林资源保护，对公益林和后备森林加强培育。(2)进一步继续实施退耕还林工程，巩固退耕还林成果。(3)实施重点林区防护体系建设：着手对“三北”防护林体系建设构建高效防护林体系；对沿海防护林体系，重点加强建设和治理；对长江流域防护林体系，着重调整林系内结构，完善体系；对珠江流域防护林体系，着重增加面积，提高质量；在太行山绿化方面，加强涵养林和水土保持林的建设，加强流域内河流的治理；对于平原绿化，加快村镇绿化建设；对于天山北坡谷地森林植被恢复，重点开展开展人工造林建设。

(二)退化森林生态恢复产业发展的措施

1. 完善林地产权制度，提升林业产业投资环境

明确、稳定和保障林地、林木所有权与使用权是保护、利用和发展林业的基础。按照我国现行法律规定，国家和集体享有森林和林地的所有权，国家、集体或个人均可获得林木的所有权。在坚持森林和林地所有权不变的前提下，允许林地使用权合法流转。根据现行《森林法》第 15 条的规定，下列森林、林木、林地使用权可以

依法转让,也可以依法作价入股或者作为合资、合作造林、经营林木的出资、合作条件,但不得将林地改为非林地:(1)用材林、经济林、薪炭林;(2)用材林、经济林、薪炭林的林地使用权;(3)用材林、经济林、薪炭林的采伐迹地、火烧迹地的林地使用权;(4)国务院规定的其他森林、林木和其他林地使用权。依照上述规定转让、作价入股或者作为合资、合作造林、经营林木的出资、合作条件的,已经取得的林木采伐许可证可以同时转让,同时转让双方都必须遵守本法关于森林、林木采伐和更新造林的规定。除上述规定的情形外,其他森林、林木和其他林地使用权不得转让。通过森林产权制度的确权和流转,明确和协调森林和林地所有者、投资者和经营者的权利、义务和责任,建立健全利益分配机制,以保护和调动林业投资者、经营者、私有林主和林农的利益和积极性,促进林业的发展。

在林业发展的过程中,政府应该加强对林业产业发展的引导和创新,进一步对集体林权制度进行改革,规模经营,创办联办林场、股份合作林场或林业专业合作社,走林业规模集约化经营,发挥国有林业采育场、林场的经营优势,探索有效经营形式,搞活各林业发展有限公司的经营。① 政府应该根据自身特点围绕引资的长期目标和短期目标,制定相关政策,并注意各项政策、法规的配套和一致。进一步健全投资环境政策,制定林业优惠政策和林业税费减免政策。建立和完善森林、林木和林地转让市场,形成多元化投资主体体系,健全森林生态效益补偿机制。

2. 大力发展森林旅游业

森林生态旅游作为一种新兴的旅游形式,正在迅速发展兴起。传统意义上,森林作为木材提供者的功能逐步消退,森林为公众提供休养的功能正在逐步加强。森林生态旅游业是新兴环保生态恢复产业,越来越多的人关注森林生态旅游。森林生态旅游已然成为世界旅游业一重要部分,也为现代林业的重要内容。森林生态旅游要持续发展,应是一种不以牺牲环境为代价,与自然环境相和谐的旅游模式,必须把握适度的开发速度,控制接待人数,增强环境意识;否则,太多的游客会对目的地的环境造成过大的压力,破坏了生态旅游的环境,生态旅游也就不可能持续发展。

开展森林生态旅游,首先应该制定森林生态旅游规划,并把该规划纳入国民经济与社会发展的统一规划中去,统一部署,以森林生态旅游为主业,规划设计要有创意,实现旅游产品的差异化。同时围绕森林生态旅游开发其他森林生态恢复产业。政府必须用立法来加强对森林资源的保护,加强对森林生态系统的保护,加强对森林生态旅游资源开发的指导和管理,做到依法管理,坚持可持续发展。对森林

① 张水生:《对生态文明建设中建阳市林业产业可持续发展的思考》,载《内蒙古林业调查设计》2014 年第 5 期。

生态旅游区进行有效的生态环境保护和森林生态旅游管理是保证生态旅游持续发展的一项重要措施。

3. 建立林业产权体系,促进林业产业结构的调整

林业产业可划分为第一、第二和第三产业。第一产业主要包括育苗、森林培育、森林经营等;第二产业主要包括木材加工、森林采伐与运输等;第三产业服务于第一、第二产业,主要包括木材和林产品流通业、林业服务业和森林旅游业等。林业产业中存在第一、第二、第三产业,林业产业是一个有机联系的整体,推进林业产业可持续发展,调整和优化林业产业结构和布局。从生态文明建设的角度出发,大力调整林业传统产业结构,实现市场林业和现代林业;着力于林业产业各类比例的优化,充分利用森林资源的优势,重视林业的多向利用;发展服务行业,促进森林资源的合理利用,推进产业的升级,实现生态林业产业经济的健康、可持续发展。

4. 改革林业税费制度,改革林业发展的投融资机制

我国目前林业税费不是国家税收,而是游离于财政分配外的林业收费。林业经营部门的税费负担过重,单纯的育林基金已经不足以维持林业再生产,不利于森林资源的生态恢复。改革林业税费制度,把林业税费纳入财政再分配范围之内,对森林生态予以合理的补偿。确定林业税目和税率时,倡导退耕还林、发展人工林、荒山造林等。

除对林业税费制度予以规范之外,还应建立健全林业基金制度,完善森林生态利益补偿机制。确立国家对森林生态恢复财政投入的同时,把森林生态资金的投入纳入财政预算,制定优惠政策,吸引各类投资主体参与。为保证生态林业的发展,本着“谁投资、谁受益”的原则,积极吸引社会资金参与林业生态产业,建立完善多元化的林业投资体系。保证政府投入的逐年增长,改善林业基础设施,提高林业补贴标准。充分利用林业信贷,除了利用政策性贷款外,还要鼓励企业充分利用商业贷款、发行企业债券等筹集资金。有条件的,也可利用国际资金,投资生态林业。

第二十章　农产品产地土壤生态恢复产业法制

第一节　农产品产地土壤生态恢复产业概述

一、农产品产地的概念

2004 年修订的《土地管理法》将土地分为农用地、建设用地和未利用地。农用地是指直接用于农业生产的土地，包括耕地、林地、草地、农田水利用地、养殖水面等。是从土地用途的角度对土地类型做出的划分。《农产品质量安全法》第 2 条中将农产品界定为来源于农业的初级产品，即在农业活动中获得的植物、动物、微生物及其产品，包括种植农产品、畜产品、水产品和林产品。《农产品产地安全管理办法》第 2 条中规定，农产品产地是指植物、动物、微生物及其产品生产的相关区域。学者们在有关农用土壤污染的研究中有的使用农用地土壤，有的使用农产品产地土壤。2012 年以来，在农业部、财政部印发的《全国农产品产地重金属污染防治实施方案》及其他文件中农产品产地土壤反复出现，且该词将农产品与土壤结合起来更能体现其特殊性，体现其与农产品的质量和安全的紧密联系，更能体现土壤防治的目的和意义，更适合作为农业生产要素、农业资源要素和环境要素适用。①

二、农产品产地土壤污染的现状

我国目前农产品产地土壤污染主要来源于工矿业废弃物排放造成的重金属污染，持久性有机污染物，过量施用化肥、农药等带来的化学剂制品污染和农业生产生活污染。随着大量高污染企业向农村转移，使得农产品产地土壤面临着污染的高风险，污水灌溉、污泥施肥造成大面积的土壤污染。土壤中的重金属污染一旦形成很难通过治理消除，即使通过生物修复等手段，也需要一二百年的时间才可能恢复。同时，多环芳烃、有机氯农药、二噁英、多氯联苯等有机污染物由于结构稳定、

① 王伟：《农产品产地土壤污染防治立法研究》，中国法制出版社 2015 年版，第 4 页。

难于降解,通过食物链发生生物蓄积而产生高毒性,具有致癌、致畸和致突变效应。[①] 此外,农民在种田的过程中过量施用化肥、农药,使用不可降解的劣质地膜引发面源污染。多种因素聚集下,使得我国农产品产地土壤受污染的问题相当突出。2014 年《全国土壤污染状况调查公报》显示耕地土壤环境质量堪忧,耕地土壤点位超标率为 19.4%,耕地、林地、草地土壤点位超标率分别为 19.4%、10.0%、10.4%。目前全国受污染耕地约 1.5 亿亩,污水灌溉污染耕地 3250 万亩,固体废弃物堆存占地 200 万亩。[②]

三、农产品产地土壤生态恢复产业的现状与困境

与场地污染相比,农产品产地土壤污染的修复无论在技术上还是产业的发展程度上都处于起步阶段,也面临着更多的困难。一是相对于城市土地污染面积更大、范围更广,污染监测和调查能力不足,难以具体确定各地农产品产地土壤污染的强度。二是缺乏用于污染土壤风险识别的指导值,缺乏污染修复标准等技术规范。三是防治资金需求量大,在资金的筹措上比污染场地更为困难,不像城市土地因为有后期的开发价值而更容易筹措修复资金,修复治理的商业模式尚未形成,修复和治理资金不足,只能在局部较小的范围内展开。四是农产品产地土壤的污染是由许多年积累而成,既有外源污染,也有自身生产的原因,成因较为复杂;找到最初的污染者明确责任主体较为困难,土地的使用者财力薄弱,无力承担土地污染修复的高昂成本。五是农用地污染修复可适用的技术很单薄,大多处于实验阶段,受到资金投入和工程技术方面的限制,目前没有得到大规模的推广;缺乏能够与农业生产同步的农产品产地土壤修复技术。

第二节　农产品产地土壤生态恢复产业法制现状

一、国家层面的立法与政策

我国《环境保护法》第 33 条、《土地管理法》第 35 条均规定,各级人民政府应当采取措施,改良土壤,防治土壤污染、荒漠化、沙化、盐渍化、石漠、地面沉降以及防治水体富营养化、水源枯竭、种源灭绝等生态失调现象。《土地管理法》设立专章规定了耕地保护。《农业法》设立专章规定农业资源与农业环境保护,规定合理

---

① 方堃等:《农产品产地土壤环境主要污染现状及防治研究》,载《研究与探讨》2012 年第 4 期。

② 全国人大常委会法制工作委员会行政室:《中华人民共和国环境保护法解读》,中国法制出版社 2015 年版,第 174 页。

开发可再生能源和清洁能源，发展生态农业。制定农业资源区划，建立农业资源监测制度。确立了农产品生产者对农业投入品包装物的清除、回收义务。2006年《农产品质量安全法》专门规定了农产品产地污染防治和环境保护。农产品产地的生产用水、肥料、农药和农用薄膜的使用应当符合国家规定标准，增加有机肥料的使用。禁止违反法律、法规向农产品产地排放或者倾倒废弃物等有毒有害物质。《水污染防治法》和《固体废物污染环境防治法》规定了农田灌溉的水质标准、农用薄膜的回收利用和畜禽粪便的收集、贮存利用或者处置。上述规定都属于原则性的规定，需要下位法更为详细的规定以保障其实施。在政策方面，2014年中央一号文件提出启动农业资源休养生息试点和重金属污染耕地修复试点，逐步推进农产品产地土壤污染的治理与修复；通过财政奖补、结构调整等措施对污染严重、生态脆弱的受污染耕地逐步改种、治理或退耕；在陡坡耕地、严重沙化耕地、重要水源地逐步实施退耕还林还草；开展湿地生态效益补偿和退耕还湿。[①]

二、行政法规、部门规章

农业部积极推动农业生态环境保护工作，出台的《全国农业环境监测工作条例（试行）》《农产品产地安全管理办法》《基本农田保护条例》规定主管部门应当制定农产品产地污染防治与保护规划，对进入农业环境中的污染物进行经常性监测，建立农产品产地监测安全与评价制度，农产品产地环境安全状况及发展变化年度报告制度，禁止生产区划定和调整制度。规定主管部门应当采取措施，对禁止生产区和不符合产地安全标准的其他农产品生产区进行修复和治理，加强产地污染修复和治理的科学研究、技术推广、宣传培训工作。《水污染防治法实施细则》中规定农业行政主管部门负责对灌溉的水质、灌溉后的土壤及农产品进行定期监测。

三、技术标准

纳入《土壤环境质量标准》（GB 15618—1995）规范的污染指标仅有8项重金属和2种有机氯农药（HCH和DDT）。污染物指标偏少，难以满足土壤污染控制的要求。其中的一级标准根据“七五”土壤环境背景调查数据做了全国“一刀切”的规定，不能反映地区差异，二级、三级标准存在偏严（如镉）和偏宽（如铅）的争议。部分地区土壤环境质量评价与农产品质量评价差异较大。[②] 绿色食品、无公害食品对产地土壤质量的检测指标以《土壤环境质量标准》（GB15618—1995）为依据制

---

① 王学军、龙文静：《我国农产品产地环境安全法规和政策的现状与展望》，载《农业环境科学学报》2014年第4期。

② 环境保护部：《关于〈土壤环境质量标准〉修订思路及有关情况的说明》，载中国环境网：http://zhoushengxian.mep.gov.cn/gkml/hbb/bgth/201603/t20160315_332881.htm，最后访问日期：2017年5月31日。

定的，需要完善。环境保护部2006年起针对现行《土壤环境质量标准》(GB 15618—1995)组织开展了修订工作，经过数次征求意见、修改，2016年3月环保部发布《农用地土壤环境质量标准(第三次征求意见稿)》、《建设用地土壤污染风险筛选指导值(第三次征求意见稿)》和《土壤环境质量评价技术规范(第二次征求意见稿)》，区分农用地土壤和建设用地土壤，分别适用不同的标准，删除现有《土壤环境质量标准》(GB 15618—1995)中的一级标准，调整其中的二级、三级标准，将《农用地土壤环境质量标准》(第三次征求意见稿)作为农用地土壤环境质量评价的筛选值，同时发布《土壤环境质量评价技术规范》(第二次征求意见稿)以规范评价程序、内容，明确两项土壤环境质量评价标准的适用方式。

四、地方法规、行政规章

截至2013年年底，共有21个省、自治区、直辖市制定或修订了农业生态环境保护条例，均对农产品产地土壤污染的防治做出了较大篇幅的规定。如《湖北省农业生态环境保护条例》对农产品产地环境质量实行分类管理，分为农产品产地环境安全区、警戒区和污染区。[①] 2015年，辽宁省、重庆市也分别启动了农业生态环境保护条例的制定与修订工作。同时，为了贯彻《农产品质量安全法》全国14个省和4个省会城市出台了农产品质量安全管理办法(或条例)。[②] 建设重金属污染治理修复示范区和开展禁止生产区划分试点工作，印发了《稻田重金属镉污染防控技术指导意见》和《稻米镉污染超标产区种植结构调整意见》等。[③]

第三节　农产品产地土壤生态恢复产业法制的问题与完善

一、农产品产地土壤环境监测与评价

农产品产地土壤的环境监测与评价是指按照相关技术规范规定的程序和方法，运用物理、化学、生物、遥感技术查找产地土壤污染物的产生原因及排放情况，分析进入土壤中的环境因子对土壤环境、农作物生长和农产品质量安全的影响，分析评价产地土壤环境质量状况及变化趋势，是摸清土壤环境质量状况的基础工作。现有的监测窄，对农产品产地土壤污染的范围、程度和污染物的种类缺乏整体的掌握。对农田灌溉水、基本农田、耕地的监测，散见于《水污染防治法实施细则》《基

---

① 王伟：《比较法视野下农产品产地污染防治立法考究》，载《生态经济》2010年第9期。
② 王伟：《农产品产地土壤污染防治立法研究》，中国法制出版社2015年版，第11页。
③ 《中国耕地重金属污染防治取得新突破》，载《化学分析计量》2015年第1期。

本农田保护条例》《农业法》中，缺少一部全国性的法律、法规系统地规定产地土壤环境监测制度，规范各级监测网络的运转。现有的规定中农产品产地土壤环境监测的主管部门是县级以上农业行政主管部门，对基本农田的环境监测应会同同级环境保护行政主管部门完成。2016 年 5 月国务院印发了《土十条》，提出了控制农业污染的措施，严格土壤重金属污染物的监测，防治非点源扩散。将农用化肥、农药、农业废弃物等纳入随机监测范围。对重点区域农田土壤，开展长期的定期监测，防止污染区域土壤中重金属污染物的非点源扩散。加大土壤污染防治的科技投入，支持土壤环境监测。正在起草的《土壤污染防治法》中应明确农业部门、国土资源部门和环保部门在产地土壤污染防治中的职责分工。建立产地土壤的长期监测、例行监测和协同监测制度。根据不同污染程度的土壤污染，确定监测的频率和频次，将土壤和农作物绑定在一起同步监测，才能更好地发现土壤能否满足生产安全农产品的需要。

二、建立产地土壤监测、风险评估、修复等标准规范

《环境保护法》等上位法中关于环保标准的规定比较原则，缺少专门建设环保标准体系的法律制度。需要在《中华人民共和国土壤污染防治法(草案)》和《土十条》实施中建立覆盖、支持上述标准工作计划的相关法律制度和政策措施。依据《农用地土壤环境质量标准》(第三次征求意见稿)制定适用农用地土壤环境评价技术导则，并与污染场地现有技术导则相互衔接，形成《土壤环境质量评价技术规范》，用于规范各类土壤环境质量评价的技术路线和工作内容。为支撑以上标准的实施，应制订、修订一批土壤环境监测方法标准、土壤环境标准样品、土壤环保基础标准等配套技术标准。在国家、地方两级标准之间，需要结合土壤环境的特点，充分考虑土壤环境的地域差异性、复杂多样性的同时确保土壤污染风险防控的基本原则上的一致性。

三、建立农产品产地土壤风险评估制度

土壤污染的风险管理是基于“污染源——暴露途径——危害受体”技术路线，从土壤污染物含量、增量到不同土壤类型中的污染物的活性，不同用地方式中的污染暴露途径，不同受体可能面临的实际危害，综合评价特定用地类型的土壤污染风险，提出针对性风险防控措施。对于超过土壤污染物筛选值的启动风险评估。目前农用地的土壤风险评估技术导则尚未制定，应以保障农产品质量安全和土壤的生态安全为目标进行风险评估，制定产地污染等级划分规范和推荐评估方法目录，对产地土壤进行等级划分，建立污染风险警示区和禁产区，对列入重度污染农产品禁产区的划定程序予以完善。明确禁产区禁止种植农产品的种类，对于禁产区内

非禁止生产的农产品的安全性进行试验验证，排除污染风险。

四、农产品产地土壤修复与治理制度

产地土壤污染风险经过全面综合评价处于不可接受的水平，则必须采取针对性的修复措施。将土壤污染修复到未受污染影响的初始水平是最理想的状态。但由于土壤污染修复的难度大、成本高，现实的做法是基于风险评估技术路线，甄选合适的风险管控策略，确定合适的土壤修复目标，选择合适的土壤修复技术和成本。不同的地块在这些方面差异较大，难以统一规定标准的修复值，只能基于特定场地的风险评估确定修复值。“超标”农用地土壤的修复目标不是必须将污染物的含量降至地域标准限值，而是根据土壤污染特征和评估结果，采取调理土壤性状、优化种植方式等措施将土壤污染风险控制在可接受的水平。在修复技术上，提倡采取以农艺措施为主的修复技术适用于轻度和中度污染区，修复治理和农业生产同时进行。对于修复治理后，产地土壤的污染源得到消除，安全状况达到生产农产品条件的，应当撤销禁产区。

五、制定生态补偿机制，明晰环境责任分担机制

生态补偿是通过收费调整环境损害主体与环境增益主体之间的利害关系。负有产地土壤生态环境和自然资源保护职责或义务的主体，依照法律规定或合同约定向为产地土壤污染防治付出代价的个人或组织提出补偿活动。生态补偿包括两个方面：一是向环境加害者索赔并实行处罚措施；二是向生态环境的保护者、修复者或牺牲者提供补贴。应制定相应的法规，科学地界定生态补偿的对象、内容、方式和标准。补偿标准应与损失程度相适应，采取“谁破坏、谁补偿”，无法确定破坏来源和破坏主体的情况下，由生态受益者在受益范围内适当补偿；没有受益者则由政府承担补偿费用。按照“谁投资、谁受益”的原则，引导和鼓励社会资金投入农产品产地土壤环境保护和综合治理。

第二十一章　污染场地的生态恢复产业法制

第一节　污染场地生态恢复产业概述

一、“污染场地”的界定

污染场地范畴的应用源自于“棕地”(Brownfield)一词,在环境法规范的架构内处理“棕地”问题,一般对应的概念即为污染场地。世界各国对污染场地的法规范解释虽然在表述上各有不同,但均认可污染场地(Contaminated Site)是因堆积、储存、处理、处置或其他方式(如迁移)承载了有害物质,对人体健康和环境产生危害或具有潜在风险的空间区域。[①] 污染场地主要是工业用地,还包括商业、交通、市政公共设施等用地;主要涉及的是土壤的污染,但不限于土壤,同时不包括农用地的污染。农用地污染与工业用地在污染物来源、修复技术和修复标准上有较大的不同,需要分别研究。

二、污染场地的法规范解释

根据《污染场地术语手册》的界定,污染场地是一个对人体健康和环境产生危害或具有潜在风险的空间区域。首先,这个空间区域不限于场地土壤,还包括场地地下和地表水、场地环境空气、场地废弃污染物等地块内所有构筑物、设施和生物的总和。[②] 环境保护部2016年向社会公开发布《污染地块土壤环境管理办法(征求意见稿)》,将污染场地界定为因从事生产、经营、使用、贮存有毒有害物质,堆放或处置有害废弃物,以及从事矿山开采等活动,土壤及地下水中污染物含量超过国家相关标准,存在人体健康或者生态环境风险的建设用地。该办法突出强调了污染场地为受到污染的土地,但土壤污染能通过地下水、空气流通迁移到距离场地很远的地方,能通过呼吸、皮肤接触等途径对人和动物造成伤害。因此污染场地不应仅仅关注受污染的土壤,而应关注以土壤为媒介引起污染的整个空间区域。

---

① 李发生、颜增光:《污染场地术语手册》,科学出版社2009年版,第7页。

② 参见环境保护部《关于征求国家环境保护标准〈污染场地术语〉(征求意见稿)意见的函》。

其次,污染场地对人类健康的危害包含现实性和可能性两个方面,即应强调危险发生后的补救与修复,也应注重对可能发生的污染风险进行规制,对可能发生的污染风险采取积极的预防手段。美国、英国、荷兰、丹麦、比利时等国对污染场地的界定,均贯彻了风险预防的意识和内容,将其表述为:"已知或疑为""已经引起或可能引起""造成直接的负面影响或可能产生潜在的负面影响"等。[①]《中华人民共和国土壤污染防治法(草案)》将风险防控放在了突出位置并制定了较为系统的制度,比起过去的末端治理理念有了实质性进步。

最后,污染场地的划定需要一定的标准来判定污染是否超出了人体健康和生态环境可接受风险水平。其对环境和人的影响及危害需要一定的风险评估和危害分级制度,并据此确定污染整治的优先顺序和策略。污染场地整治与修复的实现需要完善的标准、先进的技术以及融资、政策法规及监管等方面的制度整体配合。

三、污染场地生态恢复产业的现状

我国目前土壤污染的状况相当严峻,2014 年全国土壤污染调查结果显示:工矿业废弃地环境问题突出,重污染行业、企业,工业遗留场地,固废堆放及处理处置场地,油田,矿区,污灌区,规模化养殖场,交通干线两侧及周边地区成为污染场地的主要集中区域。污染类型上以无机型污染为主,有机型污染次之,复合型污染比重较小。[②] 历史形成的污染场地多数在重新开发利用前未经过环境风险的调查评估程序,就直接用来建设居民住宅或商业用房,对人群健康和生态环境构成严重的潜在威胁。

污染场地的生态恢复是指利用物理、化学、生物的方法,转移、吸收、降解和转化土壤中的污染物,使其浓度降到可接受的水平,或将有毒有害的污染物转化为无害的物质。[③] 随着我国经济和社会的快速发展,"退二进三"政策的落实,大批工业企业的搬迁、关停或改造,留下了许多受污染场地,随着时间的推移对周边的生态环境和公众健康造成的威胁日益凸显,同时也催生了中国的污染场地修复行业。2004 年北京地铁"宋家庄事件"标志着我国重视污染场地修复与再开发的开始。[④]

---

① 秦鹏、李奇伟:《污染场地风险规制与治理转型》,法律出版社 2015 年版,第 14 ~ 20 页。

② 参见 2014 年环境保护部发布的《全国土壤污染状况调查公报》。

③ 徐贻成等:《日本污染土壤修复相关标准简介》,载《再生资源与循环经济》2013 年第 10 期。

④ 2004 年 4 月 28 日,北京宋家庄地铁站施工过程中发生一起工人中毒事件,宋家庄地铁站所在地点原是北京一家农药厂厂址,始建于 20 世纪 70 年代,尽管已搬离多年,但仍有部分有毒有害气体遗留在地下。当挖掘作业到达地下 5 米处时,3 名工人急性中毒,北京市环保局随后开展了场地监测并采取了相关措施,之后污染土壤被挖出运走进行焚烧处理。参见《北京宋家庄地铁站中毒事件》,载新民晚报:http://news. sina. com. cn/o/2013 - 05 - 19/153927166182. shtml,最后访问日期 2017 年 6 月 2 日。

目前,我国土壤污染的修复产业刚刚处于起步阶段。污染场地的土壤污染通常是经济和社会发展过程中长时间的累积超过了土地自有的自净能力而引发的。堆积在土壤中的污染物往往无法直接被观察到,需要通过专业的检验才能发现,甚至会通过土壤的渗透、雨水的冲刷、气流的传播造成地下水、空气等的二次污染。由于其隐蔽性和累积性,人们发现污染源往往要经历很长的时间。污染场地的数量、成因等基础信息不清,修复成本高、周期长、技术难。国内已经实施的污染场地修复工程以异位修复为主,主要采用焚烧、危废填埋等处理处置技术,植物修复、微生物修复等修复技术尚未成熟,较少得到应用,可持续、绿色修复技术研发和应用政策体系亟待建立。许多污染场地的使用企业多次更换,对于污染的责任者难以查明和认定,融资渠道不畅通。我国目前的污染场地的修复与管理无论从技术储备、市场培育还是管理制度方面都处于初级阶段。污染场地的管理体系、技术规范、融资和责任追究机制需要进一步完善。①

第二节　我国污染场地生态恢复产业法制现状

一、国家层面的立法及政策

健全的法律法规是解决污染场地修复问题的基本保障。我国现有的立法中已有一些关于污染场地修复的法律规定,但较为分散,缺乏系统性和可操作性。如我国《宪法》中规定:"合理利用土地和防止土壤污染。"我国《环境保护法》第32条规定,国家加强对土壤的保护,建立和完善相应的调查、监测、评估和修复制度。《大气污染防治法》《水污染防治法》《固体废物污染环境防治法》中提及因废水、废气的排放以及固体废物的不适当处理而对土壤造成污染的防治。在自然保护区、人文遗迹保护的相关法律规定中,附带地提出保护这些区域的土壤。而我国的《土地管理法》及其实施条例中主要侧重耕地的保护,未提及污染场地的污染与修复问题。制定《土壤污染防治法》已经成为学界共识,目前已经形成了《土壤污染防治法(草案)》的征求意见稿,经全国人大环境与资源保护委员会第二十五次全体会议的审议通过,已经对外正式征求意见。草案征求意见稿的主要内容是土壤污染防治的基本管理制度,包括预防和保护、管控和修复、经济措施、监督检查、法制责

① 张红振等:《发达国家污染场地修复技术评估实践及其对中国的启示》,载《环境污染与防治》2012年第2期。

任等。其特色内容是建立“土壤污染防治基金”。[①] 2017 年由全国人大常委会进行一审，一审后将会向社会公开征求意见。2016 年 5 月，国务院印发了《土十条》，提出加快推进土壤环境污染防治立法，健全法规标准体系。在 2016 年年底前，发布《污染地块土壤环境管理办法》（征求意见稿），配合完成《中华人民共和国土壤污染防治法》的起草，到 2020 年，基本建立土壤污染防治法律法规体系。

二、行政法规、部门规章

《水污染防治法实施细则》《土地复垦条例》等仅涉及一些污染场地修复的原则性规定。针对我国污染场地修复方面的法律法规比较分散，缺乏系统性、多原则性规范，缺可实际操作性的规范。土壤风险评估和修复的技术标准不完善，不能满足防治土壤污染特别是污染场地土壤环境管理的实际需要。自 2009 年环保部发布《污染场地土壤环境管理暂行办法（征求意见稿）》，经过数年的修改，于 2016 年形成《污染地块土壤环境管理办法（征求意见稿）》，该办法确定了以下基本制度与措施：一是确立场地环境调查与风险评估制度；二是建立污染场地风险管控制度；三是建立污染地块土壤治理与修复制度；四是建立污染场地档案管理和信息公开制度。

三、环境保护标准

从土壤污染的“防、控、治”一体化管理的角度修订标准。2006 年起针对现行《土壤环境质量标准》（GB 15618—1995）缺少适用建设用地的土壤环境质量评价指标的问题，组织开展了修订工作。2014 年环保部发布《场地环境调查技术导则》（HJ25. 1—2014）、《污染场地环境监测技术导则》（HJ25. 2—2014）、《污染场地风险评估技术导则》（HJ25. 3—2014）和《污染场地土壤修复技术导则》（HJ25. 4—2014）（以下简称《四导则》），为污染场地的调查、风险评估、监测与修复等工作提供技术规程。经过五年广泛地征求意见，于 2014 年 7 月 1 日起实施。2016 年环保部发布《建设用地土壤污染风险筛选指导值》（三次征求意见稿）用于建设用地土壤污染风险的初步评估，筛查建设用地土壤污染可能存在的健康风险，与《四导则》共同构成场地环境保护标准体系。如果建设用地土壤污染物监测含量超过本标准，则应按照 HJ25. 1、HJ25. 2、HJ25. 3，启动和开展场地环境调查和风险评估。

---

① 蒲晓磊：《土壤污染防治法草案已形成，土壤污染防治有望走出碎片化格局》，载法制日报：http://www.goootech.com/topics/72010410/detail-10278295.html，最后访问日期：2017 年 3 月 15 日。

四、地方法规、地方规章

一些省市在《四导则》颁布之前，根据本地区的实际情况，制定污染场地管理和修复法规及技术标准适用于本行政区域，如北京市 2011 年发布了《场地环境风险评价筛选值》适用于北京场地是否受到污染的初步评估。《浙江省固体废物污染环境防治条例》中规定了土壤风险评估、修复制度、土壤环境影响评价制度。《沈阳市污染场地环境治理及修复管理办法》确立的联合监管制度。[①] 此外还有《湖北省土壤污染防治条例》《福建省土壤污染防治办法》等。

第三节　我国污染场地生态恢复产业法制存在的问题

污染场地的修复产业链条主要包括污染场地调查、风险评估、修复技术工程设计和实施、修复技术的研发与应用等。我国目前污染场地的生态恢复产业尚处于起步阶段，市场营收规模较小，在产业法制建设层面存在一系列的突出问题。

一、底数不清，认定程序和风险评估制度有待完善

污染场地底数不清，污染场地认定程序、风险评估制度有待完善。2014 年全国土壤污染状况调查虽然得出了土壤环境质量的宏观情况，但调查的普及面相当有限，无法全面掌握我国污染场地的污染状况。我国自 2013 年才开始全国范围内的土壤污染治理工程，而此前超标点位的工业用地有很多已经成为居住用地。针对当前有居民的污染场地和未重新开发利用的污染场地应形成不同的风险评估流程和技术方法。对于前工业用地用途变更前，必须进行土壤污染调查和风险评估，必要时要进行相应的风险管控或治理、修复，否则不能利用。2016 年《污染地块土壤环境管理办法(征求意见稿)》规定了污染场地土壤环境调查、风险评估、风险管控和治理修复制度。按照“责任者负担原则”，由污染场地责任人承担环境调查、风险评估、风险管控或治理与修复的主体责任。对经环境调查确认受到污染的场地开展风险评估，根据评估结果决定是否开展风险管控或治理、修复。但这些法规目前尚处在征求意见阶段，污染地块的认定程序尚未得以全面实施。此外，2014 年颁布的《污染场地风险评估技术导则》(HJ25. 3—2014)是基于美国的 ASTM-RBCA 技术文件建立的，两国污染场地存在较大的差异性。美国很多的污染场地已经有居民存在了；而中国的污染场地大多属于前工业用地，处于“棕地再开发”

---

① 李静云：《土壤污染防治立法国际经验与中国探索》，中国环境出版社 2013 年版，第 155 页。

阶段,无法像美国一样开展对风评对象所处环境的监测,只能依靠模型预测。在背景状况不同的情况下对其风险评估方法简单套用,往往导致风险控制目标值与真实值相差过大,降低了场地治理与修复的效率。①

二、污染场地责任主体和责任分担不明晰

各个国家对污染责任主体的确定大都坚持"谁污染、谁治理"的原则。2016 年公布的《污染地块土壤环境管理办法(征求意见稿)》中规定:造成地块土壤污染的单位和个人应当首先承担主体责任,只有在其无法认定时,才由污染场地土地使用权人承担主体责任。责任人应当承担污染场地环境调查、风险评估、风险管控或治理与修复的义务。土地使用权已经收回、责任主体灭失或者责任主体不明确的,由所在地的县级人民政府依法承担相关责任。关于污染场地的责任主体在多版征求意见稿中均有提及,但表述各有不同,均未得到最终审议通过。但是该原则在实践操作中面临很大的困难,土壤污染具有累积性、隐蔽性,很多污染事实均经过较长的时间后才被发现,污染行为与损害后果间的因果关系也需要较高的技术手段才能证明。许多国有工业企业由于历史原因不能确定污染责任,污染发生的时间较为久远,土地使用权更迭的历史数据缺失,企业发生变更和消亡时难以确定债务的继承者。② 改制后的企业承担数十年前非其造成的污染责任存在较大的经济困难。场地污染往往是数个企业的持续排污共同累积造成的,责任主体复杂,责任人内部责任分担原则缺乏明晰的可适用性的规定。

三、土壤环境质量评估标准滞后难以应对土壤修复的需求

1995 年颁布的《土壤环境质量标准》(GB 15618—1995)主要用于土壤环境质量的分级和土壤污染程度的评价。但该质量标准仅适用于农用地,规定了农业的三类功能区和 10 项污染物,适用范围有限,内容陈旧。2014 年实施的场地环境保护系列标准,即《四导则》为土壤环境污染的评价提供了依据。2016 年公布的《建设用地土壤污染风险筛选指导值》(三次征求意见稿)明确了作为建设用地土壤环境质量的筛选值,是展开下一步风险评估的警戒线。但土壤环境质量标准中的分级能否与土壤修复中的目标值、筛选值和启动值相对应仍悬而未决。缺乏污染场地环境质量标准的分级和修复目标标准制度。应避免修复标准的模糊性和不确定性,使其能够确认污染场地的类型和特点,划分修复的范围。③

---

① 尧一骏:《我国污染场地治理与风险评估》,载《环境保护》2016 年第 20 卷。

② 王欢欢:《城市历史遗留污染场地治理责任主体之探讨》,载《法学评论》2013 年第 4 期。

③ 王欢欢:《污染土壤修复标准制度探析》,载《法商研究》2016 年第 3 期。

四、污染场地修复缺乏稳定的筹资渠道

污染场地的修复需要耗费巨额的资金,需要专项资金的支持。我国土壤修复产业市场尚处在实验和市场培育阶段,尚无完整的产业发展链,未建立完善的土壤修复产业资金框架,产业资金缺口严重。"污染者付费"制度未建立起来,场地修复责任大多落在了政府的身上,对于国家和地方财政都是较为沉重的负担。"统计表明,政府预算拨款占我国污染场地修复资金来源的54.3%,政府财政拨款和修复企业自筹占21%,责任方企业自筹和其他渠道只占到25%。"[①]现有的政府性基金的主体和来源单一,土壤修复的资金来源、责任主体、运作方式、适用范围等方面亟待制度化,以推动我国土壤修复产业可持续发展。

第四节　域外污染场地生态恢复产业法制的经验

一、美国污染场地生态恢复产业法制

美国的生态恢复行业起步早,体系健全,形成了调查评估、方案设计、工程修复施工、设备制造、药剂研发等健全的产业链条。1980年美国著名的"拉夫运河事件"[②]后,颁布了美国1980年《综合环境反应、赔偿与责任法》(Comprehensive Environmental Response Compensation and Liability Act,CERCLA),又称美国1980年《超级基金法》,该法成为美国污染场地修复与治理的重要法律依据,为美国污染场地生态恢复提供了法治保障。

(一)通过污染场地调查与风险评估,确定国家优先治理污染场地顺序名单

场地开发前应当进行土壤是否存在污染情况的调查和风险评估,通过该程序一旦发现有污染则需要展开下一步的详细调查。由于超级基金的资金有限,为了对污染场地的管理更为科学,让更多的受污染土地得到治理,美国建立了污染场地

---

① 谢辉等:《中国污染场地修复发展回顾建议与美国经验借鉴》,载《环境影响评价》2015年第1期。

② 拉夫运河位于纽约州,靠近尼加拉大瀑布,是一个世纪前为修建水电站挖成的一条运河,20世纪40年代干涸被废弃。1942年,美国一家电化学公司购买了这条大约1000米长的废弃运河,当做垃圾仓库来倾倒大量工业废弃物,持续了11年。1953年,这条充满各种有毒废弃物的运河被公司填埋覆盖好后转赠给当地的教育机构。此后,纽约市政府在这片土地上陆续开发了房地产,盖起了大量的住宅和一所学校。从1977年开始,这里的居民不断发生各种怪病,孕妇流产、儿童夭折、婴儿畸形、癫痫、直肠出血等病症也频频发生。1987年,这里的地面开始渗出含有多种有毒物质的黑色液体,纽约州政府已经花费了4亿美元用于填埋在运河里的有毒废物。李彦虎:《35年后的拉夫运河仍有毒素涌上地面》,载《春城晚报》(数字报纸):http://ccwb.yunnan.cn/html/2013-10/27/content_766803.htm? div=-1,最后访问日期:2017年2月15日。

优先名录制度，即国家优先治理污染场地顺序名单（National Priorities List，NPL），主要依据受污染程度的轻重和修复后的土地用途确定哪些场地需要优先修复。超级基金只支持被列入 NPL 的受污染的土地。主要通过危害排序系统对污染场地进行危险等级评价并进行公示，调查公众意见以决定是否纳入优先名录。此外，各州和各地区可以指定一个本地区最迫切需要修复的污染场地。[①]

（二）责任主体的广泛性和归责原则上的严格责任

CERCLA 设置了美国环境法上最严厉的责任体系。针对污染责任者建立了“严格、连带和溯及既往的责任制度”。首先，在归责原则上，实行严格责任，不论污染者主观上是否有过失，除了法定的免责事由，均要承担责任。免责事由中的第三方责任需要证明与第三人完全没有关系，且已尽相当的注意责任，属于善意购买者，并采取了必要措施方可免责。其次，设置潜在污染责任人承担土壤污染修复费用。只要在土地上从事过生产，不论是否存在事实上的污染行为，环保部门都可以选择一个或者数个潜在责任人承担修复责任。污染场地的所有人和经营人、危险物质产生人或处置安排人、危险物质运输人都属于潜在责任人，在一定条件下贷款人、受托人或者信托人都有可能承担“所有人”责任。[②] 最后，法律责任溯及既往，1980 年之前发生的土壤污染，也可要求潜在责任人承担责任。

严格的责任体系在颁布之初导致许多不知情的中小企业牵涉其中，并承受了不公平的负担，带来了严重的社会负效应。无人愿意开发可能污染的场地，污染场地废弃或闲置，引起了与环境有关工程项目融资的收缩，各行业主体自发创造出各种避险措施。为改变这种状况，美国国会先后在 1997 年通过《纳税人减税法》（Tax Relief Act）、2002 年通过《小规模企业责任减轻与棕地振兴法》（Small Business Liability Relief and Brownfields Revitalization Act），增加信托资金的投入、政府的参与，鼓励公民参与场地修复的决策、治理与评估，强调修复工程中的技术革新，运用税收优惠政策激励私人资本投资开发棕地，规定了若干种豁免中小企业修复责任的情况，形成了比较完善的法律体系和制度保障。

（三）污染场地的修复标准

美国 1996 年《超级基金法》颁布之初，并未制定关于土壤污染的修复标准制度，美国联邦环境保护署曾一度要求土壤修复应达至未被污染的状态。但实践中

① 刘小琼：《我国污染场地修复的法律制度研究》，中国矿业大学经济法 2014 硕士学位论文，第 15 页。

② 李冬梅：《美国 CERCLA 对构建我国土壤污染清理、修复法律责任的启示》，载《长春市委党校学报》2011 年第 6 期。

实现零污染水平在技术和经济成本上不具有现实可行性，且无法准确的判断。后逐渐衍生出了基于风险管理的方式确定土壤修复标准的方法，即场地不同的利用方式下是否会对环境和公众健康造成风险，通过控制污染物的扩散、限制土地的用途和清理污染物等方式将风险控制在可以接受的风险管理水平内。[①] 美国环保局 1996 年颁布了《土壤筛选导则》（American Society for Testing and Materials, ASTM），用于判断污染土壤是否需要进一步启动场地调查与风险评估。并于 2009 年推荐使用区域筛选值和目标修复值，将推荐性标准结合具体场地风险评估再确定具体标准。筛选值用于判定是否启动潜在污染场地生态与健康风险评估，启动风险评估后确定特定场地目标修复的参考值。[②]

（四）生态恢复资金的融资机制

美国 1996 年《超级基金法》设置的污染场地修复基金可用于无法确定责任主体或者责任主体无力采取修复措施情况下的污染场地调查、评估与修复。其资金主要来源于政府拨款、针对特定企业和行业征收的环境税、对污染责任者的处罚和获得的惩罚赔偿金、向污染责任者征收的场地修复成本、基金的利息收入。修复企业还可以向银行申请低息或无息贷款，实行税收优惠政策鼓励社会团体或企业投资污染场地开发，推行环境保险制度转移风险。

二、法国、荷兰污染场地恢复产业中的经验

（一）法国污染场地生态恢复产业法制

法国没有出台专门的土壤污染防治法律，而是在传统的民法、侵权法等法律的基础上以政令、判例的形式不断发展和完善污染场地生态修复法制，并取得了良好的治理效果。建立了污染土地的公共信息管理数据库，用于登记现存的污染土地和已经被修复的土地。发布风险评估方法技术导则，量化污染场地对人、水资源、动植物等的风险指数。在责任承担上，法国的相关法律规定：工业项目的最后一个操作者负有土壤环境修复义务，之前在该片土地上的操作者不再承担修复责任；但在工业活动转让时，前任操作者必须向后任操作者负担土地修复费用。废物的生产者或者持有者的土壤污染清除责任，在没有土地操作者或土地占有者的情况下，废物的处理和清除责任人可以被认定为土地环境修复义务的责任人。法国在民法中明确了工业厂址的操作者和土地所有人承担民事责任的情形。确立了环境修复

① 王欢欢：《污染土壤修复标准制度探析》，载《法商研究》2016 年第 3 期。
② 秦鹏、李奇伟：《污染场地风险规制与治理转型》，法律出版社 2015 年版，第 70～72 页。

的标准是基于未来的利用和工业用途、住宅或商业用途，环境管理者无权要求环境修复责任人承担改变未来用途而增加的环境修复费用。在有责任人承担环境修复费用的情况下，主管机关支付部分的津贴；在没有责任人的情况下或者对于无主土地，由法国国家环境保护部门负责修复。[①]

（二）荷兰污染场地生态恢复产业法制

荷兰是欧洲较早建立土壤污染恢复法律制度的国家，20 世纪 80 年代初，荷兰污染土地的修复主要依赖于政府的投入。1982 年通过的荷兰《土壤保护暂行法案》和荷兰 1985 年《土壤保护法》建立了政府向污染者求偿和受益者不当得利求偿的法律制度。土壤污染修复的责任由污染者扩大至土地所有者和长期承租者，责任的承担不再以过错和因果关系为条件。为避免对土地所有者和长期承租者过分严格，荷兰 1985 年《土壤保护法》第 46 条引入了豁免条款，规定污染发生期间与污染者并无持续的法律关联；未直接或间接地导致污染的发生，且在购买或获得土地财产时并不知晓也不可能知晓情况。该免责条款不适用工业厂址的所有者和承租者。住宅的所有者或长期承租者并不承担修复义务。设立了有限的溯及既往责任，但该责任的适用需要污染者的行为构成法定的严重过失。荷兰的 1985 年《土壤保护法》根据欧盟 2004 年《关于预防和补救环境损害的环境责任指令》（以下简称欧盟 2004 年《环境责任指令》）建立了潜在污染者财务保证制度，担保其将遵守法律的管制，并有能力承担赔偿责任。污染者和潜在责任者可以通过购买环境保险、加入环境基金、签订风险分担协议、获得政府补贴和开展公私合作的方式分担环境修复风险。

第五节　我国污染场地生态恢复产业法制的完善

一、建立污染场地信息数据库和国家优先治理污染场地名录

建立污染场地信息数据库是摸清污染场地基数以及为修复工作开展提供基础数据的前提条件。美国和荷兰均建立了污染场地的信息数据库。我国污染场地底数不清、状况复杂、污染成分种类繁多。2014 年全国土壤污染状况调查，初步确定了全国土壤环境污染的类型、区域分布和程度。但并未建立起针对具体污染地块详细调查情况的登记档案制度，登记描述场地所处区域的水文、地质条件，污染源

① 参见刘静：《预防与修复：荷兰土壤污染法律责任及资金保障机制评析》，载《法学评论》2016 年第 3 期。

状况和污染羽的分布等信息。可供公共管理和公众查阅的污染场地信息共享平台亟须建立。同时，应借鉴美国对污染场地风险等级的评价与公示制度，建立我国的优先治理污染场地名录，对敏感区域和重点类型地进行优先修复处理。

二、明晰污染场地恢复法律责任的归属、划分与归责原则

明确责任主体是确定法律责任和追偿修复资金的基本前提。我国 2016 年向社会公开发布《污染地块土壤环境管理办法（征求意见稿）》已经明确将土壤修复的归责主体界定为土壤污染的责任人或污染场地土地使用权人。规定在责任主体不明确或者无力承担修复的情况下，由政府承担修复费用。但我国目前未规定污染场地责任人的认定程序和认定机构以及对责任人履行责任的监管主体和监管责任。没有确立政府在完成修复后向真正责任主体的追偿机制。美国历史上将任何与污染场地有关联的主体都可能成为 CERCLA 的责任人，牺牲了一定程度的公平，甚至阻碍了污染场地的修复与开发。对此，应借鉴荷兰的有益经验，明确责任主体之间的责任承担顺序，为污染者和土地使用权人限定连带责任的承担条件，体现出排污者和土地使用人作为责任主体的区别与责任的承担顺序。针对不同主体设立不同的归责原则，土壤污染行为人实行严格责任，不论是否有过错，均应承担责任。土地使用人或管理人承担过错责任，仅在有过错的情况下承担连带责任。

三、建立行业准入制、明确修复标准的层次和功能

由于市场不健全、行业标准不严格，生态恢复产业初期一些不科学甚至有危害的修复行为趁机浑水摸鱼。2014 年颁布的《四导则》以技术性规定为主，且未涉及土壤修复的质量标准，必须建立修复行业准入机制，规范市场秩序和行业规则，防止环境产业的潜规则和项目低价竞争现象。[①] 明确土壤修复标准的层次，首先是确定土壤是否为污染土壤，又称筛选值，是初步判断土壤风险的阈值；超过该值时，土壤被界定为污染土壤，应当开展场地调查和风险评估。《建设用地土壤污染风险筛选指导值（三次征求意见稿）》，在确立筛选值标准时增加指导二字，为各地制定、实施地方标准提供参考。但地方标准必须遵守《四导则》中 HJ25. 3—2014 规定的单一污染物致癌风险 10^{-6}、非致癌风险危害商小于 1 风险控制要求。其次，并不是所有的污染土壤都需要启动修复，需要针对该地块的用途、污染物来源、环境受体、修复资金等因素确定启动修复的行动值。最后，土壤修复到何种程度才算清洁，不会再对生活在此地的人群或其他物种造成危害，应明确土壤修复的目标值。

---

① 宋昕等:《中国污染场地修复现状及产业前景分析》，载《土壤》2015 年第 1 期。

四、建立多元的修复模式和融资制度

现有的污染场地修复模式主要包括:谁污染、谁治理模式;对于污染责任主体不明确,具有升值潜力的污染场地,可采用谁受益、谁治理模式;对于修复后作为公益用途的污染场地,在污染责任主体不明确的情况下可采用"政府出资"模式;为解决修复资金问题,可采用垫资修复模式,即先由实施修复的工程公司垫资,项目达到污染场地使用者规定的土地使用质量要求后,由所有者按照合同约定价格及支付条件履约。此外还有修复——开发——移交、修复——开发——拥有、受让——修复——转让等模式。[①] 倡导从污染企业自主治理向第三方治理转变,发展公私合作的 PPP(Public-Private-Partnership)模式。

污染场地的治理也会带来可观的经济效益和社会效益,我国现阶段场地修复的动力主要来源于土地资源再开发利用,政府和开发商成为污染场地修复资金的主要来源。那些开发价值不高、位置偏远地区的污染场地往往很难筹集修复资金。应建立多渠道的筹资体制,形成污染企业、受益者为出资主体,政府社会为辅,保险、信贷、基金等多种经济政策配合的修复模式。借鉴国外的有益经验,建立专项修复基金,明确基金来源和用途,多渠道筹资。健全税收和信贷优惠政策,鼓励污染场地修复产业的发展,借鉴域外成功经验,污染者和潜在责任者可以通过购买环境保险、加入环境基金、签订风险分担协议、获得政府补贴和开展公私合作的方式分担环境修复风险。

---

① 李社锋等:《污染场地土壤修复技术及其产业经营模式分析》,载《环境工程》2013 年第 6 期。

第二十二章　建筑产业发展中的生态恢复产业法制

第一节　城乡规划、建筑产业与生态恢复

一、城乡规划与生态恢复

城乡建设和发展，就必须要确定城市、镇、乡和村庄的规模、性质、发展方向以及布局。只有这样，城乡建设才能健康、有序地发展，这就是城乡规划要解决的问题。因此，城乡建设和管理需要依据城乡规划，土地合理利用和开发需要以城乡规划为基础，政府指导和调控城乡建设发展也需要依据城乡规划。

（一）城乡规划

“公共政策是以政府为主的公共机构，为确保社会朝着政治系统所确定、承诺的正确方向，通过广泛参与的和连续的抉择以及具体实施产生效果的途径，利用公共资源达到解决社会公共问题，平衡、协调社会公共利益目的的公共管理活动过程。”①城乡规划作为公共政策之一，能够为政府协调城市资源、指导城乡建设发展提供重要依据，也能够保障公共安全，维护社会公平和公共利益。公共性特征始终是其发展的主线，城乡规划已经具备其法律地位。

为了实现城市和乡村一定时期内的政治、经济和社会发展目标，用于确定城市和乡村的性质、规模和发展路径及方向而做出的各项安排，即为城乡规划。1961年出版的《辞海试行本》第16分册《工程技术》中对城乡规划表述为“对城市和乡镇的建设发展、建筑和工程建设等所作的规划”。其内容包括“确定城乡发展的性质、规模和用地范围，研究生产企业、居住建筑、道路交通运输、公用和公共文化福利设施以及园林绿化等的建设规模和标准，并加以布置和设计，使城市建设合理、经济、创造方便、卫生、舒适、美观的环境，满足居民工作和生活上的要求”。

城乡规划涉及政治、经济、社会等各个领域，具有全局性和战略性。制定好城乡规划，要按照现代化建设的总体要求，立足当前，面向未来，统筹兼顾，综合布局。

---

① 杨治：《论城乡规划的公共政策属性》，载《科技与企业》2014年第6期。

要处理好局部与整体、近期与长远、需要与可能、经济建设与社会发展、城市建设与环境保护、进行现代化建设与保护历史遗产等一系列关系。城乡规划是以促进城乡经济社会全面协调可持续发展为根本任务、促进土地科学使用为基础、促进人居环境根本改善为目的,涵盖城市和乡村建设的空间布局。根据我国现行《城乡规划法》,城镇体系规划,城市规划,乡、镇、村庄规划均涵盖在城乡规划的范围之中。

(二)城乡生态规划

早在1935年英国生态学家坦斯利提出“生态系统”这一重要的科学概念时,就有人认为这是生态学发展过程中的一个转折期的开始。生态学以生态系统为研究中心,环境和环境科学可以以生态系统为研究基础。所谓生态系统就是在有生命的生物群体、个体内部,生物与无生命环境之间的一个互动系统。生态系统是人们观察世界的正确的出发点,人类生存的环境,无论是生命有机体、自然环境,还是社会组织,都是由无机物和有机体构成的生态系统。我们人类和我们的人居环境也是全球生态系统的一部分,也包含在自然生态系统的循环过程之中。

我国在城市化、工业化的时代发展背景之下,生态规划往往处于弱势地位,并对土地资源的合理利用与城乡的和谐发展提出了严峻挑战,大片的绿地被作为建设用地失去了生态功能;高速路建设中人为地切割了自然生态环境,造成了生态学中生态廊道的破坏而导致生物多样性丧失,逐步紧缩了本不富裕的生态空间。[①]我国传统城市规划是以城市为核心的,在理论基础上依赖于中心地理论、区位论等经济学理论。这种以城市为中心的规划虽然起到了很大的作用,但在实施过程中,生态规划往往有名无实,完全沦为城市总体规划的附属。城乡生态规划是通过城乡规划途径,以生态的角度对现有空间规划理论进行改进,用生态系统的观点布局产业,实现城乡空间资源使用公平、公正,促进城乡可持续发展。

二、建筑产业与生态恢复

建筑产业与生态恢复的关系主要体现在有关绿色建筑的各个方面,既指向建筑本身的绿色,也指向建筑形成过程中的绿色。

(一)绿色建筑的内涵

根据《绿色建筑行动方案》(国办发〔2013〕1号),城市建设和建筑业发展要转变建设与发展方式,大力推进绿色建筑。根据住房城乡建设部《绿色建筑评价标准》(GB/T 50378—2014),绿色建筑是指在建筑物的全寿命期内,最大限度地节约

① 王光军、项文化:《城乡生态规划学》,中国林业出版社2015年版,第120页。

各种资源、促进环境保护和减少污染，高效利用空间，与自然、生态环境和谐共存的建筑。

（二）绿色建筑与生态文明

1987 年，根据联合国世界环境与发展委员会《我们共同的未来》一文，可持续发展，即“既满足当代人的需求，又不对后代人满足其自身需求的能力构成危害的发展”。可持续发展要求人们做出行为选择时，需要平衡本代人间的利益和代际人间的利益。2004 年提出“树立和落实科学发展观”的观点，其核心是以人为本，全面、协调、可持续的发展。

党的十八大报告明确指出，大力推进生态文明建设。坚持节约资源和保护环境的基本国策，坚持节约优先、保护优先、自然恢复为主的方针，着力推进绿色发展、循环发展、低碳发展，形成节约资源和保护环境的空间格局、产业结构、生产方式、生活方式，从源头上扭转生态环境恶化趋势，为人民创造良好生产生活环境，为全球生态安全作出贡献。党的十九大报告进一步指出，建设生态文明是中华民族永续发展的千年大计。推进绿色发展。加快建立绿色生产和消费的法律制度和政策导向，建立健全绿色低碳循环发展的经济体系。构建市场导向的绿色技术创新体系，发展绿色金融，壮大节能环保产业、清洁生产产业、清洁能源产业。推进能源生产和消费革命，构建清洁低碳、安全效的能源体系。推进资源全面节约和循环利用，实施国家节水行动，降低能耗、物耗，实现生产系统和生活系统循环链接。倡导简约适度、绿色低碳的生活方式，反对奢侈浪费和不合理消费，开展创建节约型机关、绿色家庭、绿色学校、绿色社区和绿色出行等行动。

绿色建筑的推广和发展即为可持续发展原则在城乡建设和建筑业发展中的体现，也是建设生态文明的重要措施之一。党的十七届五中全会提出，“面对日趋强化的资源环境约束，要加快构建资源节约、环境友好的生产方式和消费模式，增强可持续发展能力”。发展绿色建筑，就能把绿色、节能和环保理念推向城乡建设、建筑业发展、建筑施工等各个领域，推进建筑业范围的生态文明建设。发展绿色建筑，能有效促进城乡建设和建筑业行业的产业升级，淘汰落后产能，也能带动城乡建设、建筑业等相关绿色产业的发展，促进建筑业行业的内涵式增长，进而调整产业机构和产业布局。

（三）发展绿色建筑

基于人与自然和谐共生理念和建筑全生命周期的理念，发展绿色建筑，维护城乡的生态安全，充分利用各种可再生或环保的能源和资源以及自然条件，综合考虑建筑材料在生产、运输、施工、运行及报废等各个环节的绿色和节能，推进绿色建筑与绿色生态社区同步规划和建设，在促进技术进步的同时，促进产业的发展。

立足于绿色建筑全寿命周期，推动绿色建筑向规模化方向发展，在绿色建筑的土地利用，规划制定、建筑设计和施工、后期运行和拆除等各个阶段渗透绿色建筑的理念。推进绿色建筑相关技术的产业化和住宅产业化，尽快完善绿色建筑相关产业的绿色化和环保化，特别是与绿色建筑相关的新材料和新技术的发展。加快绿色建筑发展过程中，各项可再生资源如太阳能灯在绿色建筑中的应用。在建筑垃圾的处理方面，推进绿色技术和节能技术的利用，促进资源化利用建筑垃圾。

第二节　城乡规划视野中的生态恢复产业法制

城乡规划是按照城乡的性质、规模和条件，确定各个功能区的布局和各要素的布置，为城乡建设的各方面制定措施。城乡规划作为调控城市和乡村建设发展的方式和手段，对生态环境问题产生直接和间接的影响。不合理的城乡规划，导致对自然环境的破坏，加剧了环境污染，使得资源、能源的消耗大幅度增加。因此应该从城乡规划的视角下研究环境保护、污染治理和生态恢复产业。

一、城乡生态规划及相关概念

（一）城市生态规划

城市生态规划是运用系统分析手段、生态经济学知识和各种社会、自然信息、经验，规划、调节和改造城市各种复杂的系统关系，在城市现有的各种有利和不利条件下为寻找扩大效益、减少风险的可行性对策所进行的规划。包括界定问题、辨识组分及其关系、适宜度分析、行为模拟、方案选择、可行性分析、运行跟踪及效果评审等步骤。[①]

基于城市可持续发展，建设生态城市，城市生态系统整体优化，对城市或规划区域内社会、经济、环境复合生态系统进行研究，进而提出城市社会、经济建设、资源合理开发利用和生态环境建设保护目标的总体规划。

（二）土地生态规划

土地生态规划是指从人类生态学的基本思想出发，通过对土地的自然与社会环境在组成、结构功能等的综合分析与评价，以确定土地是否适宜开展相应的工

---

① 沈清基：《论城市规划的生态学化——兼论城市规划与城市生态规划的关系》，载《规划师》2000 年第 3 期。

业、农业、交通、水利、教育及其他各种公共设施建设的人类活动，以及土地对这些活动的承载能力，并由此合理地安排和布局相关区域内工业、农业、交通等各项活动。土地生态规划注重土地自然资源属性及其内在的生态功能，同时综合考虑社会经济发展及各项建设活动的土地需求、土地供给能力。①

（三）生态功能区划

基于生态调查，运用生态系统的理论和方法，解读空间分布中的生态环境，明确区域生态的特征、重要性和空间分布规律，便可以确定区域生态功能分区，并能够为生态环境规划的制定和省域范围内的产业布局提供科学的决策依据。生态功能区的划分，能够有效维护国家生态安全，指导生态保护，有利于自然资源的合理利用和开发，促进产业布局的合理化。

（四）生态城市规划

以生态学的思想指导城市的建设和发展，促进生态城市的建设是未来城市建设的发展方向。生态城市的规划和建设能够综合分配和协调城市的发展与自然资源承受力之间的关系，促进城市的可持续发展。建设低碳生态城市是中共十七大报告提出建设“生态文明”的战略部署，是城市发展的新型模式和社会共识。城市生态文明的高度发展，必然推进生态型城市的建设和发展，生态文明在城市规划和建设中得以充分实现。有计划分步骤地推进生态城市的规划、建设和发展，能够促进绿色低碳行业的发展，促进城市相关产业结构的调整和产业布局的合理化。

二、城乡规划视野中的生态恢复产业法制

（一）城乡生态规划的目标和原则

1. 城乡生态规划的目标

可持续发展是城乡生态规划要实现的目标，实现城乡统筹，维护生态功能的完整性。基于环境容量和承载力，通过对区域生态环境和自然资源条件的全面调查、分析和评价，把生态建设、环境保护、合理利用自然资源有机结合；培育生态景观，诱导和促进生态恢复产业的发展，确保经济、社会与环境保护同步，建设和谐生态区，区域经济、社会、生态三种效益的统一和发展。② 城市规划要注重城乡功能的完善和基础设施的配套建设，加大水路、道路、桥梁、管网、社会服务系统及产业规

① 王光军、项文化：《城乡生态规划学》，中国林业出版社2015年版，第120页。

② 石铁矛、蒋明卓：《现代城市生态规划的基本理论与环境功能》，载《环境保护与循环经济》2008年第3期。

划。乡村建设规划还要体现山区、民居和产业特色。

2. 城乡生态规划的原则

城乡规划工作必须遵循城乡建设和发展的客观规律，立足国情，面对现实，面向未来，因地制宜，统筹兼顾；以经济建设和可持续发展为目标，定位城市和乡村的性质、规模和布局，统筹安排各项基础设施建设；合理和节约利用土地资源；必须坚持先规划后建设，正确处理近期建设与长远发展、局部利益与整体利益、经济发展与环境保护、现代化建设与历史文化保护等关系；必须坚持依法管理，逐步实现城乡规划的法制化。

根据《城乡规划法》，城乡规划的制定、修改和实施，遵循城乡统筹建设、合理城乡布局、节约利用土地、集约化发展，以及规划在前、建设在后的原则，促进生态环境的改善和自然资源的节约与合理利用。保护环境，保护耕地，保护历史文化遗产，保持地方民族特色，维护国防安全，满足防灾和减灾的需要。城乡规划的编制和实施，应当以国民经济和社会发展规划为依据，与土地利用总体规划匹配。

（二）城乡规划中的生态恢复产业法制

以节能和环保为理念，推进新区开发和旧城改造，在制定城乡规划、城镇总体规划、修建性详细规划等规划中，设置包括绿色建筑比例、公共交通、可再生能源利用、再生水利用、生态环保等内容作为相关的指标，在城乡规划和建设项目上一一落实。

1. 积极实施主体功能区战略

主体功能区的形成，需要依据区域间不一的资源环境承载能力、开发强度以及发展方向，统筹人口分布、经济产业布局、规划国土利用和城镇化布局，从而确定区域间不同的主体功能。形成主体功能区，便可确定不同区域间开发方向、开发强度和开发顺序，逐渐形成经济、社会和环境协调发展的国土空间开发格局。

2. 推进绿色生态城区建设

绿色生态城区的建设涉及规划、标准、政策和技术等各个方面。在绿色生态社区建设中推行生态战略，制定绿色生态城区发展的战略规划。根据城镇体系规划、城市总体规划等城乡规划，分别制定有关绿色生态城区、绿色建筑发展的规划，并明确绿色生态城区和绿色建筑发展的目标、方式、控制指标体系及相关措施。建立健全绿色生态城区的建设、监管体制、标准体系、评估指标以及激励模式。立足生态战略的高度，建设绿色生态城区。在绿色生态社区的规划和建造上，加强监管，统筹城乡和产业发展，引导绿色生态城区建设和发展。完善和强化绿色生态城区的监管和评价机制，实施从规划设计到施工验收的全方位监管，完善绿色生态社区的评估指标体系。

3. 大力推进绿色城镇化

根据《国家新型城镇化规划(2014—2020 年)》,城镇化宏观布局的构建需要依据城镇的资源环境承载能力,严格控制特大城市的发展规模,增强中小城市环境承载能力,促进各种规模的城市和小城镇有序协调发展。

城镇空间的合理布局,还要尊重城镇原本的自然格局,保护自然资源和景观资源,传承历史文化,体现不同城镇的特色和风貌,避免“千城一面”。确定不同城镇的开发强度。不同城镇的人口密度,推动城镇化的内涵式发展。在城镇化的过程中,强化节能和环保理念,发展绿色建筑,推进绿色生态城区建设,推进海绵城市建设。

4. 加快美丽乡村建设

进一步完善和强化村庄规划,推进村庄规划的编制和实施,强调村庄规划的覆盖面和执行力。村庄规划要凸显差异性和特色,走不同的发展道路,坚持保护与开发并重、村庄的建设与管理结合,引导城乡一体化发展,解决城乡二元结构的弊病。尊重农民主体能动地位,把美丽乡村建设作为首要实现目标的同时,推进农村经济发展和社会事业发展,让每个村民参与到美丽乡村的建设、规划中。为促进美丽乡村建设,还应加强农村的基础设施建设,综合治理农村环境。在建设美丽乡村的同时,力争培育发展多元化农村新业态,发展农村生态恢复循环农业。

(三)生态恢复中城乡规划的推进措施

1. 完善城乡规划程序

目前,我国的城乡规划还是由精英主导、行政主导,社会各阶层利益和意愿往往并没有在规划中得到充分体现。因而城乡规划的科学性欠缺、可操作性不强。因此,应进一步完善城乡规划的编制、审批、实施程序,使其能更加透明、阳光,为公众参与创造良好的条件,并合理、有效地协调社会各阶层的意愿和利益。就程序而言,城乡规划还应增加、强化环境影响评价这一环节,在城乡规划的制定和实施过程中推进环境影响评价。城乡规划的环境影响评价作为预防和减轻规划实施后可能造成不利环境影响的有效工具,不但可以起到保护环境的作用,而且对规划起着至关重要的制约作用,能够保证规划更加科学、合理、有效。因此,应将环境影响评价纳入城乡规划编制的法定程序当中,审批所有规划时都应考察其环境污染影响。①

2. 城乡统筹规划,完善空间规划体系

城乡统筹规划,乡村的规划和建设活动应一并纳入城乡规划的范畴。不仅仅

---

① 谢涤湘:《生态文明视角下的城乡规划》,载《城市问题》2009 年第 4 期。

在于规划城市，在城乡统筹规划的过程中，建设和形成城乡建设的合理布局；而且同时加强城乡结合地区的建设和规划，对城市边缘化地区和城中村的规划和建设予以足够的重视。将城市规划和乡村规划统一到生态规划的层面上来，在此基础上完善空间规划体系。

3. 加强区域规划编制，形成合理的城市空间布局

在城乡规划中，促进区域间合作，加强区域规划的编制和实施。治理区域间环境污染，需要地域间相邻的城市和乡村联合开展规划的编制和实施。近年来，我国已经编制了相应的区域间规划，如我国珠江三角洲、长江三角洲、京津冀地区，但是实施力度还有待于进一步加强。①

考虑到中国人多地少的现状以及节能减排的要求，我国的城市空间结构要适度紧凑，土地混合利用，发展公共交通。城市空间结构要与生态环境系统相协调规划。在城市自然条件和容量的状态与特征允许时才进行城市空间结构的拓展，城市空间结构应与区域生态环境支持系统有较高的协调程度。

明确空间区划界线，保护生态敏感区要加强城乡的空间区划、空间管制，明确重点建设区、限制建设区、不准建设区等各类空间的界线，加强对生态敏感地区的保护，如山地、河流、湖泊、山塘、湿地以及基本农田等的保护。通过划定城市绿带、绿道、区域绿地、城市增长界线控制城市的蔓延。各类用地的界线应明确，保护措施应得力。

4. 完善城市基础设施和生态基础设施

基础设施具有生态功能，在城市基础设施规划建设过程中增加其生态功能，可以最大限度减少城市化水平提高过程中和区域开发过程中出现的负“效应”现象。② 因此应通过完善基础设施加强对城市环境污染的治理。生态基础设施还包括城市绿地系统，还包含一切能提供上述自然服务的城市绿地系统、林业及农业系统、自然保护地系统，并进一步可以扩展到以自然为背景的文化遗产网络。③

第三节　建筑垃圾处理有关的生态恢复产业法制

建筑行业是耗费巨大资源的产业，与此同时还要产生大量的垃圾，产生资源和能源的巨大浪费，城市环境也被严重污染。我国城市化的过程中，建筑物的拆除，

---

① 何永等：《京津冀区域生态环境问题及其城乡规划对策》，载《城市与区域规划研究》2015 年第 3 期。
② 顾斌：《基础设施生态化研究——以上海崇明东滩为例》，载《城市规划学刊》2006 年第 4 期。
③ 刘海龙等：《生态基础设施概念及其研究进展综述》，载《城市规划》2005 年第 9 期。

也促进的建筑垃圾的逐年增加,破坏了生态环境,影响了城市的建设和发展。

一、建筑垃圾

(一)建筑垃圾的概念

由于建筑垃圾来源不一、建筑垃圾的构成也十分复杂,且常和城市生活垃圾混杂,由此产生了对建筑垃圾的定义不明确。

根据2003年《城市建筑垃圾和工程渣土管理规定》规定,建筑垃圾是指建筑业的相关从业单位主要是建设单位和施工企业,在建筑物、构筑物等建设工程的建造、拆除过程中所产生的包括弃土、弃料等各种废弃物。2005年《城市建筑垃圾管理规定》,进一步补充说明了建筑垃圾,从产生主体、产生建设工程和建筑垃圾的内容上看,与2003年原建设部的规定并无不同。

(二)建筑垃圾处理的相关立法

1995年10月30日通过《固体废物污染环境防治法》,2016年11月对《固体废物污染环境防治法》进行了修改并予以公布。《固体废物污染环境防治法》作为我国城市固体废物处理的根本大法,对建筑垃圾做了专门规定,施工企业有义务及时清运和处置在施工过程中产生的建筑垃圾,防止建筑垃圾污染环境。根据现行《城市市容和环境卫生管理条例》的规定,城市的工程施工现场的材料、机具应当堆放整齐,渣土应当及时清运。

2002年6月29日通过了《清洁生产促进法》,2012年2月对《清洁生产促进法》进行了修改,自2012年7月1日起施行。《清洁生产促进法》规定,建设工程所用的建筑材料、构配件及设备等,必须符合国家标准,有毒、有害物质超出国家标准的建筑材料等不得用于生产、销售和使用。该法试图从源头上控制建筑垃圾的产出。

《城市建筑垃圾管理规定》对建筑垃圾的规定在内容上最为丰富和翔实,同时明显加强了对违规行为的处罚力度。该规定明确提出,建筑垃圾的处置要实行减量化原则、资源化原则和无害化原则,并且秉承产生和承担处置责任主体相一致的原则。在此基础上,国家倡导对建筑垃圾的综合资源化,引导建设单位、施工企业在施工过程中以采用建筑垃圾综合利用产品为优先选择。这是首次提出建筑垃圾综合利用方面的内容,表明了国家对建筑垃圾综合利用的支持政策。

《循环经济促进法》规定,对于建设工程在施工过程中产生的建筑废除,建设单位有进行综合利用的义务。建设单位不能对建筑废物进行综合利用的,应当委托具有相关条件的专门的生产经营者进行综合利用或无害化处理建筑垃圾。这是我国首次强调对施工过程中的建筑垃圾进行处理;但是这只是一个原则上的描述,但没有提出具体惩罚措施。

我国开展资源综合回收利用虽然已经有十多年的历史,但立法主要还是针对建筑垃圾运输、倾倒和填埋过程进行控制,对建筑垃圾产生的源头管理只是做了原则上的说明,也没有强制性措施保障建筑垃圾的综合回收和利用,实践中难以贯彻执行。

二、建筑垃圾治理现状与存在的问题

(一)建筑垃圾治理现状

目前,我国对建筑垃圾的处理方式是少部分建筑垃圾经分类回收再利用,如钢筋、铝合金等,大部分建筑垃圾是未经任何处理直接堆放、填埋或焚烧。这种不恰当的建筑垃圾的处置方式,造成土地被大量占用,建筑资源被浪费,社会环境也被不同程度的污染和破坏。对于看似资源丰富的中国来说,建筑垃圾再生利用在大多数人看来是“以大换小”。所以,拆除或新建建筑物后产生的建筑垃圾大部分未经任何分拣分类处理,直接运往城外郊区等地进行堆放、填埋或焚烧。经处理的仅仅是回收建筑垃圾中的钢材,冶炼再生利用。对于废旧砖的回收再利用和废混凝土的回收再利用的市场未完全打开,所以,建筑垃圾资源化在我国的处置方式单一和落后。①

(二)建筑垃圾治理存在的问题

1. 法律法规不完善

直到20世纪80年代末,我国对建筑垃圾立法工作才陆续开展,原建设部的《城市建筑垃圾管理规定》作为建筑垃圾处理的一个规范性法律文件,总体力度不足。《城市建筑垃圾管理规定》是专门针对建筑垃圾的管理规定,其中也提出建筑垃圾处理的无害化、资源化和减量化的原则。该文件虽然提及了建筑垃圾综合利用,但并未有具体的实施操作方式。我国现行《固体废物污染环境防治法》规定,建设产生固体废物的项目以及建设贮存、利用、处置固体废物的项目,必须依法进行环境影响评价,并遵守国家有关建设项目环境保护管理的规定。工程施工单位应当及时清运工程施工过程中产生的固体废物,并按照环境卫生行政主管部门的规定进行利用或者处置。《固体废物污染环境防治法》也仅仅对施工过程中产生

---

① 张小娟:《国内城市建筑垃圾资源化研究分析》,西安建筑科技大学工程经济与管理专业2013年硕士学位论文。

的固体废物进行了一般性的原则规定，并不具体。所以，建筑垃圾资源化处理和相关管理制度在我国很不完善，相关法律法规不健全。

2. 政府扶持力度不够

在我国，传统上从事建筑垃圾处理的行业为公益性事业，但是政府处理并未从根本上解决我国建筑垃圾现状。尽管如此，在我国，建筑垃圾资源化的处置方式，仍必须在政府的支持下才能进行。我国在建筑垃圾资源化的利用方面也相继出台了一些政策和相关制度性规定，但是囿于操作方式和标准的不完善以及不固定，建筑垃圾资源化利用的优惠政策落实不够，从事建筑垃圾资源化处置的企业往往陷入困境。①

3. 资源化产品缺少相关认证

目前，我国对于建筑垃圾资源化的再生利用技术和设备已经有一定的基础；但是对于建筑垃圾资源化再生产品缺少相关的技术、质量和安全认证，使得房地产开发商、施工企业和社会大众等对其质量安全保持怀疑态度，影响了建筑垃圾资源化产品的供给力度，降低了建筑垃圾资源化再生利用率。

4. 建筑垃圾分类收集程度低

施工企业及个人通常把建筑垃圾随意倾倒，钢筋、塑料混杂，有些建筑垃圾甚至露天堆放，间或与生活垃圾混在一起。环卫部门在回收时，无法进行专门化的分类处理，一般仍是混合收集，加大建筑垃圾资源化和无害化处理的难度。即使有垃圾分类处理的相关垃圾箱，事实上，居民和相关企业也很难按规定操作。只有对垃圾，包括建筑垃圾进行分类处理，如实掌握建筑垃圾的基本成分，方能对其进行治理，找到切实有效的回收利用方法，才能对症下药。

5. 建筑垃圾资源化程度不够

资源化处理是现代对于建筑垃圾最科学的处理方式，我国在建筑垃圾处理资源化利用方面的技术仍然很落后，也缺乏建筑垃圾处理新技术和新工艺的研究开发能力，并且建筑垃圾资源处理的设备也缺少。实践中，相当部分的建筑垃圾经过简单处理甚至没有经过任何处理，就被运到城市边缘区域，直接进行填埋，甚或直接露天搁置，既造成了环境的污染，还浪费了资源。建筑垃圾治理的产业化发展缓慢，企业没有技术支持，也不会主动与高校合作，开发建筑垃圾循环技术应用。建筑垃圾资源化在产业链也不够完善和衔接，从事相关行业的企业少之又少；建筑垃圾治理的价格比普通建材价格高，不易于接受。

① 赵东杰：《我国建筑垃圾资源化利用法律制度研究》，西南政法大学2013年硕士学位论文。

三、建筑垃圾治理中的生态恢复产业发展的措施

(一)推进建筑垃圾资源化利用

根据“谁产生、谁负责”的原则,全面落实并严格执行建筑垃圾处置的责任制,严格按照责任制方式对建筑垃圾进行收集和处理。在国家层面推进建筑垃圾的资源化利用,需要建立健全建筑垃圾的集中处理制度和分级利用体制,推进建筑垃圾处理技术的更新和设备的研发,组织编制建筑垃圾资源化处理的标准和产品标识制度。地方政府层面,设立专门的建筑垃圾集中处理基地,并对本行政区域内建筑垃圾的资源化利用负责。

建筑垃圾资源化利用不仅可以有效地缓解建筑垃圾对环境的污染,也能发挥建筑垃圾的资源化价值,对解决我国资源“瓶颈”问题起着重要作用。目前,我国建筑垃圾资源化利用领域已经存在生产者延伸责任制度、管理制度、公众参与制度等法律制度;但是建筑垃圾资源化利用法律制度体系仍有改进的空间。①

1. 细化建筑垃圾回收制度

建筑垃圾资源化利用的前提是完善的建筑垃圾回收制度。建筑垃圾回收制度包括建筑垃圾从产生阶段到最终处置阶段所实施的分类制度、监测制度、预交费制度等一系列制度。

建筑垃圾的分类制度包括建筑垃圾产生阶段的现场初步分类和建筑垃圾利用阶段的系统分类。明确规定无论建设工程的规模是否达到大型工程程度,建筑垃圾产生单位在建筑垃圾产生后即对建筑垃圾进行初步分类;但建筑垃圾的成分复杂,初步分类无法达到建筑垃圾资源化利用的程度,故建筑垃圾处理场根据建筑垃圾的再利用用途对建筑垃圾进一步分类处理。对可回收进行循环利用的建筑垃圾进行再利用或循环利用,对以目前的科技水平无法进行循环利用的建筑垃圾进行无害化处理后焚烧进行热回收或者填埋等待技术革新后进行再利用、循环利用。②

2. 建筑垃圾监测制度

目前,我国对建筑垃圾未形成系统的监测制度,导致环境行政主管部门不能准确地了解建筑垃圾的产生量和去向。按照建筑垃圾不同类型对其进行跟踪监测,达到准备掌握建筑垃圾处置情况的效果。建设工程的发包方和承包方无论是自行处理还是委托第三方处理建筑废物,必须严格按照建筑垃圾处理的计划进行,以便主管部门对建筑垃圾的去向进行有效的监测。

---

① 赵东杰:《我国建筑垃圾资源化利用法律制度研究》,西南政法大学 2013 年硕士学位论文。

② 孙金颖:《建筑垃圾回收回用政策研究》,中国建筑工业出版社 2015 年版,第 189 页。

3. 建筑垃圾运输管理制度

环境主管部门、市容卫生主管部门、交通部门等主管部门对建筑垃圾运输活动进行联合监管，督促建筑垃圾运输单位按照要求完成建筑垃圾运输活动，准确地将建筑垃圾运至建筑垃圾处理场，避免建筑垃圾在运输过程中的丢弃现象。

4. 建筑垃圾处理场建设制度

建筑垃圾处理场的建设必须符合环境保护的相关规定，进行环境影响评价。通过审核建筑垃圾处理场周边情况的相关资料，结合建筑垃圾处理场可能造成的环境影响，分析和规划建筑垃圾处理场所的选址，对符合条件的选址上报环境主管部门批准。选址得到批准后，建筑垃圾处理场建设时对于临时堆放建筑垃圾的地区采取防渗、收集、导排等措施，防止渗滤液、有害气体等对环境造成污染。在建筑垃圾处理场投入运营后，应对临时堆放建筑垃圾地区的防渗、收集、导排等措施进行实时监控，一旦发现污染情况及时采取措施。

（二）建筑垃圾的全过程管理模式

建筑垃圾的处理是一个复杂的物质、价值的交换过程，包括收集、分类、运输、加工、交易、检查与监控等各环节的协调发展。分类收集建筑垃圾，并使之循环利用，更重要的是要通盘考虑，设计、规划、培育城市建筑垃圾处理的整个产业。建筑垃圾产业涉及回收利用企业、运输企业、拆除分拣企业、建筑施工企业、政府以及科研院所等相关单位，它们之间的相互协作配合形成了建筑垃圾处理的产业链：从生产到消费的垂直供应链，从技术、设备到政府监管的横向协作链。①

建筑垃圾管理有必要引入全过程的建筑垃圾管理模式。所谓全过程管理，就是根据建筑垃圾的产生源→产生过程→回收利用整个阶段来分，用不同的措施来管理建筑垃圾。在建设工程施工过程中，最大限度地利用建筑原材料，使其价值充分发挥，并将其对自然环境的影响降低到尽可能小的程度，从而形成高利用、低排放的新兴建筑模式，保护环境并获取经济利益的最大化。

（三）完善相关法律法规、财政补贴和优惠政策

我国在建筑垃圾资源化方面的立法接近空白，无论是建筑垃圾资源化处理的管理模式，还是相关的管理制度均处于混乱状态，法制化、规范化程度欠缺。因此为建立健全建筑垃圾资源化处理的法律制度，需要进一步制定并完善建筑垃圾资源化处理的法律法规和相关制度，使建筑垃圾的处理也能法制化和规范化。

建筑垃圾处理在我国仅仅处于起步阶段，与建筑垃圾处理的产业化和市场化

① 朱东风：《城市建筑垃圾处理研究》，华南理工大学2010年硕士学位论文。

相差甚远。为促进建筑垃圾资源化处理产业的发展,国家和政府层面需要通过财政补贴和其他相关优惠政策予以激励。这些激励措施包括对建筑垃圾处理的示范工程进行专项财政补贴、建筑垃圾资源化产品利用的财政补贴、建筑垃圾资源化利用项目的财政返还等财政补贴政策。具体包括建筑垃圾资源化利用的税收减免和税收优惠政策,还包括优惠贷款和贷款贴息等金融支持政策等。

(四)引入特许经营模式

根据2002年《关于实行城市生活垃圾处理收费制度、促进垃圾处理产业化的通知》,我国对生活垃圾的处理全面推行收费制度,通过招投标的方式,选择相关企业承担城市的资源化处理。根据2004年原建设部《市政公用事业特许经营管理办法》(建设部令第126号),市政公用事业实施特许经营。这些规范性法律文件的规定,使建筑垃圾处理过程中引进民间投资具备前提条件,以便引导建筑垃圾的资源化处理不再仅仅依靠政府投资,实现建筑垃圾资源化处理的投资主体的多元化,政府引导并支持建筑垃圾资源化处理的产业化,在建筑垃圾处理产业中发展生态恢复产业,调动房地产开发商和建筑施工企业、建筑垃圾资源化企业和社会公众三方的积极性。

(五)建筑垃圾资源化产业化

为保护环境,促进建筑垃圾的循环化利用,并将其转化成可以被重新利用的资源或产品,促进建筑垃圾资源化、产业化利用。在建筑垃圾资源化、产业化过程中,坚持政企分开,政府作为建筑垃圾处理产业运行中的监督者、管理者、协调者及引导者,建筑垃圾资源化企业作为产业运作中的投资经营者,运用一定的技术、经济及管理措施等方式,通过为市场提供服务或产品求得生存和发展,允许社会资金投入到此行业中来,实现建筑垃圾资源化、产业投资主体多元化。①

① 张小娟:《国内城市建筑垃圾资源化研究分析》,西安建筑科技大学工程经济与管理专业2013年硕士学位论文。

第二十三章　废弃矿山生态恢复产业法制

第一节　废弃矿山的生态恢复

一、废弃矿山生态恢复的必要性

经过几十年的高强度开采，我国很多矿山蕴藏的矿产资源已经被开采殆尽成为废弃矿山。而由于在前期的开采过程中未注重矿区生态环境保护和修复，使得绝大多数废弃矿山不但自身几乎沦为废墟，而且因为废弃矿山含有众多的有毒有害物质，这些有毒有害物质给废弃矿区周边的生态环境造成了严重的破坏，如腐蚀土壤、破坏林地，形成采空区等；污染地下水资源并进而危害着矿区附近居民的身体健康；破坏矿区附近的生物多样性和生态平衡等。因此，废弃矿山生态恢复成为我国环境保护和生态恢复工作中的一项重要的内容。

从国内外生态恢复的实践来看，虽然政府负有环境保护的主要职责，但由于资源和能力的限制，政府无法单凭自身的力量完成环境保护和生态恢复的目标，而是应当充分引导和发挥市场的力量。因此市场化和产业化运作应当是生态恢复发展的主要方向，是环境资源保护与经济社会发展体系化的要求，也是生态恢复功能持续性发挥的重要保障。① 从经济发展规律来看，环境保护和生态恢复产业也是后工业时代经济发展的重要引擎和推动力量，也是转变经济增长模式的重要途径。正是基于对经济发展与生态环境保护之间关系的这一科学认识，国务院办公厅于2014 年 12 月 27 日印发《关于推行环境污染第三方治理的意见》。该意见对改革创新治理污染模式作了具体部署，提出要吸引和鼓励民间资本投资环境治理产业，促进环境治理和服务产业的发展。

废弃矿山生态恢复同样可以引入或借鉴“第三方”治理模式，此处的“第三方”是监督管理者和生态环境破坏者之外的主体，它们具有生态恢复和治理污染的人力、技术和运营优势。当然，现在存在的经济收益是它们愿意参与环境治理和生态

① 刘国涛、余晓龙：《马克思主义环境生产理论指导下的生态恢复产业法制研究论纲》，载《贵州师范大学学报》（社会科学版）2012 年第 1 期。

恢复的动力，加上政策和制度的鼓励、引导和保障，使得“第三方”治理模式具有了强大、持续的生命力，具有了产业化、专业化和市场化的条件和优势，成为破解以往因外部性产生的市场化不足难题的突破口。因此，以“环境污染第三方治理”以及相关的上、下游企业的共同发展为集合的治理企业群和恢复企业群就成为生态治理产业。生态环境的公共产品属性决定了矿山生态恢复工作开展的关键是动力和持续性的问题，在国家支持下的“产业法”无疑是破解这一难题的关键所在。围绕废弃矿山生态恢复产业形成与发展制定的具体法律制度是确保废弃矿山生态恢复持续开展的必然要求。在当前形势下，保障、促进、支持性的法律制度将为废弃矿山生态恢复产业发展提供原初动力，是产业法核心制度内容建设的有力支撑，必将成为当前和今后一个时期的重点制度建设领域。①

二、我国废弃矿山生态恢复产业现状

（一）我国废弃矿山的现状与危害

由于观念和技术水平不到位，使得我国在长期的矿山开发过程中重开采而轻环境保护。我国没有矿山生态环境保护和恢复的专门立法，监管机关在实施监管时缺乏明确的法律依据和有力的执法手段。在监管软弱无力和严重滞后的情况下，单纯追求经济利益的采矿企业就完全无视矿区环境保护和生态恢复责任，使我国在矿山开采过程中对生态的破坏和环境污染问题非常严重，尤其是资源开采完毕后形成的废弃矿山更是对环境与生态形成了巨大的危害。

1. 废弃矿山是导致重大环境问题的污染源

废弃矿山对环境的污染最为典型直观的表现是侵占土地、破坏地表的植被、导致土壤退化甚至沙漠化、引起水体污染以及粉尘污染等。如鞍山——被称为新中国的钢铁工业基地，几十年的铁矿石开发在鞍山周围形成了6个尾矿库和30多平方公里的排土场，成为全国最大的尾矿库和排土场。这里如同一个人工形成的巨大戈壁和荒漠，寸草不生，同时也成为鞍山地区最大的粉尘污染来源。废弃尾矿的土壤粒度非常细，因此很容易形成扬尘；尤其在干旱季节，尾矿细粒很容易被风刮起四处传播，所到之处就会污染土壤，并严重影响人类的身体健康。而且尾矿细粒也是产生沙尘暴的重要尘源。此外，尾矿中含有大量的重金属离子、有毒的浮选药剂残留和剥离废石中含硫矿物形成的酸性废水，这些有害物质对矿山及其周围地区的生态破坏和环境污染的影响将会持续几十年甚至上百年。最重要的是我国的

① 刘国涛、余晓龙：《论“环境污染第三方治理”背景下的生态恢复产业法制建设》，载《中国地质大学学报》（社会科学版）2015年第6期。

矿山污染和生态破坏影响的不仅仅是周边地区，甚至可能以“跨境报复”“污染转移”等方式影响其他地区的生态环境，最终给人们带来难以弥补的生态灾难。

2. 废弃矿山占用大量的土地，造成土地资源的严重浪费

我国的大中型矿山数量约为 9000 多座，小型矿山大约有 26 万座。这些矿山在开采过程中和废弃后占用了大量的土地，造成了严重的土地浪费后果。如在采矿过程中占用的土地面积大约有 4 万平方公里，其中废弃尾矿和矿山排土场占用的土地面积在整个矿山用地中占到了 30% ~60%。以我国钢铁工业大省辽宁省为例，辽宁省因矿业开发占用的土地达 2200 多平方公里，破坏土地面积约 500 平方公里。矿山废弃物的堆存和排放不仅占用和破坏了大量宝贵的土地资源，使我国人多地少的矛盾更为突出，而且废弃矿山造成的土地的污染和侵占更是制约了当地社会经济和环境的协调发展并对人类的健康造成严重的危害。

3. 废弃矿山容易引发重大工程与地质灾害

堆存的矿山固体废弃物以及废弃矿山很容易引发次生地质灾害。近几年来我国发生了多起尾矿库溃坝、排土场滑坡以及泥石流等重大工程与地质灾害，造成了巨大的经济损失和社会危害。目前我国较大规模的尾矿库大约有 2500 多座，这些尾矿库在 20 世纪 80 年代以来的三十多年时间里共发生泥石流和溃坝等地质灾害 200 多起。如发生于 1986 年 4 月 30 日的黄梅山铁矿尾矿库溃坝，该溃坝事故冲毁了尾矿库下游 3 平方公里范围内的所有建筑，并掩埋了大片耕地，造成 19 人死亡和 95 人在事故中受伤；发生于 2000 年的广西南丹县大厂镇鸿图选矿厂尾砂坝溃坝，对周围地区的生态环境造成了严重的破坏，并造成几十人失踪和 70 人伤亡，其中死亡人数 28 人；而 2008 年山西襄汾“9·8”尾矿库溃坝事故更是造成 267 人遇难。这些由废弃矿山引发的生态灾害造成了恶劣的社会影响和经济损害，迫使我国政府和社会公众开始关注和反思废弃矿山的生态环境恢复问题。

（二）我国废弃矿山生态修复行业的发展现状与机遇

生态恢复是通过人为干预启动或促进退化生态系统恢复进程的活动，被认为是应对生态退化、改善生态系统服务的有效手段。① 废弃矿山生态恢复作为生态恢复的下位概念指的是对因矿山开采导致退化的矿区生态系统，通过回填表土和重整地形以及恢复植被或其他合适的土地利用方式，恢复其生态平衡的过程。根据恢复生态学的解释，废弃矿山生态恢复包括重建、改建、改造、再植等含义。② 其目的是使遭受破坏的矿山生态环境尽量恢复到破坏之前的状态。

---

① 张琨等：《生态恢复中生态系统服务的演变：趋势、过程与评估》，载《生态学报》2016 年第 20 期。

② 刘星辉：《矿山生态恢复的几个问题初探》，载《国土资源导刊》2012 年第 20 期。

鉴于废弃矿山对环境和经济社会产生的巨大危害,其整治与生态恢复工作已经引起了政府和社会公众的广泛关注。如国家环境保护总局、国土资源部、科技部联合发布《矿山生态环境保护与污染防治技术政策》,该规定明确要求新建矿山应做到在开采的同时进行复垦等环境恢复工作,尤其是对遭受破坏的矿区土地要达到85%以上的复垦率。

政府层面的重视和引导将引起企业和市场对废弃矿山生态恢复产业的广泛关注和参与。根据我国民间机构前瞻产业研究院发布的《2015—2020年中国生态修复行业市场前瞻与投资战略规划分析报告》的调查和预测,目前我国因采矿形成的采空区面积接近140万公顷,占中国所有正在开采的矿区总面积的26%,正在进行的采矿作业侵占或损坏的土地面积约240万公顷,占全国矿区总面积的47%。其中,中国消费的能源中煤炭占了绝大部分,大约占到了70%,世界上的煤矿总数量中中国占了大约一半的份额;而煤矿开采对土地的损毁尤其严重,因此我国矿区塌陷地的形成主要是因采煤形成。以目前矿山土地复垦每平方米100元到200元的综合投资测算,市场规模至少在2万亿元以上,并且在经历十二五期间土壤修复产业和技术积累以及市场萌芽的基础后,随着政府和企业责任的落实,废弃矿山生态修复产业将成为未来几十年我国经济发展的重要推动力量。但与广阔的市场前景形成鲜明对比的是,我国生态恢复产业市场发展极不规范,市场的供给能力根本无法覆盖巨大的社会需求,废弃矿山生态恢复的技术标准和技术规范都缺乏权威而明确的规定。因此,要通过制度化的法律和政策来规范我国废弃矿山生态恢复产业的发展,并通过废弃矿山生态恢复产业的健康发展来促进我国废弃矿山生态环境的改善,从而实现经济社会和生态环境的协调发展。

第二节　我国废弃矿山生态恢复产业法制

一、我国废弃矿山生态恢复产业法制的现状与不足

(一)我国关于废弃矿山生态整治与恢复的法律法规与政策规定

目前我国已经制定了关于矿山生态环境保护和恢复治理的一系列法律法规和政策性性文件,这些法律法规包括《环境保护法》、《矿产资源法》及其实施细则、《土地管理法》、《水法》、《水土保持法》、《矿山地质环境保护规定》、《土地复垦条例》和《地质灾害防治条例》等。然而在过去三十多年的发展中,由于受单纯的经济指标发展模式的影响,我国并未真正重视矿山开发过程中的生态环境保护问题,导致上述法律法规中的矿山生态环境保护的规定应同虚设。直到十八届三中全会

决定提出“建设生态文明”“实行环境治理和生态修复制度”，我们才开始转变原来的发展思路和高能耗的经济发展模式，并日益重视生态环境的保护和修复工作。

作为对十八届三中全会这一理念的体现，2015 年实施的新《环境保护法》第 30 条规定在开发利用自然资源时，应当保护生物多样性和保障生态安全，并应制定有关的生态保护和恢复治理方案并予以实施。该规定为矿产资源的开发主体设定了生态恢复治理的强制性义务。《环境保护法》第 31 条进一步规定我国要建立健全生态补偿制度，国家加大对生态受损地区的财政转移支付力度，地方政府要落实生态保护补偿资金，并确保生态补偿资金真正用于生态保护补偿。国家指导和协调生态受损地区和受益地区通过协商方式或者按照市场规则落实生态保护补偿。

我国在矿山生态环境保护问题上一直都重视土地复垦工作，尤其是耕地保护，并确立了“谁破坏、谁复垦”的原则。如我国的《矿产资源法》作为调整矿产资源探测和开采的专门性立法在其第 32 条规定了矿产资源开发过程中的生态环境保护问题，①除《矿产资源法》之外，我国的《土地管理法》和《土地复垦条例》中也包含有废弃矿山土地复垦和生态恢复整治方面的规定。《土地管理法》第 42 条规定了用地单位或个人因为各种原因破坏土地资源的，应当对破坏的土地进行复垦，土地破坏严重导致无法复垦或者复垦达不到要求的，应向政府有关部门缴纳复垦费用。《土地复垦条例》作为调整土地复垦问题的特别立法，更是详细规定了政府、用地单位和个人对于被破坏的土地进行治理的责任和义务，以及相应的资金来源。

(二)我国废弃矿山生态恢复产业法制的不足

由上文内容可以看出，我国关于废弃矿山生态环境恢复产业的法律法规看起来似乎很完备，多部法律法规都对该问题作了规定，但恰恰是这种多头立法反而影响了法律在实践中的实施。

首先，我国废弃矿山生态恢复法律法规宏观性有余而具体性不足。《环境保护法》和《矿产资源法》以及《土地管理法》等对废弃矿山生态环境治理和恢复的规定仅仅是原则性和宣示性的规定，而现行的《矿山地质环境保护规定》属于部门规章，法源位阶低导致其权威性不足。由于专门的矿山复垦法缺失，矿山开采破坏的土地的复垦只能按照一般的土地复垦要求进行复垦，这导致因矿山开采破坏的土地复垦没有专业的规范，验收标准也比较随意。② 而且关于矿山生态环境恢复所

① 该条规定：开采矿产资源，必须遵守有关环境保护的法律规定，防止污染环境。开采矿产资源，应当节约用地。耕地、草原、林地因采矿受到破坏的，矿山企业应当因地制宜地采取复垦利用、植树种草或者其他利用措施。

② 黄云霞、左宇鹏：《山西矿山环境生态恢复治理问题研究》，载《山西高等学校社会科学学报》2016 年第 9 期。

需要的资金来源、技术标准以及政府监管部门的具体职责等缺少具体的规范,法律规则具体性不足导致实践中废弃矿山生态恢复责任的落实不到位。

其次,涉及废弃矿山生态恢复的不同法律法规缺乏有效的衔接和协调机制。关于废弃矿山生态恢复涉及国土资源管理部门、环保部门、水利部门以及林业部门等多个政府机构的职责,同一问题由不同的政府机构负责,容易导致相互推诿和扯皮,并且难以形成有效的责任追究机制。这种分散而凌乱的规定导致执行过程中的主体不明和责任不清,无论是作为执法者的相关政府部门还是矿山开采企业,面对数量如此众多的法律法规和规章以及其他政策性文件,还有各级政府及其职能部门发布的各种决定和通知,往往不知如何适用这些不同的甚至相互矛盾的规范。这种法律规范的混乱状态使法律对实践的调整和指导作用几乎消失殆尽,法律规范的功能在社会生活中被架空。

最后,我国现行关于废弃矿山生态恢复的法律法规多以预防性立法为主,有关破坏后的恢复整治立法却比较薄弱。事实上,"预防性"立法与措施并不能完全防止人类活动对生态环境的破坏,因此无法从根本上解决生态环境的破坏和退化问题。况且有些生态环境的破坏是我们无法预知和预防的,如因自然灾害引发的生态环境破坏只能在事后进行恢复整治。由于废弃矿山生态恢复的补偿性立法和惩戒性立法不足,导致实践中的采矿者疏于履行自己的生态恢复责任以及矿山生态环境监管部门疏于履行自己的监管职责。

总之,由于我国缺少关于废弃矿山生态恢复方面的专门性立法,而现有的立法规定过于宏观和原则,导致针对性和操作性缺失,并且分散的立法之间缺乏有效的衔接和协调机制;更重要的是立法思想仍停留在以土地利用为目的的层面,缺乏系统性和全局性,没有充分尊重生态规律,忽视了生物多样性的保育和维持生态系统的复原。这种立法状况严重地制约着我国生态环境恢复整治在环保实践层面的实施。所以加强此方面的立法是基本的,但却是强有力的保障。①

二、国外关于废弃矿山生态恢复的立法经验

环境法治发达国家除了有一般性环境保护法外,还制定了关于废弃矿山生态恢复与保护的专门法律。这些专门性立法针对矿山生态恢复的特殊性对矿山的开采和环境保护制定了专门的规则,在很大程度上提高了矿山生态保护立法的有效性。

① 许利娟:《生态恢复整治若干法律问题探析》,载《邢台学院学报》2016年第3期。

（一）美国的立法经验

美国的环保立法和实践一直走在世界的前列，在矿山生态恢复方面同样也是世界上最早开展的国家之一。如今，生态恢复已经成为美国矿产资源开发中不可分割的一部分。作为联邦制国家的典型，美国的矿山生态恢复立法最早是从各个州开始的，但由于不同的州关于矿山生态恢复立法存在差异，导致实践中出现了很多争议。为了解决这一差异，美国国会于 1977 年通过了《露天采矿管理与复垦法》，该法由于是联邦立法，因此适用于美国全境的矿区环境保护和生态恢复。该法的最大贡献在于设立了完备具体的矿山生态恢复保证金制度，并确立了“谁破坏、谁治理”的原则，该法还规定了严格的矿山开采许可制度和矿区生态恢复技术标准。

根据《露天采矿管理与复垦法》的规定，采矿企业要取得政府的开矿许可证才能对特定矿区进行开采。采矿许可证的申请者在申请时应当根据联邦政府和州政府的要求编制矿山生态修复方案和计划，该修复方案要详细说明开采前的矿山地质环境条件和土地利用方式，采矿过程中开采后土地恢复欲达到的效果，以及矿山生态恢复后的土地利用方式等。该生态恢复方案被审核通过后，申请人才能得到政府颁发的采矿许可证。获得采矿许可证的申请人还应缴纳矿山生态恢复保证金，该保证金数额不仅要大于生态恢复所需成本，而且必须等矿山生态恢复了植被后才能返还给业主。因此即便采矿企业在开采过程中破产倒闭或由于其他原因导致开矿企业对矿区的生态恢复没有达到特定的要求的话，政府可以用其事先缴纳的生态恢复保证金来委托专业机构进行矿山生态恢复。缴纳矿山生态恢复保证金的另一个作用是提高了采矿企业的门槛，将那些不具备矿山生态恢复能力的采矿企业拒之门外。而且在采矿过程中或结束后，如果采矿人无法完成矿山生态恢复的话，该笔保证金将被没收。这种制度有效地保障了采矿过程中的生态环境安全。对于该法实施之前已经被破坏的矿山则由政府专门设立的废弃矿山生态恢复基金提供治理资金。废弃矿山生态恢复基金的来源主要包括对正在生产的矿山企业征收的恢复治理费、生态恢复后的矿山土地的土地使用费，此外还包括社会的捐款以及其他补偿费及基金的利息和投资收益。《露天采矿管理与复垦法》还规定了严格的政府执法机制，授权政府执法人员检查各地的煤炭开采企业，执法人员可以对违规企业发出“违法通知”，要求企业限期改正违法违规行为，并可对违规企业进行罚款，甚至下达关停命令等。①

为进一步筹集包括废弃矿山环境治理在内的生态环境治理资金，美国国会又

① 张成梁、B. Larry Li：《美国煤矿废弃地的生态修复》，载《生态学报》2011 年第 1 期。

于1980年通过了《综合环境反应、赔偿和责任法》，该法又被称为《超级基金法》，其主旨是设立环境治理基金以应对由于人类的生产活动可能造成的大规模的生态环境损害。年收入超过200万美元的企业交纳的联邦普通税、附加税、基金本身产生的收益以及向污染责任人追偿的费用构成了超级基金的主要资金来源。在此后的三十多年时间里，政府利用该基金对1亿多立方米的有害土壤和废弃物进行了治理，将3400多亿加仑的有害液体和地下水治理转化成清洁的饮用水。

(二)其他国家关于废弃矿山生态恢复的立法经验

澳大利亚是一个矿业大国，其关于废弃矿山生态恢复治理方面的经验同样处于世界领先水平。其原因不仅得益于先进的技术和充足的资金支持，更与其完备的矿山生态恢复法律制度密切相关。澳大利亚在1996年颁布了《澳大利亚矿山环境管理规范》，该法规定了类似于美国的矿山环境保证金制度，要求矿山企业每年向政府主管部门提交环境执行报告书，而且设立了专门的矿山监察员对矿山环境进行巡回检查等。除该法外，澳大利亚1999年制定的《联邦环境和生物多样性保护法》规定，矿山企业申请开矿时的环境影响评价中必须包含废弃矿山的环境恢复要求，废弃矿山的生态恢复要经过开采前的规划、开采过程中的全程监控以及生态恢复验收等程序，形成了对矿山生态恢复的全程监督，从而确保矿业公司能真正履行其环境恢复的责任，并实现了“边开采、边恢复”。

除澳大利亚外，其他环境法制发达国家如英国和德国同样对废弃矿山生态恢复制定了完善的立法。英国1995年通过的《环境法》规定了专门一编对污染土地和废弃矿山的环境治理和生态恢复问题进行了规定；德国甚至制定了专门了《矿山还原法》，要求因矿山开发被破坏的土地(包括农田和草地等)必须还原再造，以恢复原来的自然景观。该法对矿山土地恢复规定了明确的方法和步骤：在开采时要将矿山表层土壤按照剥离的先后顺序进行堆放；土壤恢复时，先回填底土和无害垃圾，然后再按顺序回填剥离的矿山表层土壤。土地还原后的第一年种绿肥，第二年种甜菜，到第三年开始种植粮食作物，到第五年土地充分熟化后，采矿企业才把土地交给农民进行耕种。

三、我国废弃矿山生态恢复产业法制的完善

中央政府已经充分认识到包括矿山生态恢复在内的生态环境保护和立法的重要性，并进行了相应的顶层制度设计。2015年9月21日，中共中央、国务院印发了《生态文明体制改革总体方案》，方案明确提出要完善矿山生态地质环境保护和土地复垦制度，建立完善的矿山生态补偿机制。2016年5月28日国务院发布的《土十条》被称为“史上最严”的土壤保护规定，该规定明确指出要加快推进土壤保护

的立法进程，对历史遗留的尾矿库进行全面整治，包括完善覆膜、排洪、压土和堤坝加固等隐患治理和闭库措施。重点监管尾矿库的生态恢复情况，采矿企业要进行环境风险评估，完善污染治理方案和设施，储备应对环境污染的应急物资。要加强对矿产资源开发过程中的辐射安全监管，采矿企业每年应对矿区土壤进行辐射环境与安全监测。中央政府的上述制度设计为我国废弃矿山生态恢复产业法制的完善提供了指引和方向。我国应当针对现行法律法规的不足，在借鉴其他国家先进立法经验的基础上，从如下几个方面来完善我国废弃矿山生态恢复产业法制。

（一）制定专门的矿山生态环境保护立法

废弃矿山生态恢复产业可持续发展的基本保障在于完善的法律制度。这里所指的法律制度既包括中央立法机关制定的也包括地方立法机关制定的与生态环境密切相关的矿产资源开发法律、法规、规章以及技术规范等。我国虽然已经颁布了一系列环境保护的法律规范，但关于矿山环境保护和生态恢复的规定分散于不同层级的法律法规中。这些不同的法律法规具有不同的执法机构，导致对于同一问题政出多门且缺少必要的协调机制。而矿山环境保护和废弃矿山生态恢复具有不同于其他环境问题的特殊性，因此需要针对性更强的专门立法。我国应在整合现有的相关法律法规基础上，充分借鉴美国、德国、英国和澳大利亚等国先进的立法经验，并结合我国一些地区出台的关于废弃矿山生态治理的比较成熟的地方性法规，制定出台关于矿山环境保护和生态恢复的专门性立法。该法律应当对矿山环境影响评估制度、矿山生态保证金制度以及环境修复基金制度作出明确具体的规定之外，还应对有关矿产资源开发过程中的技术标准，如对选矿设计、开采储量、开采设计和矿山废弃物处理标准等作出明确的规定，并对矿山企业的开采回收率、采矿贫化率和选矿回收率的设计标准作出规范。这样能确保从源头上减少矿产资源开发对环境的破坏。①

（二）建立完善的矿山生态环境补偿制度

矿山生态环境补偿制度是按照“谁破坏、谁恢复，谁受益、谁付费”的原则，要求对矿山生态环境产生破坏或不良影响的矿山开发企业对矿山环境污染和生态破坏进行补偿，补偿资金用于修复矿山开采过程中造成的生态环境损坏。我国《环境保护法》已经确立了“污染者付费、利用者补偿、开发者保护、破坏者恢复”的原则，而且针对废弃矿山的生态恢复问题，《矿产资源法》《水土保持法》《土地复垦条例》

---

① 邵天一、沈伟志：《矿产资源开发生态恢复和可持续发展政策构建》，载《中国国土资源经济》2006 年第 2 期。

也都规定了“谁破坏、谁复垦”的原则。[①] 这些法律法规虽然基本明确了矿山生态环境恢复补偿的主体，但是对补偿数额的确定和征收以及补偿资金的使用都没有具体的规则。我国应当借鉴发达国家尤其是美国废弃矿山生态恢复的立法经验，构建完善的矿山生态环境保证金制度和矿山环境恢复基金制度。

1. 构建完备的矿山生态环境保证金制度

矿山生态环境保证金制度是指采矿企业在取得采矿许可证之前，必须先缴纳一定数额的现金或其他资产（如有价证券等）作为其恢复矿山生态环境的担保。采矿企业按照规定的要求和技术标准对矿山地质环境进行恢复治理并达到要求后，主管的政府部门将向其返还保证金及利息；否则，该笔保证金将被没收并转变为矿山生态环境恢复基金，由政府主管部门用这笔资金来开展矿山生态环境恢复治理工作。矿山生态环境保证金制度能够利用经济手段调动采矿者采取积极措施防止污染的积极性，能够有效地激励采矿企业在生产过程中采用环保技术和手段，并避免采矿过程中可能造成的生态环境损害。

当前，我国关于矿山生态恢复保证金制度的法律依据仅仅存在于国家的政策性文件、财政部和国土资源部的部门规章、各个省区的地方性法规以及地方政府规章，立法层级低；而且对于保证金数额的确定、征缴、返还以及使用等问题各个地方存在很大的差异和冲突。我国应当由国务院牵头国土资源部和环保部制定专门的矿山环境恢复保证金行政法规，该法规应当明确规定征缴矿山环境恢复保证金的原则、数额的确定、负责征缴的政府主管部门、返还的标准和程序以及没收等具体内容。这既可以解决矿山环境恢复保证金制度的立法层级低的问题，又解决了现有的不同规定和不同省份之间关于矿山生态环境保证金制度之间存在的冲突。

2. 建立矿山环境恢复基金

我国由于之前对矿山环境保护的不重视和法律规范的缺失，导致现在很多遭到破坏的废弃矿山生态恢复处于无人负责的状态；而环境保护所具有的公共产品属性要求政府应当承担这类废弃矿山的生态恢复责任，因此恢复这些废弃矿山地质环境所需要的治理资金应主要来源于政府财政。我国可以借鉴美国的做法，设立矿山环境恢复基金，基金除来源于被没收的矿山生态环境保证金外，还应包括对矿山开发企业征收的资源税、排污费和矿产资源补偿费等；尤其是矿山资源补偿费。目前我国征收的矿产资源补偿费主要被用于进行新的矿产资源的勘探，用于矿山环境保护和废弃矿山生态恢复方面的资金非常少，而且返还到资源开采地的矿山资源补偿费比例也非常低。[②] 应当从矿山资源补偿费中提取更高的比例用于

---

① 尚睿：《我国矿山生态恢复法律制度的完善》，昆明理工大学 2014 年硕士学位论文，第 23 页。

② 黎元生、胡熠：《矿产资源开发与生态恢复补偿机制构建》，载《中国国土资源经济》2008 年第 8 期。

废弃矿山生态恢复基金。

(三)研究出台具体的矿山生态恢复标准和技术规范

研究出台适合我国国情的废弃矿山生态恢复标准,使矿山生态恢复有章可循,是保障我国废弃矿山生态恢复产业健康发展的关键。废弃矿山生态恢复标准的制定是矿山生态恢复工作开展的前提,也是矿山生态恢复制度功能发挥的基础。当前,在我国矿山生态恢复的制度层面,相应的标准体系建设还很不成熟,严重制约了废弃矿山生态恢复工作的向前发展。因此,应当着力研究并出台适合我国需要的废弃矿山生态恢复标准体系。具体而言,就是对我国现有废弃矿山生态恢复的各方面情况进行科学的评估和量化,在此基础上通过规范的途径进行标准的分类和定位;尤其是要结合各类生态系统的特点、功能用途以及遭受污染和破坏的程度进行标准的合理制定,避免标准制定得过高或过低。在标准的制定过程中,有两点尤为值得注意:一是标准要明确,宜细不宜粗,应当成体系,标准要具有明确性,便于实践操作,而且要照顾到某一领域生态恢复与其他领域生态恢复的关系,形成有机的体系;二是标准要科学,要体现矿山生态的功能恢复性。矿山生态恢复不仅包括结构上和视觉上的恢复,更重要的是生态功能的恢复,在标准的制定上应当体现这种科学化的依据,以满足具体领域恢复成果验收的要求和资源后续利用的需要。①

(四)建立稳定的多元投入体系

矿山生态恢复产业的发展除了需要完备的法律与政策保障外,还需要大量的资金投入。由于历史原因,我国之前在矿产开采的过程中很少有配套的复垦计划和生态恢复措施,这就为后续的废弃矿山生态恢复带来极大困难。因此需要投入更大的资金。我国目前存在的大量废弃矿山,它的生态恢复和可持续发展所需资金既不能靠政府财政解决,也无法完全靠市场化运作实现。我国《"十三五"环境保护与生态建设规划》提出要加大政府对环保事业的财政投入,发挥政府在生态环保投资中的核心作用。同时按照市场经济规律,建立多元化的投融资机制,积极引进外资,积极引导和鼓励社会资金投入废弃矿山生态恢复产业,建立稳定、可靠的多元投入体系,从资金上保证废弃矿山生态恢复产业的发展。

首先,中央和地方财政以及矿山开采企业支付的费用构成了我国矿山环境恢复治理所需的主要资金来源;但这种资金筹集模式在很大程度上加重了政府和企

① 刘国涛、余晓龙:《论"环境污染第三方治理"背景下的生态恢复产业法制建设》,载《中国地质大学学报》(社会科学版)2015年第6期。

业的负担。而且由于受技术和专业水平等因素的制约，很多矿山企业根本不具备矿山生态环境恢复治理的能力，强制要求矿山企业自身具备这一能力经常会造成环境治理设施的重复投资和重复建设，既提高了矿山开发企业的生产成本，又达不到理想的生态环境治理的效果。解决的思路是走矿山环境治理产业化的路子。

其次，政府应当出台优惠措施以扶持废弃矿山生态恢复产业的发展。如采取财政补贴、税收减免和信贷支持等优惠和扶持政策，以废弃矿山资源的二次利用以及生态环境恢复后的矿山土地使用权等作为回报；根据“谁恢复、谁使用、谁受益”的原则，鼓励具备相应专业技术能力的环保企业或其他组织进行矿山生态环境的治理和恢复，进行产业化运营。废弃矿山生态恢复的产业化经营不仅能够显著降低环境治理的成本，并能有效地提高生态环境治理的效果。而且随着矿山生态环境治理产业化进程的发展和成熟，矿山生态环境恢复与治理也会成为一项新兴的盈利产业，并成为拉动我国经济发展的新的增长点。

最后，充分利用资本市场的功能，鼓励和支持具备矿山生态恢复技术和能力的环保企业上市融资，或以发行债券等方式从资本市场融资；政府可以通过信贷贴息的方式帮助环保企业从银行或其他金融机构融资，从而多渠道筹集矿山生态治理产业发展所需的资金，建立矿山地质环境治理产业的多元化市场融资机制。①

（五）完善废弃矿山生态恢复监管制度

废弃矿山生态恢复产业的发展需要政府的鼓励和引导，其良性发展更需要政府的监督。因此应当建立具有强制性的监管制度，确保矿山生态环境保护和恢复中的企业和政府责任的落实。我国在过去多年的环保责任落实不到位的根源就在于环境监管部门没有被赋予强有力的手段和机制去履行自己的监管职责，面对地方政府追求经济增长和财政收入的迫切需求，未被赋予强有力职权的环保部门只能充当“无牙的老虎”，无法对其他政府部门单纯追求经济指标的冲动进行有力的遏制。因此，要建立具有高度约束力的环境和生态恢复监管机制，包括落实监管责任主体、监管的内容、监管的手段，尤其是强有力的监管职权，其他政府部门的合作与协调机制以及监管职责履行不到位的问责机制等。

① 邵天一、沈伟志：《矿产资源开发生态恢复和可持续发展政策构建》，载《中国国土资源经济》2006 年第 2 期。

第二十四章　湿地、海岸和污染水体生态恢复产业法制

第一节　湿地和海岸生态恢复产业法制

一、湿地生态恢复产业法制

（一）湿地的定义

湿地是介于水域和陆地之间的过渡地带，学者们和实践领域对于湿地的定义一直没有取得统一意见。国际湿地公约对湿地的定义是广义的："湿地，不管是天然的，还是人工的；也不论是永久的，还是短时的；是停滞的，还是流动的；无论是淡水还是咸水，如果在水域的低潮时水深没有超过6米，都属于湿地的范畴。这些水域包括的范围很广，包括了沼泽、海域、泥炭地以及湿地草原等。"而从狭义来定义湿地，则是主要将湿地、湿地周边的水域以及附近的陆地视作一个整体。狭义上的湿地，对于进行湿地的研究和保护能够起到积极的作用。比较有代表性的是美国的野生动物保护组织对于湿地的定义："湿地是处于陆地和水域的交叉领域，往往只具由浅表水。此外应当具备三个明显特征：(1)植物的优势种类主要是水生植物；(2)底层土主要是湿土；(3)在每年的生长季节，底层有时被水淹没。"湿地被称为"地球之肾"，是重要的人类生产和生活资源。不仅提供水源，还保障水生动植物的生存、提供海泥等能源物质以及为人类提供旅游等休闲资源。湿地独特的环境和生态系统，是地球生态系统中不可或缺而又独特的一环，能够维系生物多样性，同时多样的植物和水系统能够调节气候、保持水土、持续提供水源等。我国在1992年正式成为《湿地公约》成员国。为了更好地履行成员国的义务，更好地进行湿地的保护和管理工作，国家林业局在2007年成立湿地保护管理中心(中华人民共和国国际湿地公约履约办公室)。湿地保护管理中心是我国进行全国湿地保护的行政管理工作，并结合《湿地公约》的要求，承担履行国际公约要求的具体行政管理工作，开展有关湿地保护的国际合作工作。

(二)我国湿地生态恢复产业法制的概况

1. 湿地生态湿地生态恢复产业发展前景广阔

我国自然湿地的情况不容乐观:从面积来看,人均占有的湿地面积数量非常少,不到国土面积的4%;湿地保护没有受到充分的重视,加之人口快速增长带来的用地需求以及经济发展带来的资源需求以及污染的加剧,大量湿地受到严重破坏。随着我国加入湿地公约,对湿地的生态功能和经济功能的重新评估,通过长期艰苦的努力,我国的湿地保护工作取得了明显的进展。遏制了湿地面积缩小的趋势,全国的湿地系统基本形成。全国湿地保护体系由三个组成部分,包括了经过认证的国际重要湿地四十多处,我国建立的湿地自然保护区五百多座以及四百多个湿地公园。

与此同时,湿地保护立法工作全面推进。这主要是全国性的湿地保护规划的出台以及湿地保护的地方立法陆续出台,以及国家和地方在湿地保护方面的财政支出不断增加。2013年,国家林业局制定并颁布了《湿地保护管理规定》,这是我国首部专门进行湿地保护的部门规章。随着《全国湿地保护工程规划》《全国湿地保护工程分阶段实施规划》的颁布,2016年国家对湿地保护工作的财政支出达到了50亿元。《十三五规划纲要》特地强调防止湿地恶化,保护湿地生态环境,自然恢复湿地生态功能,保持湿地的生态系统稳定以及进行湿地生态补偿等制度内容。2016年,我国颁布了《关于健全生态保护补偿机制的意见》(以下简称《生态补偿意见》)其中对于湿地的生态保护以及补偿制度进行了明确规定。我国生态保护补偿政策实践在森林、草原、湿地、流域等方面均取得积极进展和初步成效。《生态补偿意见》的出台正逢其时,为我国生态保护补偿绘制了制度创新路线图,为今后生态保护补偿具体行动提供了目标指引。[①] 除了全国的湿地保护条例外,地方政府也积极探索湿地治理的法治化。全国有十九个省级政府根据行政区域内的湿地情况,颁布了湿地保护条例。例如,北京制定了《北京市湿地保护条例》,内容比较成熟完善。其中,根据湿地发挥的生态功能和环境效益的不同,将湿地进行分类和分级,并在此基础上进行分区保护。湿地依据生态功能的重要性,划分为四个等级,分别是国家级、市级、区县级和一般四种类型的湿地。在分类的基础上,根据重要性,分别设立湿地自然保护区,建立湿地公园以及成立湿地自然保护小区的方式进行保护。

---

① 参见张化楠等:《主体功能区的流域生态补偿机制研究》,载《现代经济探讨》2017年第4期;王金南等:《构建中国生态保护补偿制度创新路线图——关于健全生态保护补偿机制的意见解读》,载《环境保护》2016年第10期。

2. 湿地生态恢复产业法制存在的问题

（1）湿地生态恢复产业的行政监管比较落后

“开展湿地保护研究具有重要意义。尤其是在湿地的保护和利用之间出现冲突的情况下，如何能够保持生态功能的同时，实现经济社会价值和生态价值的同时实现。”①在行政监管的领域中，湿地生态恢复产业并未有统一的管理体系和制度，更未纳入行政管理的监督和考核机制中，湿地生态恢复产业的行政管理也未在政府的考核中占据重要地位。缺乏有效的行政监督，难以规范湿地生态恢复产业的发展。尤其是在产业发展初期，产业结构的架构以及产业集群的建立以及有利的政策资金引导，都需要政府扮演重要角色。

（2）湿地生态恢复产业缺乏专业技术领域的管理规范

湿地生态恢复产业在我国处于起步阶段，尽管该领域企业较多，但是有竞争力的企业并不多，具有生态恢复资质的较少，技术竞争实力较弱。退化湿地系统的生态恢复对于技术要求高、需要时间长、投资需求大。湿地的生态系统连接着陆地和水域的生态体系，生态要素构成复杂，再加之湿地的生态系统脆弱而且变化性强。如果对湿地生态过程和内部运行方式缺乏精确的研究和准确判断，湿地生态恢复产业的发展将不具备科学的专业基础，难以真正实现产业健康的可持续发展。不仅如此，湿地生态恢复具有较高的生态功能要求，其目的在于自然环境的自我修复、平衡和发展，为人类创造一个更美好的生态环境。湿地生态恢复产业的科学技术领域属于水科学、生态学、气候学、微生物学、工程施工多个不同学科的交叉融合。但是目前的湿地生态恢复技术领域的立法缺位，缺少湿地生态恢复专业技术进行研发、引进、实施等方面的鼓励和扶植制度，湿地生态恢复领域高新技术的研发相对较弱。

同时，湿地生态恢复行业的经验积累非常重要，从业人员从进入该领域到能够熟练施工，需要3～5年的周期。并且湿地生态恢复的艺术性和生态工程属性决定了其行业从业人员不但需要掌握建筑工程的基本技能，而且还应具有一定的审美观、艺术涵养以及植物学知识；同时工程管理以及统筹协调能力也是管理人员必不可少的专业技能。同时，湿地生态恢复工程分布的地域范围非常广泛，而不同湿地的地理条件、相关的生态环境以及湿地水生植物等不尽相同。这就对湿地生态恢复产业的专业技术人员提出了更高的要求，即不仅要具备对地理环境、生态系统等方面的系统知识，同时也要具备湿地环境恢复以及生态恢复施工等多方面的专业技能。建议湿地生态恢复产业中的专业人员实行技术资质管理制度，由主管的行政机关进行资质认定以及考核、管理。

① 孙博等：《中国湿地生态补偿机制研究进展》，载《湿地科学》2016年第1期。

(3)湿地生态恢复产业缺乏产业规模的引导规范

湿地生态系统退化原因的考察、湿地生态系统如何进行有效的恢复是湿地生态恢复产业的发展的核心内容。湿地生态恢复业务的市场规模呈现出较快的增长趋势。但是,湿地生态恢复产业内企业较小,且行业处于零散阶段。造成湿地生态恢复产业零散的原因包括行业发展时间较短、湿地生态恢复的进入壁垒相对不高、项目分散缺少规模经济性、跨区域运作存在难度等。湿地生态恢复产业的起步和发展需要大量的资金投入,湿地生态恢复的实施需要相当比例的保证金和铺底流动资金为支撑,所承接工程的业务规模会受到公司资金实力的制约。目前,湿地生态恢复产业的发展历史较短,市场集中度较低,行业内公司普遍规模较小且融资能力较弱。只有引导湿地生态恢复产业的集约化发展,加强市场集中度,才能提升产业对资金的吸收能力。

我国目前规范湿地生态恢复产业的法律法规内容单一,分散规定在不同效力层级的法规中,缺乏统一性和系统性,无法针对湿地生态恢复产业的发展现状进行规定,实践中的可操作性不强。湿地生态恢复产业的规划和发展相关的内容,例如,湿地资源调查监测、湿地生态恢复的方法、湿地生态恢复的评价机制等缺乏明确的、操作性强的条款和规定。未来的立法方向是:首先将湿地的生态保护作为独立的生态系统来进行管理,为湿地生态恢复产业的发展奠定良好的基础。同时也有利于管理部门形成合力,引导和管理湿地生态恢复产业的发展。

(三)我国湿地生态恢复产业法制的发展方向

湿地生态恢复产业法制的稳定和持续发展,需要进行以下工作。

首先,政府应当出台相关政策,通过市场化、社会化的方式鼓励社会资本投资、参与湿地的生态恢复。湿地生态恢复产业的发展需要大量的资金进行持续、长期的投入。巨额的资金投入仅仅依靠中央政府和地方政府的资金投入是不现实的。因此解决湿地生态恢复产业的资金缺口,应当通过各种手段引导社会资金的投入,积极使用政企合作模式来吸纳社会资本,减少政府对湿地生态恢复产业的投入不足。

其次,应尽快制定出有利于行业运营的法律和法规,出台产业发展的配套政策,制定湿地生态恢复产业的技术标准和规范,促进产业和市场规范发展。应当通过对湿地详细而深入的调查,对湿地生态系统有所了解,并进行长期的观测和管理。涉及湿地及湿地生物的基础信息、生态保护的必要条件、对不同的湿地应当采用的生态恢复方法、湿地的维护管理和检测方法、湿地的评价方法等的标准和规范应当及时制定,建立对湿地生态系统健康程度进行评价的标准体系。如美国在1986年颁布《紧急湿地资源法》,其核心内容就是对湿地生态系统保护的资金来源、管理主体以及保护计划进行明确规定。《紧急湿地资源法》中明确规定土地与水保护基金是购买湿地的主体，将湿地纳入各州的户外娱乐综合计划之中。从武器和军火的进口税中筹集湿地保护的巨额资金。不仅如此，湿地生态系统的保护直接关系到陆地和水域的生态保护，以及大量的濒危物质的保护问题，以及人类渔业、捕捞等经济活动的规范。所以在《紧急湿地资源法》之后，美国随后制定了《渔业保护和管理法》《候鸟法》《濒危物种法》《海洋哺乳动物保护法》等法律规范。美国的环境保护局在科学研究了美国全境的湿地生态系统后，召集湿地保护和生态环境专家，制定出了对湿地生态系统进行健康体检的标准，主要包括三项标准和一项干扰因素，“即响应指标、暴露指标、栖息环境指标和干扰因子”。[①] 响应指标主要通过湿地栖息的生物种类、种群和数量同时根据水生动物（鱼类等大型水生动物）的健康情况来判断湿地生态系统的健康程度。暴露指标则强调湿地生态系统面临的污染程度，这包括了各种污染物的浓度和湿地生态系统的毒性指标。栖息环境指标主要体现为湿地生态系统是否适合动植物进行栖息生存，如湿地生态系统的水循环的盐度和水位等。湿地生态系统的干扰因子主要包括湿地系统外的人类环境以及其他生态体系对湿地生态系统的影响，这既有人口的密集程度、污染物的承载等来自人类的影响因素，也包括来自其他水域的水源供应量、地球气候变暖等其他自然因素。美国环境保护局建立的湿地研究计划（Wetland Research Program，WRP）中还制定了湿地生态功能的快速评价方法。这一评价方法的主要依据是湿地在水文地貌的分类体系，从而为湿地生态恢复产业明确了技术标准和评价体系。对这些判断指标和标准体系，我国可以进行借鉴应用的地方非常多。

二、我国海岸生态恢复产业法制的发展以及完善

海岸通常是“指就是围绕沿海地带的具备一定宽度和功能的区域，是海洋和陆地进行交互作用的过渡区域。海岸的范围包括包括滨海陆地、沿海滩涂和沿岸水域三个主要领域。被称为海岸带的主要原因是这三个区域都与海洋临近，并且形状狭长，带状分布”。[②] 海岸带是衔接陆地与海洋生态系统的连接地带，不仅蕴含着人类生存和发展的大量生物和能源等资源，具备重大的经济价值；更是地球生态系统的重要环节，具有难以估量的生态价值。正如学者们总结的那样“海岸带的生态效益和经济效益非常重大”。[③] 我国海岸带生态系统的退化情况非常严重。最

① Sophocleous M.，“Interactions Between Groundwater and Surface Water：the State of the Science”，*Hydrogeology Journal*，2002，pp. 52 – 67.

② Robertson H A. and James K R，Plant Establishment from the Seed Bank of a Degraded Flood Plain Wetland：A Comparison of Two Alternative Management scenarios，*Plant Ecology*，2007，pp. 145 – 164.

③ 潘新春、杨亮：《实行海岸线分类保护维护海岸带生态功能》，载《海洋开发与管理》2017 年第 6 期。

显著的问题是湿地面积的大幅度减少。为了实现经济利益，人们大规模的围海进行渔业养殖、进行建设活动等，破坏了原有的海岸生态系统，导致海岸带生态功能受到严重的损害甚至丧失。“人类无遏制的进行填海活动，导致海岸带的生态功能多方面受损。不仅海岸带生态系统的环境面积直接减少，强行改变了海岸带的水流和动力循环系统，海岸线对海洋的缓冲作用大幅度减弱，海岸线的侵蚀加剧。同时，填海活动直接破坏鱼类等海洋和陆地生物的产卵地和育幼场，造成了动物多样性受损。同时，填海活动损害了海岸带植物的生存环境，红树林等树种面积减少，对水体的净化功能减弱，海岸带的生态功能下降严重。”①我国多次开展海岸带、滩涂和海岛生态资源的综合调查，为进行海岸带生态修复工作奠定了基础。设立了山口红树林、三亚珊瑚礁等海岸带自然保护区。在我国领海实施了休渔制度，为海岸带生物的繁衍生息和生态恢复发挥了重要作用，对开展海洋污染情况进行调查研究。为了规范进行海洋环境保护以及合理使用海岸带的生物和其他资源，我国制定和实施了《海洋环境保护法》《海域使用管理法》等法律法规。②

（一）我国海岸生态恢复产业的综合立法需要加强

我国海岸生态恢复产业法制的完善应当将海岸带管理法律、法规以及海岸带的社会经济发展结合起来，否则严重制约海岸生态恢复产业的发展格局和潜力。

1. 完善海岸生态恢复的法律法规体系

美国在海岸生态保护和修复产业的引导上，历来非常重视海洋战略及海洋利益保护，特别重视海岸与相关区域的规划制定。将“海岸与海域自然环境保护”作为重要内容，进而纳入整个国家环境保护体系之中。随后，美国对“全面协调的国家海洋规划的制定”提出要求。同时还设置了国家海洋资源和工程委员会（斯特拉顿委员会）对重大海洋活动负责，以求为海洋资源利用与环境保护提供国家规划与在国家机构层面提供规定。并在 1972 年颁布了世界上第一部综合性海岸带管理法，海岸带的行政管理机关是美国国家海洋大气局（NOAA）。对《大陆架土地法》和《海洋保护、研究和自然保护区法》进行了修改并重新与《海岸带管理法》相衔接，颁布了《国家海洋污染规划法》《渔业保护和管理法》《深水港法》等法律，形成了完备的海岸带综合管理的法律体系。美国也最先开展了海洋领域的生态补偿研究和实践，运用“海湾海岸索赔工具”（GCCF）等途径，应对填海造陆、沿海工业污染等生态环境问题。因此，完善的法律体系和丰富的海岸生态恢复的经验，对有

① Qiang He, Mark D. Bertness, Bruno J F, et al. Economic Development and Coastal Ecosystem Change in China. *Scientific Reports*, 2014, pp. 1 – 9.

② 中国海洋学会编著：《中国海洋学学科史》，中国科学技术出版社 2015 年版，第 176 页。

效控制海岸带过度开发、环境恶化以及引导海岸带的生态恢复产业的发展起到了积极作用。我国缺乏国家层面、专门的法律法规来规范海岸带生态恢复。对海岸生态恢复产业的相关规定散见于《海洋环境保护法》《防治海岸工程建设项目污染损害海洋环境管理条例》《国务院关于促进海洋渔业持续健康发展的若干意见》《国家级海洋保护区规范化建设与管理指南》的部分条款。

2. 调整和完善我国海岸带湿地区域的功能区划

论证、调整和完善海岸带的功能区划，海洋规划中海岸带湿地的功能定位和由相应的地方政府制定的区域发展规划中海岸带湿地的功能定位的协调一致。首先，要规划海岸带湿地自然保护区、岸线防护区、临海排污口区、垃圾堆场、经济开发区、休闲旅游区、人居区等的位置和面积。其次，要制定海堤内土地的生态与环境标准，维持海岸带的环境容量。用生态学原理，分类分级制定好海岸带湿地相邻地区（海堤内）不同发展区域（自然保护区、岸线防护区、航运码头、机场、工业区、临海排污口区、污水处理厂、垃圾堆场、沿江水库、经济开发区、休闲旅游区、农业用地等）的生态与环境标准。目前情况下至少可分成三类：有助于提高湿地环境容量的区域、对湿地零干扰的区域和污染物达标排放区，尽量减少对海岸带湿地的干扰和破坏。

（二）促进我国海岸生态综合恢复技术的研究和利用

海岸带是世界上最复杂和最不稳定的生态系统，目前虽然对生态系统退化总体原因已有所认识，但是对海岸带生态系统各部分之间以及其与海洋生态系统和陆地生态系统之间的关系和相互作用机理了解仍不够深入。为了减少资源破坏和避免生态进一步恶化，利用人工措施对已受到破坏和退化的海岸带进行生态恢复。采用人工方法恢复和重建湿地是海岸带生态恢复的重要措施。“在美国路易斯安那萨宾自然保护区和德克萨斯海岸带地区，利用‘梯状湿地’技术（marsh terracing technique），在浅海区域修建缓坡状湿地，湿地建好后在上面种植互花米草及其他湿地植被，修建梯状湿地可以减弱海浪冲击、促使泥沙沉积、保护海滩，同时也可以为海洋生物提供栖息地。”①

由于人类对海岸带生态系统复杂性认识的局限性，目前对海岸带生态恢复的研究还主要集中在单个的生态因子上，对海岸带生态系统的综合系统的恢复技术。海岸带可持续发展规划及行政调控均需要建立在对海岸带过程的深入认知及相关科研人才的培养与储备上。我国海岸带学科建设起步晚，科研投入不足、基础弱，缺乏海岸带学科的相关科学技术人才及培养机构，科技创新对海岸带开发利用的

① ［美］约翰·R. 克拉克：《海岸带管理手册》，吴克勤等译，海洋出版社2000年版，第185～187页。

引领和支撑不足。这些均限制了国家在海岸带区域可持续发展规划及行政调控方面的决策能力，从而造成了海岸带区域发展的盲目性，进而引发区域环境污染问题。我国缺乏 LOICZ 计划（国际海岸带陆海相互作用计划 Land-Ocean Interaction in the Coastal Zone，LOICZ）那样有计划、前沿性与应用性相结合的多学科交叉综合技术，也欠缺针对海岸带生态恢复的基础理论、方法技术、工程示范的综合性技术研究。例如，海岸带生态系统健康状况的功能性指标缺乏研究，从而导致在恢复重建技术方法的应用上的盲目性和不确定性；海岸带生态系统修复和试验示范研究还停留在区域范围内，缺乏海岸带整体系统水平出发的区域尺度综合研究与示范，缺少海岸带损害评估、修复和可持续管理。因此要强化海岸带学科的基础科学和关键技术研究，加强海岸带科学研究投入和人才培养储备工作。

第二节　污染水体相关的生态恢复产业法制

一、污染水体生态恢复的迫切需求

水体污染主要是指因物质、生物或能量介入水体后，水的物理、化学或生物的特性受到影响而改变，损害了水的正常用途并危害国民健康及生态环境。中国改革开放 30 年以来，随着城镇化的推进、城市人口的增加、工农业的发展，水污染来源主要包括两大类：一是天然的污染源，如暴雨径流；二是人为的污染源，主要是工农业废水、矿场废水及城市垃圾的渗出水等。我国的各类废水排放情况不容乐观，根据《中国环境统计年鉴》数据，全国废水排放总量从 2011 年的 65，919.22Mt 上升至 2013 年的 69，544.33Mt。“我国南北方的主要水系及湖泊进行污染断面监测的结果显示，有 63.1% 的水质为Ⅳ类、Ⅴ类或劣Ⅴ类，已经不适合人类引用。”[①]我国大部分城市的排水管网和污水处理设施非常滞后，污水处理工程的施工质量和运行维护、设备保养等问题严重。耿英杰等通过调查发现“中国城市污水排放总量高达 1050 亿 m^3，而污水的处理率低于 50%，城市生活污水的处理形势非常严峻”。[②]而全球的气候变化和持续的地下水消耗，导致地表水量不断减少，水流速下降，甚至出现地表水断流。这降低了水体自身的生态净化能力，加剧了水体的污染程度。因此，污染水体生态恢复产业的发展成为解决我国水体污染问题的重要手段。

① 蔡树伯等：《水体污染概况及防治对策》，载《现代农业技术》2010 年第 17 期。
② 高虹、王志：《城市污水处理技术研究》，载《环境科学与管理》2017 年第 4 期。

二、污染水体生态恢复产业法制的法律政策依据和发展现状

（一）污染水体生态恢复产业法制的法律政策依据

"国际上的科学和政策研究机构正逐渐意识到，恢复退化的生态系统是改善地球生物生存环境状况的必然举措。"①因此，"生态恢复规划（ERP）在世界范围内迅速涌现，并且其实施机制也日益为民众所接受"。② 国务院在《关于实行最严格水资源管理制度的意见》以及《"十三五"全国城镇污水处理及再生利用设施建设规划》就提出污染水体生态恢复产业发展的重要性，要加强重要生态保护区、水源涵养区等重要水体的生态保护，对污染源头进行整治，推进生态脆弱河流和地区水生态恢复，建立健全水生态补偿机制。这标志着污染水体的生态恢复制度初步建立。《全国地下水污染防治规划（2011—2020 年）》则提出全面建立地下水环境监管体系，逐步控制地下水污染源，改善饮用水的水源水质。水生态恢复制度的建立，为污染水体生态恢复产业的发展奠定了制度基础；而污水处理基础设施的持续建设和投资的加强，以及地下水环境监测和标准体系的完善，则为污染水体生态恢复产业的发展注入了动力。

污染水体的生态恢复必须引入市场力量，建立水资源产权制度和生态补偿制度。这为污染水体生态恢复产业的发展提供了政策引导。《水十条》的印发则正式提出了发展污染水体生态恢复产业的具体要求和力争实现的目标。为了实现减少污染严重水体，改善我国水体的总体质量，水体生态系统功能的逐步恢复，需要推进污染水体生态恢复产业的不断发展。这包括主要内容：一是发展污染水体生态恢复产业，先进的节水、治污、修复技术和装备产业化发展。《水十条》明确划定了河湖"生态红线"。建立严格的河湖生态空间的管控，划分生态空间的管理范围（第 8 条第 26 款）。二是推动实施排污权有偿使用和交易，推动水体污染生态修复的第三方治理模式。《水十条》改变了以往"一刀切"的思路，结合各地实际，提出了将现有的城镇污水处理设施进行因地制宜地改造（第 1 条第 2 款）。"《水污染防治行动计划》将带动污染水体生态恢复产业的总体产出增长约 1.9 万亿元，其中政府直接购买产品和服务约 1.4 万亿元，间接带动产出增加约 5000 亿元。"③

---

① Margareta. Palmer and SolangeFiloso1, Restoration of Ecosystem Services for Environmental Markets, *Science*, 2009, pp. 575 – 576.

② Aronson J., Blignaut J. N., Milton S. J., et al., Are Socioeconomic Benefits of Restoration Adequately Quantified? A Meta-analysis of Recent Papers (2000 – 2008) in Restoration Ecology and other 12 Scientific Journals, *Restoration Ecology*, 2010, pp. 143 – 154.

③ 吴舜泽等：《〈水污染防治行动计划〉对环保产业拉动效应的定量分析研究》，载《环境科学与管理》2016 年第 3 期。

在《城市黑臭水体整治工作指南》的基础上，环境保护部组织制定了《关于印发城市黑臭水体整治—排水口、管道及检查井治理技术指南(试行)》。随后又联合财政部出台了《关于推进水污染防治领域政府和社会资本合作的实施意见》。污染水体的生态恢复产业发展的一系列政策法规的出台，为产业法制化提供了重要的制度基础与实践经验。

（二）污染水体生态恢复产业法制的发展现状

"污染水体生态恢复是遏制流域水生态破坏、最大限度恢复水体生态功能的有效措施。"①当前，我国污染水体生态恢复产业的发展刚处于起步阶段，许多理论体系和实施机制方面的问题尚未得到有效解决。

首先，水权和排污权的权利属性不明确，成为污染水体生态恢复产业发展的制约因素。如果水的使用者对其使用特定水资源的长期权利越感到没有保证，就越可能完全不考虑水资源的长期可持续性。在水资源使用者投资和付出努力来保障水的长期生产力前，要求对水资源有长期的、安全的使用和收获的权利。如果水资源的使用者得不到法律上的权利保障或对其习惯权属的保障，就会丧失保护水、资源可持续生产力的积极性。尽管我国已经开始试点排污权交易，但界定排污权的性质、规定如何进行交易的法律法规仍然缺位。应当"从法律上界定排放权的所有权和可交易性质"。② "建立排污权的交易市场首先必须明确排污权交易市场的法律地位、排污权的法律性质和特征、排污权交易市场的参与主体各自的责任和权利等内容。"③因此，水权和排污权的权属体系在水资源的管理和生态恢复产业的发展是极其重要的基础性制度。

其次，污染水体生态恢复产业的管理体系不顺。污染水体生态恢复产业的行政管理主要涉及水资源的生态保护与水污染防治两方面。这两部分的行政管理职能是密切联系在一起的，因为无论是用水权管理、水资源开发利用以及生态环境破坏的防治，都属于对水生态环境进行保护和管理。现行的水生态保护的行政管理体制则人为地割裂了这些密不可分的不同环节。例如，水利部门对于水体的纳污能力进行管理，同时对于水的质量和功能进行达标控制，这些与环境保护部门的职能存在交叉。"污染水体生态恢复产业的行政管理体制存在多头管理、职权交叉重叠的情况，不仅造成行政管理和执法重复进行，而且加大了行政成本，降低了行政

---

① Jackson, W, "Ecosystem Integrity and Human Well-being", *Presentation at A Workshop on Forest Restoration*, 2000, p. 167.

② 肖加元、潘安：《基于水排污权交易的流域生态补偿研究》，载《中国人口·资源与环境》2016 年第 7 期。

③ 段茂盛、庞韬：《碳排放权交易体系的基本要素》，载《中国人口·资源与环境》2013 年第 3 期。

效率。”①

最后，污染水体生态恢复产业的法律依据和技术标准等依据不足。我国污染水体生态恢复产业的发展起步较晚，河流生态恢复产业发展的法制建设比较落后。缺乏效力位阶较高的法律或者法规。目前对污染水体生态恢复产业进行引导的规范性文件主要是《水污染防治行动计划》《污水处理费征收使用管理办法》《城镇污水处理厂污染物排放标准》等行政政策。这些其他规范性文件的法律效力层级较低。污染水体生态恢复的技术标准，如何适合本国国情的同时采用国际先进的标准，更需要在理论和实践等方面开展系统的探索与研究。“英国被公认是世界上最早通过法律来进行污染水体防治的国家。其早在1876年就颁布了世界上第一部对水生态进行保护修复的法律《河流污染防治法》。”②同时，该国的污染水体的生态恢复工程建设，获得了公众支持并得到了行政管理部门的认同。在技术标准上，英国先后制定了《河流修复方法》《河流恢复技术手册》等技术标准和技术指导文件。③ 澳大利亚则制定了《河流恢复》手册，明确规定了污染水体生态恢复的实施技术和标准。其他的还有德国的“河川生态自然工程”、日本的“多自然型建设工法”等。

总体而言，我国水体污染情况复杂，生态恢复面临着多方面的困境。第一，我国水体管理的相关法律法规、标准制度不健全，导致水体污染的生态恢复“无法可循”。第二，我国的水体污染监测和生态治理没有形成成熟的模式，缺乏水体污染的风险评价指标和评价方法。第三，目前我国污染水体的生态恢复还面临着基础数据缺乏，修复技术薄弱的严峻考验。第四，水体污染的责任主体认定困难，污染迁移性强，确定污染源难度较大，生态恢复治理周期长，费用高昂。所以现阶段我国污染水体的生态恢复能力薄弱，尚未形成产业规模。

三、污染水体生态恢复产业法制的路径选择

美国、日本、以色列等国家凭借完善的产权制度、完备的法律法规体系、成熟的市场调节机制，充分运用政府引导、市场自由调节手段，使得污染水体的生态恢复产业化并以法治保障其良好的发展。我国污染水体生态恢复产业的法制化，应当在借鉴国外成功经验的基础上，充分考虑到我国生态恢复产业的发展现状，逐步完善。

---

① 王亚杰：《我国水污染防治的立法完善研究》，载《中国环境管理干部学院学报》2015年第6期。

② 由文辉、顾笑迎：《国外城市典型河道的治理方式及其启示》，载《城市公用事业》2008年第4期。

③ Boon P J, Calow P, Petts G E, et al., “River Conservation and Management” *John Wiley*, 1991, pp. 337－352.

(一)完善水权制度和排污权交易制度

完善水权制度和排污权交易制度,是污染水体生态恢复产业发展的产权基础。

首先,在法律上明确水资源的权利属性,加快培育水权交易市场。水资源具有公共产品的特性,我国需要通过政府主导的方式,来推动水权市场的发展。并且一旦水权市场发育成熟,行政机关应当主动将主导地位让位于市场经济主体。国际经验表明,政府管理是水权交易的安全阀门,市场建设是水权交易的内在驱动。而行政机关需要加强的是对于水权交易法律体系的配置能力以及对水权市场的监管能力。日本政府主要通过水权交易市场实现水资源的优化配置和高效利用。同时,行政机关之间通过用水协调委员会进行用水指标的协商,从而根据降水量大小等自然条件以及用水量的需求,在取水总量上进行控制。澳大利亚则以成熟的水权市场著称。澳大利亚制定了水股票制度,充分发挥市场对水权交易的调节作用。其中最著名的水权交易制度是“水权买卖”和“水融通”交易制度。水权买卖可以在不同市场主体之间转移水的所有权,而后者则是交易用水量。随后,水权制度的改革创造性地提出了水股票制度。即取水许可转换为水股票,行政管理机关将水股票的管理机构进行行政登记。水股票制度的最大优势在于充分实现了水资源的经济价值,明确其财产权和可交易属性,从而使得水资源可以进行方便快捷的交易和流通;同时水股票也能保证水权的拥有者可以通过交易而获得经济利益。我国的水权交易制度在目前《水权交易管理暂行办法》实施的基础上,完善水权交易的法理基础和法律体系,探索和制定适合我国国情的水权交易法。

其次,从法律上明确排放权的所有权和可交易性质。2015 年以来我国发展排污权交易且发展进入关键时期,在一系列国家政策中明确了排污权,并逐步开始试点排污权交易。目前《排污费征收使用管理条例》《水污染防治法》等法律法规对排污权交易的概念进行明确和准确的界定。因而需积极研究制定相关配套法律,从法律层面保障排污权交易能够正常开展。此外,如何有效整合水排污税税制与水排污权交易将是污染水体生态恢复产业发展需要面对的关键问题。

(二)改革污染水体生态恢复产业的行政管理体系

首先,明确水资源管理的行政主体和权限,整合行政管理体系。我国现有的水资源管理的行政体制存在的主要问题是管理主体不明确、权责交叉重复,而且权力和责任不一致,执法标准不同,尤其缺乏高效协商机制。在整合管理机构的同时,明确规定了不同管理部门的水资源管理权限,并设立联席会议制度,加强部门间的协调配合。不同的水资源管理部门依据法律规定进行紧密合作,严格依照法定权限对水资源实行行政管理工作。尽管权限不同,但是各自在权限范围内担负责任,互相之间进行行政管理的衔接与配合。在不同的水资源管理领域中承担不同的具体管理职责，形成水资源管理的协调沟通机制，共同制定水资源综合管理的行政政策并统一执法标准。这样既可以消除不同部门之间的权限争议，又能充分调动不同管理部门的执法积极性，实现全面统一的水资源管理体制。

其次，整合污染水体生态恢复产业的管理体系。我国的污染水体生态恢复产业的产业模式主要是通过政府特许经营。只有获得政府的特殊许可，才能够进行污水处理、实施污染水体的生态恢复工程以及提供其他方面的生态恢复服务。通常的方式是政府购买服务，直接面向工业生产经营主体或者公众的生态恢复运营和服务内容非常稀少。这容易造成国有企业占据政府的资源优势以及具备的技术、渠道等垄断优势，从而影响污染水体生态恢复产业规模效益的实现。污染水体生态恢复产业的行业集中度较低、运营质量参差。引进新理念，发展适合我国国情的地下水污染调查、监控防治体系，开展污染水体修复工程建设和水体污染的基础数据的调查和收集，建立典型水体污染生态恢复的示范工程；积极构建污染水体生态恢复行业相关的导则及规范体系。

（三）改变水污染治理的传统思路，加强对污染水体生态恢复产业的发展引导

政府必须摒弃先污染后治理的传统思路，建立水体污染的事前防控机制。首先，制定完善的法律法规和执法体系，从源头上控制污水的排放，并结合我国工农业和居民用水的实际情况，实施污水排放总量控制制度。借鉴日本政府的做法，制定一系列规范排水行为的法律，目的是从污染治理改为源头控制。例如，日本通过《水源地域对策特别措施法》《河川法》《工业用水法》等，对于水源地以及如何合理用水进行规范和管理，同时对于工业废水如何排放进行了规定。随后日本又陆续颁布了制定了《水污染防治法》等法律法规，具体规定了排放污水的标准、水质的检测标准、污水排放违法管理的主体和处罚权限。在这些法律法规的规范下，日本的排入水域的工业和生活废水日益减少，从而有效地遏制了水体的污染。同时，我国的行政管理部门应当实施污水排放总量的控制，精确计算人口和工业相对集中区域的污水排放总量，并通过逐年消减排污总量的制度来减少水体污染。其次，要大力发展污染水体生态恢复产业。改变长期以来政府为主导的投资模式，放开思路招商引资，解决对污染水体生态恢复产业资金短缺问题，吸引社会共同投资。引导许多企业建立污染水体生态恢复的技术系统，利用已有技术和研究成果进行新技术的开发和运用。建立污染水体生态恢复产业基金吸引社会资本加大参与程度，提高水资源价格调动企业的积极性。

(四)完善污染水体生态恢复产业的相关技术标准,增强污染水体生态恢复的理论研究

我国污染水体生态恢复产业起步较晚,需要学习国际上成熟的生态恢复技术和治理经验;同时结合我国不同地域水体污染的不同来源和体现出来的不同特点,加强对污染水体生态恢复的技术和工程施工等方面的研究,制定污染水体生态恢复的相关技术标准。

20 世纪 80 年代以后,污染水体生态恢复成为国际研究热点。德国、美国、日本等发达国家对于污染水体生态恢复的相关研究与实践开展较多,修复技术相对比较成熟。近年来,日、美、德、瑞士等国家纷纷对原来的污染水体的治理进行了反思,提出了"生态治理和修复的新理念,尊重水体系统的自然规律,注重河流等水体的自然生态和自然环境的恢复和保护"。①

近代"生态河流工法"的理论起源于欧洲。② 20 世纪 50 年代,德国正式创立了"近自然河道治理工程",也称作"近自然河川工法","这种方法主要是对污染的河流等水体通过生态工程进行修复"。③ 此理论在 20 世纪 60 年代后期,由 Emst Bittmann 等人提倡"生物河流工法"之后,最早是以芦草、柳树设计的护岸,应用到莱茵河河系的污染治理过程中。随后,瑞士将其发扬光大,开始着手最新的河流生态改善工程,如拆除既有混凝土护岸改造成柳树与石头的护岸,或将直线河道改变成深浅不一又易让鱼类栖息的蛇行形态河流。他们对基于过去河流工程的直线化、混凝土化所引起的生态贫瘠化进行反省,全面开展河流的生态改造运动。④ 同一时间,美国采用近自然工法对一些大型河流实施生态恢复规划,⑤著名的洛杉矶河和基西米河生态恢复工程便诞生在这个时期,同时美国政府还大力推行综合性的"流域保护方法"(watershed protection approach)⑥日本学习欧美等国的河流治理经验,明确"近自然河流工法",并开始实施"多自然型河道建设"计划。⑦ 英国、

---

① 马丽娜等:《欧盟水框架指令对我国水环境保护与修复的启示》,载《城市环境与城市生态》2016 年第 5 期。

② Mitsch W. J., "J rgensen S Ecological Engineering: A Field Whose Time has Come", *Ecological Engineering*, 2003, pp. 363 - 377.

③ 宋庆辉、杨志峰:《对我国城市河流综合管理的思考》,载《水科学进展》2002 年第 3 期。

④ Harnischmacher S., "Thresholds in Small Rivers? Hypotheses Developed from Fluvial Morphological Research in western Germany," *Geomorphology*, 2007, pp. 119 - 133.

⑤ Alexander G. G., Allan J. D., "Stream Restoration in the u pp. er Midwest, U. S. A," *Restoration Ecology*, 2006, pp. 595 - 604.

⑥ Bernhardt E. S., Palmer M. A., Allan J. D., et al. "Synthesizing U. S. River Restoration Efforts," *Science*, 2005, pp. 636 - 637.

⑦ Nakamura K., Tockner K., "Amano River and Wetland Restoration: Lessons from Japan", *Bioscience*, 2006, pp. 419 - 429.

荷兰等其他的欧洲国家也借鉴美国的做法，在河流的生态修复中采取生态工程技术。“经过欧洲各国的共同努力，污染严重的莱茵河经过生态修复，生态功能全面恢复。莱茵河两岸重现了森林茂密和湿地丰富的自然景观，同时曾经栖息在莱茵河的动植物重新回到莱茵河”。[①] 在开展国外污染水体生态恢复实践的同时，该领域的科研论文大量发表。这些科研成果不但是对已有研究的科学性总结，更是为污染水体的生态恢复以及制定相应标准、法案提供了理论支持。

① Deiller A. F., Walter J. M. N., "Trémolières M., Effects of Flood Interruption on Species Richness, Diversity and Floristic Composition of Woody Regeneration in the Upper Rhine Alluvial Hardwood Forest", *Regulated Rivers Research & Management*, 2001, pp. 393 – 405.

后　记

衷心感谢参与本书写作的优秀合作者们！是你们的无私奉献、辛勤耕耘使本著作得以诞生。合作者有：马凤玲（山东建筑大学法学院）、余晓龙（山东法官培训学院）、张百灵（山东师范大学法学院）、王翠敏（山东建筑大学法学院）、杨蕾（山东建筑大学法学院）、董蕾红（山东建筑大学法学院）、刘晓宏（山东建筑大学法学院）、徐红菊（大连海事大学法学院）。

本书由刘国涛总体设计组织撰写、安排出版，马凤玲、余晓龙、张百灵在设计、组织、统稿、定稿等阶段性工作中做出了较多的贡献。本书具体各章撰写者如下：第一章：导言（刘国涛）；第二章：生态恢复产业基础（刘国涛、张百灵）；第三章：生态恢复产业法基础（刘国涛、余晓龙）；第四章：多学科视野中的生态恢复产业法制建设（刘国涛、徐红菊）；第五章：生态恢复产业法制建设的现实地位（余晓龙）；第六章：生态恢复产业法制建设的基本原则和思路（刘国涛、余晓龙）；第七章：法制建设方法论：从新社会事实到新法律规范（刘国涛、徐红菊）；第八章：环境生产理论与生态恢复产业法制（刘国涛、余晓龙）；第九章：生产力要素中"力"的新思考（刘国涛、张百灵）；第十章："生态生产力"的类型分析（徐红菊、刘国涛）；第十一章："三生一体"下的生态恢复产业法制（刘国涛）；第十二章："正负外部性协调"的生态恢复产业法制（张百灵）；第十三章：法律责任与生态恢复产业法制（刘晓宏）；第十四章：产业结构调整法中的生态恢复产业法制（余晓龙）；第十五章：产业组织法中的生态恢复产业法制（杨蕾）；第十六章：产业技术法中的生态恢复产业法制（王翠敏）；第十七章：产业布局法中的生态恢复产业法制（马凤玲）；第十八章：荒漠化治理中生态恢复产业法制（马凤玲）；第十九章：退化草场和森林生态恢复产业法制（马凤玲）；第二十章：农产品产地土壤生态恢复产业法制（王翠敏）；第二十一章：污染场地的生态恢复产业法制（王翠敏）；第二十二章：建筑产业发展中的生态恢复产业法制（马凤玲）；第二十三章：废弃矿山生态恢复产业法制（董蕾红）；第二十四章：湿地、海岸和污染水体生态恢复产业法制（杨蕾）。

衷心感谢有关部门、单位的领导、专家和朋友们！是你们给予的真诚理解、帮助和支持，使得本书撰写工作顺利完成并得以奉献社会！

衷心感谢法律出版社的领导和编辑们！你们广阔的学术胸怀、深远的学术眼光和卓越的编辑工作,使得本书得以在贵社高质量出版!

衷心感谢本书所引用和参考的文献的作者们!通过学习、引用你们的优秀成果,本书得以成型、添彩。

笔者所在单位山东建筑大学有“绿色建筑技术及其理论”博士人才培养项目,获批山东省首批全国首个绿色建筑协同创新中心、山东省土木结构防灾减灾协同创新中心等;国家文物局批准我校设立了国家乡土文化遗产保护研究重点科研基地;建筑学入选山东省一流学科,建筑环境与能源应用工程、土木工程、城乡规划和给水排水 4 个专业入选山东省高水平应用型立项建设专业,以上 5 个学科专业将在未来几年获得近 2 亿元的财政建设经费。这将会大大促进我校绿色建筑技术领域的科学研究和人才培养,也为相关学科的发展提供有力支撑和合作空间。我校法学院在“入主流、倡交叉、重应用、创特色”的办院方针指导下,不懈努力、长期积累,在与环保和建筑有关的工程法学研究方面取得了较为优秀的成绩,与最高人民法院应用法学研究所环境司法研究中心共同建设了“工程建设与生态法治理论及实务研究基地”,经学校批准建立了“山东建筑大学工程法学研究中心”等,形成了围绕“绿色建筑”的有特色、有重点、多层次、多角度的“绿色、工程、文化与法治”协同创新研究平台。本书在一定程度上反映了这一研究基础、研究思路,是协同创新的结果。

笔者是从山东师范大学被引进山东建筑大学的。本书付梓之际,满怀感恩之情。衷心感谢我曾长期学习、工作过的山东师范大学的领导和老师们!是领导、老师们长期培养了我,一直以来给予了真诚的理解和支持!衷心感谢山东建筑大学的领导和老师们!是领导、老师们的引领和帮助,使我的教学科研工作逐渐与山东建筑大学深度接轨。在今后的工作中,本人将继续加强学习,积极投身到教学科研工作中去,协同创新,为学科建设、为绿色工程法学的发展奉献绵薄之力!

衷心感谢我的学生们!你们朝气蓬勃,奋发向上,让我欣慰!

衷心感谢我的家人!你们给予了我幸福港湾!

衷心希望专家、读者不吝指正,真诚欢迎你们光临山东建筑大学指导、交流!

刘国涛

于山东建筑大学映雪湖畔